労働災害と使用者のリスク責任

宮本　健蔵

労働災害と
使用者のリスク責任

学術選書
187
民　法

信山社

は し が き

　本書の目的は事務処理に際しての損害の帰属に関して，「他人のためにする行為のリスク責任」を理論的基礎として，民法650条3項の類推適用による法的処理の可能性について考察することにある。

　周知のように，使用者の労働者に対する求償権（715条3項）につき，その法的構成は異なるにせよ，学説はいずれもこれの制限を導く。判例はこのような求償権の制限（第三者に対する加害類型）だけでなく使用者の損害賠償請求権の制限（使用者に対する加害類型）についても同じく信義則による制限を認めた。これによって「労働者加害の類型」における「労働者の賠償責任の軽減」という統一的な視点が明らかにされた。しかし，同様のことはこのような「労働者加害の類型」だけでなく，「労働者被害の類型」に関しても妥当する。いずれも労務遂行過程で生じた損害を使用者と労働者の内部関係においてどのように帰属（分担）させるかが問題となっているからである。この意味では，「労務遂行過程で生じた損害の帰属」という観点から両者の類型を統一的に把握することができよう。

　労働者の賠償責任の軽減は労働者の労務による利益がすべて使用者に帰するという点を実質的な根拠とするが，このような考慮は単に「労働者加害の類型」だけでなく「労働者被害の類型」にも妥当する。さらに敷衍すれば，これは委任や事務管理などを含む，事務処理の法律関係に共通して見出される。

　そうだとすると，雇用・労働契約の領域に留まることなく，広くこれらの法領域を含めて「事務処理に際して生じた損害の帰属」の問題として考察することが必要となろう。そして，このような法律関係の中で，委任に関する650条3項は当事者間の損害の帰属を明確に定めているのだから，この規定を基礎に据えて受任者の加害類型や他の領域における損害帰属の問題を解決することが考えられてよい。換言すると，雇用・労働契約の特殊性を強調して格別の法理論を構築することは必ずしも必要ではないように思われる。

　このような問題意識の下で，本書では，まず初めにドイツおよびオーストリア，スイスの法状況をそれぞれ個別的に検討した。その上で，我が国における判例・学説を整理するとともに「他人のためにする行為のリスク責任」論ないし650条3項の類推適用論の展開を試みた。比較法的な考察の結果として，①

v

はしがき

カナーリスの主張した「他人のためにする行為リスク責任」論はオーストリアだけでなく，スイス，そしてドイツの判例においても採用されるに至ったこと，②我が国とは異なって，無過失責任に関する規定の類推適用に抑制的な態度は判例・学説に見られないこと，③その結果として，複数の法領域にまたがって同一の規範適用による解決が見られることを特に指摘しておきたい。

本書はすでに発表した論文から構成される。すなわち，「事務処理に際して生じた損害とドイツ民法 670 条(1)(2)」法学志林 110 巻 3 号 1 頁以下・110 巻 4 号 27 頁以下（2013 年），「オーストリア法における使用者のリスク責任論の展開(1)(2)」法学志林 104 巻 2 号 33 頁以下（2006 年）・104 巻 3 号 101 頁以下（2007 年），「オーストリア一般民法 1014 条の歴史的沿革とその適用範囲について」法学志林 113 巻 1 号 1 頁以下（2015 年），「スイス債務法におけるリスク責任について──委任・事務管理および労働契約を中心として──」法学志林 107 巻 4 号 1 頁以下（2010 年），「雇用・労働契約への民法 650 条 3 項の類推適用」法学研究（明学大）49 号 135 頁以下（1992 年）（『安全配慮義務と契約責任の拡張』（信山社，1993 年）所収），「事務処理に際して生じた損害の帰属とリスク責任」法学志林 116 巻 2・3 合併号 177 頁以下（2019 年）である。本書に収録するに際しては，これらに必要な加除訂正を施した。

最後に，本書の公刊に当たっては，信山社の袖山貴氏ならびに稲葉文子氏の寛大なるご理解とご協力を賜った。ここに深く感謝申し上げたい。

2019 年 9 月吉日

宮 本 健 蔵

目　　次

はしがき

第 1 章　事務処理に際して生じた損害とドイツ民法 670 条 …… 3

はじめに……………………………………………………………… 3

1　無償の事務処理と損害の帰属 ……………………………………… 5

　⑴　委任・事務管理における費用の償還 …………………………… 5

　　1）　費用償還請求権の要件 ……………………………………… 5

　　2）　費用償還請求権と損害賠償請求権の差異 ………………… 8

　　3）　労務給付の価値と費用償還請求 …………………………… 10

　⑵　受任者・事務管理者の被った損害 …………………………… 13

　　1）　立法過程での議論 …………………………………………… 15

　　2）　ライヒ裁判所の判例 ………………………………………… 18

　　3）　連邦通常裁判所の判例 ……………………………………… 25

　　4）　学　　説 ……………………………………………………… 31

　　5）　個別的な問題点 ……………………………………………… 37

　⑶　受任者・事務管理者による加害 …………………………… 49

　　1）　問題の所在と学説 …………………………………………… 49

　　2）　関連する判例 ………………………………………………… 50

2　有償の事務処理契約と民法 670 条の準用 …………………… 55

　⑴　立 法 過 程 …………………………………………………… 55

　⑵　民法 675 条 1 項の「事務処理」概念 …………………………… 57

　　1）　分 離 理 論 ………………………………………………… 58

　　2）　統 一 理 論 ………………………………………………… 61

　　3）　統一理論の変種 ……………………………………………… 62

　　4）　若干の検討 …………………………………………………… 63

　⑶　事務処理の過程で生じた損害 ………………………………… 65

　　1）　偶然損害の賠償 ……………………………………………… 65

　　2）　関連する判例 ………………………………………………… 68

3　労働者の被った損害と民法 670 条の類推適用 ……………………73

　⑴　労働者の賠償請求権の基礎づけ ………………………………73

vii

目　　次

$\qquad$ 1）　分離理論と統一理論 ··· 73
$\qquad$ 2）　他人のためにする行為のリスク責任 ······················· 75
$\qquad$ 3）　人的損害に関する特則 ··· 76
　(2)　判例の基本的な立場 ··· 77
$\qquad$ 1）　蟻 酸 事 件 ··· 77
$\qquad$ 2）　その後の判例（1970 年代まで）····························· 79
$\qquad$ 3）　判例理論の問題点 ·· 81
　(3)　判例理論の新たな展開 ·· 82
$\qquad$ 1）　連邦労働裁判所 1980 年判決 ································· 82
$\qquad$ 2）　判例の類型化 ··· 85
$\qquad$ 3）　本来的な費用の事例 ··· 98

4　労働者による加害と賠償義務の制限 ································ 101
　(1)　労働者の賠償義務の制限の基礎づけ ························· 101
$\qquad$ 1）　危険労働理論 ··· 101
$\qquad$ 2）　他人のためにする行為のリスク責任 ····················· 103
　(2)　判例の展開 ·· 105
$\qquad$ 1）　営業リスク論の台頭 ·· 105
$\qquad$ 2）　全部免責の拡大 ··· 106
$\qquad$ 3）　危険労働性 ·· 109
　(3)　連邦労働裁判所 1994 年の大部の決定 ······················ 110
$\qquad$ 1）　事件の概要と審理経過 ··· 110
$\qquad$ 2）　危険労働の放棄と責任制限の拡張の基礎づけ ··········· 112
$\qquad$ 3）　営業的な惹起（betriebliche Veranlassung）の概念 ······· 115
$\qquad$ 4）　新しい理論の評価 ·· 118

若干の検討——むすびに代えて ·· 126
　(1)　事務処理者の被害類型の均質性 ······························· 126
　(2)　事務処理者の加害類型の均質性 ······························· 129
　(3)　事務処理者の被害類型と加害類型の均質性 ················ 133

第2章　オーストリア法における使用者のリスク責任論の
展開 ··· 139

はじめに ·· 139

1　労働過程で生じた損害に関する法的規制 ······················· 141
　(1)　労働者被害の類型と普通社会保険法 ························· 141

viii

(2)　労働者加害の類型と被用者賠償責任法 ························· 142

　2　使用者のリスク責任 ······································· 143
　　　(1)　判例法理の形成と展開 ····························· 143
　　　(2)　法の欠缺と類推適用 ······························· 146
　　　(3)　雇用・労働契約の有償性とリスク責任 ··············· 147
　　　(4)　DHG の排他的規制 ······························· 150
　　　(5)　小　　　括 ····································· 154

　3　労働者の物的損害 ··· 155
　　　(1)　判例による責任限定基準 ························· 155
　　　(2)　使用者の活動領域と労働者の個人的な生活領域 ·········· 158
　　　(3)　使用者のリスク責任の限定基準 ··················· 164

　4　労働者の人的損害 ··· 167
　　　(1)　ASVG の規定と問題の所在 ······················· 167
　　　(2)　判　　　例 ····································· 169
　　　(3)　学　　　説 ····································· 171

　5　第三者に対する加害 ······································· 177
　　　(1)　第三者に対する加害類型と判例 ··················· 177
　　　(2)　第三者に対する加害と損害の移転 ··················· 182
　　　(3)　DHG の類推適用 ······························· 183
　　　(4)　労働者の訴訟費用・弁護士費用 ··················· 191

　む　す　び ··· 194

第3章　オーストリア一般民法1014条の歴史的沿革とその 適用範囲 ··· 199

は　じ　め　に ··· 199

1　ABGB1014 条の立法史 ····································· 200
　　(1)　委任者の無過失損害賠償責任 ······················· 200
　　　1)　委任と他の契約類型の区別 ······················· 200
　　　2)　委任者の損害賠償責任 ··························· 202
　　(2)　歴史的沿革 ··································· 204
　　　1)　立　法　史 ································· 204
　　　2)　委任者の無過失賠償責任の取扱い ················· 208

ix

目　次

$\qquad$ 3）小　　括 $\cdots\cdots\cdots\cdots\cdots\cdots\cdots\cdots\cdots\cdots\cdots$ 216

$\quad$（3）他の契約類型への準用 $\cdots\cdots\cdots\cdots\cdots\cdots\cdots\cdots$ 217

$\qquad$ 1）事務処理と結びついた雇用・請負契約と ABGB1014 条 $\cdots\cdots$ 217

$\qquad$ 2）ABGB1151 条 2 項の立法史 $\cdots\cdots\cdots\cdots\cdots\cdots$ 217

2　ABGB1014 条の理論的基礎の変遷 $\cdots\cdots\cdots\cdots\cdots\cdots\cdots\cdots$ 220

$\quad$（1）起草者の見解 $\cdots\cdots\cdots\cdots\cdots\cdots\cdots\cdots\cdots\cdots\cdots$ 220

$\quad$（2）初期の学説 $\cdots\cdots\cdots\cdots\cdots\cdots\cdots\cdots\cdots\cdots\cdots$ 221

$\quad$（3）学説の展開 $\cdots\cdots\cdots\cdots\cdots\cdots\cdots\cdots\cdots\cdots\cdots$ 223

$\qquad$ 1）他人のためにする行為のリスク責任論 $\cdots\cdots\cdots\cdots$ 223

$\qquad$ 2）利　益　説 $\cdots\cdots\cdots\cdots\cdots\cdots\cdots\cdots\cdots\cdots$ 227

$\qquad$ 3）「委任者の計算と危険」説 $\cdots\cdots\cdots\cdots\cdots\cdots$ 229

$\quad$（4）リスク責任論をめぐる議論 $\cdots\cdots\cdots\cdots\cdots\cdots\cdots$ 232

$\qquad$ 1）ファーバーの批判 $\cdots\cdots\cdots\cdots\cdots\cdots\cdots\cdots$ 233

$\qquad$ 2）若干の検討 $\cdots\cdots\cdots\cdots\cdots\cdots\cdots\cdots\cdots\cdots$ 238

3　事務管理と ABGB1014 条の類推適用 $\cdots\cdots\cdots\cdots\cdots\cdots$ 241

$\quad$（1）事務管理と ABGB1014 条 $\cdots\cdots\cdots\cdots\cdots\cdots\cdots$ 241

$\qquad$ 1）事務管理に基づく義務 $\cdots\cdots\cdots\cdots\cdots\cdots\cdots$ 241

$\qquad$ 2）損 害 賠 償 $\cdots\cdots\cdots\cdots\cdots\cdots\cdots\cdots\cdots\cdots$ 241

$\quad$（2）事務管理者の被った損害と本人のリスク責任 $\cdots\cdots$ 242

$\qquad$ 1）学　　説 $\cdots\cdots\cdots\cdots\cdots\cdots\cdots\cdots\cdots\cdots\cdots$ 242

$\qquad$ 2）判　　例 $\cdots\cdots\cdots\cdots\cdots\cdots\cdots\cdots\cdots\cdots\cdots$ 245

$\qquad$ 3）社会保険との関連 $\cdots\cdots\cdots\cdots\cdots\cdots\cdots\cdots$ 251

$\quad$（3）事務管理者の損害賠償責任の軽減 $\cdots\cdots\cdots\cdots\cdots$ 255

$\qquad$ 1）民法上の規定 $\cdots\cdots\cdots\cdots\cdots\cdots\cdots\cdots\cdots$ 255

$\qquad$ 2）責任制限の試み $\cdots\cdots\cdots\cdots\cdots\cdots\cdots\cdots\cdots$ 255

む　す　び $\cdots\cdots\cdots\cdots\cdots\cdots\cdots\cdots\cdots\cdots\cdots\cdots\cdots\cdots\cdots$ 257

$\quad$（1）委任者の無過失責任に関する歴史的な沿革 $\cdots\cdots\cdots$ 257

$\quad$（2）委任者の無過失損害賠償責任の理論的な基礎づけ $\cdots\cdots$ 260

$\quad$（3）事務管理と ABGB1014 条の類推適用 $\cdots\cdots\cdots\cdots$ 260

$\quad$（4）我が国への示唆 $\cdots\cdots\cdots\cdots\cdots\cdots\cdots\cdots\cdots\cdots$ 261

第 4 章　スイス債務法におけるリスク責任
$\quad$——委任・事務管理および労働契約を中心として—— $\cdots\cdots$ 263

は　じ　め　に $\cdots\cdots\cdots\cdots\cdots\cdots\cdots\cdots\cdots\cdots\cdots\cdots\cdots$ 263

x

目　　次

1　旧債務法と新債務法……………………………………………………………265

　(1)　旧債務法の成立とその改正………………………………………………265

　　　1)　旧債務法の編纂…………………………………………………………265

　　　2)　民法典と新債務法の成立……………………………………………266

　(2)　委任と事務管理……………………………………………………………268

　　　1)　旧債務法の規定…………………………………………………………268

　　　2)　新債務法の規定…………………………………………………………270

　(3)　事務管理における本人の因果責任……………………………………274

　　　1)　債務法 422 条 1 項の適用要件と賠償の範囲…………………274

　　　2)　因果責任の理論的基礎の展開………………………………………279

　　　3)　事務管理者の報酬請求権……………………………………………282

2　債務法 422 条 1 項の類推適用と理論的基礎の変遷…………………283

　(1)　委任関係への類推適用……………………………………………………284

　　　1)　無償委任における行為の利他性と立法者の過誤………………284

　　　2)　学説上の理論的根拠と有償委任……………………………………288

　　　3)　有償委任における委任者の責任の厳格化………………………292

　　　4)　受任者の不完全履行と委任者の賠償責任………………………295

　(2)　好意関係への類推適用……………………………………………………298

　　　1)　判例によるリスク責任論の採用と同条の類推適用…………298

　　　2)　学説による評価…………………………………………………………301

3　労働契約とリスク責任…………………………………………………………305

　(1)　労働者被害の類型…………………………………………………………305

　　　1)　使用者の配慮義務………………………………………………………305

　　　2)　使用者の賠償責任と社会保険法……………………………………312

　(2)　労働者加害の類型…………………………………………………………315

　　　1)　労働者の賠償責任と債務法上の一般原則………………………315

　　　2)　使用者責任の法的性質………………………………………………316

　　　3)　労働者の賠償責任の軽減……………………………………………320

　(3)　債務法 321e 条の沿革と同条の類推適用による統一的処理…………322

　　　1)　歴史的な沿革……………………………………………………………322

　　　2)　職業リスクと危険労働理論…………………………………………323

　　　3)　債務法 321e 条 2 項の類推適用による統一的処理…………326

　　　4)　小　　括…………………………………………………………………329

む　す　び………………………………………………………………………………331

xi

目　次

第5章　雇傭・労働契約への民法650条3項の類推適用········ 335

はじめに··· 335

1　労働者の損害と使用者の無過失損害賠償責任··············· 336

　⑴　労働者の損害と使用者の責任··································· 336

　⑵　労働者被害の類型と民法650条3項··························· 339

　　1）　民法650条3項の適用範囲································· 339

　　2）　労働者被害の類型への類推適用························ 344

2　使用者の求償権および損害賠償請求権の制限··············· 347

　⑴　使用者責任の適用範囲··· 348

　⑵　求償権および損害賠償請求権の制限理論··················· 360

　⑶　求償権および損害賠償請求権の制限に関する判例········· 371

3　労働者加害の類型と民法650条3項··························· 377

　⑴　民法650条3項と受任者の加害······························· 377

　⑵　労働者加害の類型への民法650条3項の類推適用··········· 379

むすび··· 382

第6章　我が国における事務処理に際して生じた損害の帰属とリスク責任··· 385

はじめに··· 385

1　委任契約·· 387

　⑴　委任者の無過失賠償責任··· 387

　　1）　民法650条3項の根拠と適用範囲························ 388

　　2）　賠償される損害··· 389

　　3）　行為のリスク責任論との関連···························· 392

　⑵　受任者の賠償責任の制限··· 394

　　1）　善管注意義務の適用範囲·································· 394

　　2）　行為のリスク責任と650条3項の類推適用············· 396

2　事務管理·· 399

　⑴　本人の損害賠償責任··· 400

　　1）　問題の所在·· 400

　　2）　物的損害の賠償··· 400

xii

目　次

　　　　3）　人的損害の賠償 ……………………………………………………… 403
　　(2)　事務管理者の賠償責任の軽減 ………………………………………… 407
　　　　1）　事務管理者の注意義務 ……………………………………………… 407
　　　　2）　緊急事務管理者の責任軽減とリスク責任 …………………………… 408
3　雇用・労働契約 ……………………………………………………………… 411
　　(1)　労働者の被った損害と使用者の賠償責任 …………………………… 411
　　　　1）　労災補償と労災保険給付 …………………………………………… 411
　　　　2）　民法上の責任 ………………………………………………………… 412
　　　　3）　無過失賠償責任化への取組み ……………………………………… 412
　　(2)　労働者による加害と賠償責任の軽減 ………………………………… 415
　　　　1）　使用者に対する加害 ………………………………………………… 415
　　　　2）　第三者に対する加害 ………………………………………………… 417
　　　　3）　判例法理の展開 ……………………………………………………… 419
　　　　4）　統一的処理とリスク責任論 ………………………………………… 427

む　す　び …………………………………………………………………………… 429

xiii

労働災害と使用者のリスク責任

第1章　事務処理に際して生じた損害と
　　　　ドイツ民法 670 条

は じ め に

　我が国の民法典は，委任契約に関して，受任者の費用償還請求権だけでなく（650 条 1 項），委任事務を処理する際に被った損害の賠償請求権も明文で規定する（650 条 3 項）。これは無過失損害賠償請求権であって，委任者の過失とは無関係に認められる。そして，このような 650 条 3 項は単に委任契約にのみ適用されるわけではない。これ以外の多くの法領域において 650 条 3 項の準用を定める法律上の規定が存在する。

　すでに民法典自体が準委任（656 条）や業務執行組合員（671 条），遺言執行者（1012 条 3 項）につき 650 条の準用を規定している。さらに，特別法の規定によってこれが準用される場合がある。たとえば，家事事件手続法 124 条・125 条・146 条など（財産の管理者の責任・旧家事審判法 16 条）や商法 552 条 2 項・558 条，会社法 330 条・402 条 3 項・593 条 4 項・598 条 2 項・651 条 1 項・825 条 7 項（役員等の責任）などがそうである。このように 650 条 3 項の適用範囲は一般的に考えられているよりもかなり広い。

　650 条 3 項が明示的に準用される場合でも，その準用の根拠や適用要件および賠償されるべき損害の範囲の限定などについて個別的に検討する必要があろう。しかし，他方では，これが事態に適合するときは，このような明文規定がなくとも解釈上これを類推適用することも考えられて良い。

　この委任者の無過失損害賠償責任の根拠としては，受任者は委任者のために委任者の事務を処理するものだから，委任者はこの事務処理に必然的に随伴する負担から受任者を免れさせなければならない，あるいは，受任者に経済的負担をかけさせないという点にあるとするのが一般的である。そうだとすると，まず第 1 に，受任者が損害を被った場合（被害類型）だけでなく，受任者が事務処理に際して委任者または第三者に損害を与えた場合（加害類型）にも同様のことが妥当しなければならない（同条項の類推適用による賠償義務の軽減）。第

第1章　事務処理に際して生じた損害とドイツ民法670条

2に，事務管理に関しても，原則的には同様のことが妥当する。委任と事務管理は他人の事務処理を行う点では同じであり，両者は単に委託の有無の点で異なるに過ぎないからである。さらに，雇用・労働契約に関しても，解釈上650条3項を類推適用しうる余地があるように思われる[1]。労働者は労働時間に応じた報酬を受け取るだけであり，労務によってもたらされる利益はこの報酬分を除いてすべて使用者に帰する。この意味では，有償委任の場合と同様に，労働者は使用者のために事務を処理するものということもできるからである。

　このような650条3項の類推適用論は我が国ではあまり論じられていない。しかし，たとえば，オーストリア法では，我が国の民法典と同じく，委任者の無過失損害賠償責任が1014条において規定されているが，判例は労働契約関係にも同条を類推適用する（OGH Urteil vom 31. 5. 1983, SZ 56/86）[2]。通説もこれを支持する。また，事務管理に関しては，1014条ではなくて1015条を基礎とする「適切な賠償」を求める請求権を肯定した（OGH Urteil vom 24.8.1995, SZ 68/142）。

　また，スイス法では[3]，委任者の無過失損害賠償責任に関する規定は存在しないが，逆に，事務管理に関して，スイス債務法422条1項が本人の無過失損害賠償責任（因果責任）を定める。判例・通説はこの規定を無償の委任関係に類推適用することを肯定する。他方で，労働関係に関しては，債務法321e条が労働者の注意義務の軽減および賠償額の制限を定める（加害類型）。これは

---

(1)　拙稿「雇用・労働契約における安全配慮義務——給付義務構成への1つの試み——」法学研究（明治学院大学）36号145頁（160頁以下）（1986年）（『安全配慮義務と契約責任の拡張』（1993年）所収185頁以下），同「雇用・労働契約への民法650条3項の類推適用」法学研究49号135頁（187頁以下）（1993年）（前掲書350頁以下）参照。

(2)　拙稿「労働過程で生じた損害の帰属と他人のためにする行為の危険責任」法学研究47号257頁（328頁以下）（1991年）（前掲書282頁以下），同「オーストリア法における使用者のリスク責任論の展開(1)(2・完)」法学志林104巻2号33頁以下（2006年）・3号101頁以下（2007年）参照。

　　もっとも，労働関係に関しては，労働者の被害の類型につき，事故保険法が使用者の免責を規定し，また，労働者の加害の類型について，労働者の不法行為に基づく賠償責任の軽減を定める被用者賠償責任法（Dienstnehmerhaftpflichtgesetz）が存在することに注意を要する。

(3)　拙稿「スイス債務法におけるリスク責任について——委任・事務管理および労働契約を中心として——」法学志林107巻4号1頁以下（2010年）参照。

他の国では見られないスイス債務法の特色の1つである。労働者の被害の類型に関しては，使用者の保護義務を厳格化することにより無過失責任に近い処理がなされてきたが，近時の有力な学説は債務法321e条の類推適用を主張する。ここでは，債務法321e条が存在するから，委任に関する債務法422条1項の類推適用は問題とならない。

このように少なくとも委任契約・事務管理・雇用労働契約の3つの法領域において，結果的に事務処理に際して生じた損害は加害類型・被害類型を問わず統一的に受益者（委任者や本人，使用者）にその損失を帰するという方向性がこれらの国に共通して見い出される。

ドイツ法においても同様の傾向が見られることは，主として労働関係に関してではあるが，すでに論じたことがある[4]。カナーリスはこれの理論的根拠として「他人のためにする危険な行為のリスク責任」論を主張したが，この見解はオーストリア（前掲判例参照）およびスイスの判例（BG Urteil vom 21. 10. 2002, BGE 129 III 181）に影響を及ぼした。そして，ドイツでも，近時，この理論との関連で注目すべき判例が明らかにされるに至った。

そこで，本章では，このようなリスク責任論との関連に着目しながら，委任契約と事務管理，さらに有償の事務処理契約に対象を広げて考察したい。また，近時，労働契約の領域において判例法理の新たな展開がみられるが，これに関しても，前稿との重複をできるだけ避つつ検討することにしたい。

1　無償の事務処理と損害の帰属

(1)　委任・事務管理における費用の償還

事務処理に際して生じた損害の帰属を考察する場合には，その前提として，損害と費用の区別あるいは損害賠償請求権と費用償還請求権との関連を明らかにしておくことが有用であろう。そこで，まず初めに，費用償還請求権について簡単に概観しておきたい。

1)　費用償還請求権の要件

損害は非任意的な財産的犠牲であるのに対して，費用は任意的な財産的犠牲

---

(4)　拙稿・前掲注(2)（法学研究47号）261頁以下（前掲書224頁以下）。

第1章　事務処理に際して生じた損害とドイツ民法 670 条

をいう。670 条は委任に関して費用の償還請求権を規定し，683 条第 1 文はこれを事務管理に準用する。この費用償還請求権の要件は大略，次の通りである。

　(a)　まず初めに，委任に関してであるが，受任者に費用償還請求権が認められるためには，①受任者が当該費用を委任遂行の目的で支出したこと，および，②受任者が当該事情によれば必要（erforderlich）と考えることが許されるような費用であることの 2 つの要件を充足しなければならない。

　(ア)　委任遂行の目的のために支出するという受任者の意思は，大抵の場合には事務処理の外部的な事象から明らかとなる。また，委任遂行の目的に適合的な費用としては，委任の内容により直接的に義務づけられる支出（約束された委任者の債務の支払い）だけでなく，事務処理を準備・促進するような従たる費用（Nebenkosten）（旅費，通信費，補助者のための費用など），さらに，事務処理の必然的な結果として受任者に義務づけられる費用，すなわち不可避的な結果費用（notwendige Folgekosten）もこれに属する。たとえば，受任者によって借入れられた消費貸借の利息や弁済費用，事務処理の結果としての法的紛争のための訴訟費用，事務処理に基づいて受任者が支払わなければならない料金や税金(5)，利息などがそうである。

　(イ)　費用の必要性に関する判断基準は，費用の支出の時点における受任者の状況を基礎として，理性的な行為者の立場から判断して必要なものと考えるこ

---

(5)　RG Urteil vom 1. 2. 1911, RGZ 75, 208［売上税償還請求事件］
　　［事実関係］　ある不動産につき譲渡契約と買主による第三者への転売契約がそれぞれ締結されたが，買主の依頼に基づき売主が転得者との間で直接に物権的合意をしたところ，売主は税務署から税法上の規定に基づき 2 つの契約の売上税（Umsatzsteuer）を請求された。そこで，これを支払った売主が買主に対して自己の負担分を控除した残額の賠償を請求した（なお，転得者は支払不能）。原審は請求一部認容。原告が上告し，被告も付帯上告。
　　［判旨］　上告認容・付帯上告棄却　　買主の依頼に基づいてこのような物権的合意をした場合には，売主は 670 条によっても費用償還を請求することができる。原審は売上税は委任を遂行する目的で支出されたのではなくて，委任を遂行した結果として生じたものであるとして，これは費用に該当しないという。しかし，委任を遂行する目的のために支出されたのではないが，しかし，委任の不可避的な結果として支出され，それ故に，この委任と分離し得ない関連に立つ場合には，受任者の偶然損害が問題となっているのではなくて，真の意味での費用が問題となっているからである。
　　なお，この判決の評価としては，損害には 670 条は適用されないことを基礎としながら，費用概念を拡張したものということができる。

6

とが許されるかどうかである。その際，委任の目的や範囲，費用と利益の均衡性，委任者にとっての委任の重要性，委任者の財産関係や容態などが考慮される。

　客観的には必要でないが，しかし，受任者が過失なしに必要であると考えた費用も償還請求の対象に含まれる。つまり，費用の必要性に関する受任者の無責の錯誤は委任者のリスク負担となる。

　判断の基準時は費用の支出時であるから，支出した後に生じた事情はもちろん必要性の判断に影響を与えない。

　(b)　次に，事務管理者の費用償還請求権についてみると，事務管理の一般的要件すなわち①事務処理であること，②他人のために行うこと，③委任やその他の事務処理権限を有しないことの3つの要件を満たすことが前提となる（677条）。その上で，この事務処理の引受が本人の利益および本人の現実的または推定的な意思に合致する場合には，事務管理者は受任者と同様に（wie ein Beauftragter）費用の償還を請求することができる（683条第1文）[6]。「受任者と同様に」というのは，670条の準用ないし類推適用と同じ意味である。したがって，事務処理の目的での費用支出や費用の必要性などに関しては，委任の場合と同様に解される。

　費用償還請求権の事務管理に特有な要件は，事務処理の引受が本人の利益および意思に適合することである。事務管理の場合には，当事者間の契約に基づかないで一方的に他人の事務が行われるから，押しつけがましい事務処理から本人を守る必要がある。そこで，このような適合性を要求することによって，望まれない干渉から本人を保護したのである。

　この適合性の判断基準時は事務処理の引受の時点である。したがって，その後の具体的・個別的な事務処理が本人の利益や意思に反する場合でも，費用償還請求権は有効に成立する。ただし，この場合には，本人の意思を考慮して本人の利益が要求するように事務を行うべき事務管理者の義務（677条）の違反が問題となりうるが，これは費用償還請求権とは別個の問題である。

---

(6)　683条の要件を満たさない場合には，本人は，この事務処理によって獲得したすべてのものを不当利得に関する規定に従って事務管理者に返還すべき義務を負う。もっとも，本人がこの事務処理を追認した（genehmigen）場合には，事務管理者に683条で規定された請求権が成立する（684条）。

第1章　事務処理に際して生じた損害とドイツ民法 670 条

　利益適合性と意思適合性はともに充足することが必要とされる（累積的な充足）。法文上はこのように解するのが素直であろう。しかし，一部の見解は，単に本人の意思適合性が決定的であり，利益適合性は（第2次的な）推定的な意思を確定するための手段であるに過ぎないと主張する[7]。683 条第 1 文は厳格な主観的原則に依拠したものであり，専ら本人の現実的・推定的な意思が基準となるという。これによれば，利益適合性はないが，意思適合性がある場合には，上記の通説的見解とは異なり，費用償還請求権が事務管理者に認められることになる。望まれない干渉から本人を保護するという観点からすると，この場合に，事務管理者を比較的不利な地位に置き，この者に費用償還を拒否すべき理由は存在しないというのがその理由である。

　なお，通常の事務管理とは異なって，この事務処理が行われないとすれば，本人の公的な利益を内容とする義務や法律上の扶養義務が適時に履行されなかったであろう場合には，本人の意思に反するときでも，事務管理の成立が認められる（679 条）。この場合には，費用償還請求権も意思適合性は問題とならず，利益適合性のみで足りる（683 条第 2 文）。

2）　費用償還請求権と損害賠償請求権の差異

　(a)　ドイツ民法典は，249 条から 255 条において損害賠償請求権の一般原則を定め，256 条および 257 条において費用償還請求権の一般的な規定を置いている。670 条および 683 条による費用償還請求権もこの費用償還の一般規定に服する。

---

(7)　Staudinger/Bergmann, Neubearbeitung, 2006, § 683 Rn. 4 ff., S. 949 f. und Rn. 30 ff., S. 961 f.

　立法史的にみると，第 1 草案 753 条は，事務管理の引受だけでなく，これの実行の種類と方法についても，本人の現実の意思に合致することを要求していた。第 2 委員会では，事務処理の実行については厳格な主観的原則は緩和されたが，しかし，事務処理の引受に関しては相変わらず厳格な主観的原則に従って本人の現実的または推定的な意思に適合すべきものとされた。もっとも，そこでは，「本人が事態を知ったときはその事務処理の引受を認めたであろうことが想定できる場合には」という選択的な規定が置かれていた。

　編纂委員会で初めて事務処理の引受が本人の利益および現実的または推定的な意思に適合すべきことが要件とされた。しかし，ベルクマン（Bergmann）によれば，これは恐らく第 2 委員会の決定を考慮してなされた第 1 草案 753 条の各項の統合という失敗した試みに他ならないという。

1　無償の事務処理と損害の帰属

　これによれば，費用の償還は金銭によって行われる。具体的には，支出された金額，または，金銭以外の物が支出されたときは，支出の時点におけるその物の価値の賠償として支払われるべき金額が費用償還の対象となる。つまり，費用償還請求権は価額賠償請求権（Wertersatzanspruch）であって，原状回復を内容とする損害賠償請求権（249 条 1 項）とはこの点で異なる。

　この償還されるべき金額には原則として支出の時から利息を付さなければならない（256 条第 1 文）。ただし，費用が償還義務者に引渡されるべきもの（Gegenstand）に支出されたときは，そのものの利益や果実が報酬なしに償還権利者に残っている間は，利息を支払う必要はない（256 条第 2 文）。

　償還権利者が一定の目的のために債務を負担したときは，この債務からの免責（Befreiung）を請求することができる。この債務がまだ弁済期にないときは，償還義務者は免責に代えて，彼に担保を給付することができる（257 条）。

　さらに，債権一般に妥当する留置権（273 条）や相殺権（387 条）も費用償還請求権に適用されることはいうまでもない。

　(b)　これに対して，損害賠償請求権に関する規定は費用償還請求権には適用されない。たとえば，254 条の過失相殺は費用償還請求権には適用されない[8]。ただし，後に見るように，損害を費用と同視して 670 条に基づいて請求する場合には，254 条が類推適用される[9]。これが従来の判例・通説の見解であるが，近時，本来的な費用償還請求の場合でも，オールオアナッシングの原則から離れて，一定の場合には費用償還の範囲を割合的に定めるべきだとする見解が主張されている[10]。たとえば，事務処理者が一部自己の目的を追求していた場合，あるいは，効果のない費用を軽過失で必要なものと考えた場合，膨大な費用や不均衡な費用を支出する際に委任者に照会すべきであるにも拘わらず，これを怠った場合などには，この見解によれば，割合的な費用の償還が認められるこ

---

(8)　Staudinger/Martinek, Neubearbeitung, 2006, §670 Rn. 4, S. 294 ; BGB-RGRK/ Steffen, 12. Aufl., 1978, §670 Rn. 24, S. 48 ; BGH Urteil vom 16. 12. 1952, BGHZ 8, 222 (235).

(9)　Vgl., BAG Urteil vom 8. 5. 1980 (3 AZR 82/79), BAGE 33, 108 (112), NJW 1981, 702 (702 f.).

(10)　Erman/Ehmann, 12. Aufl., 2008, §670 Rn. 35, S. 2897 ; Palandt/Sprau, 64. Aufl., 2005, §670 Rn.6, S. 1046.

9

第1章　事務処理に際して生じた損害とドイツ民法670条

とになる。

3)　労務給付の価値と費用償還請求

　費用償還請求権と関連して，事務処理に必要な労務給付の価値が費用に属するかが問題とされる。他人のためにする任意的な財産的犠牲という費用の一般的な定義からすると，事務処理者による労働力の投入も原則的には費用に属する[11]。しかし，どのような場合にこのような費用償還請求権が認められるかは，費用の定義ではなくて，むしろその都度の法律関係に適用される規範の意義や目的によって判断されなければならない[12]。

　(a)　たとえば，委任関係に関しては，受任者の労務給付それ自体の費用該当性は否定される[13]。労務給付に対する費用償還を認めるとすれば，委任契約の無償性と矛盾するからである。委任の遂行のためには受任者の職業や生業に関連する活動が必要とされ，そのために受任者に収入の脱落（Verdienstausfall）が生じた場合でも，同じことが妥当する[14]。

　しかし，これと異なり，追加的な給付（zusätzliche Leistung），すなわち委任の遂行から受任者のさらに別の活動の必要性が生じ，委任者がこれを望んだ場合には，この追加的な労務給付に対する報酬を費用として請求することができると一般的に解されている。このような活動はもはや無償で給付すべき領域に属しないからである。たとえば，他人の財産の管理を無償で引き受けた弁護士がこの管理の途中で訴訟を行う場合がそうである。

　もっとも，これが認められる範囲ないし要件については見解が分かれ，このような追加的給付が受任者の職業的な活動領域に属する場合に限るとする見解[15]，取引観念上は無償でなされないような給付であれば足りるとする見

---

(11)　Staudinger/Bittner, Neubearbeitung, 2009, §256 Rn. 5 f., S. 27 f.

(12)　BGH Urteil vom 12. 10. 1972, BGHZ 59, 328 (330). ここでは，瑕疵の除去のために注文主のなした労務給付が633条の意味での費用に該当するかが争われたが，連邦通常裁判所はこれを肯定した。

(13)　これの法律上の例外としては，1835条3項があげられる。これによれば，後見人または後見監督人の生業または職業に属するような労務は費用とみなされる。

(14)　BGH Urteil vom 14. 12. 1987, NJW-RR 1988, 745(746 f.).

(15)　Palandt/Sprau, a.a.O.(Fn.10), §670 Rn. 3, S. 1046 ; Staudinger/Martinek, a.a.O.(Fn.8), §670 Rn. 10, S. 296 f. ; Staudinger/Wittmann, 12. Aufl., 1991, §670 Rn. 7, S. 68 ; Erman/Hauß, 7. Aufl., 1981, §670 Rn. 2, S. 1810 ; Erman/Ehmann, a.a.O.(Fn.10),

1　無償の事務処理と損害の帰属

解[16]などがある。また，近時，これを現実的または推定的な当事者意思の観点から考察すべきだとする見解[17]も主張されている。

(b)　事務管理の場合には，たとえば，意識を失った通行人を救助するために，医者が診療時間を取りやめた場合のような収入の脱落がまず第1に問題とされる。ここでは，これが任意的な財産的犠牲に属し，事務管理者はこれを費用償還請求しうることに異論は見られない。上記の事例では，事務管理者たる医師の本来取得できたはずの診療報酬が犠牲にされているが，当該事務処理が事務管理者の中断された職業的活動と同じでない場合でも同様のことが妥当する。

さらに，このような収入の脱落が存在しないときでも，事務管理者は報酬（Vergütung）を請求しうるかどうかが問題とされる。たとえば，上記の事例において，医師が休日あるいは診療時間終了後の散歩中であったような場合である。ここでは，犠牲にされた時間や労働力に対する費用償還請求権または報酬請求権それ自体が問題となる。

判例・通説はこれを原則として否定する。事務管理の利他的・隣人愛的な性質や，事務管理者に契約と同じ利得のチャンスを与えるものではないという事務管理の意義，683条による670条の参照指示などから，事務管理の無償性が導かれるからである。

しかし，例外的に，判例・通説は上記の医師の例のように当該事務処理が職業的・生業的な活動領域に含まれる場合には通常の報酬の請求権を事務管理者に認める[18]。間接的な財産的費用，あるいは後見人の労務を費用と看なしている1835条3項の類推適用，贈与意図のある場合の請求権の不成立を定める685条1項の反対解釈などがその根拠とされる。なお，ここでは，委任の場合のような追加的な給付の要件はもちろん問題とならない。

これに対して，有力説は，事務処理の引受が報酬と引き換えにのみ期待され

---

　　§ 670 Rn. 6, S. 2889 f. ; Hk-BGB (Nomos Kommentar) / Schulze, 5. Aufl., 2007, § 670 Rn. 4, S. 891 f. ; Esser/Weyers, Schuldrecht II, 8. Aufl., 1998, § 35 III 2, S. 318.

(16)　BGB-RGRK/Steffen, a.a.O.(Fn.8), § 670 Rn. 11, S. 45.

(17)　Köhler, Arbeitleistungen als "Aufwendungen"?, JZ 1985, 359 (360 f.).

(18)　Staudinger/Bergmann, a.a.O.(Fn.7), § 683 Rn. 58 ff. m.w.N., S. 974 ff.. もっとも，ベルクマンは，職業的・生業的な活動領域という要件に追加して，市場不機能（Marktversagen）の事例，すなわち具体的な状況において有償の事務処理に関する契約締結の可能性が存在しない場合に限るとする。

第1章　事務処理に際して生じた損害とドイツ民法670条

る場合には，職業的な事務管理者に限らず非職業的な事務管理者にも適切な報酬を認める[19]。これは事務管理の有償性をこの限度で肯定する点において，事務管理の無償性を前提とする判例・通説とは決定的に異なる。

　この有力説は683条による670条の準用は編纂上の誤り（redaktioneller Fehler）に基づくという認識を基礎とする。すなわち，債務法の部分草案の編纂者であるフォン・クューベル（von Kübel）は，当時の実務と一致して，「支払われるのが通常であるような行為」に関して事務管理者の報酬請求権を認めた（事務管理の部分草案238条）。しかし，このような当初の意図は変更されないままであったにも拘わらず，第1草案ではこのような規定は置かれなかった。また，事務管理者の費用償還請求権は委任法の準用によって規定された（第1草案753条）。当時，委任は有償とされ，報酬支払請求権（第1草案586条）と費用償還請求権（第1草案595条）は別個に定められていたから，費用に報酬は含まれない。したがって，委任法の規定の準用によって，事務管理者の費用償還請求権も報酬を含まないことになる。これが第1の編纂上の誤りである。しかし，それにも拘わらず，「委任の遂行が事情により報酬と引換にのみ期待されるべき場合には，報酬は黙示で合意されたものと看なされる」とされていたから（第1草案586条第2文），事務管理の場合の費用概念を広く理解して，適切な場合には報酬も費用に含めるのが立法者の見解であると解する余地はあった。

　さらに，第2草案では，有償の事務処理（有償委任）はすでに雇用・請負の領域で規定されているという単に法技術的な理由で委任の領域から除外されて，これに関する独立的な規定が置かれた（第2草案606条・現675条）。その結果，委任は無償に限定された。それにも拘わらず，第2草案は事務管理に関して委任規定の準用をそのままにした（第2草案614条）。これによって，上記のように費用概念を広く理解することもできなくなった。これが第2の編纂上の誤りである。

　そこで，黙示的な報酬の合意に関する612条1項（雇用）・631条1項（請負）の類推適用または修正的な解釈の方法によって，これらの編纂上の誤りを

---

(19)　Wollschläger, Die Geschäftsführung ohne Auftrag, 1976, S. 314 ff. ; Münchener/ Seiler, 5. Aufl., 2009, §683 Rn. 25, S. 2690 ; Fikentscher/Heinemann, Schuldrecht, 10. Aufl., 2006, Rn. 1273, S. 633.

除去し立法当初の意図を実現するように解釈すべきであるという。

通説的見解では，委任・事務管理のいずれも無償性から出発するにも拘わらず，報酬の取扱いを異にする理由は必ずしも明らかではない。これに対して，有力説では，事務管理は委任とは異なって必ずしも無償ではなく，このことから報酬の取扱いの差異も首尾一貫して説明することができる点で優れているように思われる。

なお，近時，本人の利益と現実的・推定的な意思の合致を要件とする 683 条第 1 文からすると，事務管理の場合にも契約理論的に理解できるとして，当事者の推定的な意思の探求によって決定すべきだとする見解[20]もみられる。

このように事務管理に関しては一定の場合に労務報酬を認める点では判例・学説の見解は一致する。さらに，事務管理の無償性それ自体を否定する見解もある。そうだとすると，次に見るように事務管理の無償性を強調して本人の偶然損害の賠償責任を基礎づけることは必ずしも適切ではないといえよう。

(2) 受任者・事務管理者の被った損害

委任事務を処理する際に両当事者の過失なしに受任者に損害が生じた場合，委任者はこの偶然損害（Zufallsschäden）に関して賠償責任を負うか。この点については，ローマ法上大きな論争の対象とされ，その後の各国の立法においても種々の異なる取扱いがなされている[21]。ローマ法では，パウルスは売買され

---

(20) Köhler, a.a.O.(Fn.17), S. 362 ff. 具体的には，個々の事例の事情を考慮して判断されるが，専門的な活動と非専門的な活動の間の区別は一定の類型化に役立つとして，次のように述べる。

　(ア) 専門的活動すなわち事務管理者の職業または生業的な活動に属する場合には，原則として報酬の合意が肯定される。しかし，贈与意思が存在する場合，当該事務処理の有用性が報酬額を下回る場合（本人の利益や意思との不一致）や事務管理の結果の不達成（関連する契約類型の給付障害の規定の類推適用）の場合には，報酬請求権は否定される。

　これに対して，(イ) 非専門的な活動の場合には，逆に，贈与意図が肯定されるべきである。ただし，事務処理の有用性が報酬額を超える場合すなわち本人の利益確保に役立つ場合には，相当な契約締結に至るであろうから，報酬の請求は認められる。

(21) 我が国の最近の文献としては，野田龍一「民法 650 条 3 項の適用範囲について──比較法制史的考察──」法学論叢（福岡大学）37 巻 2・3・4 号 1 頁以下（平成 5 年），一木孝之「受任者の経済的不利益等に対する委任者の塡補責任(2)──民法 650 条および『無過失損害賠償責任』に関する一試論──」國學院法学 46 巻 1 号 1 頁以下（平成 20 年），

第1章　事務処理に際して生じた損害とドイツ民法 670 条

た奴隷の窃盗の場合を除いて，偶然損害の賠償を否定した。これに対して，アフリカヌスはこれを肯定する。フランス民法 2000 条は受任者の被った損害すべてについて賠償を認めるが，オーストリア民法は委任の遂行と結びついた損害と事務処理に際して生じた損害を区別し，前者については委任者の無過失責任を認め（1014 条），後者については，無償で引き受けた受任者は，有償委任であれば支払われるであろう報酬の最高額をこれの賠償として請求しうるとする（1015 条）。また，スイス債務法では委任者の厳格な責任は否定される。ここでは，単に過失の挙証責任の転換がなされるに過ぎない（402 条 2 項）。ただし，事務管理については，委任の場合とは異なって，本人は無過失損害賠償責任を負う（422 条 1 項）。

　ドイツ民法典はこれらと異なり，このような損害の賠償に関して明文の規定を有しない。しかし，注目すべきことに，その後の判例・学説の展開によって，このような委任者の無過失損害賠償責任が解釈上肯定されるに至っている。まず初めに立法過程での議論を見た上で，判例・学説の展開を考察することにしよう。

　なお，ここで扱う主要な判決は次の通りである。便宜的に判決番号と事件内容を想起しうるように事件名を付した。引用に際してはここでは単に判決番号を用いる。

　同「事務管理者に生じた経済的不利益等の塡補をめぐる史的素描──『事務処理法としての不利益塡補責任』考察のための基礎的作業として──」早稲田法学 84 巻 3 号 149 頁以下（平成 21 年）などがある。

1 無償の事務処理と損害の帰属

判決番号	判 決 年 月 日	出 典	事 件 名
[1]	ライヒ裁判所 1909 年 4 月 5 日	JW 1909, 311	居酒屋店主救助委託事件
[2]	ライヒ裁判所 1914 年 3 月 31 日	JW 1914, 676	傷害犯追跡委託事件
[3]	ライヒ裁判所 1918 年 11 月 28 日	RGZ 94, 169.	犬の捕獲委託事件
[4]	ライヒ裁判所 1920 年 2 月 26 日	RGZ 98, 195	消火活動委託事件
[5]	ライヒ裁判所 1924 年 12 月 20 日	JW 1927, 441	銃撃犯監視委託事件
[6]	ライヒ裁判所 1928 年 11 月 19 日	RGZ 122, 298	消防団員負傷致死事件
[7]	ライヒ裁判所 1931 年 1 月 5 日	JW 1931, 3441	馬の治療補助委託事件
[8]	ライヒ裁判所 1936 年 11 月 2 日	JW 1937, 152	泥酔客再入店阻止委託事件
[9]	ライヒ裁判所 1941 年 5 月 7 日	RGZ 167, 85	自動車転落事故救助事件
[10]	ライヒ裁判所 1943 年 11 月 12 日	DR 1944, 287	トレーラー連結作業事故救助事件
[11]	連邦通常裁判所 1957 年 3 月 28 日	VersR 1957, 388	ベルリン古紙輸送事件
[12]	連邦通常裁判所 1960 年 5 月 30 日	NJW 1960, 1568	組合員賠償請求事件
[13]	連邦通常裁判所 1960 年 11 月 7 日	BGHZ 33, 251	精神病者襲撃救助事件
[14]	連邦通常裁判所 1962 年 11 月 27 日	BGHZ 38, 270	衝突事故回避負傷事件
[15]	連邦通常裁判所 1962 年 12 月 6 日	BGHZ 38, 302	親子喧嘩阻止負傷事件
[16]	連邦通常裁判所 1965 年 3 月 16 日	BGHZ 43, 188	無灯火自動車制止負傷事件
[17]	連邦通常裁判所 1969 年 5 月 19 日	BGHZ 52, 115	ホテル強盗犯逃走阻止委託事件
[18]	連邦通常裁判所 1972 年 2 月 17 日	MDR 1972, 487	ボート損傷事件
[19]	連邦通常裁判所 1984 年 10 月 10 日	BGHZ 92, 270	肥だめ転落者救助事件
[20]	連邦通常裁判所 1993 年 5 月 4 日	NJW 1993, 2234	消防士消火後負傷事件

1) 立法過程での議論

(a) すでに民法典の第 1 草案の段階において，委任者の無過失損害賠償の規定は存在しなかった。プロイセン普通法（ALR）81 条は代理の場合につき「代理人が損害を被る危険にさらされることなしに本人の指図を処理することができない場合には，単なる偶然損害も賠償されなければならない」と規定していたが[22]，これに相当する規定は拒否された。委任者が委任遂行の際に偶然に

――――――――――――

(22) Vgl., RG Urteil vom 28. 11. 1918, RGZ 94, 169 (171).

第1章　事務処理に際して生じた損害とドイツ民法 670 条

よって被った受任者の損害をどの程度負担しなければならないかについては，「問題となる事例が多様であるが故に，法律による判断を与えることはできない」というのがその理由である[23]。

　(b)　第 2 委員会では[24]，委任者の賠償義務に関して 2 つの新たな提案がなされた。第 1 の提案は，「委任者は，直接的に事務処理によって，またはこの事務処理と分離し得ない危険から生じた受任者の損失に関してこれを賠償すべき義務を負う」という規定を置くというものである。また，第 2 の提案によれば，「委任の内容によれば事務処理から分離できない危険から生じた受任者の損失に関しては，委任者は受任者に賠償しなければならない」と定めるべきものとする。

　この第 1 の提案の目的はドイツ普通商法典（ADHGB）93 条 1 項に相当する規定を委任に関して置くことにある。つまり，普通法では組合と委任は異なって扱われているが，上記の規定の範囲内で委任者の賠償義務を認めることによって，両者の同等な扱いを実現しようとするものである。受任者は委任者の計算と危険において行為しており，委任者が自らこの事務を処理する場合には，この危険は委任者に生ずる。このような危険を受任者に転嫁することは好意を基礎とする委任の本質と矛盾する。受任者は事務処理と関連して取得したすべての利益を委任者に返還しなければならないが，そうだとすると，これに関連する不利益は受任者に賠償されることがこのような受任者の返還義務と調和するというのがその理由である。

　第 2 の提案は本質的には第 1 提案と異ならない。しかし，「直接的」という表現を回避し，「直接損害」「間接損害」を区別していないこと，および，事務処理の他の方法によればこの損失を回避できた場合には賠償義務が否定される点で（「委任の内容によれば」という要件の不充足），両者の差異が存在する。

　第 1 の提案者は第 2 提案を有利にするために第 1 提案を撤回した。そして，第 2 提案が採決に付されたが，多数意見は次のような理由によってこれを拒否した。

---

(23)　Mugdan, Die gesammten Materialien zum Bürgerlichen Gesetzbuch für das deutsche Reich, Bd. 2, 1979, S. 302.

(24)　Mugdan, a.a.O.(Fn.23), S. 951 ff..

1　無償の事務処理と損害の帰属

　まず第1に，事務処理によって惹起された損害の賠償をすべての場合に認めることは一般人の生活観念に合致しない。事務処理に際しての屋根瓦の落下や鉄道事故による損害などは賠償が認められるべきではない。

　第2に，賠償問題の判断は，基本的には，契約締結者が当該損害を予見可能なものとして，あるいは少なくとも考え得るものとして計算に入れたかどうか，どの範囲で計算に入れたかに依存する。具体的には，①両当事者または受任者が念頭に置いていた損害が問題となっている場合には，受任者に委任の危険を課すことが取引観念と一致する。受任者はこの危険を知っているにも拘わらず，この委任を引き受けたからである。これと異なり，②委任者のみがこの危険を知っており，これを受任者に注意させなかった場合には，委任者は信義則上の義務の違反に基づく賠償責任を負う。

　第3に，このことを前提とすると，両当事者または受任者がこの危険を知らなかった場合ということになるが，このような事例の多くは費用償還に関する一般的な原則によってこの提案の追求する目的を達成しうるが故に，法律上の特別な規定は不要である。たとえば，受任者が委任遂行の際に健康損害を被った場合には，この法益の犠牲に関して，財産的犠牲と同じように賠償請求することができる。受任者の被った損失が彼によって意図的に惹起されていないことを理由に，費用に該当しないということはできない。受任者は危険と結びついた行為を意図的に行ったのであり，受任者がこの危険を知らなかったことは彼の費用償還請求権にとってはどうでもよい。

　また，委任者が費用の償還よりも多くの義務を負うことを望んだということはできないし，この提案の限られた範囲であるにせよ危険責任を委任者に課すことは法感情と矛盾する。

　このような理由から，第2委員会では第2提案は否決された。そして，第2読会でも同様の提案が繰り返されたが，上記の理由以外に，とりわけ新しい商法典の草案でもドイツ普通商法典93条1項の削除が提案されていることを理由として再び拒否された[25]。もっとも，同条は商法典（HGB）110条1項に引き継がれているから，この点の理由付けは結果的に誤っていることは明らかで

---

(25)　Mugdan, a.a.O.(Fn.23), S. 953.

第 1 章　事務処理に際して生じた損害とドイツ民法 670 条

ある[26]。

　(c)　委任者の賠償責任をめぐる立法過程における議論はこのようなもので
あった。第 1 草案では事例の多様性を理由に立法化が断念されたが，これは委
任者の賠償責任を全面的に否定するものではない。そうではなくて，どのよう
な場合にこれを認めるべきかの判断を判例や学説に委ねたといえる。これに対
して，第 2 草案では，このような危険責任を委任者に課すことは法感情に一致
しないとされた。もっとも，費用概念の拡張と費用償還請求権による償還の可
能性を示唆している点が注目される。

2)　ライヒ裁判所の判例

　(a)　ライヒ裁判所は当初このような委任者の責任を否定した。たとえば，
[1]判決がそうである。

　事案は，ある居酒屋の主人が閉店時間が過ぎたので出て行くようにお客に要
請したところ，逆上した 2 人の若い職人に刺された。万が一の時の手助けを要
請されていた原告が主人の叫び声を聞いて急いで助けに行ったが，その際，
ビールグラスで殴られ，ナイフで刺されて重傷を負ったというものである。

　裁判所は原告の主人に対する損害賠償請求を否定した。第 2 委員会の多数意
見は，受任者と委任者がこの損害を予見できた場合には，この危険を知りなが
ら委任を引き受けたが故に，この委任のリスクをも受任者に課すことが取引観
念に合致するということから出発しており，受任者に損害の賠償を認めること
はこのような立法者の意思に反するというのがその理由である。このように損
害の賠償を否定する場合には，このような健康や身体的な完全性の犠牲を費用
と考えることができるかがさらに問題となるが，これも否定されるべきである。
費用とは一定の目的の達成のためになされた自由な意思に基づく立替金
（Auslage）または財産的価値の犠牲をいうからである。また，原告はこのよう
な健康についての犠牲を望んでいなかったし，670 条においてこれを費用概念
に含めて解釈することは，とりわけ委任者の費用前払義務に関する 669 条と整
合しないと判示した。

　これと同様に受任者の賠償請求を否定するものとしては，ライヒ裁判所 1910

---

(26)　Vgl., Honsell, Die Risikohaftung des Geschäftsherrn, Festgabe für Lübtow, 1980, S.
　　485 (S. 494, Fn. 48).

1 無償の事務処理と損害の帰属

年7月9日判決（JW 1910, 803）があげられる。ただし，事案の詳細は明らかでないとともに，判旨もごく簡単に，一定の目的の達成のための，自由な意思に基づく立替金と財産的価値の犠牲のみが費用として理解されるべきだと述べるにとどまる。

　(b)　その後，ライヒ裁判所は黙示的な責任引受を根拠として，委任者の責任を肯定するに至った。上記の[1]判決も特別な事情のある事案につき黙示的な責任引受を肯定しうることを認めていたが，[2]判決はこれを具体的事例において認定し，委任者の責任を肯定した。

　事案は，ある警察官が酒場での乱闘を職務上制止しようとした際にナイフで刺され，逃走した犯人を追跡する際に一緒に来て犯人を教えることをお客に依頼したところ，これに応じた客がその途中でナイフで左目を刺されて失明した。そこで，この被害者は被告たる自治体に対して損害の賠償を請求したというものである。

　裁判所は次のように判示してこの請求を認めた。すなわち，警察官の依頼に基づいて，原告と被告たる自治体の間に公的な利益での援助給付（Hilfeleistung im öffentlichen Interesse）を内容とする契約関係が有効に成立し，これは本質的には委任法の原則により判断される。この契約関係は原告が警察官と一緒に来て，彼に犯人を教えることを内容とするが，しかし，このような委託は公的な利益のために彼の健康を危険にさらすことを命じ，委任者たる被告の義務は法的な必然性を伴って（mit rechtlicher Notwendigkeit）委任の遂行によって原告に生じたすべての損害に関して責任を負うということを含んでいたと考えるべきである。

　このように本件では黙示的な責任引受が認められたが，その後，[3]判決[27]

------

(27)　[3]判決の概要は次の通りである。
　　[事実関係]　パッサウでうろついている狂犬病の疑いのある犬の捕獲を警察署長から委託された皮剝職人（Wasenmeister）が捕獲する時にこの犬に嚙まれて右手に重傷を負った。そこで，これによる損害の賠償をパッサウ市に請求。原審は損害の半額につき請求認容。原告が上告。
　　[判旨]　上告棄却　このような事実関係からは，当事者意思によれば，原告によって無償で引き受けられた委任の遂行によって原告が被った損害に関して，被告たる市自治体は，この損害が委任の遂行と当然に（naturgemäß）結びついた危険によって生じ，受任者たる原告の過失によって惹起されたのではない限りで，弁償するつもりであった

第1章　事務処理に際して生じた損害とドイツ民法 670 条

や [5] 判決[(28)]，[7] 判決[(29)] なども同様にこの黙示的な責任引受によって事案を解決した。

（c）　さらに，黙示的な責任引受ではなくて，一定の損害を費用と同視することによって，670 条による委任者の責任が肯定されるに至った。[4] 判決の見

し，そうすべきであるという結論を引き出すことができる。このように解することは 157 条に適合する。また，立法者は事例の状況に応じて委任者のこのような責任を認めることを判例に委ねたのだから，本件事例においてこれを肯定しても 670 条の違反は問題とならないし，むしろ逆に，同条の目的や内容によって支持される。

なお，結論的には，原告の過失を理由に，254 条により 2 分の 1 を減額。

(28)　[5] 判決の概要は次の通りである。

[事実関係]　ある飲食店で喧嘩相手を撃った鉱山労働者が警察官によって逮捕された。この警察官が店の電話室から警察署に連絡する間，彼は居合わせた知人の肉職人に店の台所で監視することを依頼した。肉職人がこれを引き受けて台所で犯人を監視している時に，彼はナイフで刺されて死亡した。そこで，遺族である妻と子供が国に対して損害賠償を請求。原審は請求棄却。原告が上告。

[判旨]　破棄差戻し　控訴裁判所は，受任者自身の損害だけでなく，彼の家族に生じた損害についても委任者が責任を負うというような広範囲な内容の合意は認められないとするが，これは不当である。他人のために危険な委任を引き受ける際に，その危険に関する委任者の責任について―黙示的な―合意を行った父が，悪い結末の場合に関して，この合意を彼の扶養義務者である家族の保障にも拡張するつもりであるということはほとんど必然的な結論である。

(29)　[7] 判決の概要は次の通りである。

[事実関係]　被告の所有する馬が麻痺を伴う筋肉痛（Nierenschlag）に罹ったので，留守中の被告のために，母親が電話で獣医を呼び，また自分の農場で働いている原告に，他の者と一緒に馬を支えることを要請した。その馬が突然原告の立っている側に傾いた時，他の者は手を放したが，原告は 1 人でこの馬を支えようとした。しかし，彼は馬の転倒を阻止することはできなかった。原告はこれによりヘルニアに罹患し，手術したが完治しなかった。そこで，原告は被告に対してこれによる損害の賠償を請求した。原審は請求認容。被告が上告。

[判旨]　上告棄却　原審は，黙示的な代理権の授与によって，被告と原告の間に委任契約が成立したこと，および，原告のヘルニアの罹患がこの委任の遂行によることを認定しており，これは正当である。

また，控訴裁判所の認定事実によれば，原告による委任の遂行は初めから（von vornherein）このような損害の危険（援助者の健康被害または身体侵害）と結びついていたこと，および，この危険性は両者によって考慮されていたに違いないし，考慮されていたことが認められなければならない。この事実上の基礎に基づいて，民法 157 条により，委任者が受任者に委任の実行によって生じた損害に関する総額を黙示的に引き受けたという契約解釈が正当化される。

20

解がそうである。

　事案は，ある自治体において火災が発生し，市長は救助作業や消火活動の指揮者として他の者を含めて原告に援助を要請した。燃えている家の屋根の上にいた原告は，煙突の倒壊によって重傷を負った。そこで，原告は被告たる自治体に対して損害の賠償を請求したというものである。

　裁判所は私法上の委任関係の存在を認めた上で，次のように判示した。すなわち，損害の危険が委任の遂行と当然に（von selbst）結びついており，かつ，この事務処理の特別な危険（besondere Gefahr）として両当事者によって初めから計算に入れられていたに違いないような損害が問題となっている場合には，事例の特別な状況が存在し，このような損害は670条の費用と同じと看なすべきである（gleich zu achten sein）。これに対して，委任遂行のための旅行に際しての鉄道事故による損害は，旅行の一般的な危険（allgemeine Gefahr）のみが問題となっており，費用としてこれを賠償する必要はない。

　このように[4]判決は損害と費用を同視するに至ったが，この見解はさらに[8]判決[30]，[9]判決[31]および[10]判決[32]などによって採用された。なお，後二

---

(30)　[8]判決の概要は次の通りである。
　　[事実関係]　原告は被告たる飲食店主から泥酔して追い出されたAが再び戻ってくるのを阻止することを依頼された。実際にAが戻ってきた時に，原告はAともみ合いになり，玄関前の階段の下に落ちた。その際，原告の陳述によれば，原告の左手がAの口の中に入り，左の人指し指の最後の関節が噛み切られた。化膿した腱が取り除かれて，最終的には，残りの人指し指と親指が硬直したままになった。そこで，原告は被告に対して損害賠償を請求した。原審は請求棄却。原告が上告。
　　[判旨]　破棄自判　　受任者が委任の遂行のために危険に陥り，彼が自分で保護することができない健康侵害を被った場合には，彼はこれによって自己の法益を犠牲にした。たとえ670条がその範囲を受任者が彼の理性的な判断により制限することができるような金銭または金銭的価値についての任意的な費用を念頭に置いているとしても，この規定を健康損害のような他の種類の費用（Aufwendungen anderer Art, wie Gesundheitsschäden）に類推適用することは許されるし，本件のような事例群においては必要である。
　　契約関与者によって計算に入れられるに違いないような危険が委任の実行と不可分的に結びついている場合には，通常は補充的契約解釈の方法で委任者の責任引受の意思を確定することができる。しかし，本件のような事例では，関与者が事態の成り行きを詳細に予見し，受任者にどのような健康損害が生ずるかを考慮することは通常できない。
(31)　[9]判決の概要は次の通りである。
　　[事実関係]　自動車の運転手が操作を誤り道路脇の川に転落した。同乗者の1人であ

第1章　事務処理に際して生じた損害とドイツ民法670条

者は事務管理に関するものである。

　(d)　受任者や事務管理者の被った損害に関するライヒ裁判所の判例の流れは大略このようなものである。

　(ア)　事例類型的にみると，警察官や市長などから公的な利益のために援助協力を求められ，その際に負傷したという事例の多いことが特に目に付く。逮捕された犯人の監視，犯人追跡や消火活動への援助協力，狂犬病の犬の捕獲など様々であるが，裁判所はいずれも委任関係の存在を認める。

　同じような事例はわが国でも考えることができよう。たとえば不発弾処理に際して巡査から防火活動への参加を要請された者が不発弾の爆発によって負傷

るＡは車から脱出し，泳げないために，大きな声で助けを求めた。ＢとＣが助けるために水に飛び込んだが，Ｂはその途中で溺死した。そこで，Ｂの遺族である妻と子供が被救助者Ａおよびその夫に対して損害賠償を請求した。原審は請求認容。被告が上告。
　［判旨］　破棄差戻し　　①本件では，委任ではなくて，事務管理が成立する。婚姻の本質からすると，妻の救助は夫の利益と意思に適合するから，事務管理は妻だけでなく夫に対しても成立する。
　原審は黙示的な責任の合意を持ち出すが，事務管理の場合には，本人は法律行為的に何も関与していないから，この余地はない。判例は，特に救助活動の場合のように，委任と結びついた危険から健康損害が生ずるような事例に関して，すでにこのような健康の犠牲を670条の意味での費用の概念の下に組み入れた。670条のこの解釈は，683条に基づいて事務管理に関しても妥当しなければならない。
　②この賠償請求権は事務管理者の犠牲（死亡）によって直接的に打撃を受けた者に成立する。この人的範囲は844条・845条の類推適用によって限定される。
　③ライヒ保険法による保険給付によって，遺族の賠償請求権が保険者に移転したかどうかが問題となるが，原判決はこの点の事実認定が欠けている。
(32)　［10］判決の概要は次の通りである。
　［事実関係］　被告のトラック運転手が原告の敷地で積荷作業をしていた。トレーラーとトラックの連結作業は1人で行うことができなかったので，運転手は原告に手伝うことを要請した。しかし，原告は腕を負傷していたため，自分に代わって彼の労働者Ａに手伝わせた。連結作業中にトレーラーの連結器がトラックの留め金から突然離脱し，この間にいたＡが押しつぶされそうになった。原告は急いでそこに行きＡを救助したが，その際，原告の左腕が2つの車の間で押しつぶされた。原告はこれによる損害の賠償を被告に請求した。原審は原告の請求認容。被告が上告。
　［判旨］　上告棄却　　Ａは一時的にせよ被告の営業の中で活動しており，この限りで被告はＡに対して営業リスクから保護すべき義務を負う。差し迫った生命の危険からＡを救助することによって，原告は被告の事務を処理した（事務管理の成立）。とりわけ救助作業のように，健康損害がこの事務処理と結びついた危険から生ずる場合には，これも費用に属しうる。

1 無償の事務処理と損害の帰属

したという事例が裁判上問題とされた[33]。ここでは国賠法1条に基づく損害賠償請求権が主張されているが，国との間に委任関係が存在するとすれば，650条3項に基づく賠償請求権の行使が可能となろう。この場合には，国賠法1条とは異なり，公務員の過失は要件とはならない。

（イ）受任者や事務管理者の損害賠償請求権の基礎づけに関しては，黙示的責任引受説と費用同視説の2つに分かれる。

黙示的な責任引受説は契約の補充的解釈（157条）を基礎とするものであり，個々の事例における事情からこのような責任引受を認めることができる場合には，特に問題はない。しかし，このような方法は委任の危険性を当初から予見できた場合に限られる。当事者が損害の発生リスクを全く認識していないか，委任遂行の途中で明らかとなった場合には，このような補充的な契約解釈によることはできない。また，事務管理の場合には契約関係が存在しないから，この方法を用いることはできない。これらの点で，黙示的な意思表示構成は限界を有する。

次に費用同視説についてみると，これは第2委員会の多数意見によって想定されていた解決方法である。しかし，その適用結果は大きく異なる。すなわち，当事者によって初めから計算に入れられていた損害に関しては，第2委員会の見解では，受任者がこれを負担するのに対して，逆に，上記の[4]判決によれば，委任者の負担に帰する。このような結論的な違いは「当事者が計算に入れていたという事情」をどのように評価するかに由来する。第2委員会はこれを受任者のリスク引受の意思と解するが，ライヒ裁判所は，判旨からは必ずしも明らかではないが，財産的犠牲の任意性の基礎づけとして理解するものといえよう。この点で，ライヒ裁判所の費用同視説は第2委員会の費用同視説とは異なる。もっとも，鉄道事故による損害などは賠償の対象とならないとする点では，両者は一致する。[4]判決はこれを「一般的な危険」として排除し，賠償されるのは事務処理の「特別な危険」としての損害に限定した。このように一般的な危険と特別な危険を区別している点も注目される。

また，ライヒ裁判所の費用同視説は，[4]判決や[8]判決から明らかなように，

---

(33) 最判平成元年12月21日民集43巻12号2209頁。なお，ここでは，旧724条後段の除斥期間が主たる争点とされており，国賠法1条に基づく損害賠償請求権の成立は争われていない。

第 1 章　事務処理に際して生じた損害とドイツ民法 670 条

本来的には損害は費用に含まれないことを前提とする。しかし，その後の [10]
判決では，事務処理と結びついた危険から生じた健康損害は「費用に属する
(zu den Aufwendungen gehören)」とされる[34]。これは一部の損害を費用に組み
込む点で費用概念拡張説とでも称すべき見解である。このように損害と費用と
の関連につき若干の混乱が見られるが，これは単に 670 条の適用または類推適
用という法的な表現だけでなく[35]，ここでの損害賠償請求権に関して 249 条以
下の規定または 256 条以下の規定のいずれが適用されるかという規範適用の問
題にも影響するように思われる。

　(ウ)　黙示的な責任引受説と費用同視説は排他的な関係に立つわけではない。
個別的な事案において契約の補充的解釈により責任引受の合意を認定しうる場
合でも，費用同視説によることは可能であろう。当事者が計算に入れていたに
違いない危険による損害の場合には，[8] 判決は通常は補充的な契約解釈の方
法で委任者の責任引受が正当化されるとする。しかし，[4] 判決はこれによる
ことなく，費用同視説によって解決したことからも明らかである。

　逆に，当事者の計算に入れていない危険による損害の場合には，補充的解釈
によることはできない。黙示的な責任引受説はこの点で限界を有するが，この
場合でも費用同視説による解決はもちろん可能である（[8] 判決参照）。

　(エ)　委任の遂行や事務処理によって生じたすべての損害が賠償されるわけで
はない。賠償されるべき損害は制限されなければならないが，この制限基準に
関しては，ライヒ裁判所の判例は次の 3 つの類型に分けることができる。

　第 1 類型は，単に委任や事務処理との結びつきを要件とするものである。具
体的には，「委任と結びついた危険から」生じた損害（[9] 判決。ただし，事務
管理の事例），あるいは「事務処理と結びついた危険から生ずる」損害（[10] 判
決）とするものがこれに属する。

　第 2 類型としては，委任や事務処理との「必然的な結びつき」を要件とする

---

(34)　[9] 判決［自動車転落事故救助事件］も，判例はすでにこの損害を 670 条の意味で
の「費用概念の下に組み入れた（unter den Begriff der Aufwendungen gebracht hat）」
とする。

(35)　Staudinger/Martinek, a.a.O.(Fn.8), §670 Rn. 19, S. 300 は，判例では費用概念の拡張
と類推適用の間の方法論的な境界線がぼやけているとし，Palandt/Sprau, a.a.O.(Fn.10),
§670 Rn. 11, S. 1047 も方法論的にいい加減（unsauber）であるとするが，これの原因
はこのような混乱に求めることができよう。

ものがある。「法的な必然性を伴って委任の遂行によって生じた損害」（[2]判決），あるいは，「委任の遂行と当然に（naturgemäß）結びついた危険によって生じた損害」（[3]判決）とするものがそうである。

第3類型は上記の要件に両当事者の主観的事情を追加するものである。たとえば，「損害の危険が委任の遂行と当然に（von selbst）結びついており，かつ，この事務処理の特別な危険（besondere Gefahr）として両当事者によって初めから計算に入れられていたに違いないような損害」（[4]判決），あるいは，「委任の遂行が初めから（von vornherein）損害の危険と結びついていたこと，および，この危険性が両者によって考慮されていたに違いないし，考慮されていたこと」を要求するもの（[7]判決），「契約関与者によって計算に入れられるに違いないような危険が委任の実行と不可分的に結びついている場合」とするもの（[8]判決）などが挙げられる。

このように損害の限定基準は様々である。しかし，これらは単に表現の仕方が異なるだけであって，その実質は異ならないといってよい。第1類型は委任遂行や事務処理と損害危険との結合につき「法的な必然性」や「当然に」などを要求しない点で，他の類型とは異なる。しかし，これらは単に修飾語的なものにとどまり，具体的な事案の法的判断に際して差異をもたらさないであろう。また，契約当事者の考慮の必要性に関しても，実際の考慮ではなくて，「考慮していたに違いない」ことで足りる。そうすると，委任遂行や事務処理と損害危険との結合関係が認められる場合には，この要件は当然に充足されることになる。したがって，結局のところ，賠償されるべき損害は「委任遂行や事務処理と結びついた特別な危険から生じた損害」に限るとすることで足りるように思われる。

3）　連邦通常裁判所の判例

（a）　連邦通常裁判所においては，当初，委任や事務管理以外の法領域における事例が問題とされた。具体的には，[11]判決および[12]判決[36]がそうである。

---

(36)　[12]判決の概要は次の通りである。

　　[事実関係]　組合員たる原告が組合のために陶土採掘契約（Tonausbeuteverträge）の仲介に関する契約を締結した。しかし，原告はこの契約締結交渉に際して，珪岩採掘契約（Quarzitabbauverträge）の仲介に関する継続的な手数料契約を自己のために締結した。自己の事務と組合のための事務との結合によって，原告は2つの事務の混同の契

第1章　事務処理に際して生じた損害とドイツ民法670条

そこでは，いずれも事案解決の出発点としてライヒ裁判所によって形成された委任および事務管理に関する判例法理を支持する。

(b)　その後，事務管理に関する事案が判例上問題とされた。具体的には，㋑ある精神病者に襲われた被害者の助けを求める声を聞いて駆けつけた者が犯人にハンマーで頭を殴られて負傷した事案（[13]判決）[37]，㋺自転車との衝突を回避するために急ハンドルを切った自動車運転手が畑に転落して木にぶつかり前腕の骨折と頭に裂傷を負った事案（[14]判決）[38]，㊁汲み取り作業中に肥だめに

機を契約相手方に与えた。原告は契約相手方から訴えを提起されて，これに敗訴。そこで，713条・670条に基づいて，これによって生じた損害の賠償を組合に対して請求した。原審は請求棄却。原告が上告。

　[判旨]　上告棄却　原告は2つの事務の混同の契機を与えることによって，訴訟で負ける現実の危険を創り出した。この危険は組合のための活動から生じたものではない。

　損害が委任者の事務と受任者の事務を結びつけることによって損害が生じたか，あるいは，受任者の利益で創設された他の危険状態から生じた場合には，受任者の委任者に対する賠償請求権は正当化されない。

(37)　[13]判決の概要は次の通りである。

　[事実関係]　原告は夜の一時過ぎに廃墟の家屋から助けを求める声を聞いて，そこに駆けつけた。最初の部屋のドアーの近くで被害者が横たわっているのを見たが，その時，精神病者である犯人にハンマーで頭を殴られて気絶した。再び意識を回復した原告は道路に出て通行人に知らせ，被害者は直ちに病院に運ばれた。原告は被害者の夫の加入する疾病保険組合に対して，事務管理に基づいて救助の際の頭蓋骨骨折によって生じた収入脱落（Verdienstausfall）による損害を請求した。原審は請求棄却。原告が上告。

　[判旨]　破棄差戻し　疾病保険組合は病院への搬送費用の支払いだけでなく，病人の搬送を行い，さらに医者の助けを初めて可能にするようなすべての給付を行うべき義務を負う。被保険者の家族に対しても同様である。負傷者の捜索は負傷者に医者の治療を受けさせることに役立つから，原告は負傷者またはその夫の事務だけでなく，被告の事務をも処理した。

　本件では，そもそも被害者が被告の保険保護を受けうるかどうか，換言すると，夫の扶養義務者であったかどうかについて争いがあるが，これが肯定される場合には，原告の収入脱落を683条・670条の意味での賠償されるべき"費用"と看なすことに疑念は存在しない。ここでのように，危険の中にいる仲間を救助することに役立ち，また，事務管理者自身にとって危険と結びついているような活動の場合には，事務管理者自身が引き受けた健康についての犠牲もこれらの規定の意味での費用に属する。原告の収入脱落は，被った健康損害の結果として，同様に賠償されるべき費用の下に属する。

(38)　[14]判決の概要は次の通りである。

　[事実関係]　自動車の運転手は時速50ないし60kmで走っていた時，10歳から11歳の学童3人が自転車で道路の反対側を対抗して接近してきた。車が約6メートルに接近

1 無償の事務処理と損害の帰属

転落した者を救助しようとした汲み取り業者がともに死亡したという事案
（[19]判決）[(39)]などがある。ここではいずれも問題とされる生命や健康の損害は

した時，最後尾の被告が突然左に曲がって車線に入ってきた。自動車の運転手は衝突を
回避するために右に急ハンドルを切り，畑に落ちた。その時，車は木に衝突し，運転手
は前腕の骨折と頭に裂傷を負った。彼は長い間働くことができなかった。
　　事故保険者は保険代位によって取得した自動車運転手の損害賠償請求権を行使して訴
えを提起した。原審は事故損害の半分の限度で請求認容。被告が上告し，原告も付帯上
告。
　　［判旨］　上告および付帯上告の棄却　　㋐　他人の救助の事例における，自動車保有
者の事務管理に基づく賠償請求権については，まず第1に，道路交通法7条による賠償
責任が問題となる。自動車保有者がこの責任を負う場合には，自己の事務を処理してい
るから，事務管理の成立は認められない。
　　㋑　これに対して，本件のように，同法7条2項による免責が認められる場合には，
自動車運転手による交通事故の回避操作が事務管理の要件を満たすかどうかが問題とな
る。①急なハンドル操作によって衝突を回避するというような事実的な行為も事務の処
理に該当する。また，②これによって，彼は客観的な他人の事務を処理した。③事務管
理の内面的な要件は，自動車運転手がこの事務を他人のものとして処理することを意識
して行ったことで足りる。本件では，事務管理の成立が認められるが，このような危険
と結びついた事務管理の場合には事務管理者の損害も683条，670条により賠償される
べき費用に属することは今日では一般的に認められている。
　　なお，判旨は，さらに，救助事例においては，損害賠償法上の「全額賠償
（Totalreparation）」の原則や委任法に適用される費用の完全償還原則ではなくて，適切
な賠償（angemessene Entschädigung）によるべきこと，損害の分割に際しては，自動
車から由来する危険も事故の原因の1つとして考慮することが正当であることを指摘し
て，損害の半額の限度で賠償を認めた。

(39)　[19]判決の概要は次の通りである。
　　［事実関係］　ある農場および飲食店を営む者Aが自己の敷地内にある肥だめ
（Jauchegrube）を空にするように汲み取り業者に依頼した。この作業中に，Aはこの中
に転落した。汲み取り業者は彼を助けようとしたが，2人とも事故死した。汲み取り業
者の遺族に保険給付した事故保険者はAの相続人に対して損害賠償請求した。原審は請
求棄却。原告が上告。
　　［判旨］　上告棄却　　連邦通常裁判所の判例によれば，生命・身体の危険にさらされ
ている他人を求められないで救助した者に関しては，事務管理に関する規定が適用され
る。この場合には，救助の目的でなした救助者のすべての犠牲（alle Opfer）は670条・
683条の意味での費用と看なされるべきであり，生命や健康についての犠牲もそうである。
　　しかし，本件では事務管理に基づく請求権が成立したかどうかについて判断する必要
はない。社会保険の開始義務が単にライヒ保険法539条1項9号に基づいて生じた場合
や，事故犠牲者が有責に緊急状態の中に入ったのではない場合には，ライヒ保険法1542
条（保険代位）の適用は否定されるべきである。したがって，本件では，事務管理に基

第1章　事務処理に際して生じた損害とドイツ民法670条

683条・670条の費用に属するものとされた。

　これに対して，一般論としてはこのような責任を肯定しつつ，具体的な事案の解決としては，賠償責任を否定した事例もある。[15]判決や[20]判決がそうである。

　前者では，親子喧嘩に際して父を助けようとして手首の関節に怪我をした息子の，父親に対する損害賠償請求が問題とされた（原告は息子の疾病保険組合）。裁判所はこのような危険状態にある他人の救助は被救助者のための事務処理であり，費用償還請求権が救助者（事務処理者）に成立すること，さらに，救助によって被った健康損害も費用に属することが判例・学説では一般的に認められているとする。しかし，本件では，そもそも財産法上の問題ではなくて，単に倫理的な規制により判断されるべき出来事が問題となっているかどうかが検討されるべきであるが，たとえ法的観点から判断するとしても，救助した息子は費用賠償を請求する意図を有していなかったから，685条1項により費用償還請求権は成立しないと判示した。

　また，後者の事件は，強風下でのゴミの焼却時にワラ束や古タイヤに燃え移り，消防がこれを消火したが，ある消防士が消火後に消防ホースを巻き取る際に左足をくじき左上部の距腿関節（Sprunggelenk）を捻挫したというものである。裁判所は，683条・670条の意味での費用に属するというためには，確かに，このような事例では，生命や健康の犠牲がこの事務処理と結びついた危険から生じたこと，厳密に言うと，行為に特別な増大した危険（tätigkeitsspezifische gesteigerte Gefahr）が問題となっていなければならないが，ここではこの要件が欠けている。消防士が損害を被ったのは消火活動の終了後であり，この事務処理と結びついた増大した負傷リスクはすでに消滅していたとして，原告の損害賠償請求を認めなかった。

　これらの事案ではいずれも事務管理者の生命や健康の損害が問題とされているが，判例の中には，事務管理者の物的損害の賠償が問題とされた事例もみられる。[18]判決がそうである（後述の5)(c)(ア)(ii)参照）。

　(c)　[17]判決では，委任または事務管理のいずれであるかという法的性質の決定は留保されている。問題とされたのは，ホテルに押し入ったピストル強盗

───────────
　づく請求権は事故保険者に移転していないからである。

が逃走しないように手伝うことを経営者から依頼された者が撃たれて負傷したという事案において，原告たる被害者がホテル経営者に対して，①物的損害，②保険によってカバーされない治療費の一部，③報酬の脱落，④適切な慰謝料の支払いを請求したというものである。原審は原則的にすべての項目について原告の請求を認めた。これに対して，被告が上告。

裁判所は，まず第1に，原審が本件では事務管理の要件を満たしており，いずれにせよ683条・670条に基づいて援助給付の際に彼に生じた損害の賠償を請求しうることを理由に，原告が委任に基づいて，あるいは事務管理者として行為したかどうかを未解決のままにしたことは正当である。上告理由もこれを争っていない。当事者の争いは単にライヒ保険法898条による責任排除の援用の可否，および，民法847条の類推適用による慰謝料請求の可否の点にあることを指摘する。

その上で，この責任排除の規定は人的損害にのみ妥当するから，①の物的損害に関しては被告の主張は全く根拠がない。しかし，④の慰謝料に関する被告の主張は正当である。民法847条を不法行為とは異なる事例に適用することは許されない。本人の過失を要件としない民法670条の請求権に慰謝料を認めることは慰謝料の贖罪的機能（Genugtungsfunktion）とも矛盾するからである。

また，上記の②と③については，被告がライヒ保険法の責任排除を援用できるかどうかに依存する。しかし，本件では，原審が正当に認定したように，原告の活動は被告の営業に典型的な活動に属しないから，ライヒ保険法による責任排除の要件としての労働災害は存在しない。また，この責任排除を本件のような援助給付に類推適用することは否定される。したがって，この点に関する被告の主張は理由がないと判示した。

確かに，いずれの場合でも損害賠償請求が認められるとともに，ライヒ保険法上の取扱いも同一であるから，委任か事務管理かという法的性質の決定は重要な意味を有しない。しかし，ホテル経営者が手伝うことを要請したという事実に着目すると，ライヒ裁判所の判例と同じように，本来的には委任契約の成立を肯定しうる事案だと評価することもできよう。

(d)　このように連邦通常裁判所はライヒ裁判所による判例法理を承継した。

(ア)　事例類型的にみると，ライヒ裁判所の時代とは異なって，委任契約では

第1章　事務処理に際して生じた損害とドイツ民法670条

なくて，事務管理の事例が殆どである。事務管理の場合には補充的な契約解釈の余地はないから，黙示的な責任引受は問題とならない。したがって，すべて費用同視説によって処理せざるを得ない。一部の学説は，連邦通常裁判所は黙示的な損害引受契約の構成から離れて，拡張的な費用概念構成へと移ったと理解するが[40]，このような類型的な制約を無視することは許されないであろう。

　(イ)　上記(b)に引用した肯定判例では，事務管理者の損害は「費用に属する（zu den Aufwendungen gehören)」（[13]判決）または「費用に数えられる（zu den Aufwendungen zählen)」（[14]判決），「費用と看なす（als Aufwendungen ansehen)」（[19]判決）とされる。このように表現的には費用同視説と費用概念拡張説のいずれも採用されており，両者の厳格な区別はなされていない。(c)の[17]判決ではこの点の言及はない。

　(ウ)　賠償の対象となる損害の限定基準に関してみると，①「救助によって被った損害」（[15]判決。[19]判決および[17]判決も同旨）あるいは②「危険と結びついた事務管理」による損害（[13]判決・[14]判決），さらに，③「行為に特別な増大した危険（tätigkeitsspezifische gesteigerte Gefahr)」（[20]判決）や「事務処理と結びついた典型的な危険状態（eine mit der Geschäftsbesorgung verbundenen typischen Gefahrenlage)」（[18]判決）から生じた損害が賠償されるとする。これらの中では，③が基準としては最も厳格といえよう。しかし，[20]判決は「事務処理と結びついた危険（eine mit der Geschäftsbesorgung verbundenen Gefahr)」とほぼ同義のものとしてこれを用いており，両者の間に格別な差異は存在しない。また，①も一般的な生活リスクも含めて賠償を認める趣旨とは解されない。

　これらの事例では，ライヒ裁判所の判例の第3類型とは異なり，いずれも当事者によって計算に入れられていることは要件とされていない。これはいずれも事務管理の事案であることに起因するものと考えられる。

　連邦通常裁判所の判例を見ると，委任関係に関してこれを直接的に扱ったものはないようである。しかし，[11]判決および[12]判決は傍論ではあるが，従来の判例によれば，「委任の遂行が必然的に危険と結びついているか，または両者があり得る危険（mögliche Gefahren）を計算に入れていたか，計算に入れ

---

(40)　Staudinger/Martinek, a.a.O.(Fn.8), §670 Rn. 19, S. 300.

たに違いない場合」あるいは「委任の遂行と必然的に結びついているか，または，たとえ受任者がこれを認識していたかあるいは認識していなかったにせよ，計算に入れるべきであったような危険から生じた損害」の賠償が認められてきたというように要約する。

これはライヒ裁判所における限定基準の第3類型（前述2)(d)(エ)参照）に相当する。しかし，この第3類型では，前段と後段は重畳的に結合されて（"und"）1個の要件とされていたが，ここでは両者は併存的な関係として（"oder"）位置づけられている。つまり，上記に引用した判決の要約によれば，「委任の遂行と必然的に結びつく損害」は当事者の認識可能性とは無関係にそれだけで賠償の対象となる。さらに，「計算に入れていたに違いない」あるいは「計算に入れるべきであった」ときは，このような必然的な結合関係とは無関係に，この損害も賠償されることになる。この点で，ライヒ裁判所におけるよりも賠償の範囲は広いということができる。

もっとも，上記の2つの判例はこのような差異を十分に認識していたとは必ずしもいえない。いずれも一定の損害の賠償が裁判所によって肯定されてきたという文脈の中で述べられており，また，そこで引用されている判例を見ると「または」という表現は用いられていないからである。したがって，損害賠償の要件としては，前段の「委任の遂行と必然的に結びついた危険」で足りるものと考えられる。

4) 学　説

学説においても，受任者または事務管理者が事務処理に際して被った損害に関して委任者または本人に対して賠償請求しうることに異論は見られない。単にドグマ的な基礎づけが争われているに過ぎない。

(a)　まず初めに，黙示的な責任引受に関してであるが，既に指摘したように，具体的な事例においてこのような当事者の意思を推認できる場合には，これによることに問題はない。これを全面的に否定することは当事者の意思を軽視するものであり，276条1項と調和しない。

同様の学説としては，たとえば，レーマン[41]は委任の遂行が両者に認識可

---

(41)　Enneccerus/Lehmann, Lehrbuch des Bürgerlichen Rechts, Bd. II, 14. Aufl., 1954, S. 666.

第1章　事務処理に際して生じた損害とドイツ民法 670 条

能的に受任者の危険と結びついており，その結果委任者による委任リスクの引
受を仮定することができる場合には，委任者は偶然損害に関して責任を負うと
する。この見解とは範囲を異にするが，デネッケ[42]も委任の遂行が必然的に
危険と結びついているか，または，両者が生じうる危険（mögliche Gefahren）
を計算に入れていたか，入れているに違いない場合には，明示的・黙示的な担
保引受に基づく責任を認める。また，シュテフェン[43]も必然的な特別に危険
な事務処理が問題となっている場合に責任引受の意思を認めることができると
する。

　(b)　問題となるのは，このような明示的・黙示的な責任引受によることがで
きない場合である。費用概念と根拠規範の2つの観点からみると，学説は次の
ように分類することができよう。

　(ア)　条件付費用説

　この見解によれば，670 条の費用は委任遂行の目的で支出された財産的犠牲
だけに限られない。受任者が自己の健康や財産を意識的に損害の危険にさらし
た場合において，この任意的に引き受けられたリスクが現実化して損害が生じ
たときは，この損害も670条の費用に属する（条件付費用［bedingte
Aufwendung]）[44]。たとえば，火災の危険から救助する際に損傷した衣服の賠償
やヤケドの治療費などがそうである。この場合には，670 条が賠償請求の直接
的な根拠となる。

　この見解は「意識的に損害の危険にさらす」点に費用と同様の任意性を見い
だす。しかし，この点からこの見解の限界も導かれる。委任の危険性が予め認
識可能でなかった場合には，この損害に関する受任者の意思決定の余地はない。
また，この危険性が損害発生前に認識可能であったが，受任者自身はこれを実
際的には認識していなかった場合も同様である。さらに，この危険性を認識し

───────────

　　なお，これよりも古い学説ではあるが，Planck/Lobe, 4. Aufl, 1928, §670 Rn. 5, S.
　1195 もこれと同趣旨である。しかし，このような責任引受が認められないときは委任者
　の責任を否定する点で特徴的である。

(42)　BGB-RGRK/Denecke, 11. Aufl., 1959, §670 Anm. 4, S. 692 f..

(43)　BGB-RGRK/Steffen, a.a.O.(Fn.8), §670 Rn. 22, S. 48.

(44)　Haymann, Ersatzansprüche bei Verfolgung von Verbrechern, JW 1932, 367 (368) ;
　　Enneccerus/Lehmann, a.a.O.(Fn.41), S. 666 ; BGB-RGRK/Denecke, a.a.O.(Fn.42), §670
　　Anm. 4, S. 692 f. ; Staudinger/Nipperdey, 11. Aufl., 1958, §670 Rn. 6 und 12, S. 1917 ff..

ていた場合でも，損害を回避するように努めるのが通常であるから，この回避
努力の効なく生じた損害に費用と同じような受任者の任意性を認めることはで
きない。

このように考えると，この見解はライヒ裁判所の限定基準に関する第3類型
よりもその範囲は狭いと評することができる。

(イ) 費 用 説

シュテフェン[45]によれば，670条の意味での費用は単に財産的な給付だけで
なく，委任遂行に役立つ受任者のすべての犠牲であり，生命や健康の犠牲もそ
うだとされる。

具体的には，①衣服で消火する場合のように，人的・物的損害の甘受なしに
は委任を遂行することができないが故に，委任がこれらの損害の甘受に向けら
れている場合には，この損害は委任遂行に役立つ費用である（犠牲の甘受）。②
委任の遂行が必然的に特別な危険と結びついており（危険な活動），この危険が
現実化したときは，この損害も委任遂行に役立つ費用である（危険な事務処理）。
特別な危険状態が後発的に生じた場合でも同様である。また，この危険状態は
関与者に知られている必要はない。客観的に存在していれば足りる。さらに，
③受任者の不適切な行為によって初めて損害が惹起されたときでも，この行為
が委任の特別な危険性の結果であるといえる場合には，費用として賠償請求す
ることができる（自己過失による犠牲）。

これらの損害はいずれも費用として把握されるから，この見解は費用説と呼
ぶことができよう。ここでは，670条が直接的に適用される。

損害の限定基準との関連では，この見解は[11]判決および[12]判決の理解に
対応するものといえる。すなわち，上記の①は「あり得る危険を計算に入れて
いた」場合，②は「委任の遂行が必然的に危険と結びついた」場合にそれぞれ
該当し，両者は併存的な関係として把握されているからである。また，費用概
念との関連では，この見解は損害を費用に組み込んでいるから，費用同視説で
はなくて費用概念拡張説に属する。

---

(45)　BGB-RGRK/Steffen, a.a.O.(Fn.8),§670 Rn. 12 ff., S. 45 ff..

第1章　事務処理に際して生じた損害とドイツ民法 670 条

㈦　損　害　説

マティーネク[46]は，670 条の費用には偶然損害も含まれるとする見解は費用に関する一般的な規定である 256 条・257 条と矛盾すると批判し，費用に関する他の民法上の規定との調和も確保されるべきであるとして，ここでも民法上の統一的な費用概念を基礎として任意的な財産犠牲である費用と非任意的な損失である損害を対置することが方法論的に優れていると主張する。そして，受任者は委任の遂行によって利益も損失も被るべきではないという 667 条・670 条の基礎に置かれた価値判断は費用に関してだけでなく，損害に関しても同じように妥当するとして，670 条の損害への類推適用を正当化する。

これによれば，委任遂行によって相当因果的に生じ，かつ，委任と結びついた危険（事務に典型的な危険）から生じたような偶然損害のみが賠償の対象となる。この危険が関与者に良く知られていたか，あるいは意識されていたかどうかは無関係であり，委任の遂行が客観的に危険と結びついており，両当事者がこの危険を計算に入れていたに違いないことで足りる。その事務処理の種類と性質によれば危険である場合には，委任と結びついた危険は常に認められるべきであるという。

この見解は損害と費用を明確に区別することから，費用同視説も費用概念拡張説も排斥される。また，損害の限定基準との関連では，ライヒ裁判所の第 3 類型（重畳説）と一致するといえる。

㈣・リスク責任説

カナーリス[47]は危険責任（Gefährdungshaftung）の一類型として「他人のた

---

(46)　Staudinger/Martinek, a.a.O.(Fn.8), §670 Rn. 22 ff., S. 301 ff.. Auch Brox/Walker, Besonderes Schuldrecht, 34. Aufl., 2010, §29 Rn. 32, S. 365 ; Fikentscher/Heinemann, a.a.O.(Fn.19), §86 I 7 b), dd), Rn. 1250, S. 621.

(47)　Canaris, Risikohaftung bei schadensgeneigter Tätigkeit in fremdem Interesse, RdA 1966, 41. これを支持する学説としては次のものがある。Honsell, a.a.O.(Fn.26), S. 485（496 f.）; Larenz, Schuldrecht, Bd. 2, Halbbd. 1, 13. Aufl., 1986, §56 III, S. 418 ; Soergel/Beuthien, 12. Aufl., 1999, §670 Rn. 20, S. 272 ; Hk-BGB/Schulze, a.a.O.(Fn.15), §670 Rn. 9, S. 891 f. ; Jauernig/Mansel, 12. Aufl., 2007, §670 Rn. 9, S. 925 ; Erman/Ehmann, a.a.O.(Fn.10), §670 Rn. 17, S. 2892 f..

　　なお，エーマンはこれが今日では通説，さらには一般的に承認された見解であるという。また，連邦労働裁判所の判例ではあるが，近時，カナーリスの論文を引用しながら，670 条が受任者の損害に類推適用されるのは「他人のためにする行為のリスク責任」の

めにする危険な行為のリスク責任（Risikohaftung bei schadensgeneigter Tätigkeit in fremdem Interesse）」という一般原則を導き，この原則によって委任者の無過失責任を基礎づける。

彼によれば，危険責任は伝統的に物から生ずる危険について考えられてきたが，そこでは，物の所有者はそれと結びついた利益を享受するから，これに応じてこれから生ずる特別な危険も負うべきだとする客観的な要素（objektive Element）と，賠償義務者がこの危険源を設置し，その支配可能性を有するという主観的帰責要素（subjektive Zurechnungselement）が基礎とされる。これらの2つの要素は委任の領域でも存在する。受任者の活動は委任者のためであり（利益思想［Vorteilsgedanke］），また，それは委任者の誘因ないし意思に帰される（危険設定思想［Gefahrsetzungsgedanke］）。事務管理の場合も，本人の利益だけでなく，本人の現実的または推定的な意思に合致しなければならないから，同様のことが妥当する。

つまり，危険から利益を引き出し，かつその危険を自己の意思により設定した者はこの危険から生じた損害をも負担すべきだとする原則が存在し，この下に伝統的な物に関する危険責任と，委任や事務管理のような，危険な行為に関する「他人のためにする危険な行為のリスク責任」という2つの下位的事例が存在する。

このようなリスク責任の観点からの解決は次のような点で要件的な明確性をもたらす。①ここでは費用償還すなわち価額賠償ではなくて，真の損害賠償請求権が問題となっている。したがって，670条の（類推）適用による場合とは異なり，254条の適用や844条以下の類推適用も容易に認められる。また，②利益思想によるリスクの帰責はまさに利益の裏側であるリスクすなわち特別な行為リスク（besonderes Tätigkeitsrisiko）を本人に帰責することを正当化するに過ぎない。行為者が階段での転倒や鉄道事故などによって損害を被った場合には，他の行為の際にも生じうるような一般的な生活リスク（allgemeines Lebensrisiko）が問題となっており，これは本人に帰責されない。

さらに，この危険責任の観点は客観的な首尾一貫性をもたらす。①これまで

原則にあることを明言する判決が公にされた（BAG Urteil vom 23. 11. 2006, NJW 2007, 1486）。

第1章　事務処理に際して生じた損害とドイツ民法670条

受任者や事務管理者自身に生じた損害が問題とされてきたが，このような場合だけでなく，委任者や本人，さらに第三者に対する加害の場合にも，この法理が首尾一貫して適用される。一方で，行為者の物的損害に関するリスクを委任者や本人に課し，他方で，委任者・本人や第三者に対する損害賠償義務という形式で被った一般的な財産損害に関するリスクを本人に負わせないことは恣意的だからである。このような加害の場合には，受任者や事務管理者の賠償義務の制限や免責請求権が危険責任の観点から導かれる。さらに，②委任や事務管理の領域を超えて，雇用・労働関係にも統一的に適用される。

　この見解は670条の基礎にある「当該行為から利益を得た者はその損失に関しても責任を負うべきだ」という法思想を取り入れたものであるが[48]，しかし，670条の類推適用を主張するものではない。この見解は民法上の帰責事由の1つである危険責任の観点からの解決を提唱するものであって，従来の学説とはこの点で大きく異なる。もっとも，偶然損害の賠償は特別な行為リスクの現実化としての損害であれば足りるから，この点では任意性を必要としない上記(ウ)の見解と類似する。

　(オ)　止　揚　説

　近時の学説の中には，偶然損害の賠償に関するドグマ的な理由付けに関する争いを紹介した上で，それにも拘わらず，今日では本人のために行われた活動のリスクの全部を受任者や事務管理者に負担させることは通常許されないという点では完全に意見は一致することを指摘して，そのドグマ的な根拠につき見解を明らかにしないものも見られる[49]。

---

(48)　Canaris, a.a.O.(Fn.47), S. 43. これに対して，Genius, Risikohaftung des Geschäftsherrn, AcP 173 (1973), 481 (506 ff.) は，商法110条の規定から事務処理に特別な危険による損害の賠償というすべての私法の領域に妥当する一般的な責任原則を導く。また，カナーリスとは異なって，ここでは危険責任ではなくて，契約上または少なくとも契約類似の責任が問題となっているとする。

(49)　Erman/Hauß, a.a.O.(Fn.15)，§670 Rn. 8, S. 1812 f..
　なお，ハウスは，かつて信義則（242条）に基づいて危険な事務処理の場合の本人の責任を基礎づける見解を主張していた（Erman/Hauß, 1952, §670 Anm. 5, S. 874 f.）。Imlau, Selbstaufopferung des Kraftfahrzeughalters und Betriebsgefahr, NJW 1963, 1039 (1040) もこれによる。

1 無償の事務処理と損害の帰属

5) 個別的な問題点

事務処理者の被った損害に関する判例・学説の理論状況は上記にみた通りである。これを前提として，幾つかの問題を個別的に検討することにしたい。

(a) 社会保険との関連

(ア) 社会保険法の規定によれば，事故および公共の危険や危機に際して手助けをし，または健康に関する重大な現在の危険から他人を救助する者や，犯罪の嫌疑のある者の追跡や逮捕に際して，または，違法に攻撃を受けている者の保護のために個人的に尽力した者は事故保険によって付保される（社会法典第7編（SGB VII）2条1項13号a, c）。賠償の対象は原則的には人的損害であるが，上記の場合には例外的にこの活動によって生じた物的損害および当該事情により必要なものと考えることが許される費用についても社会保険者に請求することができる（同法13条）。

これらの規定では委託の有無は問題とされていないから，上記のことは委任の場合だけでなく，事務管理に関しても妥当する[50]。

このような社会保険法上の被保険者の範囲の拡張はすでにライヒ保険法において同様の規定が置かれていた。もっとも，このような規定は1911年のライヒ保険法の成立当初から存在していた訳ではなく，ワイマール共和国時代の1928年の法改正によって初めて追加された（553 a条）[51]。この提案理由の中では，彼らを保護するために必要な資金を調達することは公衆の責任であること，さらに，公衆の財政的な負担はもちろん僅かであることが強調されていた[52]。

(イ) このように事故援助者や人命救助者が損害を被った場合には，彼らは社会保険者に対する保険給付請求権を有する。さらに，これと並んで，本人に対しても670条・683条に基づく賠償請求権を有する。労働関係では使用者は労働者に対する賠償義務から免責されるが（社会法典第7編104条以下・旧ライヒ

---

(50) 我が国では，「警察官の職務に協力援助した者の災害給付に関する法律」や「海上保安官に協力援助した者等の災害給付に関する法律」がこのような協力援助者の災害に関して国または都道府県による療養給付や遺族給付などを定めている。

(51) Vgl., Wollschläger, a.a.O.(Fn.19), S. 289 f.。
なお，当初は生命救助者に限られたが，その後，1942年の法改正によって現在と同様の範囲に拡大された。

(52) Vgl., BGH Urteil vom 10. 10. 1984, BGHZ 92, 270（272 f.）。

第1章　事務処理に際して生じた損害とドイツ民法 670 条

保険法 636 条以下），ここではこのような免責規定は存在しない。

　被保険者の有する損害賠償請求権は社会保険者に法律上当然に移転する（社会法典第 10 編 116 条 1 項・旧ライヒ保険法 1542 条）。問題となるのは，この規定が 670 条・683 条に基づく賠償請求権にも妥当するかどうかである。

　以前の古い判例では，請求権を代位取得した社会保険者が原告となって委任者または本人に請求する事例が多いことからも理解できるように，これは問題なく肯定されていた。

　しかし，［19］判決は旧法下における事例に関してであるが，この点について注目すべき判断を明らかにした。すなわち，前述した立法者の見解（公衆による費用負担）を指摘した上で，法律上の債権移転を認めることはこれと一致しない。事故犠牲者（受益者）に対する償還請求権が法律上社会保険者に移転し，これを社会保険者が行使しうるとすると，援助者側も事故犠牲者側も恩恵を受ける国家的な生存配慮（staatliche Daseinvorsorge）としてなされたことが公共体（öffentliche Hand）の単なる立替義務（Vorlagepflicht）になってしまうからである。したがって，少なくとも単に事故に際しての援助に基づいて保険保護が存在する本件の事例では，この保険代位の規定は適用されないと判示した。通説的見解もこれを支持する[53]。

　したがって，このような場合に限ってではあるが，670 条・683 条に基づく請求権は援助者のところにとどまる。もちろん，損害の重複填補は許されないから，保険給付の範囲で減額される。

　このように社会保険によって保険給付がなされる場合には，損害を被った事務処理者は通常は保険給付を請求すれば足りるであろう。この限りでは，偶然損害の賠償を論ずる実益は少ない。しかし，ここで問題とされる事例は社会法典の規定する場合にとどまらないし，付保される事例でも，保険給付されない部分については事務処理者の賠償請求権の問題は依然として残ることになろう。

(b)　特別な行為リスク・一般的な生活リスク

(ア)　責任の基礎づけすなわち 670 条の類推適用または他人のためにする行為のリスク責任の原則によるかは異なるにせよ，事務処理と結びついた典型

---

(53)　Erman/Ehmann, a.a.O.(Fn.10), §670 Rn.31, S. 2896 ; Münchener/Seiler, a.a.O.(Fn.19), §683 Rn. 21, S. 2687 f. m.w.N..

1　無償の事務処理と損害の帰属

的な危険から生じた損害のみが賠償されるとする点では判例・学説の見解はほぼ一致する。判例では，事務処理に特別な危険（besondere Gefahr der Geschäftsbesorgung）（[4]判決）や行為に特別な増大した危険（tätigkeitsspezifische gesteigerte Gefahr）（[20]判決）などの表現が見られる。また，学説でも，行為に特別なリスク（tätigkeitsspezifisches Risiko）[54]あるいは特別な行為リスク（besondere Tätigkeitsrisiko）[55]，事務に典型的なリスク（geschäftstypisches Risiko）[56]，事務処理に典型的なリスク（typisches Risiko der Geschäftsbesorgung）[57]など様々に言い表されるが，いずれも内容的には異ならない。

具体的にみると，まず第1に，事務処理と損害発生の間に相当因果関係が存在するだけでは十分ではない。事務処理に内在する危険の現実化として評価されるような損害でなければならない。事務処理の種類と性質によれば危険である場合には，事務処理と危険の結合は常に認められる。たとえば，火災の消火活動のように，生活経験によれば損害に至ることが頻繁であるような事務の処理がそうである（[4]判決）。また，突然に急いで行う必要があるなど，特別な事情に基づいて危険となる場合もある（[18]判決）。

これまでの判例によれば，さらに，①居酒屋のお客の追出しまたは再入店の阻止，②犯罪者（傷害犯や銃撃犯，ホテル強盗）の追跡・監視・逃走阻止や狂犬病の犬の捕獲，馬の治療の補助，③精神障害者から襲撃された被害者や川または肥だめに転落した者，トレーラー連結に際して挟まれた者の人命救助などに際しての人的損害が特別な行為リスクの現実化として認められた。

第2に，このような危険が当事者に実際上認識されていたかどうかは問題とならない。当該事務処理が客観的に危険と結びついており，当事者によってこの危険が計算に入れられていたに違いないことで足りる

（イ）特別な行為リスクと異なり，一般的な生活リスク（allgemeines Lebensrisiko）すなわち事務処理に内在しない危険に基づく損害は賠償の対象とはならない。これはいわば事務処理とは無関係に生じた損害であって，事務処理者が自らこれを負担すべきだからである。

---

(54)　Münchener/Seiler, a.a.O.(Fn.19), § 670 Rn. 14, S. 2451 f., § 683 Rn. 19, S. 2686 f..

(55)　Canaris, a.a.O.(Fn.47), S. 43.

(56)　Staudinger/Martinek, a.a.O.(Fn.8), § 670 Rn. 25, S. 303.

(57)　Erman/Ehmann, a.a.O.(Fn.10), § 670 Rn. 16, S. 2892.

第1章　事務処理に際して生じた損害とドイツ民法670条

これの具体的な例としては，たとえば，[4]判決は，例示的に，委任遂行のための旅行に際しての鉄道事故は旅行の一般的なリスクであるとする。これは第2委員会の多数意見が否定例として事務処理に際しての屋根瓦の落下とともに挙げていたものである。[11]判決では，東ドイツ税関によるトレーラー・トラックの押収の危険は古紙の輸送と結びついた特別な危険ではないとされた。また，[20]判決は消火後のホースの巻き取りに際しての負傷は消防の出動と結びついた特別な増大した危険に属しないとした。

　(ウ)　このように賠償請求しうる損害の範囲は特別な行為リスクと一般的な生活リスクによって限定されるとするのが判例・通説である。しかし，学説の中には，具体的にどのような損害がいずれのリスクに属するかを明確に判断することは難しいとして，これの概念的な不明確性を理由に反対する見解もある[58]。また，危険責任（Gefährdungshaftung）の領域では，増大した危険と損害との因果関係ではなくて，危険と損害の間の因果関係で足りるとされているから，670条類推適用説やリスク責任論が基礎とするリスク帰責の考えによれば特別な危険への限定を導き出すことはできないと批判して，特別な危険の実現と一般的な生活リスクという損害発生の態様による基準に代えて，物的損害や人的損害，扶養損害など異なる種類の損害の賠償能力の観点から本人の賠償義務を限定すべきだという見解も主張されている[59]。

(c)　規 範 適 用

　特別な行為リスクの現実化としての損害の賠償はどのような規範によって処理されるべきか。670条の（類推）適用説では，真の費用償還請求権と同様の法規制，とりわけ256条以下の規定が適用されるのに対して，リスク責任論によれば，損害賠償請求権に関する249条以下の規定に服することになろう。これが原則的な処理であると思われるが，しかし，必ずしも首尾一貫的に貫徹さ

———————————

(58)　ガウホはリスク責任論を採用したスイスの判例（冒頭で引用した BG Urteil vom 21. 10. 2002, BGE 129 III 181）に対する批判として，このように述べる。Gauch, Bauernhilfe : Drei Fälle und wie das Bundesgericht dazu kam, die Schadensersatzregel des Art. 422 Abs.1 OR auf den Auftrag und die Gefälligkeit anzuwenden, in Recht des ländlichen Raums, Festgabe für Richli, 2006, S. 191（201 ff.）。これについては，拙稿・前掲注(3)41頁以下参照。

(59)　Blaschczok, Der bei Tätigkeit im fremden Interesse Verunglückte und sein Lebensrisiko, Festschrift für Gitter, 1995, S. 105（112 ff.）。

れている訳ではない。具体的には次の通りである。

(ア) 過失相殺と適切な賠償

(ⅰ) 当該損害の発生につき事務処理者に過失があった場合については、そもそもこれの賠償請求権が事務処理者に成立しうるかどうかが問題となる。ローマ法学者の間では、両当事者の過失によらないで生じた損害を偶然損害（Zufallsschaden）として把握し、これの賠償の可否が論じられてきた。そうだとすると、事務処理者に過失がある場合には当然にこれの賠償は否定されることになろう。

今日でも、受任者がこの損害を自分１人の過失で惹起した場合には、委任者に対する彼の賠償請求権は原則として成立しないとされる。偶然損害の賠償責任の基礎すなわち委任の遂行によって受任者は利益も損失も被るべきではないという 667 条・670 条の法思想からすると、ここでの損害は両当事者に過失のない損害に限られるというのがその理由である[60]。

しかし、学説の中には、受任者の過失によって初めて損害が発生したとしても、この損害が特別な危険の現実化として考えられるような例外的な場合には、損害賠償請求権を肯定する見解がある[61]。また、このような制限に言及することなく、受任者に過失がある場合には、過失相殺に関する 254 条を（類推）適用して割合的に責任を負担すべきだとする見解が主張されており[62]、近時ではこの見解のほうが有力なように思われる。このような状況に鑑みると（さらに、後述の第三者に対する加害類型も考慮すると）、事務処理者の過失の不存在を前提とする伝統的な偶然損害の概念は狭すぎるといえよう。

(ⅱ) このように 254 条を（類推）適用する場合には、事務処理者の賠償請求

---

(60)　判例の中には、670 条の要件との関連でこれを理由づけるものがある。すなわち、連邦労働裁判所 1961 年 11 月 10 日判決（BAGE 12, 15）［蟻酸事件］は、労働者の損害に関する事案において、労働者に過失があるときは、670 条の「事情により必要なものと考えることが許される」ような費用という要件を充足せず、それ故労働者の損害賠償請求権は成立しないとする。ただし、この点は連邦労働裁判所 1980 年 5 月 8 日（BAGE 33, 108）［ソーシャルワーカー事件］で変更された（3(3)1 参照）。

(61)　Staudinger/Martinek, a.a.O.(Fn.8), §670 Rn. 24, S. 303 ; BGB-RGRK/Steffen, a. a.O.(Fn.8), §670 Rn. 17, S. 46.

(62)　Soergel/Beuthien, a.a.O.(Fn.47), §670 Rn. 18, S. 272 ; Münchener/Seiler, a. a.O.(Fn.19), §683 Rn.19, S. 2686 f.; Canaris, a.a.O.(Fn.47), S. 43; Larenz, a.a.O.(Fn.47), §56 III S. 419, §57 I b S. 450.

第1章　事務処理に際して生じた損害とドイツ民法670条

権の基礎づけとの関連で問題が生ずる。254条は損害賠償請求権に関する規定であって，費用償還請求権には適用されない[63]。したがって，670条の（類推）適用説によれば，本来的には254条をここで援用することはできないことになるからである。これに対して，リスク責任論では，受任者の損害賠償請求権は本来的な損害賠償請求権に他ならないから，同条を適用することに問題はない。リスク責任の論者はこれが判例・通説の問題点の1つだと指摘して，自己の見解の優位性を基礎づける[64]。

　この点について，判例をみると，このような理論的視点とは無関係に，254条を適用して賠償額の減額を認めたものがある。すでに[3]判決は254条に基づいて損害の半額に賠償額を減額した原審の判断を正当であると判示した[65]。さらに，254条の適用可能性を当然の前提として，一方では，過失相殺の対象となる過失の範囲を限定して事務処理者の責任を軽減した判決がみられるとともに，他方では，逆に適切な賠償の観点の下で事務処理者の責任を加重した判例も存在する。

　①　過失相殺の適用を制限したものとしては，危険回避のための事務管理の事例が挙げられる。このような危険回避のための事務管理の場合には事務管理者の注意義務は軽減され，本人に与えた損害に関しては重過失の場合を除き責任を負わない（680条・軽過失免責）。これは事務管理者の損害賠償義務に関するものであるが（加害類型），事務管理者の被った損害の本人に対する賠償請求においても（被害類型），同様に軽過失は免責され，事務管理者の過失を理由とする過失相殺は否定されるかが問題とされた。

　その1つは[16]判決である。事案はトラクターに連結されたワラ圧縮機（Strohpresse）の後部ランプが点灯されていないことを注意するために停車さ

---

(63)　Vgl., BGH Urteil vom 16. 12. 1952, a.a.O.(Fn. 8), S. 235. ここでは，費用償還の性質と範囲に関しては670条・675条の規定だけが基準であるとして，費用償還の事例においても254条が適用可能であるという上告理由の主張が否定された。

(64)　Canaris, a.a.O.(Fn.47), S. 43.

(65)　もっとも，判旨の前段では，当事者の意思によれば，この損害が委任の遂行と必然的に結びついた危険によって生じ，かつ受任者たる原告の過失によって全部または一部惹起されたのではない限りで，賠償するつもりであったと述べており（170頁。黙示的な責任引受），これとの関連では，受任者の過失がある場合に254条を適用することは若干首尾一貫しないように思われる。

せた自動車運転手（原告）がトラクターの運転手と話をしているときに後続の
車2台がこれに衝突して重傷を負った。そこで，原告はトラクターの運転手お
よび2台の後続車の運転手に対して損害の賠償を請求したというものである。
ここでは被告らが道路交通法の規定および不法行為に関する民法の規定によっ
て賠償義務を負うことに関して当事者間に争いはない。原告の過失を理由に道
交法9条や民法254条により賠償額が減額されるかどうかだけが争われた。

　裁判所は原告の行為の中に680条の意味での事務管理の存在を認め，これを
理由に原告の軽過失は過失相殺の対象とはならないとした。680条によれば，
危険回避のための事務管理の場合には，事務管理者は本人に対する不法行為上
の損害賠償義務については故意・重過失の場合にのみ責任を負えば足りるとさ
れるが，これは危険回避のための事務管理の場合には事務管理者は故意・重過
失についてのみ責任を負えば足りるという一般的な法的思想を表現したもので
ある。したがって，事務管理者の本人に対する賠償請求の場合でも，事務管理
者は680条により軽過失につき責任を負う必要はないとして，過失相殺を否定
した。

　また，[18]判決は，水に流されて客船と衝突して操縦不能となったヨットを
救助する際に，ボートを川岸の矢板壁（Spundwand）にぶつけて方向舵を損傷
したので，このボートの船長がヨットの所有者に対して事務管理に関する規定
により賠償請求したという事案において，ボートの操縦は通常の状況の下では
危険ではないが，極度に急いで出航して方向転換すべき場合には，この操縦は
初めからリスクがあり，典型的な危険と結びつくとして，683条に基づく損害
の賠償請求権を事務管理者に認めた。そして，上記の[16]判決を引用して，原
告には軽過失があるが，680条により責任を負う必要はないとして，過失相殺
を否定した。

　このように危険回避のための事務管理の事例では，680条により過失相殺の
適用は制限される。

　②　これとは逆に，通常の場合よりも事務処理者が不利に扱われる事例も存
在する。具体的には，危険責任の観点から事務管理者も危険の発生に関与した
と評価しうるような場合である。[14]判決はこれに関連する（注(38)参照）。

　裁判所は事務管理およびこれに基づく損害賠償請求権の成立を認め，また，
両当事者にはともに過失がないとした。したがって，254条の適用はその前提

第1章　事務処理に際して生じた損害とドイツ民法 670 条

を欠く。しかし，ここでは完全な損害賠償が必ずしも常に適切とはいえないような事案の特殊性が存在する。すなわち，損害が両当事者の過失によらない偶然的な危険状態によって惹起され，また，事務管理者が何ら危険の発生に関与していない場合とは異なって，ここでは彼は自己の自動車によって同じくこの危険の原因を作った。このように具体的な危険状態が共同で惹起されたにも拘わらず，損害の全部賠償を認めることは適切ではない。ここでは，真の損害賠償請求権は問題となっておらず，救助者にはむしろ単なる適切な賠償（angemessene Entschädigung）が認められるべきであり，その算定に際しては個々の事例の種々の事情が考慮されなければならない。損害の分割に際しては，自動車から由来する危険も事故の原因の 1 つとして考慮することが正当だと判示した。つまり，事務管理者に過失がなくとも，その負担する自動車の危険責任を考慮して，賠償額の減額を認めた。

　この判決は適切な賠償の観点の下で事務管理者に重い負担を課すものであるといえる。これに対して，前述した判例は危険回避のための事務管理の場合には事務管理者の軽過失は過失相殺の対象とはならないとして事務管理者の責任を軽減した。そこで，両者は矛盾するものかどうかが問題となる。

　しかし，この点は事案の相違によって説明することができよう。[16]判決では，本人が賠償責任を負うような出来事によって事務管理者は損害を被るに至った。また，[18]判決では，危険状態は単に本人の行為によって生じたのであり，事務管理者はこれに何ら関与していない。これに対して，上記の事案では危険責任の観点からではあるが事務管理者も危険状態の惹起に共働で関与している。2 つの判例法理はこのような事案の差異を正当に考慮した結果であって，両者は矛盾するものではない。

　(iii)　上記の[14]判決は，一定の特殊な事案に関してであるにせよ，完全賠償の原則を否定して，「適切な賠償」[66]によるとした。

　学説では，このような適切な賠償ないし衡平補償の考えはレント（Lent）によって初めて立法論的に主張され，チオ・ドゥ・レ・クワ（Féaux de la

---

（66）　スイス債務法 422 条 1 項は事務管理者の被った損害の賠償は裁判官の裁量によるとして，適切な賠償を明文で定める。また，オーストリアでは，緊急救助の事例に関して，適切な賠償を肯定する判例が公にされた。OGH Urteil vom 24. 8. 1995, SZ 68/142.

Croix）によって解釈論的に肯定された[67]。その後，ハウスは損害賠償請求権を信義則に求める立場から，信義則による損害の分割はどうしても必要であり，裁判官の裁量による適切な損害賠償がふさわしい解決であるとする[68]。670条・683条を（類推）適用する見解においても，特別な事例においては完全な賠償ではなくて適切な賠償に制限すべきだという主張が見られる。衡平を理由とするもの[69]や利他的な事務管理者の損害のない状態の維持という考えに求めるもの[70]などがある。

　このような適切な賠償とする見解によれば，危険責任的要素だけでなく，受任者や事務管理者の過失も賠償範囲の決定の際に考慮すべき事情の1つとして位置づけられる。したがって，254条を持ち出す必要はなくなることになろう。

（イ）　慰謝料請求

（ⅰ）　非実体的な損害賠償すなわち慰謝料請求権は受任者や事務管理者に認められるか。2002年の法改正前までは，慰謝料請求権は不法行為の領域において明文で規定されていたに過ぎない（旧847条）。そこで，旧法下ではこれの類推適用が問題とされたが，[17]判決はこれを否定した。⑦不法行為とは異なる領域にこの規定を適用することは許されない。⑥連邦通常裁判所1956年10月15日判決（BGHZ 22, 43）は危険責任に近い犠牲的請求権（Aufopferungsanspruch）に関して慰謝料請求を否定したが，そうだとすると670条による請求権に関してはますます否定されなければならない。⑧過失を

---

(67)　Vgl., Wollschläger, a.a.O.(Fn.19), S. 289.

(68)　ハウスは1952年にこのような見解を明らかにしたが（Erman/Hauß, a.a.O.(Fn.49), § 670 Anm. 5, S. 875），その後も維持されている（Erman/Hauß, a.a.O.(Fn.15), §670 Rn. 14, S. 1815）。zust., Staudinger/Nipperdey, a.a.O.(Fn.44), §670 Rn. 12, S. 1918 f.；BGB-RGRK/Steffen, a.a.O.(Fn.8), §670 Rn. 20, S. 47；Wollschläger, a.a.O.(Fn.19), S. 297 f.

　　なお，スイス債務法では，事務管理者の損害賠償請求権だけでなく（422条1項），使用者の労働者に対する求償権も同様に裁判官の裁量に服する（51条1項による50条2項の準用）。

(69)　Palandt/Sprau, a.a.O.(Fn.10), § 670 Rn. 13, S. 1047；Staudinger/Martinek, a.a.O.(Fn.8), §670 Rn. 28, S. 305；Staudinger/Bergmann, a.a.O.(Fn.7), §683 Rn. 67, S. 979 f.；BGB-RGRK/Steffen, a.a.O.(Fn.8), §670 Rn 20, S. 47；Wollschlager, a.a.O.(Fn.19), S. 297 ff.；Honsell, a.a.O.(Fn.26), S. 500.

(70)　Wittmann, Begriff und Funktion der Geschäftsführung ohne Auftrag, 1981, S.89.

第1章　事務処理に際して生じた損害とドイツ民法 670 条

要件としない 670 条の請求権において慰謝料請求を認めることはこれの贖罪的機能（Genugtuungsfunktion）[71]とも矛盾するというのがその理由である。学説でも，これを否定するのが通説的見解といえよう[72]。

リスク責任論の提唱者であるカナーリスはこの点に言及していないが，ボイティーン[73]は 847 条が不法行為上の請求権に制限されていることを理由として，ここでの危険責任に基づく賠償請求権への適用を否定する。

（ii）　2002 年 1 月 1 日に新しい民法典が施行されたが，この規定はそのまま引き継がれた。しかし，同年 7 月 19 日の「損害賠償法の規定の変更のための第 2 法律（Zweites Gesetz zur Änderung schadensersatzrechtlicher Vorschriften, BGBl. I 2002, 2674）」によって，従来の 847 条は廃止されて，新たに 253 条 2 項が制定された（同年 8 月 1 日施行）。そこでは，身体または健康，自由，性的自己決定の侵害によって損害賠償を給付すべき場合には，財産的損害でない損害に関しても，金銭による相応の賠償（billige Entscheidung）を請求することができると規定された。

これは内容的には性的な自己決定の保護につき婦人への制限を撤廃して被保護主体を一般化した点において従来の 847 条の規定と異なるに過ぎない。しかし，債務法の通則に位置する 253 条 2 項に移されることによって，慰謝料請求が認められる範囲は単に不法行為による損害賠償の場合だけでなく，契約上の損害賠償の場合，さらに危険責任に基づく損害賠償の場合にも拡張された。責任の原因が何であるかによって被害者の保護に差異を生ずることは妥当でないというのがその理由である[74]。

そうすると，新法の下では，危険責任に基づく賠償請求権として把握するリスク責任論によれば，253 条 2 項を適用して慰謝料請求が認められることになろう[75]。

---

(71)　BGH Urteil vom 6. 7. 1955, BGHZ 18, 149 によれば，847 条の慰謝料請求権は通常の損害賠償請求権ではなくて，二重の機能を伴った特有な請求権であり，財産法的な種類でない損害の適切な賠償という機能と加害者が被害者になしたことに対する贖罪という機能を有する。

(72)　Wittmann, a.a.O.(Fn.70), S. 89.

(73)　Soergel/Beuthien, a.a.O.(Fn.47), §670 Rn. 22, S. 273 f. und §683 Rn. 10, S. 538.

(74)　Vgl., Däubler, Die Reform des Schadensersatzrechts, JuS 2002, 625（625 f.）.

(75)　Jauernig/Mansel, a.a.O.(Fn.47), §670 Rn. 10, S. 925.

これに対して，670条・683条を（類推）適用する見解では，慰謝料請求が当然に認められることにはならない。文言的には253条2項は専ら損害賠償請求権に関わっており，他の法的性質を有する請求権にも妥当するかは明らかではないからである(76)。一部の見解(77)はここでの賠償請求権は真の損害賠償請求権ではないことを理由にこれを否定するが，これと異なり，これの類推適用を肯定する見解もある。[17]年判決の挙げる㋺と㋬の理由はもはや妥当しないし，253条2項は非実体的な損害を実体的な損害と同一に置いており，この判断は損害賠償以外の関連でも尊重すべきだというのがその理由である(78)。あるいは，670条・683条による請求権が過失に依存しない危険責任と非常に類似することを理由とする見解も見られる(79)。

㋒　遺族の賠償請求権

受任者や事務管理者が死亡した場合，遺族に賠償請求権が認められるか。不法行為法では，遺族の賠償請求権に関して844条・845条の規定が存在するが，これらの規定をここでの法領域に類推適用しうるかが問題となる。

（ⅰ）　この点はすでにライヒ裁判所の時代に争われていた。[5]判決は，黙示的な責任引受を前提として，この合意を死亡という悪い結末の場合につき扶養義務を負う家族の保障（Sicherstellung）にも拡張するつもりであることはほとんど必然的な結論だとして，遺族の賠償請求を認めた。

これは補充的な契約解釈によるものであるが，問題はこのような黙示的合意を認定しえない場合である。[6]判決(80)は，遺族の賠償請求を否定した。670

---

(76)　もっとも，シュバルツ／ヴァントはこのような問題意識を有することなく，リスクから導かれる事務管理者の損害を670条の意味での費用であると把握しつつ，新法の下では事務管理者の慰謝料請求権は683条・670条からも導くことができるとする。Schwarz/Wandt, Gesetzliche Schuldverhältnisse, 4. Aufl., 2011, §5 Rn. 37 ff., S. 58 f..

(77)　Münchener/Seiler, a.a.O.(Fn.19), §683 Rn. 19, S. 2687 ; Staudinger/Martinek, a.a.O.(Fn.8), §670 Rn. 30, S. 306.

(78)　Däubler, a.a.O.(Fn.74), S. 626.

(79)　Staudinger/Bergmann, a.a.O.(Fn.7), §683 Rn. 69, S. 981.

(80)　[6]判決の概要は次の通りである。

　　[事実関係]　ある自治体の消防団の団員が消火活動中に倒れてきた家の壁で負傷し，これが原因で死亡した。農業職業組合は遺族である妻と子の賠償請求を拒否した。そこで，遺族は扶養請求権の喪失による損害の賠償をこの自治体に対して請求した。原審は請求認容。被告が上告。

第 1 章　事務処理に際して生じた損害とドイツ民法 670 条

条の費用概念を拡張し，損害をこの中に含めるとしても，受任者自身ではなくて，他の者に生じた損害をこれに含めることはできない。844 条による請求権は当初から遺族に生じたものだというのがその理由である。

　これに対して，[9]判決はこの判決を拒否し，844 条および 845 条を類推適用して遺族に 670 条による請求権を認めた。事務管理者が健康損害を被った場合には，本人は完全な範囲でその損害を賠償しなければならない。そうだとすると，彼が生命というより大きな犠牲をした場合に，本人が賠償義務を免れるということは考えられない。賠償請求権は確かに事務管理者自身には成立しないが，しかし，この犠牲によって直接的に打撃を被った者に成立しなければならない。844 条・845 条は不法行為法に属するが，本件のような事例において，これらを類推適用することは妨げないと判示した。

　(ii)　670 条（類推）適用による学説は上記の判例と同様に 844 条・845 条の類推適用により遺族の賠償請求権を認める[81]。しかし，このような見解に対しては，上記の判例の理由付けはあらゆる損害賠償請求権に転用することが可能であり，844 条・845 条の例外規定を一般的な規定に格上げすることになるというカナーリスの批判がある。

　これに対して，リスク責任論によれば，危険責任に基づく真の損害賠償請求権が問題となっているから，844 条・845 条の類推適用は容易に導かれる。また，危険責任の法領域では遺族の賠償請求権が明文で規定されている。たとえ

　[判旨]　破棄自判　　控訴裁判所は被告の責任を委任に関する民法の規定から導く。自治体からの活動要請に応じた団員は公法上の援助給付義務を履行しただけではなくて，同時に個々の事例で彼になされた委託をも行うが故に，両者の間には少なくとも委任類似の関係が存在する。事故に遭った団員は，消火の際に自己の生命を犠牲にしたことによって，──確かに彼の意思に合致しない──費用を支出したという。

　しかし，このように 670 条の費用概念を広く解するとしても，受任者自身ではなくて，他の者に生じた損害をこの下に含めることはできない。844 条の扶養請求権の喪失による損害はまさに妻や子に生じたものであり，受任者である団員に生じたものではない。

　黙示的な意思表示の解釈の方法で委任者の責任引受を導くことも可能であるが，ここでは問題とならない。単に公法上の義務の履行の委託が認定されているに過ぎないからである。

(81)　Palandt/Sprau, a.a.O.(Fn.10)，§670 Rn.13, S.1047；Staudinger/Bergmann, a.a.O.(Fn.7)，§683 Rn.71, S.981 f.：Münchener/Seiler, a.a.O.(Fn.19)，§683 Rn.19, S.2686 f. m.w.N..

1　無償の事務処理と損害の帰属

ば，道路交通法（StVG）10 条 2 項や航空交通法（LuftVG）35 条 2 項，責任法（HaftPflG）5 条 2 項などがそうである。危険責任の 1 つであるここでの問題領域に 844 条・845 条を類推適用することは体系的にも適合的であるといえよう(82)。

(3)　受任者・事務管理者による加害

1)　問題の所在と学説

これまで受任者や事務管理者が事務処理に際して被った損害に関して見てきた（被害の類型）。しかし，たとえば，委任関係において，受任者は委任から利益も損失も被るべきではないという法思想はこのような受任者の被害の場合だけでなく，受任者による加害の場合にも同様に妥当しうる（加害の類型）。そうだとすると，受任者が第三者に損害を与えた場合には，委任遂行に伴う損失から受任者を免れさせるためには，委任者に対する免責請求権や求償権が受任者に認められなければならない。また，委任者自身に損害を与えた場合には，民法の一般原則に基づく委任者の損害賠償請求権が制限されるべきことになろう。

同様の問題は事務管理の場合にも存在する。もっとも，危険回避のための事務管理では，事務管理者の本人に対する賠償義務は故意・重過失に制限されている（680 条）。したがって，問題となるのは，このような事務管理に際しての第三者に対する加害の場合の免責の有無である。この規定をこのような事務管理者の軽過失免責という一般的な法的思想の表現と解するときは（[16]判決参照），本人との内部関係では事務管理者の免責は肯定されるべきことになろう。さらに，680 条の適用されない事務管理に関してどのように解するかが問題となる。

この点に関する学説をみると，670 条（類推）適用説ではこのような加害類型についての議論は余り活発ではないように見受けられる。

これに対して，リスク責任論では，その主唱者であるカナーリス(83)は受任者の被った損害リスクを委任者に帰責する場合には，首尾一貫して，本人や第三者に対する加害のリスクも本人に帰責されるべきであり，このことは法的に

---

(82)　Canaris, a.a.O.(Fn.47), S. 43.

(83)　Canaris, a.a.O.(Fn.47), S. 43 f.

49

第1章　事務処理に際して生じた損害とドイツ民法670条

類似した事柄を同一に扱うべきだという公平性の要請であると主張する。このように被害類型だけでなく加害類型をも視野に入れてリスク分配の観点から統一的に処理しようとする点に，リスク責任論の特徴を見いだすことができる。

2）　関連する判例

このような加害類型に関する判例としては，次の3つをあげることができる。いずれも事案は第三者に対する加害に関係するものである。

(a)　連邦通常裁判所1962年10月30日判決（NJW 1963, 251）［自動車牽引事件］

［判旨］　これの事実関係は明らかではないが，そこでは，まず初めに，道路上で故障などにより立ち往生している自動車を牽引する際に生じた損害に関して，誰が道路交通法7条による危険責任としての賠償責任を負うかが問題とされた。従来の判例・学説によれば，牽引車の運行に際して生じた損害に関しては，牽引車の保有者や運転手のみが道路交通法による責任を負うとされるが，本件でこれと異なって解する契機は存在しないとして，この原則を維持した。

その上で，牽引車の保有者は被牽引車の保有者に損害の賠償を請求することができるかが問題とされた。裁判所はこれを次のように2つの場合に分けて判示した。①この牽引が生業的に（gewerbmäßig）なされた場合には，自動車の運行リスクを被牽引車の保有者に転嫁することはできない。しかし，②牽引が無償で好意に基づいて行われた場合には，670条を適用することが事態に適した結果に導く。牽引によって生じた危険責任に基づく損害債務（Schadensschuld）の負担は費用と同一視できるというのがその理由である。

この判決では，限定的ではあるが，第三者に対する損害賠償義務の負担が偶然損害と同じように，670条により委任者に帰責された点が注目される。なお，判旨①は後に1984年判決［国軍ヘリコプター事件］（2(3)2)(b)参照）によって実質的に変更された。

(b)　連邦通常裁判所1983年12月5日判決（BGHZ 89, 153）［ボーイスカウト事件］

［事実関係］　事案はボーイスカウトの団員が濡れたテントを乾燥させるためにフォークリフトを使って倉庫の高さ3ないし4メートルの支柱に吊す際に，

50

1 無償の事務処理と損害の帰属

フォークリフトで持ち上げていた容器ごと落下して，その中に乗っていた団員の1人が顔面に重傷を負った。裁判上の和解でこのボーイスカウトの幹部で引率・指導していた原告は5000マルクおよび将来生ずる損害の75パーセントを賠償すべき義務を負った。そこで，原告は上部団体である社団法人ドイツボーイスカウト連盟に対して賠償した損害の求償および損害賠償義務からの免責を請求したというものである。原審は請求の一部を認容。被告が上告。

　［判旨］　上告棄却　　裁判所は，まず第1に，この作業を行わせた幹部はフォークリフトの使用を止めなかったが故に，団員に対する監視義務や配慮義務に有責に違反したとして，この幹部の損害賠償責任を肯定した。そして，この幹部からボーイスカウトの上部団体に対する求償および将来の損害賠償義務からの免責請求について，次のように判示した。

　すなわち，両者の間には，労働関係は存在しないから，労働法で展開された危険労働法理の直接的な適用はない。しかし，両者間には特殊な事務処理関係が存在し，これには委任法の規定，特に670条の規定が類推適用される。この委任法の領域では，ドグマ的な基礎づけは異なるにも拘わらず，今日では，本人のために行った活動のリスクを完全に受任者に負担させることは通常許されず，それ故に，委任の遂行に際して非任意的に被ったような損失（Nachteil）の賠償または免責を求める請求権が彼に成立しうることに異論は見られない。

　ボーイスカウトの活動内容からすると，幹部は監視義務や監督義務の違反により損害賠償義務を負うという危険にさらされていることは明らかであり，この危険が現実化した場合には，この幹部に単独で責任を負担させることは正当ではない。この限りで，労働者が有責に損害を惹起した場合でも，典型的な営業リスクに属するような損害や損害賠償請求権の負担を労働者に期待することは許されないという労働法で展開された見解に依拠することができる。本件では，ボーイスカウト幹部にとって損害傾向のある活動が存在し，この特別なリスクが現実化したから，これによる損害結果をこの幹部に負担させることは原則として許されない。もっとも，原告がこの事故を故意・重過失で惹起した場合には，原告の免責請求権は認められない。労働法上の原則は意味に即してこの連盟の賠償義務にも適用されなければならない。このような場合にまで連盟が単独で責任を負うとすれば，自己の目的を追求して危険な任務を他人に任せた者にリスクを課すという考えが余りにも誇張され過ぎている。しかし，本件

第1章　事務処理に際して生じた損害とドイツ民法670条

ではこのような重過失は原告には存在しない。

　このように述べて，裁判所は賠償額の一部の求償と4分の3の限度で免責請求を認めた原審の判断を支持した。

　ここでは，道路交通法などによる危険責任ではなくて，過失による損害賠償責任が問題とされた。本判決は「特殊な事務処理関係」にも670条の類推適用を肯定し，これによって賠償額の求償と第三者に対する損害賠償義務からの免責請求を認めた点に意義がある。もっとも，委任法の領域において受任者の被った損害だけでなく，第三者に対する損害賠償義務からの「免責請求権」も異口同音に認められているとすることは若干不正確であるように思われる。そこで引用されている670条類推適用説に立つ学説はこのような免責請求権について殆ど言及していないからである。

　本判決のいう「労働法で展開された見解」や「労働法上の原則」というのは，そこで引用された判例から明らかなように危険労働法理を意味する。このような危険労働法理の援用は2つの方向において機能するといえよう。1つは，要件論の同等化である。670条の類推適用による免責請求権の場合にも，危険労働の場合と同じく，危険労働の存在とその特別なリスクの現実化が要件とされる（もっとも，これは670条の要件論から導くこともできよう）。2つには，670条の類推適用論では事務処理者に過失がある場合に670条を類推適用しうるかという問題がある。とりわけ本件のように事務処理者による第三者に対する加害の場合には，事務処理者に少なくとも過失があることが当然の前提となるから，直ちに670条を類推適用することはできない。危険労働法理を援用することによって，このような事務処理者の加害類型における670条の類推適用が基礎づけられたといえよう[84]。そして，結論的にも危険労働法理と同様の結果がこれによって導かれた。すなわち，危険労働理論では，故意・重過失の場合には免責否定，中間の過失の場合には割合的負担，最軽過失の場合には全部免責とされるが，本判決は故意・重過失の場合の免責否定を判旨の中で述べ，また，事

————————————

(84)　ザイラーはこの判例を危険労働法理の適用による本人の賠償義務の拡張として把握するが（Münchener/Seiler, a.a.O.(Fn.19), §670 Rn. 18, S. 2453），これは本文で述べた私の理解と同趣旨のものと解される。もっとも，ザイラーはこれを事務処理法の一般原則とすることには否定的である。

案の解決として両者は1対3の割合で責任を負うことを認めた（この点は次の
［登山ツアー事件］も参照）。

　本判決は670条の類推適用によって免責請求権を認めたものではあるが，しかし，判旨後半に見られるように「自己の目的を追求して危険な任務を他人に任せた者にリスクを課すという考え」も援用しており，この点においてカナーリスのリスク責任論への接近が見られる[85]。

（c）　連邦通常裁判所2004年12月13日判決（NJW 2005, 981, DB 2005, 768）
　　　［登山ツアー事件］

　［事実関係］　被告たる山岳会（登記された社団）がスイスのラインバルトホルンへの登山ツアーを開催し，被告の旅行監視員（Tourenwart）によって名誉職的なツアーガイドの資格が認められていた社団構成員のTが引率していたところ，転落事故が発生した。引率者Tは死亡。参加者の1人である原告は意識不明の重傷を負い，重大な後遺症が残った。原告は被告および旅行監視員，Tの相続人に対して損害の賠償を請求。被告および旅行監視員に対する訴えは棄却されたが，Tの相続人に対する訴えは認容された。相続人はその責任をTの遺産に制限し，すべての遺産は原告への支払いに当てられた。しかし，これは損害全部の賠償には足りなかった。そこで，原告はTの被告に対する免責請求権を遺族から譲り受け，これに基づいて残存する損害の賠償を被告に請求した。原審は請求の一部を認容。被告が上告し，原告も付帯上告した。

　［判旨］　両者の上告棄却　　裁判所は，上記のボーイスカウト事件の判決を引用しながら，次のように判示した。すなわち，規約上の目的（Aufgabe）の実行の際にこれと結びついた典型的なリスクが現実化し，構成員に故意・重過失がない場合には，社団はこの構成員を原則的には全部または一部免責しなければならない。これの理由付けについては，670条の類推適用や「他人のためにする行為のリスク責任」など見解が対立する。しかし，結局のところ，この免責義務は衡平の考慮（Billigkeitserwägung）に基づく。社団が損害を孕んだ規約上の目的を実行するために彼の構成員を用いた場合に，社団がこれから生

　（85）　Vgl., Soergel/Beuthien, a.a.O.(Fn.47), §670 Fn. 56, S. 272 ; Jauernig/Mansel, a. a.O.(Fn.47), §670 Rn. 9, S. 925. 前者は本稿と同様にリスク責任の「方向に傾く」とするが，後者はリスク責任に立つ学説と並んでこの判例を引用する。

第1章　事務処理に際して生じた損害とドイツ民法670条

ずる責任に関与しないとすれば，これは不適当である。ここでの引率者Tのように，当該構成員が無償で行為する場合には，いずれにせよそうである。

　免責の範囲は個々の事例の事情，とりわけ事務処理者の過失の程度に応じて決定される。これは254条の類推適用から導かれるが，このことは免責を基礎づける衡平の考えにも合致すると判示した（結果的に，70パーセントの限度で免責請求権を肯定）。

　この判決はボーイスカウト事件判決と基本的には一致する。しかし，法的構成については，これの見解の対立を紹介するのみであり，いずれの見解によるかは明らかにしていない。また，「労働法で展開された見解」や「労働法上の原則」は直接的には援用されていない。連邦労働裁判所の大部は1994年9月27日に危険労働の要件を放棄して，危険でない労働にも労働者の責任制限を拡張するという画期的な決定を行ったが（BAGE 78, 56. これについては4⑶参照），その結果，危険労働法理は名称としてはもはや存在しなくなった。そこで，本判決は危険労働法理に代えて，典型的なリスクの現実化を要件とし，254条の類推適用によって具体的な免責の範囲が決定されるとした（この点の問題については，4⑶4⑹参照）。もっとも，本判決が「損害を孕んだ」規約上の目的と述べているように，危険な活動に関する事案が問題となっているため，「危険でない活動への拡張」という問題は未解決のまま残されている。

　(d)　小　　活

　受任者や事務管理者（事務処理者）による加害の類型に関する判例としては，上記の3つの事件を挙げることができる。そこでは，主として670条の視点から問題の解決がなされ，結果的にもこれらの事務処理者の責任軽減が認められている。これらはいずれも第三者を加害した事案に関連するが，これに対して，委任者や本人に対して損害を与えた場合に関してはまだ判例は見当たらないようである。しかし，第三者加害の場合と異なって扱う理由は存在しないから，これと同様に処理されることになろう。

2 有償の事務処理契約と民法670条の準用

委任に関する670条の規定は事務管理（683条）以外にも準用される。たとえば、27条3項（理事）、675条1項（有償の事務処理）、713条（業務執行組合員）、1835条1項（後見人・後見監督人）、2218条（遺言執行者）などがそうである。さらに、693条（寄託）や1648条（親）も670条を直接的に準用していないが、これと同様の思想に基づく[86]。

このように670条の適用範囲はかなり広大であるが、ここでは、有償の事務処理契約について670条の準用を定める675条1項を中心として検討することにしたい。

(1) 立 法 過 程

(a) ローマ法では委任の無償性の原則が採用され、無償でない委任は無効とされた。しかし、謝礼（報酬）を概括的な経費の支払いと理解する見解を経て、18世紀末には、委任は理念類型的には無償を基礎とするが、無償性は必ずしも不可避的な概念要素ではないとされ、委任の反対訴権（actio mandati contraria）は委任者の約束した反対給付（報酬）にも向けられるとする見解が支配的となった[87]。

第1草案はこのようなパンデクテン法学の支配的な見解に依拠して、有償委任も委任法に属するとした。このことは第1草案586条の規定から明確となる。すなわち、「委任者は受任者に対して委任遂行につき報酬を与えるべき義務を負うことができる。委任の遂行が事情により報酬と引換えにのみ期待されるべき場合には、報酬は合意されたものとみなす」と定められた。

このように有償委任を肯定し、さらに、委任の対象である「事務」には法律行為だけでなく、単なる事実的な労務給付も含まれるとすると、とりわけ委任契約と雇用契約の間をどのように区別すべきかが問題となる。同じ行為がある時は委任契約の対象とされ、ある時は雇用契約の対象となるからである。

しかし、第1委員会では、このような区別は学説に委ねれば足りるとされた。

---

(86) Vgl., Münchener/Seiler, a.a.O.(Fn.19), §670 Rn. 3, S. 2448.

(87) Vgl., Staudinger/Martinek, a.a.O.(Fn.8), Vor §§662 ff., Rn. 3 ff., S. 128 ff..

第1章　事務処理に際して生じた損害とドイツ民法670条

区別のメルクマールを原則的に確定することよりも，各契約類型の相互に異なる規定を考慮して，何が契約締結者の意思に合致するかを個々の事例において確定することのほうが重要である。場合によっては，異なる契約関係の要素を混ぜて作られた1つの契約（混合契約）を認めることができるという[88]。

　(b)　しかし，第2委員会では，これとは反対に，委任と雇用・請負契約の間を明確に区別することが必要であるとして，委任の無償性がその区別の基準とされた。そして，これを曖昧にさせないために，委任の無償性を明文で規定することとした。これに伴い，報酬の合意に関する第1草案586条は削除された。規定の配置としては，有償の賃貸借と無償の貸借を並べて規定したように，有償の雇用・請負契約と無償の委任を並べて規定することが推奨された[89]。

　委任を無償のものに限定する場合には，第1草案では有償委任とされた領域が雇用または請負契約として処理されることになる。そこで，このような事務処理を対象とする雇用・請負契約に委任の規定を準用すべきかという問題が新たに浮上した。第2委員会はこれを肯定した。委任法のいくつかの規定は内容的に普遍性を有しており，基礎とされる法律関係の如何を問題とすることなく，雇主や注文者のための事務処理を対象とする雇用・請負契約にも適合するというのがその理由である。

　このようなことから，「事務処理義務が雇用・請負契約によって引き受けられる場合には，（第1草案）590条ないし595条および599条ないし603条の規定を準用する」という規定を603a条として置くことが決定された[90]。これが第2草案606条となり，民法675条として成立した。

　第1草案では委任契約に該当するか否かが委任法の適用範囲を画することになるが，上記の構想によれば，これに代えて「事務処理」概念が確定基準として重要な機能を営むことになる。しかし，第2委員会はこれを明らかにすることなく，この問題を学説に委ねた。単にここでは，被用者や請負人の活動（Tätigkeit）のすべてが直ちに事務処理に該当するのではなくて，通常は本人の法領域の中で行われるべき活動の展開がそうであるというにとどまる[91]。

---

(88)　Mugdan, a.a.O. (Fn.23), S. 293 ff..

(89)　Mugdan, a.a.O. (Fn.23), S. 942.

(90)　Mugdan, a.a.O. (Fn.23), S. 958.

(91)　Mugdan, a.a.O. (Fn.23), S. 958.

2　有償の事務処理契約と民法 670 条の準用

　そこで，民法典の施行後，この事務処理概念をめぐって判例・学説上争われることになった。

　(c)　675 条の規定はその後約 1 世紀の間変更されないままであったが，1999 年 7 月 21 日の口座振替法[92]によって（同年 8 月 14 日施行），676 条が 675 条 2 項として規定されるに伴い，従来の 675 条は 675 条 1 項となり，「この款に別段の定めがない限り」という文言が付加された。同時に，第 10 節の表題は「委任」から「委任および類似の契約」に変更され，この節はさらに第 1 款「委任」と第 2 款「事務処理契約（Geschäftsbesorgungsvertrag）」に分けられた。675 条はこの事務処理契約の第 1 目「総則」の中に位置づけられた。

　2001 年 11 月 26 日の債務法現代化法では（2002 年 1 月 1 日施行），第 12 節「委任および事務処理契約」という新たな表題の下で，上記の第 10 節の体系および諸規定が 675 a 条の若干の文言の変更を除いてそのまま引き継がれた[93]。

　その後，2009 年 7 月 29 日の支払役務に関する EU 指令の国内化法[94]によって，「支払役務（Zahlungsdienste）」が事務処理契約から切り離されて独立的に規定されるに至った（同年 10 月 31 日施行）。その結果，第 12 節は「委任，事務処理契約および支払役務」という表題に改められ，その下で，第 1 款「委任」，第 2 款「事務処理契約」，第 3 款「支払役務」の 3 つが置かれた。

　このように有償の事務処理契約は法技術的には委任法の単なる付属物から，今日では，体系的に独立した独自の契約類型としての地位を獲得するに至った。しかし，委任法の規定の準用を明文で定める 675 条 1 項はそのまま維持されており，第 2 委員会が学説に委ねた「事務処理」概念をめぐる問題は現在でも残ったままである。

(2)　民法 675 条 1 項の「事務処理」概念

委任における「事務処理」（662 条）は，通説的見解によれば[95]，委任者のた

---

(92)　Überweisungsgesetz, BGBl I 1999, 1642.

(93)　Vgl., Staudinger/Martinek, a.a.O.(Fn.8), Vor §§ 662 ff., Rn. 2, S. 128.

(94)　Gesetz zur Umsetzung der Verbraucherkreditrichtlinie, des zivilrechtlichen Teils der Zahlungsdiensterichtlinie sowie zur Neuordnung der Vorschriften über das Widerrufs- und Rückgaberecht (EGRLUmsuaNOG), BGBl I 2009, 2355.

(95)　Brox/Walker, a.a.O.(Fn.46), § 29 Rn. 2, S. 357 f., § 35 Rn. 6, S. 425 ; Münchener/

57

第1章　事務処理に際して生じた損害とドイツ民法670条

めにするあらゆる活動を意味し，単に法律行為ないし法律行為類似のものだけ
でなく，純粋に事実的な行為も含まれる。これと異なり，675条1項の「事務
処理」については，大きく2つの見解が対立する。1つは，675条1項の「事務
処理」を委任における「事務処理」とは区別して，これよりも狭く理解しよう
とする分離理論（Trennungstheorie）であり，他の1つは，675条1項の「事務
処理」と委任における「事務処理」を同一に理解する統一理論（Einheitstheorie）
である。

1）　分離理論

　675条1項によれば，広義の雇用・請負契約には，事務処理を対象とする雇
用・請負契約とそうでない雇用・請負契約の2つが存在する。このような立法
者の構想を前提とすると，675条1項の事務処理概念は662条の事務処理概念
とは異なって理解されなければならない。仮に675条1項が662条と同じく広
義の事務処理概念によるとすれば，すべての雇用・請負契約は事務処理を対象
とすることになり，委任法の規定が準用されない雇用・請負契約は全く存在し
ないことになろう。これは675条1項と矛盾するからである。

　そこで，分離理論は675条1項の事務処理を委任契約の場合よりも狭く解し
て「他人の経済的利益領域の中で他人のために行われる経済的性質を有する独
立的な活動」に限られるとする。これが連邦通常裁判所の判例[96]および通
説[97]の立場である。これによれば，事務処理契約は単なる有償委任ではない
ということになる。

　この事務処理概念のメルクマールを個別的にみると，次のように言うことが

　　Seiler, a.a.O.(Fn.19), §662 Rn.15, S. 2395 f. m.w.N..

(96)　BGH Urteil vom 22. 10. 1958, BB 1959, 134, DB 1959, 168 ; BGH Urteil vom 25. 4.
　　1966, BGHZ 45, 223（228 f.）. Vgl., RG Urteil vom 10. 12. 1924, RGZ 109, 299（301 f.）.

(97)　Münchener/Heermann, 5.Aufl., 2009, §675 Rn.12, S.2470 f.; Enneccerus/Lehmann,
　　a.a.O.(Fn.41), S.670 ; Jauernig/Mansel, a.a.O.(Fn.47), §675 Rn.4, S.928 ; Erman/Hauß,
　　a.a.O.(Fn.15), §675 Rn.1, S.1819 f. ; Medicus/Lorenz, Schuldrecht II/BT, 15.Aufl., 2010,
　　§113 Rn.883, S.287 f. ; Hk-BGB/Schulze, a.a.O.(Fn.15), §675 Rn.4, S.895 ; Fikentscher/
　　Heinemann, a.a.O.(Fn.19), §86 II Rn.1253, S.623 ; BGB-RGRK/Denecke, a.a.O.(Fn.42),
　　§675 Anm.1, S.699 ; BGB-RGRK/Steffen, a.a.O.(Fn.8), §675 Rn.2, S.63 ; Staudinger/
　　Wittmann, a.a.O.(Fn.15), Vorbem zu §§662 - 676, Rn.4, S.20 und §675 Rn.3, S.92.

できる[98]。

　㋐　活動（Tätigkeit）　　これは積極的な行為・能動的な行為を意味する。単なる不作為は事務処理の活動としては不十分である。また，積極的な行為であれば足り，法律行為，法律行為に類似する行為，あるいは事実的な行為も含まれる。これらの点では662条の委任の場合と何ら異ならない。

　㋑　独立性（Selbständigkeit）　　事務処理者の活動は独立的なものでなければならない。これは事物の優位性や処理方法に関する判断やその展開につき裁量の余地が事務処理者に残っていることを意味する。

　ここでの独立性を非従属性や非拘束性を意味するものと誤解してはならない。これは絶対的な独立性ではなくて，むしろ相対的な独立性すなわち利他的かつ限定的な独立性である。事務処理者のなすべき行為が詳細に指示されるのではなくて，単に枠的に期待される内容や結果によって記述されるに過ぎず，その結果，事務処理者は自己責任的にこの枠を埋めることができる。

　㋒　経済性（Wirtschaftlichkeit）　　事務処理者の活動は経済的な性質を有することが必要である。この経済性とは義務づけられた行為が経済的価値を有することを意味しないことは事務処理契約の有償性から明らかであるが，その具体的内容については見解が分かれ，これを財産関連性という要件（後述）の反復ないし強調であると解する見解や，この活動が本人の経済的な利益領域に属することと解する見解，費用節約的な観点からする経済的な活動とする見解などがみられる。

　これに対して，マティーネクの見解によれば，ここでの経済性とは事務処理者の活動がその種類によれば広義の経済生活の領域に属することを意味する。たとえば美術や音楽，宗教，教育，学問または医術のような領域に属する活動は確かに本人のための財産関連性を有するが，しかし，経済的な種類の活動に属しない。したがって，芸術家や教師，医者などは事務処理者ではないとされ

（98）　以下の記述は主として Münchener/Heermann, a.a.O.(Fn.97), §675 Rn. 5 ff., S. 2468 f. および Staudinger/Martinek, a.a.O.(Fn.8), §675 Rn. A 10 ff., S. 345 ff. による。ただし，マティーネクはこれらを概念的なメルクマールではなくて，類型論的な資格認定的メルクマールとして理解する（Rn. A 8, S. 344 f.）。この点で，他の分離理論とは異なる。

　　この事務処理の各メルクマールの評価ないし批判に関しては，Vgl., Erman/Ehmann, a.a.O.(Fn.10), Vor § 662 Rn. 82 ff., S. 2834 ff..

第1章　事務処理に際して生じた損害とドイツ民法670条

る（ヘーアマンも同旨）。

　(エ)　財産関連性（Vermögensbezug）　　事務処理者の活動は本人の財産との関連性すなわち本人の財産に影響（増減または維持）を与えるものでなければならない。この要件は顛末報告義務（666条）や受取物引渡義務（667条）から正当化される。ここでの財産関連性は単なる間接的な影響では足りないことは言うまでもないが，しかし，客体または因果関係に関する直接性までは必要としない。生活経験によれば目的的・操縦的・予見可能な方法で本人の財産への影響を期待することができるときは，財産関連性の要件は充足される。

　(オ)　利他性（Fremdnützigkeit）　　事務処理者の活動は客観的に他人（本人）のために行われなければならない。この利他性は（無償）委任や事務管理の特徴を表しているが，有償の事務処理の場合でも他人の利益に重点を置く限りでこれは肯定される。

　判例はこれを比較的狭く限定して，「元来は本人が自分で処理すべきことが他の者（事務処理者）によって引受けられた場合」であるとする[99]。しかし，マティーネクはこのような本人の「原初的な義務（ursprüngliche Obliegenheit）」に限定する必要はない。事務処理契約によって初めて行われた，新たに創造された活動でも十分だと考える。

　また，相手方の「ための（für）」給付と相手方「への（an）」給付の間を区別し，前者のみが事務処理的性質を有するものとする見解があるが，この区別の基準も適切ではない。たとえば，屋根を修理して家の価値を増大した屋根職人は注文者へ給付することによって，注文者のためにも行為し，客観的に利他的に行為している。同様に，時計屋による時計の修理はその時計の価値を増大し，客観的に注文者のために行われているからである。これらの者が675条1項の事務処理者でないということは利他性ではなくて，他のメルクマールすなわち利益擁護的性質から説明すべきだと主張する。

　(カ)　利益擁護的性質（Interessenwahrungscharakter）　　事務処理者の経済的な種類の独立活動は他人の財産との関連性を有するだけでなく，内容的には本人の財産的利益の促進と擁護に向けられなければならない。マティーネクは

---

　(99)　BGH Urteil vom 22. 10. 1958, a.a.O.(Fn. 93). なお，この判決の事実関係は明らかではない。

2 有償の事務処理契約と民法 670 条の準用

この利益擁護的性質すなわち主観的な利他性を有償の事務処理の最も重要なメルクマールであるとし，このことから 675 条 1 項の事務処理契約は従属契約（Subordinationsverträge）に属するという[100]。

2）統一理論

675 条 1 項の事務処理を委任における事務処理と統一的・同義的に理解するものとしては，たとえばニッパーダイの見解[101]が挙げられる。これによれば，現行法では，委任契約と雇用・請負契約は他人の事務の処理を対象とする点では同じであり，両者は単に無償性によって区別されるに過ぎない。したがって，675 条の「事務処理を対象とする」というのは基本的には余計な添加物（überflüßiger Zusatz）に過ぎないというべきである。しかし，このことから 675 条で準用された委任規定が直ちに雇用・請負契約に適用されるべきことにはならない。委任法の規定が準用されるか否かに関しては，当該委任規定の法律要件が存在し，またその規定の法律効果が明らかに事態に適しており適切な結果を導くことができるかどうかが決定的であり，このような雇用・請負契約に関してのみ委任の規定が準用される。この意味において，675 条の「事務処理を対象とする」というのは法律要件の存在と結果の妥当性に関する判断の「短縮された表示（abgekürzte Bezeichnung）」に他ならない。

ザイラーもニッパーダイと同様に，675 条の事務処理を委任の法律効果を必要とするような法律関係の「短縮された表現方法（abgekürzte Ausdrucksweise）」として理解する。662 条・675 条の成立史からすると，立法者にとっては，事務処理の概念的な区別ではなくて，利益状態がこれを要求す

---

(100) マティーネクによれば，契約類型は利益や給付の内容を基準として分類されるが，これと異なって，その前段階における利益や給付の方向性を基準とすると，契約関係は次の 3 つの類型に分けられる。すなわち，①各契約当事者が相手方に提供した利益と引換えに自己の利益を得ようと努めている，利益対立的な関係（等位契約［Koordinationsverträge］），②当事者の利益結合や利益の同一方向性によって特徴付けられる共同体関係（提携契約［Koalitionsverträge］または同盟契約［Konföderungsverträge］），③一方当事者の利益を他方当事者の利益よりも下位に置くことによって，また，交換取引と比較すると高められた両当事者の誠実義務によって特徴付けられる利益擁護的な関係（従属契約［Subordinationsverträge］）の 3 つである。Vgl., Staudinger/Martinek, a.a.O.(Fn.8), Vorbem zu §§ 662 ff., Rn. 24 ff., S.141 f.

(101) Staudinger/Nipperdey, a.a.O.(Fn.44), § 675 Rn. 16 f., S. 1937 ff.

第1章　事務処理に際して生じた損害とドイツ民法670条

るところでは委任法が適用されるということが重要であったからである。そして，具体的な処理方法としては，まず第1に雇用・請負契約の規定を適用し，これによって事態に適した結果が得られない場合に委任法の規定を適用すべきだとする(102)。

3）　統一理論の変種

エーマンも統一理論の主張者に属するが，契約やその他の原因に基づくすべての事務処理に適用される事務処理法を構想する点で特徴的である。

彼によれば，委任に関する664条から670条の規定は，売買契約や労働契約，請負契約のような債務関係の類型を構成するのではなくて，事務処理法の総則として把握されるべきであり，675条1項の規定は債務法の総則の256条から261条の中に置かれるべきである。この総則規定はある給付について義務を負い，追加的に「事務処理を対象とする」ようなすべての債務関係に適用される(103)。

分離理論のように，雇用・請負契約やその他の典型契約と事務処理契約を区別するメルクマールを探求することは無駄な試みであり方法論的にも誤っている。特定の物や人についての明確に定められた単純な行為（たとえば，板をカンナで削ることや頭の散髪）から，子供や制限行為能力者のための両親や後見人による完全な人的・財産的配慮に至るまで，種々の事務処理が無段階的に存在し，適用される法的効果はそれぞれ異なる（動的システム［bewegliches System］）。分離理論では，有償の事務処理契約に該当すれば，委任に関する規定が適用され，そうでなければ雇用・請負の規定が全面的に適用されることになるが，このような厳格な二者択一ないし排除効は有償の事務処理契約に認められるべきではない(104)。

要するに，「事務処理そのもの」が存在するのではなくて，むしろ一定の事

---

(102)　Münchener/Seiler, a.a.O.(Fn.19), §662 Rn. 14 und Rn. 17, S. 2395 f..

(103)　Erman/Ehmann, a.a.O.(Fn.10), Vor §662 Rn. 2, Rn. 12 und Rn. 71, S. 2820 ff.. 彼は同書の10版（2000年）において初めてこれを主張した（Erman/Ehmann, 10. Aufl., 2000, Vor § 662 Rn. 26 ff., S. 1973 ff.）。

なお，これの先駆的な見解として，Isele, Geschäftsbesorgung – Umrisse eines Systems, 1935, S. 5が挙げられる。彼はこれを「債務関係法各論の総則」として位置づける。

(104)　Erman/Ehmann, a.a.O.(Fn.10), Vor §662 Rn. 24 f., S. 2824 f..

務処理類型（たとえば，仲立人や商事代理人，問屋，遺言執行者など）が存在する
に過ぎない。ここでは，他人の法領域の中で有効に行為しうる事務処理権限
（Geschäftsbesorgungsmacht）がその核心的要素であり，①事務処理権限の内容
と範囲，②事務処理の期間と対象，③事務処理についての他人利益と自己利益，
④事務処理権限の基礎（契約，事務管理，あるいは裁判所や行政による公的な依頼
など）の4つの視点からそれぞれ類型化される。そして，それぞれの類型の中
で，他の視点とも関連して，法的効果の種類と内容が無段階的に決定される。
たとえば，事務処理権限が包括的であればあるほど，情報提供義務や顛末報告
義務，受領物の引渡義務はより包括的となる。しかし，費用償還請求権はむし
ろ逆であり，包括的な権限が有償的に認められる限りで，通常の費用はすでに
報酬によって弁済されており，これの償還を請求することはできない(105)。

4）若干の検討

このように675条1項の「事務処理」概念について分離理論と統一理論が大
きく対立する。分離理論は委任法の規定が準用される範囲を事務処理概念を通
して明確化しようとするのに対して，統一理論はこれを法的効果から考察する
点で基本的に異なる。そして，このことは規範適用や信義則などの一般条項の
援用にも影響を及ぼすといえよう。

分離理論によれば，675条1項により準用される委任の規定は事務処理契約
の核心的な規定として位置づけられる。したがって，事務処理契約に関しては，
これらの規定がまず最初に適用されるべき規範となる。このことは委任規定の
「準用」という文言からも明らかとなる。これに対して，統一理論では，事務
処理を対象とする雇用・請負契約においては，まず最初に，雇用・請負契約に
関する規定が考慮され，これらが当事者間の事態に適した調整を行うのに不十
分な限りで，委任法の規定が個々的に適用される(106)。

また，分離理論では，事務処理に該当しない雇用・請負契約に関しては，
675条1項の適用要件を欠くから委任法の規定は準用されない。しかし，この
ような675条1項に服しない事例であっても，適切と思われる場合には，補充

（105）　Erman/Ehmann, a.a.O.(Fn.10), Vor §662 Rn. 26 ff., S. 2825 ff..

（106）　Münchener/Seiler, a.a.O.(Fn.19), §662 Rn. 17, S. 2396 ; Staudinger/Nipperdey,
　　　a.a.O.(Fn.44), §675 Rn. 17 f., S. 1938 f..

第1章　事務処理に際して生じた損害とドイツ民法670条

的な意思解釈（157条）や信義則（242条），あるいは委任規定の個別的な類推適用などの一般的な方法によって，情報提供義務や費用償還義務などが認められる。これに対して，統一理論では，委任法の法的効果が適切な事例はすべて675条1項に服するのだから，委任法の準用に適する事例が675条1項の範疇から漏れることはなく，補充的な契約解釈や信義則などの一般条項を援用する必要はない。

　分離理論と統一理論はこれらの点で異なるが，いずれもその考察対象は本来的には雇用・請負契約の類型に該当する契約領域に限られていた。しかし，経済社会における分業化の進展と物の製造から労務給付へと重心がシフトするに伴って，事務処理契約は実際的・理論的に重要な契約法の中心的範疇を構成するに至った。そこで，有償の事務処理契約を統一的な事務処理法として把握することが試みられるようになった。マティーネクやエーマンの見解はこのようなものとして評価することができよう。

　マティーネクは契約当事者の利益結合の差異を基準として契約関係を3つに分類した上で，有償の事務処理契約は委任契約と並んで従属契約という統一的・独立的な契約類型に属し，その基本的な特徴は事務処理者の指図拘束的な利益擁護義務にあるとする。そして，このような従属的な事務処理契約に関しては，その核心的な規制である675条1項の準用する委任規定および信義則から生ずる事務処理法の一般原則がまず最初に適用され，これと並んで，当事者の権利と義務に関しては，雇用・請負契約や売買契約などその都度関連する契約類型の規定が基準となると主張する[107]。また，エーマンは事務処理契約に関する675条1項を債務法総則に属する規定として位置づけ，「第三者のためにする契約」と同じように，事務処理的要素を伴うすべての契約に妥当すると考える。

　両者はそれぞれ分離理論または統一理論の変種というように立場を異にするが，しかし，事務処理を対象とする雇用・請負契約だけでなく，たとえばライセンス契約や製作物供給契約，その他の混合契約などのように，雇用・請負契約の類型に属しないが，事務処理的要素を伴う契約に関しても事務処理法が適

---

(107)　Staudinger/Martinek, a.a.O.(Fn.8), §675 Rn. A 23 ff., S. 351 ff..

用される点では一致する[108]。

　事務処理に係わる多様な契約類型の出現とその重要性に鑑みると，このような統一的な事務処理法の構想は基本的に支持されるべきであろう。また，民法典が表題的に「事務処理契約」を独立的に扱うに至ったことも，これの補強的な根拠を提供するように思われる。

　しかし，事務処理過程で生じた損害の帰属を問題とする本稿では，これの詳細に立ち入ることはできない。ここでは，670条の適用可能性を問題とすれば足りる。

(3)　事務処理の過程で生じた損害
1)　偶然損害の賠償
　有償の事務処理契約には675条1項により670条が準用される。したがって，事務処理者が費用償還請求権を有することは明らかである。もっとも，ここでの事務処理は有償であるから，無償委任の場合よりもこの費用償還請求権は解釈上制限される[109]。すなわち，報酬によって弁済されている費用や通常の事務処理に伴う費用については償還請求することはできない。また，とりわけ職業的・生業的な事務処理者や請負契約的な事務処理者はこのような費用償還請求権を有しないとされる。

　問題は事務処理者の偶然損害に関してである。これの法的な基礎づけに着目すると，大きく2つの見解に分けられる。

　(a)　1つは，偶然損害の賠償を670条と関連づけて基礎づける通説的見解である。この見解では，偶然損害の賠償は基本的には無償委任および事務管理の場合と同様に処理されることになろう。もっとも，前述した条件的費用説や費用説は（1(2)4)(b)参照），このような有償の事務処理契約における偶然損害の取

---

(108)　Vgl., Staudinger/Martinek, a.a.O.(Fn.8), Vor §§ 662 ff., Rn. 21, S. 139, § 675 Rn. A 26, S. 352 f..

(109)　Staudinger/Martinek, a.a.O.(Fn.8), § 675 Rn. A 38, S.356 f. ; Staudinger/ Nipperdey, a.a.O.(Fn.44), § 675 Rn.17, S.1938 f. ; Münchener/Seiler, a.a.O.(Fn.19), § 670 Rn.4, S.2448 ; Münchener/Heermann, a.a.O.(Fn.97), § 675 Rn.20, S.2472 ; Erman/ Ehmann, a.a.O.(Fn.10), Vor § 662 Rn.54, S.2828 f., § 670 Rn.1 und Rn. 4, S.2888 f. ; BGB-RGRK/Denecke, a.a.O.(Fn.42), § 675 Anm.5, S.700 f. ; BGB-RGRK/Steffen, a.a.O.(Fn.8), § 675 Rn.21, S.67.

第1章　事務処理に際して生じた損害とドイツ民法670条

扱いについて明確に言及していない[110]。これに対して，損害説の論者であるマ
ティーネクは，通説的見解によれば，670条の類推適用に基づく受任者の偶然
損害の賠償請求権がさらに675条1項によって有償の事務処理契約に準用（類
推適用）されることによって（二重の類推適用［Doppelanalogie］），事務に典型
的なリスクの現実化としての偶然損害の賠償義務が生ずると述べる[111]。

　その上で，さらに本来的な費用の場合と同様に，ここでも報酬による弁済の
有無が問題となる。たとえば，マティーネクによれば[112]，報酬の取り決めにお
いてリスク手当てが計算に入れられており，当事者がこれを事務処理者へのリ
スク分配と結びつけているときは，事務処理者はこれの賠償を請求することは
できない。これは報酬の取り決めがどのようなリスクを含むかという解釈の問
題であり，個々の事例の事情に依存する。これに対して，損害が報酬によって
カバーされず，あるいは損害が予見されていなかった場合には，損害の負担に
関しては，関与者間のリスク領域の範囲が問題となる。偶然損害の原因が本人
のリスク領域にある場合には，本人がこれを負担することが事態に適している。
つまり，有償性はすべてのリスクを事務処理者に負わせることに導かないし，
本人の賠償義務を一般的に排除するわけではないとされる。

　⒝　2つ目は675条1項とは無関係にリスク責任の観点から偶然損害の賠償
責任を基礎づける見解である。これの主唱者であるカナーリスは有償の事務処
理契約への適用について言及していないが，リスク責任の客観的要件と主観的
要件を充足するときは有償の事務処理契約の場合でも本人の無過失賠償責任は
肯定されることになろう。

　統一理論の変種を主張するエーマンは675条1項の規定を債務法の総則に位
置づける点で特徴的であるが，偶然損害の賠償の理論的な基礎としてこのリス
ク責任論を支持する。彼の構想によれば，リスク責任論は事務処理的要素を伴
うすべての法律関係に一般的に妥当することになる。ただし，損害賠償請求権

---

(110)　もっとも，ニッパーダイは，有償の事務処理の事例では，条件付費用に属しない
　　損害のリスクは報酬によって弁済されているとしてこの賠償を否定する。しかし，報酬
　　が余りにも低い場合には，138条（公序良俗）・242条（信義則）を顧慮して報酬の増額
　　を請求できるとする。Staudinger/Nipperdey, a.a.O.(Fn.44), §670 Rn. 11, S. 1918.

(111)　Staudinger/Martinek, a.a.O.(Fn.8), §675 Rn. A 41, S. 357 f..

(112)　Staudinger/Martinek, a.a.O.(Fn.8), §670 Rn. 27, S.304 f., §675 Rn. A 42, S. 358.

の要件および責任の範囲に関しては，事例類型的に区別して考察されなければならない[113]。

すなわち，有償の事務処理の場合には，任意的な財産的犠牲すなわち費用と同様に，事務処理と結びついた物的損害や人的損害のリスクが報酬によって弁済されていないかどうかが常に考察されなければならない。このリスクの高さが報酬の額を決定する際の要素であった場合には，このリスクは報酬によって弁済されている。

また，弁護士や医者，建築士などの独立的な活動者は，自分で付保しうるような自己の職業や生業に特有のリスクについては自分で負担するのが通常である。さらに，消防士や山岳監視員，海難救助隊のような救助のための職業的な事務処理の場合には，これが有償であれ無償であれ，この専門的な事務処理者が意識的にこの危険を引き受けたかどうかが当該事例の事情に基づいて注意深く考察されなければならないと主張する。

このように事例類型毎に特別な制限がなされるが，しかし，この制限がクリアーされる場合には有償の事務処理以外の事務処理類型においても広く本人の賠償義務が認められる。

(c) 上記に見たように有償の事務処理契約においても，偶然損害の賠償責任が認められるとする点では学説の見解はほぼ一致する。そこでは，報酬による弁済，これと関連して報酬の額やリスクの大きさ，これの認識可能性などがここでの特有な問題として指摘されるに過ぎない。つまり，事務処理の有償性が偶然損害に関する本人の賠償責任を一般的に排除し，すべての損害リスクを事務処理者に負わせることに導くものとは考えられていない。さらに，有償の事務処理の類型を超えて広く本人の責任を認める見解が有力に主張されていることにも注意する必要があろう。

なお，事務処理者による加害類型すなわち賠償義務の制限について言及したものはないように見受けられるが，これを否定する趣旨ではないと解される。

---

(113)　Erman/Ehmann, a.a.O.(Fn.10), §670 Rn. 17 ff., S. 2892 ff..

第1章　事務処理に際して生じた損害とドイツ民法670条

2）　関連する判例

（a）　事務処理者の被った損害

この類型に属する判例としては，次の2つをあげることができる。

（ア）　ライヒ労働裁判所1937年6月2日判決（JW 1937, 2670）［パニックシーン撮影事件］

［事実関係］　原告は映画の端役として被告に雇われていた。パニックシーンの撮影に際して腱を切断した。そこで，契約締結上の過失，企業者の営業リスク責任，補助的に費用償還に関する670条を根拠として，損害の賠償を請求した。原審は請求棄却。原告が上告。

［判旨］　上告棄却　①このシーンの撮影前に監督はこの危険を警告していたから，契約締結上の過失責任は問題とならない。

②増大した営業リスクの結果として被用者の被った損害に関して，企業者が過失なくして責任を負わなければならないという一般的な法命題は存在しない。

③判例では，委任の遂行によって必然的に生じた損害または通常生じ，それ故両契約当事者によって予見されるべき損害のみが670条の意味での任意的な費用と考えられている。受任者が任意で危険に身をさらすことによって生じた損害は委任者の賠償すべき財産的犠牲ではない。雇用契約の締結の際にこの損害が予見可能なものとして計算に入れられていない場合には，費用償還の原則は適用されず過失責任の原則にとどまる。

この判決では，映画の端役と雇主の間の関係を雇用契約であるとし，670条による賠償請求が問題とされているから，675条1項の有償の事務処理契約（事務処理を対象とする雇用契約）に関するものとして位置づけることができよう。この判決は結果的に670条による賠償を否定したが，その具体的な理由は必ずしも明確ではない。契約締結上の過失責任のところで，監督の警告にも拘わらず，このシーンの撮影に参加し，それでこれと結びついた危険を意識的に引き受けたとされており，これがその実際の理由であると解される。

（イ）　連邦通常裁判所1957年3月28日判決（VersR 1957, 388）［ベルリン古紙輸送事件］

［事実関係］　ここでは，被告は帝国鉄道（後のドイツ連邦鉄道）との契約によって，鉄道の輸送業務のためにトラックを提供することを引き受け，さらに，被告は原告との間で，原告が自分のトレーラートラックと運転手を用いて輸送

を行うべき旨の業務契約（Beschäftigungsvertrag）を締結した。帝国鉄道はベルリンからドイツ連邦共和国への古紙の輸送の委託をある会社から受け，原告がこれを行った。その際，この貨物にはベルリンの東地区とソビエトの占領地域からの古紙が一部含まれていたために，マーリエンボーン（Marienborn）の検問所でトレーラートラックと輸送貨物が押収された。これらは再び返還されることはなかった。そこで，原告はこれによって被った損害の賠償を被告に対して請求した。原審は請求棄却。原告が上告。

［判旨］　上告棄却　　正当な判例・学説によれば，委任の遂行が不可避的に危険と結びついているか，あるいは，両者が可能的な危険を計算に入れていたか，入れているに違いない場合には，生じた損害は670条の費用とみなされる。

もっとも，この原則が有償の契約の場合にも適用されるべきかどうかは未解決のままにすることができる。これを肯定する場合でも，原告はトレーラートラックの喪失による損害を賠償請求することはできない。企業が輸送に関して適切な報酬を得ていることに鑑みると，ソビエトの占領地域の通過と結びついた危険は輸送に際して過失なしに被った損害のすべてを依頼者に転嫁するには十分ではない。地区を越えた輸送と結びついた通常の危険は，この輸送を引き受けた者がこれを負担すべきである。地区境界での状況は輸送業者によく知られているし，問題なく通過できるか否かの判断は最終的に輸送業者にあるからである。

これと異なり，この輸送と結びついた特別な危険に関しては，輸送業者からこの危険を指摘されたにも拘わらず，委託者がこれに固執した場合，あるいは，両者がこの危険を認識した上で黙示的に委託者がこれによる損害を賠償すべきことから出発していた場合には，偶然損害に関する責任原則の適用を考慮することができる。

本件では，特別な危険ではなくて，通常の一般的な危険が問題となっているから，偶然損害に関する委任者の責任原則は適用されない。

(b)　事務処理者による加害

この類型に属する判例としては，1962年の［自動車牽引事件］があげられるが，これについてはすでに述べた（1(3)2)(a)参照）。さらに，次の2つの事件がこれに関連する。

第1章　事務処理に際して生じた損害とドイツ民法 670 条

(ア)　連邦通常裁判所 1963 年 2 月 1 日判決（NJW 1963, 1100）［アルバイト学
　　生加害事件］

　［事実関係］　原告たる自動車会社のニュルンベルク支店において当時 21 歳
の被告たる学生がアルバイトをしていたが，ある日，被告はこの支店のために
デュッセルドルフの工場から新車を移送する仕事を引き受けた。新車を運転し
てニュルンベルクへ向かう途中で，被告は自損事故を起こした。そこで，原告
はこれによって生じた自動車の修理費用と価値の減少に関する損害の賠償を被
告に請求した。原審は請求棄却。原告が上告。

　［判旨］　破棄差戻し　　ここでは労働契約ではなくて，事務処理を対象とす
る雇用契約が存在するとした原審の判断は正当である。しかし，原審は独立的
な一時的な労務給付に関しても労働法上のいわゆる危険労働による労働者の責
任制限の原則が適用されるとするが，この点は支持することができない。けだ
し，被告は原告の営業の中に組み入れられていないから，労働法上の原則の適
用は初めから問題とならない。また，雇主には使用者のような広範囲の指図権
は成立しないからである。むしろ被用者はその独立性に応じてこれと結びつい
たリスクを負担することが正当である。

　ここでは労働法上の危険労働法理の適用が主として争われた。しかし，裁判
所の認定によれば，本件では事務処理を対象とする雇用契約が存在するのであ
るから，事務処理者による加害類型における 675 条 1 項による 670 条の準用の
可否が当然に検討されるべきであったように思われる。

(イ)　連邦通常裁判所 1984 年 9 月 18 日判決（NJW 1985,269, VersR 1984, 1149)
　　［国軍ヘリコプター事件］

　［事実関係］　原告たる国は離島に配備された軍の救助ヘリコプターで，被告
である疾病保険金庫（Krankenkasse）の委託に基づいてこの島から本土の病院
へ病人輸送を行っていた。ある日，自殺を企てた婦人が原告によって本土の病
院へ搬送されたが，この病院のヘリポートに着陸する際に，ヘリコプターの回
転翼の下降気流によって隣地の家や庭に損害が発生した。これを賠償した国が
婦人の保険者である被告に対して損害賠償額の一部の支払いを請求した。原審
は請求棄却。原告が上告。

　なお，政令に基づいて算定された飛行時間を基準とする総括的費用
（Kostenpauschale）に関する契約上の合意を含む協定が両者の間で締結されて

いた。また，原告は航空交通法 43 条 1 項第 2 文により賠償責任保険の締結義務を免除されている。

［判旨］　上告棄却　　①この救援飛行によって公的な使命が果たされたという事情にも拘わらず，これに関する当事者間の関係は私法上の関係であり，請負契約たる有償の航空輸送契約が存在すること，②ライヒ保険法 182 条・184 条に基づく病人搬送という疾病保険金庫の事務を原告は 675 条 1 項の意味で処理したから，同条項に基づき 670 条が準用されること，③パイロットの過失に基づく責任ではなくて，航空交通法 33 条以下による危険責任が問題とされていること，④ 670 条により偶然損害の賠償を請求しうるとする判例法理の原則は，1962 年の自動車牽引事件判決が述べたように，受任者の危険責任に基づく損害賠償義務の負担にも類推適用できることを指摘した上で，次のように述べた。

すなわち，自動車牽引事件では，受任者が好意に基づいてもっぱら委任者の利益において自発的な援助を給付したのであり，これの費用の負担に関しては何らの約束もされていなかった。これに対して，本件事例では，救援費用につき被告によって支払われるべき総括的費用に関する契約上の合意を含む協定が存在し，原告はこれに基づいて活動していた。この点で，本件事例は自動車牽引事件とは異なる。

本法廷（第 6 部）は，自動車牽引事件判決において，自動車の牽引が生業的に（gewerbsmäßig）行われた場合には，受任者の危険責任に基づく負担に被牽引車の保有者を関与させることは適切ではないことを強調した。道路交通法に基づく危険責任は——航空法に基づく危険責任も異ならないが——その稼働と結びついた損害リスクを営業リスクとして保有者に負わせた。そうすると，この損害負担（Schadenslasten）は保有者の計算し付保可能な営業費用（Betriebskosten）に属する。

事務処理の引受が生業的になされたときは，確かに，合意された報酬を超えて，追加的に，受任者の営業費用を委任者に負担させるための合理的理由は存在しない。このような場合において，どの範囲で営業費用を委任者に転嫁することができるかは，より正確には，報酬の合意によって原則的に確定される。このことは危険責任という「営業費用」に関しても妥当する。事業主にとっては，この費用は通常は責任保険の掛け金に現れるが，事業主は他の営業費用と

第1章　事務処理に際して生じた損害とドイツ民法670条

同様に報酬の計算の中に加えている。それ故に，事業主がこれを怠った場合でも，この費用償還を特に留保したときを除いて，この費用を670条によって相手方に負担させることはできない。報酬の合意はこの費用に関してもなされたと看なすことができ，事業主はこの合意に拘束されるからである。

　危険責任に基づく責任費用（Haftungsaufwand）への670条の適用に関しては，このように報酬の取り決めが重要であって，1962年判決が単に好意に基づく自発的な援助給付と牽引作業の有償援助を区別するために用いた「生業性（Gewerbsmäßigkeit）」の観点はこの限りで下位的な意味しか有しない。本件では，原告は総括的費用と引き換えに病人搬送を被告のために行うことを表明した。この総括的費用によって，輸送業務と関連する原告の費用に関する被告の分担範囲は最終的に確定された。この総括的費用はここで問題とされている費用をも弁済しており，被告はこれの責任を負わない。これが総括的費用の算定の基礎とされていないということは単に原告の内部事情に過ぎない。

（c）　小　　括

　これまで見てきたように，有償の事務処理契約における損害事例に関しては主として5つの判決が挙げられる。契約類型的には，雇用契約に関するものが2件，請負契約に関するものが3件である。アルバイト学生加害事件では675条・670条による責任は問題とされていない。これ以外の事件をみると，670条の適用可能性を全面的に否定したものは見当たらない。しかし，当該事件の具体的な解決としては，いずれもこれの適用を否定して事務処理者の負担に帰すものとされた。

　注目されるのは，自動車牽引事件や国軍ヘリコプター事件では，危険責任に基づく損害賠償義務の負担が問題とされている点である。前者は「生業性」に基準を求めたが，後者の判決は報酬の取り決めを基準とすべきものとした。生業的な活動の場合であっても，報酬により弁済されていないときは，これの賠償が問題となる事案も考えられる。この意味では，画一的な「生業性」ではなくて個別的な「報酬の取り決め」を基準とすることが妥当であろう。問題は報酬による弁済の有無をどのように判断するかである。危険責任は大抵は保険制度と結びつくが，このような場合には保険の掛け金を報酬に含めて計算することが通常であろう。しかし，そうでない一般的な損害賠償義務の負担に関して

は，これは必ずしも妥当しないように思われる。ここでは，事務処理に特別な危険や報酬の多寡，当事者の地位などを考慮して判断されることになろう。国軍ヘリコプター事件判決を広く理解すべきではない。

このような「報酬の取り決め」が基準として妥当するのはもちろん報酬の明示的な合意がある場合に限られる。ドイツでは，明示的な合意がない場合でも，雇用・請負契約においては，報酬が黙示的に合意されたと法律上看なされる場合がある（612 条・632 条）[114]。このような場合には報酬を基準とすることはできないであろう。

また，判例では，事務処理者の被害類型だけでなく事務処理者の加害類型（特に第三者加害の類型）も同じく 670 条の視点から問題とされていることも注目される。

3　労働者の被った損害と民法 670 条の類推適用

(1)　労働者の賠償請求権の基礎づけ

1)　分離理論と統一理論

(a)　周知のように，労働者保護の要請に基づいて，種々の特別法が民法典の外で展開され労働法という特殊な法領域が形成された。この労働法に属する特別法はもちろん労働契約に関してのみ妥当し，他の契約関係には適用されない。しかし，ドイツ法上の雇用契約は我が国のように労務の従属性[115]を雇用契約の要素としていないから（611 条 2 項），雇用契約は労働契約をも包摂した広い概念といえる。つまり，雇用契約の中には，労働法の適用される雇用契約（労

---

(114)　これらの規定によれば，労務給付や仕事の完成が状況により報酬と引き換えにのみ期待することができる場合には，報酬は黙示的に合意されたものと看なされる。そして，この場合には，公定価格（Taxe）があるときはこれによる報酬の額が，これがないときは通常の報酬の額が合意されたものと看なされる。

　なお，同様の規定は仲介契約（653 条）や寄託契約（689 条）に関しても存在する。

(115)　平成 16 年の民法改正によって，「相手方ニ対シテ労務ニ服スル」という表現が「相手方に対して労務に従事する」というように改められたが，これは労務の従属性の要件を放棄する趣旨ではないと解される。

　なお，雇用契約と労働契約の関連については，下井隆史「雇用・請負・委任と労働契約――『労働法適用対象画定』問題を中心に――」甲南法学 11 巻 2・3 号 241 頁（1971年）など参照。

第 1 章　事務処理に際して生じた損害とドイツ民法 670 条

働契約）とそうでない雇用契約が存在することになる。そこで，労働法の適用
範囲を画するために，労働契約と狭義の雇用契約を明確に区別することが必要
とされた。

　この区別の手掛かりは法律の中には存在しない。そこで，法解釈に委ねられ
ることになるが，判例・学説は一致して両者の区別の基準を労働者の「人的従
属性（persönliche Abhängigkeit）」に求める。

　もっとも，この人的従属性の意味またはその具体的な判断基準をめぐっては
見解が分かれ[116]，使用者の支配領域（Herrschaftsbereich）の中への組み入れに
求める組入理論（Eingliederungstheorie），労務給付の場所や時間，方法に関す
る使用者の指図への労働者の依存性に求める指図拘束性の理論（Theorie von
der Weisungsgebundenheit），さらに，このような一般的基準を定立するのでは
なくて，個々の事例の事情をすべて総合的に評価して人的従属性の有無を決定
すべきだとする連邦労働裁判所の見解[117]などが対立している。

　(b)　このような労働契約にはまず第 1 に特別法たる労働法が適用されるが，
しかし，これに規定がないときは雇用契約の規定が補充的に適用される。問題
となるのは 675 条 1 項による委任規定の準用（ここでは 670 条）に関してである。

　既に述べた分離理論によれば，675 条 1 項の事務処理者の活動は独立的なも
の（selbstständig）でなければならない。つまり，本人に対してある程度の自
己責任（Eigenverantwortlichkeit）が事務処理者に認められ，行為や判断につき
裁量の権限が彼に存在しなければならない。労働者はこのような独立性の要件
を満たさないから，675 条 1 項の労働関係への適用は否定される[118]。これに対
して，統一理論および統一理論の変種の見解によれば，このような独立性は
675 条 1 項の適用要件ではないから，労働契約も 675 条 1 項の適用範囲に含ま
れることになる。

　このように分離理論と統一理論および統一理論の変種の対立はとりわけ 675

---

(116)　Vgl., Michalski, Arbeitsrecht, 7. Aufl., 2008, Rn. 116 ff. ; Schaub/Koch/
　　　Linck, Arbeitsrechts-Handbuch, 10. Aufl., 2002, § 36, S. 274 ff..
(117)　BAG Urteil vom 8. 6. 1967, BAGE 19, 324 ; BAG Urteil vom 28. 6. 1973, AuR 1973,
　　　280.
(118)　Münchener/Heermann, a.a.O.(Fn.97), § 675 Rn. 6 und Rn. 11 f., S. 2469 ff. ;
　　　Soegel/Häuser/Welter, 12. Aufl., 1999, § 675 Rn. 4, S. 287 f..

条1項の労働契約への適用可能性に関して異なる結果を導く。しかし，このことは法的効果に関して必ずしも実際的な差異をもたらすわけではない。

一方では，分離理論において，670条の労働契約への準用は原則的に否定されるとしつつ，委任法の個々の規定を労働関係に類推適用することは排除されないとして，670条の類推を認めた労働裁判所の判例を支持する見解がある[119]。

他方では，統一理論やその変種の中でも，労働契約への670条の準用を全面的に肯定する見解とこれに反対する見解が対立している。

たとえば，エーマンはこれを全面的に肯定して，次のように主張する[120]。①費用償還に関する670条に基づいて，交通費や出張旅費，理容師の櫛のような道具調達のための立替金（ただし，労働者が自分でこれを用意する必要がない場合に限る），道具の修理費用などを支出したときは，労働者はこれの償還を請求することができる。さらに，②事務処理の典型的なリスクの現実化として生じた労働者の物的損害も費用として賠償請求できる。たとえば，作業服や労務目的で使用された自家用車の損傷がそうである。同様に，③労働に際して使用者または第三者に損害を与え，民法上の原則によりこれの賠償義務を負ったような損害も費用として賠償請求できる。逆に，④670条の類推適用は使用者にも認められるから，たとえば，使用者が税務署から追加請求された労働者の所得税を支払ったときは，使用者はこれにつき費用償還請求権を有する。

これに対して，ザイラーは労働関係において使用者および労働者の有利に670条を自由に類推適用することに反対し，従たる契約上の義務または242条（信義則）を援用することがドグマ的にはより納得的だと主張する[121]。

このように実際的な結論からみると，分離理論と統一理論・統一理論の変種の対立は必ずしも決定的なものとは言えない。

2) 他人のためにする行為のリスク責任

「他人のためにする行為のリスク責任」の原則は危険責任の下位的事例として一般的に認められるものであり，670条とは関係しない。したがって，労働

---

(119)　Staudinger/Martinek, a.a.O.(Fn.8), §675 Rn. A. 14, S. 347.

(120)　Erman/Ehmann, a.a.O.(Fn.10), Vor §662 Rn. 72 ff., S. 2832 ff., §670 Rn. 9 ff., S. 2890 ff., Rn. 23 ff., S. 2894 ff..

(121)　Münchener/Seiler, a.a.O.(Fn.19), §670 Rn. 24, S. 2454.

第1章　事務処理に際して生じた損害とドイツ民法670条

契約が675条1項の適用範囲に含まれるか否かという議論はここでは全く問題とならない。労働契約においても，この原則の適用要件が存在するときは，使用者にリスク責任が課される。

労働者が労働に際して被った損害に関してみると[122]，ここでもリスク帰責の根拠が当てはまる。使用者は労働者の活動から利益を取得し（客観的要素），また，彼はリスクを創り出し，この危険を支配しているからである（主観的要素）。したがって，使用者はリスク責任の観点から労働者の被った損害を賠償すべき責任を負う。ここでも，特別な行為リスクのみに制限され，事務所内の階段での転倒など一般的な生活リスクは使用者に転嫁されない。また，特別な行為リスクの場合，報酬に含まれるリスク手当（Risikoprämie）が労働者の法益の危殆化に対する補償（Ausgleich）を得させる意味を有する限りで，労働者の賠償請求権につきこれが考慮される。

3）　人的損害に関する特則

すでに見たように，670条の類推適用によって賠償請求しうる損害は単に物的損害や財産損害だけでなく，人的損害も含まれる。この点はリスク責任論でも同様である。

しかし，労働契約に関しては，社会保険法上の特別規定が存在する。すなわち，ライヒ保険法（RVO）では，労働災害によって惹起された人的損害に関しては，使用者がこの労働災害を故意に惹起し，または一般交通の参加に際して労働災害が生じた場合を除いて，使用者は賠償義務を負わないものとされた（同法636条1項・使用者の免責）。その後，1996年8月7日に新しい社会法典第7編（SGB VII）が制定されたが，この使用者の免責特権の規定はそのまま承継された（同法104条1項）[123]。したがって，他の法領域とは異なり，670条の類推適用やリスク責任論による賠償が問題となるのは労働者の物的損害と財産損害に限られる。

---

(122)　Canaris, a.a.O.(Fn.47), S. 47 f..

(123)　なお，同僚による加害の場合にも，加害者たる同僚は原則として賠償義務を負わない。このことは当初連邦労働裁判所の判例によって解釈上肯定された（BAG GS Beschluss vom 25. 9. 1957, BAGE 5, 1）。その後，ライヒ保険法に明文規定が置かれ（637条1項），現在の社会法典第7編に引き継がれている（105条1項）。

(2) 判例の基本的な立場

ライヒ裁判所および連邦通常裁判所はすでに述べたように分離理論による（2(2)参照）。これに対して，労働事件を管轄する連邦労働裁判所は統一理論を採用し，労働契約への670条の準用を肯定する。これの出発点となったのは，1961年11月10日のいわゆる蟻酸事件に関する大部の決定（BAGE 12,15）である[124]。

1) 蟻 酸 事 件

(a) 事案は，港湾労働者が蟻酸の入った籠入りビンを荷車から積載用の箱の中に移し替える作業を行っていたところ，ビンの底が破裂して溢れ出た蟻酸で怪我をし，衣服を損傷した。怪我による損害は保険者である同業組合（Berufsgenossenschaft）から賠償された。そこで，残る衣服の損害（約92マルク）の賠償を求めて訴えを提起したというものである。一審および二審は使用者に過失がないことを理由に訴えを棄却。上告審である連邦労働裁判所第2部は，次のような法的問題の判断を求めて大部に呈示する旨の決定を行った[125]。

すなわち，「危険労働（gefährliche Arbeit）に際しての営業内での事故によって労働者が過失なしに被った物的損害に関して，使用者は自己に過失がない場合でも責任を負うか。これを負うとした場合には，どのような要件の下で，かつ，どのような範囲でそうであるか」というものである。

(b) 大部は使用者の配慮義務や危険労働法理，危険責任，犠牲的請求権（Aufopferungsanspruch）による解決の可能性をそれぞれ検討した後，この呈示された問題を670条によって解決すべきであるとした。その要点は次の4つにまとめることができる。

① 675条1項の「事務処理を対象とする」雇用契約の概念は委任や事務管理

---

(124) 時期的にはこれよりも前の1960年3月17日判決（BAGE 9, 105）も統一理論に立つものとされる。しかし，ここでは，追徴課税された所得税を支払った使用者の労働者に対する償還請求が問題とされており，裁判所は，使用者と労働者の間に存在する委任類似の法定債務関係（Legalschuldverhältnis）に基づいて670条を類推適用してこの償還請求権が生ずるとした。つまり，労働契約とは別個に存在する法定債務関係に670条の類推適用を肯定したものであり，労働契約への675条1項の適用は問題とされていない。この点からすると，これを統一理論を採用したものと評価することには疑問が残る。

(125) BAG Urteil vom 25. 2. 1960, DB 1960, 554.

第1章　事務処理に際して生じた損害とドイツ民法670条

における事務処理概念と同じであるから，670条は675条1項を介して従属的な労働契約に関しても適用される。これに対して，通説である分離理論によれば労働契約は675条1項の適用範囲から除外されるが，しかし，結果においては異ならない。670条の原則は自明なものであり，明示的な規定がなくとも670条を労働契約に類推適用すべきことはその事案からは必要不可欠だからである。

　②委任の領域では，委任の実行の際に受任者に意識的に引き受けられた損害，さらに委任と結びついた危険から生じた損害あるいは委任の遂行と相当因果関係に立つ損害へと費用概念は拡張されてきた。本法廷はこの判例に原則的に賛成する。労働契約に関しても一定の損害は670条の意味での費用と看なすことが有意義であり正当である。もっとも，労働契約の場合には，委任とは異なって，費用を報酬の中に含めることができるという点に留意しなければならない。

　③具体的には，㋑労働相当な物的損害（arbeitsadäquater Sachschaden），すなわち営業の種類や性質あるいは労働者の労務の種類や性質によれば，労働者が計算に入れなければならないような物的損害は670条の意味での費用ではない。自然の損耗やかがんだ際の秘書の靴下の伝線のように，労働に際しての労働者の物の不可避的または通常生ずる損害がそうである。このことは危険労働の場合にも妥当する。このような損害は労働報酬によって弁済されている。また，必要な限りで自己の所有物を投入することは労働者の労働義務に属する。

　これに対して，㋺危険労働の遂行中に生じた完全に異常な物的損害（durchaus außergewöhnlicher Sachschaden）は670条の費用と看なされる。すなわち，危険労働と内部的に相当な因果関係（inneren adäquaten Zusammenhang）に立ち，かつ，労働者が営業の種類または労務の種類や性質によれば計算に入れる必要がないような物的損害は670条に基づいて賠償請求することができる。このような損害は報酬によって弁済されていないし，労働者の私有物の投入義務を超えるからである。

　④使用者は損害賠償ではなくて労働者の物の滅失・損傷に対する価額賠償を給付しなければならない。670条の類推適用に基づく請求権の履行が問題となっている。労働者に過失がある場合には，254条を類推適用できないだけでなく，むしろ労働者の請求権は670条それ自体で挫折する。670条では行為者がその行為を事情によれば必要であると考えることが許されたことが要件とさ

3 労働者の被った損害と民法670条の類推適用

れるからである。

(c)　このような大部の決定に基づいて，連邦労働裁判所の第一部は1962年に，呈示決定を行った第2部に代わって，この要件の存否を審理させるために事件を控訴審であるハンブルクの州労働裁判所に差戻した[126]。連邦労働裁判所の職務配分計画（Geschäftsverteilungsplan)）の変更が行われたために，この事件は第2部から第1部に移されたからである。

2)　その後の判例（1970年代まで）

上記の大部の決定によって，675条1項の労働契約への適用が統一理論の下で肯定され，670条に基づく物的損害の賠償請求権が労働者に認められた。これの要件としては，①危険労働であること，②当該損害が労働相当な損害ではなくて異常な損害に属すること，③労働者に過失が存在しないことの3つである。

(a)　このような大部の基本的な立場は連邦労働裁判所1978年11月16日判決（BAGE 31, 147）によって維持された。

事案は使用者の単なる許可（bloße Genehmigung）を得て出張に使用した労働者所有の車が交通事故によって損傷したために，労働者が使用者にこの損害の賠償請求をしたというものであるが，連邦労働裁判所は次のように述べて請求を棄却した。

①労働者が出張の際に被った自家用車の物的損害に関しては，使用者は原則として過失がある場合にのみ責任を負う。これの例外は，(i) 労働者が労働契約に基づいて自家用車を使用すべき義務を負っていたか，または，使用者の要請（Verlangen）に基づいて出張のためにこれを用いた場合，あるいは(ii) この損害が危険労働に際して生じ，かつ異常である場合に認められる。

②本件では，この(i)は認定されていない。単なる許可は使用者の賠償義務を基礎づけるには十分ではない。これによって，使用者は労働者に生じた費用を支払う準備があることを表明しているに過ぎないからである。

③また，異常な損害というのは労働者が営業や活動の種類によれば計算に入れる必要がない場合に存在する。道路交通における危険責任に関する法律上の

(126)　BAG Urteil vom 2. 2. 1962, BAGE 12, 234.

79

第1章　事務処理に際して生じた損害とドイツ民法670条

規定や現代の大量交通における事故の頻繁性から考えると，交通事故やこれによって惹起される損害は異常だとはいえない[127]。したがって，上記の(ii)に基づく責任も認められない。

(b)　さらに，本来的な費用の償還請求が問題とされた一連の事案において，この大部の決定を引用して，675条1項の労働契約への適用を認めたものがある。

　具体的には，公務員の勤務上の安全や秘密保持を理由とする使用者たる州の要請に基づいて生じた休暇旅行の増加費用[128]や，買主の有効な注文の破棄にも拘わらず売主が信用状を現金化したために，クエートで売主（使用者）の代理人として働いていた労働者に買主への支払を命じるクエートの裁判所の判決によって生じた費用[129]，国防省の技術職員が勤務上の理由により配置転換されてコンスタンスの家族住宅からパリに転居するための引越費用[130]，国外担当者のアメリカ出張中に支出された業務上の必要経費（Geschäftsspesen）の償還請求権[131]などが問題とされたが，いずれも上記の大部の決定を引用して，これを670条に基づいて認めた[132]。

　なお，就職の面接のための交通費や宿泊費などの償還請求権に関して，立法者がこのような雇用の交渉に基づく請求権を労働関係それ自体に基づく請求権と同一に扱っていることを理由に肯定した判決も見られる[133]。

---

(127)　もっとも，この点の判断はその後の判例では維持されていない。たとえば，連邦労働裁判所1995年3月16日判決（BAGE 79, 294）は「交通事故は従来の判例の意味では異常な損害である」とし，また，連邦労働裁判所2010年10月28日判決（NZA 2011, 406）は「労務中の交通事故は労働相当ではない」，つまり異常な損害であると明確に述べる。

(128)　BAG Urteil vom 1. 2. 1963, NJW 1963, 1221, DB 1963, 698.

(129)　BAG Urteil vom 21. 9. 1966, BAGE 19, 83, NJW 1967, 414.

(130)　BAG Urteil vom 21. 3. 1973, DB 1973, 1509, MDR 1973, 792.

(131)　BAG Urteil vom 30. 4. 1975, BAGE 27, 127, DB 1975, 2090.

(132)　なお，これと関連して，労働者の住居地から職場までの交通費が670条の費用に該当するかが問題とされるが，これは一般的な労働法上の原則によれば労働者の負担とされており，670条の費用に属しない。BAG Urteil vom 19. 1. 1977, AP Nr. 5 zu §42 BAT.

(133)　BAG Urteil vom 14. 2. 1977, DB 1977, 1193.

3 労働者の被った損害と民法670条の類推適用

3) 判例理論の問題点

このような労働裁判所の提示する要件論に対しては，次のような問題点が指摘される[134]。

まず第1に，危険労働と損害の異常性とは相互に排斥し合うのではないかという点である。損害の発生が通常であるときに初めてその労働は危険であるということができる。そうだとすると，労働が危険であると看なされる場合には，損害は異常なものではない。また，逆に，損害が異常であると考えられる場合には，その労働は危険なものではない。

第2に，連邦労働裁判所は異常な損害に制限し，異常でない損害は通常の損耗と同一視する。しかし，670条では予見可能な損害つまり異常でない損害に関する賠償が肯定されており，上記の要件はこれと矛盾する[135]。また，異常でない損害のすべてを通常の損耗と同一視することはできない。労働相当な損害すなわち当該労働によって助長される損害に関してはこれは妥当せず，単に私的な領域においても生じうるような損害のみが通常の損耗と同視することが許される。連邦労働裁判所はこのような制限を有償性から導くが，しかし，異常でない損害のすべてが合意に従って労働者の投入義務（Einsatzpflicht）に属し，賃金によって弁済されているということはできないし，そもそも有償性の基準は限界付けの基準としては役に立たない。

第3に，危険労働を要件とすることも疑問である。危険労働の不明確性は別としても，一般的にはそれ自体危険なものとは考えられないが，しかし，それにも拘わらず労働相当な損害が生じたような場合には，不当な結果が生ずる。たとえば破損した蟻酸入りビンに当たって港湾事務所の秘書の衣服が損傷したという場合には，異常な損害ではあるが危険労働でないためにこれの賠償は否定されることになるからである。

第4に，リスク責任論の立場からは，判例が危険責任の観点からする解決をいわゆる危険責任の列挙主義（Enumerationsprinzip）を理由に否定した点も疑問とされる[136]。670条の類推や危険労働理論による規制は慣習法的に定着した

---

(134)　Vgl., Genius, a.a.O.(Fn.48), S. 500 ff. m.w.N..

(135)　Münchener/Seiler, a.a.O.(Fn.19), §670 Rn. 17, S. 2452 f. ; Erman/Hauß, a.a.O.(Fn.15), §670 Rn. 11, S. 1813 f..

(136)　Canaris, a.a.O.(Fn.47), S. 47 f..

第1章　事務処理に際して生じた損害とドイツ民法 670 条

原則と言えるが，この中に「他人のためにする危険な行為のリスク責任」という一般的な原則を見いだすことができる。そして，この一般原則は法的に類似した他の事例にも首尾一貫的に適用されるべきである。このことは法的に類似するものは同一に扱うべきだとする同等性命題からも要請される。したがって，真の類推禁止という狭義の列挙主義はここでは妥当しない。

　大部の見解に対してはこのような問題点が指摘された。しかし，それにも拘わらず，このような 670 条類推適用論は判例において確固たる地位を占めた。通説もこれを支持する。

(3)　判例理論の新たな展開
1)　連邦労働裁判所 1980 年判決

　1980 年代に入ると，これまで不動のものと思われた判例法理に揺らぎが生じた。670 条類推適用の要件論が蟻酸事件判決から離れて新たに展開された。その出発点となったのは次のソーシャルワーカー事件判決である。

　(a)　連邦労働裁判所 1980 年 5 月 8 日判決（3 AZR 82/79）（BAGE 33, 108, NJW
　　　 1981, 702）［ソーシャルワーカー事件］

　［事実関係］　ソーシャルワーカーとして働いている原告が被告たる使用者の許可を得て，労務のために自己の自動車を使用していたが，急ブレーキをかけた前の自動車に衝突した。相手方の自動車保険から損害の一部につき賠償を受けたが，その残額について原告は被告に 670 条に基づいて賠償を請求した。

　原審はこのような損害は労働者の通常の生活リスクに属するとして，請求を棄却。原告が上告。

　［判旨］　破棄差戻し　　1961 年の大部の決定は明確化を必要とするが，大部は労働者の損害を 2 つのグループに分けて論じている。

　第 1 のグループには，①慣例的には労働者に負わせることが要求されるような損害（かがんだ際の秘書のストッキングの伝線，衣服や靴底の通常の損耗）と，②慣例的には労働者が負担する必要はないが，これの甘受につき——明示的または認識可能的に——支払（汚れ手当，走行距離手当）がなされているような損害の 2 つが属する。これらの損害に関しては，労働者は原則として何も請求できない。ただし，予期に反してこれらの損害が原因や範囲につき異常である場

3　労働者の被った損害と民法 670 条の類推適用

合にはこの限りではない。

　第 2 のグループには，労働者が使用者のために働いているときに（im Dienste des Arbeitgebers）被った損害で，かつ，彼が事物の本性または報酬を理由に甘受する必要がないような損害が属する。これに関しては，労働者の生活領域からの損害か，あるいは使用者の活動領域からの損害であるかが区別されるべきである。前者に関しては労働者は賠償を請求できないが，後者に関しては，これの賠償を請求することができる。

　このように大部の決定を整理した上で，今日増加している使用者の同意（Einvertsändnis）を得て労務のために使用された労働者の自動車の損傷という事例に関して，上記の区別は利益に適合した，類型化された限定を可能にする。いつこのような自動車の使用が労働者の個人的な生活領域または使用者の活動領域に算入されるべきかの判断は困難な問題であるが，グレーゾーンを除いては，労働者の自動車の投入がないとすれば，使用者は自己の自動車を投入し，これと結びついた事故リスクを負担しなければならないかどうかに依拠すべきであると判示した。

　たとえば，原告が自動車を用いなくともその任務を同じように処理することができる場合すなわち自動車を単に個人的な負担軽減のために用いた場合には，自動車の使用は原告の個人的な生活領域に属する。これに対して，自動車の使用なくしてはその任務を処理できない場合すなわち原告の自動車の使用がなければ原告の任務遂行のために使用者がその所有する車を使用させなければならない場合には，原告の自動車の使用は被告たる使用者の活動領域に属する。

　原審はこれに従って自動車なしでは原告の職務上の任務を果たすことができるか否かを審理すべきだとした。

　また，この審理に際しては，原告の事故についての過失は事故損害を賠償すべき被告の義務を排除しないことに注意しなければならない。被告が事故の結果を費用として賠償しなければならない場合には，危険労働法理と同じ方法で労働者は免責されるべきである。すなわち，最軽過失については原告は責任を負わず，通常の過失の場合には損害は分割されるべきであり，単に重過失の場合にのみ労働者の賠償請求権は排除される。大部は労働者に過失があるときは労働者の賠償請求権は排除されるとしたが，そこで述べられていることは余りにも不明確かつ多義的であって当法廷を拘束しない。

第1章　事務処理に際して生じた損害とドイツ民法 670 条

このように 1980 年判決は，1961 年の大部の決定の明確化という形式を取りながら，その要件を実質的に変更し，また，1978 年判決が追加的に提示した「使用者の要請に基づく場合」という視点をさらに深化させたといえる。つまり，① 1961 年の大部の決定では，危険労働の実行中に生じ，かつ一般的に異常な損害であることが労働者の損害賠償請求権の要件とされた。しかし，本判決では，このような危険労働の存在は要求されていない。これに代えて，使用者の活動領域と労働者の一般的な生活領域の区別を前面に押し出して，使用者の活動領域に算入される損害であることを要件とした。そして，労務のために使用した自動車の損傷に関しては，1978 年判決をさらに展開して，労務処理にとっての自動車の必要性の有無，換言すると使用者の投入義務の有無を基準として労働者の個人的な生活領域と使用者の活動領域を判断すべきものとした。

また，②損害の異常性に関しても，本判決はこれを 1961 年の大部のように賠償請求権の一般的な要件の 1 つとして位置づけていない。損害の異常性は，単に第 1 グループに属する損害の中で，例外的に賠償請求しうるための要件であるに過ぎない。

このようなことから，一部の学説は[137]，後述する判例をも含めて，判例は危険労働性と損害の異常性の要件を放棄したと評価する。しかし，損害の異常性に関しては，第 1 グループの中で言及されている。また，その後の判例の中には，これを明示的に要求するものもあることに注意する必要があろう（(2)(b)(c)参照）。

さらに，③ 1961 年の大部の決定によれば，労働者に過失がないことが要件の 1 つとされる。しかし，1980 年判決はこの点についても修正し，賠償請求権の全面的な排除ではなくて，危険労働法理と同様の範囲で労働者の免責を認めるべきだとした（もっとも，危険労働に関する判例が変更された現在では（4(3)参照），危険労働法理の援用に代えて 254 条（過失相殺）が類推適用されることになろう）。

(b)　連邦労働裁判所は同じ日に，さらに次の 2 つの事件につき判断した。

その 1 つは[138]，国境監視業務に従事し，外勤のために自己の車を使用者の許

---

(137)　Erman/Ehmann, a.a.O.(Fn.10), §670 Rn. 30, S. 2895.

(138)　BAG Urteil vom 8. 5.1980（3 AZR 608/79），VersR 1981, 991.

84

可を得て使用していた行政事務職員が駐車場の設備がないために勤務開始前に庁舎の近くの路上に車を停めていたところ，何者かによって自動車の左ドアーが壊されたという事案に関してであるが，裁判所は上記の判例を参照指示しながら同様の趣旨を判示して，使用者の上告を棄却した。

もう1つの事件は[139]，被告たる州の大学で「中世後期と改革」という特別研究プロジェクトの責任者として雇用された原告が使用者の許可を得て自己の車で1カ月間のローマ出張に出かけた際に，予約したホテルから500メートル離れたところに宿泊手続のために車を停めておいたところ，車自体は無傷であったがその中の荷物がすべて盗まれてしまったというものである。ここでは，主として衣服と写真撮影機材の損害が問題とされたが，裁判所は2つの損害グループに分ける上記の判旨を再度繰り返した上で，次のように述べてこの損害の賠償請求を否定した。

すなわち，盗まれた衣服の損害は第1グループに属する。労働者は旅行中に持って行った衣服に注意すべきである。また，旅行中の盗難は異常なものではない。とりわけ，盗難の危険が特に高いイタリア旅行の場合にはそうである。

また，写真撮影機材の損害に関しては第2グループに属することを前提として，原告が自己の機材を持って行かないとすれば，被告がこれを用意しその損失を負担しなければならない場合にのみ使用者の活動領域に属するものとして賠償が認められるが，これを認定しうる事情は明らかではないと判示した。

2） 判例の類型化

このように1980年判決は労働者の被った損害の賠償に関して2つのグループに分けて新たな要件論を展開した。しかし，その後の判決では，その中の第2グループに重点が置かれるようになった。これらは類型的には次の3つに分けることができる。

(a) I 類 型

これは1980年判決の第2グループを一般論として要約して，①当該損害が労働者の生活領域ではなくて，使用者の活動領域に算入（zurechnen）されること，および②自己負担に導くような特別な報酬を得ていないことが労働者の

---

(139)　BAG Urteil vom 8. 5. 1980（3 AZR 213/79），VersR 1981, 990.

第1章　事務処理に際して生じた損害とドイツ民法 670 条

賠償請求権の要件だとするものである。

　これはさらに労働者の財産損害が問題となった事例（Ⅰ－a）と労働者の物的損害が問題となった事例（Ⅰ－b）に分けられる。

　㋐　**Ⅰ－a類型**　　労働者の財産損害に関する判例としては，次のようなものがある[140]。

　①連邦労働裁判所 1988 年 8 月 11 日（BAGE 59, 203, NJW 1989, 316）［保釈金没収事件］

　［事実関係］　原告がガス輸送トラックをベルリンからハンブルクに向けて運転中に，東ドイツの自動車道で無理な追い越しをかけようとして前の自動車と衝突事故を起こし，これにより未決勾留されたが，原告の保険会社が保釈金を支払ったために釈放された。しかし，東ドイツでの刑事裁判に大きな不安を抱き裁判所に出頭しなかったため，この保釈金が没収された。そこで，原告は保険会社に対して負う保釈金の償還義務からの免責を使用者に請求した。原審は請求棄却。原告が上告。

　［判旨］　上告棄却　　裁判所は上記で述べた要件論の下で考察し，このよう

────────────

（140）　労働者の財産的損害の類型に属するが，使用者の活動領域への算入ではなくて，内部的な相当因果関係という蟻酸事件と同様の基準を用いた事例としては，次のものがある。
　　連邦労働裁判所 1991 年 11 月 14 日判決（BAGE 69, 81, NJW 1992, 2109）［ディレクター名誉毀損事件］
　　［事実関係］　原告は 20 年間被告のところで著者・制作者およびディレクターとしていわゆる謝礼契約（Honorarvertrag）に基づいて働いていた。彼は十分な調査をせずに誤った放送用原稿を作成し，これによって名誉を害された被害者から仮処分命令が申し立てられた。裁判所はこの申立てを認め，さらにこれに関する裁判費用の負担を原告に命じた。そこで，本訴において，原告は使用者たる被告にこの費用負担（損害）からの免責を請求。原審は請求棄却。原告が上告。
　　［判旨］　上告棄却　裁判所は使用者の配慮義務および積極的債権侵害による免責請求権を否定した上で，さらに 670 条類推適用に関して次のよう述べた。
　　すなわち，670 条は任意的な財産的犠牲としての費用の償還を超えて，当該活動と内部的な相当因果関係（inneren adäquaten Zusammenhang）に立ち，報酬によって弁済されていない損害に関しても類推適用される。しかし，本件では原告に重過失があった。それ故，これによって惹起された結果に関して，原告は単独で責任を負わなければならない。
　　なお，原告が労働者または労働者類似の者であるかどうか，原告の活動が危険なものであるかどうかは未解決のまま残すことができる。

3 労働者の被った損害と民法 670 条の類推適用

な交通事故により刑法上訴追されるリスクは原則として運転手たる労働者が負担するが、東ドイツの領域を通過して走行すべき義務を負う場合には、そこでの刑事訴追が受け入れ難いものであり、労働者がこのリスクの引き受けに関して相当な報酬を得ていない限りで、例外的に、事故の際の刑事訴追の危険は使用者の活動領域に属すると判示した。

そして、賠償されるべき労働者の損害には単に物的損害だけでなく、その他の財産損害も含まれるとして、保釈金没収によって生じた損害の賠償すなわち保険会社に対する償還義務からの免責請求権を肯定した。しかし、労働者に過失がある場合には 254 条を類推適用してこれが考慮される。その際、労働者の責任制限の原則を用いて帰責されるべきである。これによれば、重過失の場合には、原則として労働者の賠償請求権は原則的に全部なくなるところ、本件では原告に重大な過失が認められるとして原告の請求を否定した。

②連邦労働裁判所 1995 年 3 月 16 日判決（BAGE 79, 294, NJW 1995, 2372）［犯罪捜査中止事件］

［事実関係］　原告は被告のところで自動車運転手として雇われていた。彼が自己のトラックで勤務走行中に交通事故を惹起し、被害者はこれによって死亡した。検察庁は過失致死罪の嫌疑で捜査手続を開始した。しかし、事故の回避可能性の不存在を理由に、この捜査は中止された。そこで、原告は自己の弁護を委託した弁護士に支払った報酬の賠償を被告に請求した。原審は請求認容。被告が上告。

［判旨］　上告一部認容　　裁判所は上記に掲げたのと同様の要件を述べた上で次のような一般原則を提示する。すなわち、勤務走行中に過失なしに交通事故に巻き込まれるという職業運転手のリスクは使用者の活動領域に分類されるのであり、労働者の私的な生活領域に分類されるのではない。過失によらない交通事故は企業者リスクの現実化である。従来の判例の意味では、これは労働相当な損害ではなくて異常な損害ということができる。

これに対して、単に営業的な活動の機会になされた労働者の犯罪行為は私的な活動領域に分類される。それ故、刑罰や保護観察処分、費用負担などのような犯罪行為の法的効果に関しては、労働者の負担した費用の償還請求権は原則的には問題とならない。

これによれば、本件の捜査手続における弁護士の委託によって原告に生じた

第1章　事務処理に際して生じた損害とドイツ民法670条

費用は営業上の活動の遂行によって生じたものであり，使用者の活動領域に算入される。けだし，当該交通事故は労働者にとって回避不可能であり，それで過失がなく犯罪行為は存在しなかったからである。弁護士費用が交通事故によって直接的に惹起されたのではなくて，原告の意思決定によって惹起されたことはこれの賠償能力を妨げない。

原告に過失はないから，原告の費用償還請求権は254条の類推適用によって減額されない。ただし，670条によれば，「事情により必要なものと考えることが許される」ような費用でなければならない。したがって，償還請求しうる弁護士費用は当事者の合意した金額ではなくて，連邦弁護士料金法（BRAGO）[141]の定める金額が基礎とされるべきである。

　⒤　Ⅰ−ｂ類型　　ここでは，1980年のソーシャルワーカー事件判決と同様に，労務遂行のために使用された労働者の自動車またはその他の物の損傷が問題とされる。このような共通性から，同判決の一般的な要件を前提としつつ，主として自動車の使用に関する判示が援用される。すなわち，「1980年5月8日の判決以来，労働者の自動車が使用者の承認（Billigung）を得て使用者の活動領域の中で用いられた場合には，使用者は自己の過失なしに労働者の車に生じた事故損害を労働者に賠償しなければならないということは永続的な判例である。労働者の自動車の使用がなければ使用者は自己の自動車を投入し，それでこれの事故危険を負担しなければならない場合には，使用者の活動領域の中での使用が問題となっている」ことを冒頭に指摘した上で，当該事案の個別的な問題について判断するというパターンである。

この類型に属する判例としては，具体的には次のようなものがあげられる[142]。

①連邦労働裁判所1995年12月14日判決（NJW 1996, 1301, DB 1996, 630）［専門労働者事件］

---

(141)　この連邦弁護士料金法（Bundesgebührenordnung für Rechtsanwälte）は2007年7月1日に廃止された。

(142)　BAG Urteil vom 7. 9. 1995, NJW 1996, 476, DB 1995, 2481 もこの類型に属する。ここでは，勤務走行中の事故によって修理期間中自動車が使用できなかったことによる法律秘書の損害（使用喪失損害［Nutzungsausfallschaden］）が問題とされた。直接的には，これに関する経営体内の合意（Betriebsvereinbarung）の適用によって処理されたが，裁判所は本文と同一のことを述べる。

　　　　　　　　　　　3　労働者の被った損害と民法670条の類推適用

　［事実関係］　原告は公法上の団体である被告のところで専門労働者
（Facharbeiter）として働いていた。原告は圧倒的に外勤に従事し，その際，理
事の了解を得て自己所有の自動車を使用していた。ある日，原告は2つの外回
りを行うことになっていたが，その合間に営業所の近くの公道に駐車していた
ところ，何者かによってこの自動車が壊された。そこで，原告はこれの修理費
用の賠償を使用者に請求した。原審は請求認容。被告が上告。
　［判旨］　上告棄却　　裁判所は冒頭のような一般論を述べた上で，原告の外
勤活動の性質上，被告は原告の自動車の使用がなければ自己の車を使用させな
ければならなかったし，さらに，原告の内勤の間もこれを提供しなければなら
なかった。この場合，被告は事故や車の損傷のリスクを外勤中だけでなく，内
勤中も含めて負わなければならない。
　このように述べて，本件の事故リスクを使用者の活動領域に分類した原審の
判断は正当であると判示した。なお，この損害の発生につき原告に過失はない
として，全額の賠償を認めた。
　②連邦労働裁判所1997年7月17日判決（NJW 1998, 1170, DB 1998, 1238）［万
　　能トラクター損傷事件］
　［事実関係］　森林作業員である労働者が自己の万能トラクター
（Universalschlepper）を用いて作業している際にトラクターが急斜面を滑り落
ちて完全に破壊された。そこで，彼はこれによって被った損害の賠償を使用者
たる州に請求。これに対して，被告たる州はトラクターの賃貸借契約の締結を
主張した。原審は請求認容。被告が上告。
　［判旨］　上告棄却　　冒頭の一般論を述べた上で，原告はこれを被告の承認
（Billigung）を得て森林作業のために用いたし，労働者の自動車の投入がなけ
れば，被告は自己のトラクターを投入し，この事故危険を負担しなければなら
なかったであろうとして，その損害の賠償請求権を肯定した。また，この賠償
請求権に関しては254条が類推適用され，その際，労働者の責任制限の原則が
適用される。これによれば，本件の原告には最軽過失しか存在しないから，賠
償額の減額は否定される。
　また，賃貸借契約が締結されたかどうかは未解決のままにすることができる。
ここでは労働契約上の義務の履行に際して労働者の惹起した損害が問題となっ
ており，このような事例では，労働関係の領域において，損傷された目的物に

89

第1章　事務処理に際して生じた損害とドイツ民法 670 条

関して労働者と使用者の間で賃貸借契約が締結されている場合でも，労働者の過失に関しては労働者の責任制限に関する原則が適用されるからである。

　③連邦労働裁判所 2000 年 1 月 27 日判決（BAGE 93, 295, DB 2000, 1127）［ビ
　　オラの弓損傷事件］

　［事実関係］　ビオラの演奏者として働いている労働者は 6000 マルクの価値を有するビオラの弓を第三者から借りて使用していた。ある日，上演前の練習中にビオラの弦と弓の接触が最良ではないことに気づき，ビオラの弓にロジン（松ヤニ）を塗り込むことにした。そのために弓を箱の中に戻そうとしたところ，誤って床に落として壊してしまった。そこで，彼がビオラの弓の貸主に支払った額の賠償を使用者に請求。

　文化的管弦楽団の音楽家のための労働協約（TVK）12 条 3 項第 1 文では，「使用者が音楽家に楽器を使わせず，あるいは自分の楽器の使用を認めた場合には，使用者は労務の目的で営業の中にある音楽家の楽器（入れ物を含む）の損傷や紛失に関して責任を負う。ただし，音楽家にその損傷や紛失につき過失がある場合にはこの限りではない」と定められていた。原告は労働関係における責任軽減と費用償還に関する原則は強行法的であり，最軽過失に関して音楽家に完全な責任を課すこの協約の規定はこれに反して無効であると主張した。

　原審はこの規定の有効性を認め，原告の請求を棄却。原告が上告。

　［判旨］　破棄差戻し　　ア）　上記の条項による損害賠償請求権の要件が存在するかどうかはまだ十分に判断することはできない。①　「自分の楽器」というのは音楽家の所有物であることを必要としない。音楽家が独力で調達した楽器であれば足りるから，他人から借用した楽器もこれに含まれる。しかし，損傷の時点で「労務の目的で営業の中に」あったかどうかは当事者間で争われており，この点につき確定しなければならない。

　②　当該条項のただし書の「音楽家の過失」について，原審は最軽過失を含むすべての過失をいうものと理解するが，これは疑わしい。他の条項も労働者の責任制限の適用に賛成しており，それ故，これは重過失を意味する。原告には重過失ではなく中間の過失が存在するに過ぎないから，このただし書は適用されない。

　中間の過失の場合，協約上の明示的な定めがなくとも，一般的規定である 254 条が適用される。労働者の賠償義務の 254 条による制限で述べられている

90

ことは，労働者の費用償還請求権に関しても妥当する。すなわち，協約に基づく楽器に関する責任の領域でも，使用者は営業の組織化や労働条件の形成に関する責任を負わなければならない。他方で，労働者の過失の程度や労務の危険性，損害の額，営業における地位，報酬の額などの労働者側の事情が考慮される。原審はこの254条を考慮していない。

　イ）　楽器の損傷や紛失による請求権に関しては，この協約の条項が排他的に適用され，民法670条は適用されない。もっとも，その適用結果につき両者に差異は存在しないから，協約の規定に法的な疑念は生じないとして，670条の適用に関して次のように判示した。

　すなわち，冒頭の一般論を述べた上で，この原則は労働者の自動車に関してだけでなく，その他の作業機具を使用者の活動領域で使用する場合にも妥当する。また，労働者の過失は254条を類推適用して考慮されるが，その際労働者の責任制限法理が適用される。さらに，670条で表現されている原則すなわち使用者は営業危険（Betriebsgefahr），それで費用償還義務を負うという原則と比較して，労働者の過失は考慮されるべきである。

　これは上記の協約に関して述べた法的状態と合致する。それ故，協約の強行法規違反は問題とならない。

　④連邦労働裁判所2006年11月23日判決（NJW 2007, 1486）［タイヤ破裂事件］

　［事実関係］　塗装工である労働者（原告）がヴュルツブルクの建設現場から自己の自動車で帰る途中でタイヤの破裂によりスピンして何度も横転した。この事故はタイヤの外側に存在する多くの小さな穴によりタイヤが破裂したことによって生じたが，この小さな穴は事故の1カ月前にこの中古自動車を購入した時にすでに存在していた。原告は労働契約の相手方たる派遣業者を被告として自動車の再調達価格の賠償を求めた。

　原審はこの交通事故は単に原告による交通に適しない自動車の使用に基づくものであり，これによる責任は営業上の活動領域ではなくて，原告の個人的な生活領域に割り当てられるべきだとして，原告の請求を棄却した。原告が上告。

　［判旨］　破棄差戻し　　連邦労働裁判所は，まず第1に，冒頭で引用した一般論を述べる。そして，使用者の自動車の代わりに労働者の所有する自動車を用いることが使用者の要請（Verlangen）に基づいて行われる場合にはこれは

第1章　事務処理に際して生じた損害とドイツ民法670条

使用者の活動領域に属するが，公共交通手段または自己の自動車のいずれを使用するかが労働者の裁量に委ねられていた場合にはそうではないとし，原審はこれに関する証拠調べを適切に行わなかったと指摘する。

　その上で，タイヤの瑕疵について論じ，原審とは異なって，このような瑕疵の存在は使用者の活動領域の中で行われる労働者の自動車走行を私的な走行にしない。670条を受任者の損害に類推適用する根拠は「他人のためにする行為のリスク責任（Risikohaftung bei Tätigkeit im fremden Interesse）」の原則にある。事故が使用された自動車の技術的な欠陥に基づくか，あるいは受任者の個人的な誤った容態に基づくことによって，事故リスクを受任者の個人的な生活領域に組み入れることはできない。

　また，労働者の過失に関して，1997年判決（上記②）と同様の立場を述べた上で，労働者が単に最軽過失でタイヤの瑕疵を認識せずあるいは検査を怠った場合には，労働者は全額の賠償を請求することができると判示した。

　［小括］　　これらの判決ではいずれも使用者の投入義務が肯定され，これによって使用者の活動領域への算入が基礎づけられた。この点では共通するが，事案を見ると，次のような特殊性を指摘することができる。

　上記②判決では，万能トラクターが移動手段としての自動車が問題とされているのではなくて，作業機具として用いられている点が特徴的である。この点では③判決の事案と共通する。

　また，③判決では自動車ではなくてビオラの弓の損傷が問題とされ，さらにこれが労働者ではなくて第三者所有に属する点に事案の特徴がある。この意味では，本来的な労働者被害の類型ではなくて，労働者による第三者に対する加害の類型に属する。

　しかし，この事案は協約上の規定の適用によって処理されたが，そこでは楽器が音楽家のものであるか，第三者から借り受けたものかを区別せずに同一に扱われていた。そのため，裁判所もこれを同一に扱った上で，協約の規定による場合でも670条の類推適用の場合と同じく労働者の責任制限法理が援用されるとした。したがって，そこで述べられていることは，本来的に労働者の被害の類型すなわち670条の類推適用に関するものである。③判決をここで紹介するのはこのような理由に基づく。

④判決の意義としては，自動車の瑕疵の存在は使用者の活動領域に属するか否かの判断に影響しないことを明らかにした点にある。そして，これを理由づけるに際して，カナーリスを明示的に引用しながら，受任者の損害への670条の類推適用の根拠は「他人のためにする行為のリスク責任」の原則にあると述べた。これはカナーリスのリスク責任論を明示的に採用した初めての判決であり，この点でも注目すべきものである。

(b)　Ⅱ　類　型
これは使用者の活動領域および特別な報酬の不支給という要件の他に，損害の異常性を付加するものである。次のような判例がこれに属する。
①連邦労働裁判所1989年4月20日判決（NZA 1990, 27）［メガネ損傷事件］
［事実関係］　原告は被告たる精神病院の看護師として雇われている。ある夜の勤務に際して，原告は病院の共同談話室にいて，その机の上にメガネを置いていた。患者たちがすでにベッドに行った夜9時半過ぎに，隣の執務室の電話がなったので，そこに行った。約1分後に戻ると，ある患者が原告のメガネを触り，これを床に落としてメガネのフチを壊したことに気づいた。原告は新しいメガネのフチを215マルクで購入した。被告はこれの賠償として100マルク支払ったが，原告は残額の賠償を求めて訴えを提起した。
　一審は請求棄却。原審は請求認容。被告が上告。
［判旨］　原判決破棄・請求棄却　　裁判所は使用者の活動領域および特別な報酬の不支給という要件を挙げた後で，1961年の大部の決定を引用しながら，労働相当な損害ではなくて異常な損害が670条の意味での費用であるとする。
　本件事案に関して，原審は月80マルクの精神病院の特別手当は労働者の物的損害の包括的な賠償を含んでいないとした上で，異常な損害および危険労働性，使用者の活動領域への割当てを肯定し，労働者の損害賠償請求を認めた。
　確かに前者の特別な報酬の不支給に関する原審の判断は正当であるが，メガネの損傷が使用者の活動領域に割り当てられるかどうかの問題は未解決のままにすることができる。仮に670条による賠償請求権が成立するとしても，使用者はこの賠償義務をすでに履行した。なぜならば，使用者の賠償義務に関しては254条が類推適用されるが，その際，営業内部の損害賠償に関する原則（Grundsätze des innerbetrieblichen Schadensausgleichs）が考慮される。つまり，

第1章 事務処理に際して生じた損害とドイツ民法670条

労働者の最軽過失の場合には完全な賠償，重過失の場合には賠償請求権の排除，中間の過失の場合には割合的な分割に至る。本件では，労働者には中間（通常）の過失が存在するから，損害は分割されることになるが，使用者がすでに支払った額はメガネの調達価格のほぼ半額に相当する。

②連邦労働裁判所1992年1月23日判決（Juris参照。未公刊）［車のアンテナ損傷事件］

［事実関係］　原告は被告の経営する老人ホームで療養教育実習生として働いていた。ある日，原告が通勤で使用する自動車を訪問者用駐車場に停めて置いたところ，責任能力のないホーム居住者がこの車のアンテナを壊して約670マルクの物的損害を与えた。そこで，原告は被告にこの損害の賠償を請求した。原審は請求棄却。原告が上告。

［判旨］　破棄差戻し　原審は正当に不法行為（832条）および交通安全義務（Verkehrssicherungspflicht）違反に基づく原告の請求権を否定した。また，使用者は一般的な配慮義務に基づいて原告の自動車を損傷から保護すべき義務を負わない。

裁判所はこのように述べた上で，さらに，670条の類推適用によって使用者の責任を基礎づける可能性を指摘し，原審はこれを考察していないとした。そして，1962年判決および上記の1989年判決を援用しながら，670条の類推適用による損害賠償請求権の要件は使用者の活動領域に属することと，特別な報酬の不支給である。労働相当な損害すなわち不可避的または通常生ずる損害は労働関係では670条の意味での費用ではないが，営業や労務の種類によれば計算に入れる必要がないような異常な損害はこの費用に該当すると述べる。

そして，本件では，これらの要件の存否を判断するには更なる事実の認定を必要とする。とりわけ勤務時間と関連して公共交通機関の利用が適切でなく，原告の自動車の使用が唯一の手段であったかどうか，さらに，具体的な加害者ではなくて，老人ホームの居住者の個性によれば制御不可能な攻撃性を計算に入れなければならないかどうかを考察すべきだと判示した。

(c) Ⅲ 類 型

これは要件的にはⅡ類型と異ならないが，労働者の自動車の使用が使用者の活動領域に算入されるか否かに関連して，1980年のソーシャルワーカー事件

判決ないし〈Ⅰ－b〉と同様の説示（使用者の投入義務）を追加するものである。

連邦労働裁判所 2010 年 10 月 28 日判決（NZA 2011, 406）［重過失不存在の主張・立証不十分事件］

［事実関係］　原告たる労働者は使用者のために小さな部品を取引先の会社に自分の自動車で受け取りに行ったが，その走行中に急ブレーキをかけた前の車に衝突した。そこで，原告は使用者たる被告に対して，再調達価格および鑑定費用，使用喪失損害，責任保険のランク引き下げに伴う損害の賠償を請求した。原審は請求棄却。原告が上告。

［判旨］　上告棄却　　670 条類推適用による賠償請求権の要件は使用者の活動領域への算入および特別な報酬の不支給である。営業や労務の種類によれば計算に入れる必要のない異常な損害が問題となっている場合には 670 条の意味での費用が存在する。

労働者の自動車が使用者の承認（Billigung）を得て使用者の活動領域の中に投入された場合には，670 条を類推適用して，使用者は労働者の自動車に生じた事故損害を労働者に賠償しなければならない。労働者の自動車の投入がなければ使用者が自己の自動車を投入し，それでこの事故危険を負担しなければならなかった場合には，使用者の活動領域への投入が問題となっている。

本件事案では，いずれの要件も満たされている。ただし，労働者に過失がある場合には，これは営業内部の損害賠償の原則が適用される。これは，254 条の法思想を適用して，最軽過失の場合には完全な賠償，中間の過失の場合には損害の分割，重過失の場合には労働者の賠償請求権は排除されることを意味する。

原審は原告が重過失で行為しなかったことを十分に主張・立証しなかったとして，原告の請求を棄却した。これは原告が重過失の不存在につき主張・立証責任を負うとするものであるが，これは当法廷の見解と一致する。

(d)　小　　括

(ア)　労働者の 670 条類推適用による損害賠償請求権は 1961 年の大部の決定［蟻酸事件］によって初めて肯定された。これ以降の判例も基本的にはこの法理に従う。しかし，1980 年のソーシャルワーカー事件判決を嚆矢として，新たな要件論が展開された。

第 1 章 事務処理に際して生じた損害とドイツ民法 670 条

そこでは，この大部の判断を原則的に労働者の賠償請求が否定される第 1 グループと，本来的には当該損害を労働者が甘受する必要がない第 2 グループに分けて整理された。その上で，労働者の賠償請求権に関して，①危険労働性の要件は放棄され，これに代わって，使用者の活動領域・労働者の一般的な生活領域の区別が強調された。そして，②労働者の自動車の使用に関しては，この区別は使用者の自動車の投入義務の有無によって，これを判断すべきものとされた。③損害の異常性の要件も原則的には放棄された。損害の異常性は労働者が本来的に負担すべき損害に関して例外的に賠償を認める場合にのみ必要とされるに過ぎない。さらに，④労働者に過失がある場合，670 条の類推適用による損害賠償請求権が全面的に否定されるのではなくて，危険労働法理と同様の範囲で労働者は免責されるとした。

㈣ その後，1988 年の保釈金没収事件判決は 1980 年判決が行ったグループ分けを度外視して，①使用者の活動領域への算入と，②特別な報酬の不支給という 2 つの要件に集約した。この基本的な判断枠組みはその後の判例によって継承された（Ⅰ類型）。もっとも，すでに見たように，この 2 つの要件の他に損害の異常性を追加するものもある（Ⅱ類型・Ⅲ類型）。

1988 年判決の理解によれば，そこで示された理論は 1980 年判決と全く整合性を有するものとされる。しかし，仔細に見れば，次のような差異を指摘することができよう。まず第 1 に，事案解決に至る判断過程であるが，1980 年判決では，第 1 グループか第 2 グループのいずれに属するかが最初に判断され，第 2 グループに属する場合に，使用者の活動領域と労働者の生活領域の区別が問題となる。これに対して，1988 年判決では使用者の活動領域と労働者の生活領域の区別が直ちに問題とされる。

第 2 に，損害の異常性に関してであるが，1980 年判決では，第 2 グループの場合には損害の異常性は問題とならない。損害の異常性は第 1 グループにおいて例外的に賠償請求が認められるための要件に過ぎない。これに対して，1988 年判決およびⅠ類型では，このような損害の異常性は全面的に放棄され，逆に，Ⅱ類型・Ⅲ類型の判例では第 2 グループを含めて全面的に損害の異常性が要求される。このように損害の異常性の扱いはそれぞれ異なるが，このことは損害の異常性と使用者の活動領域への算入との関係が必ずしも明確でないことを示すものといえよう。

96

(ウ)　裁判上問題とされた事例としては，労働者の自動車の損傷に関するものが多い。以前の 1978 年判決は使用者の単なる許可（bloße Genehmigung）と要請（Verlangen）を区別し，これによって使用者の責任の有無を判断する。これに対して，1980 年判決は使用者の同意（Einvertsändnis））がある事例を前提として，使用者の活動領域への算入の可否を使用者の投入義務すなわち労働者の自動車の使用がなければ使用者は自己の車を投入しなければならなかったかどうかによって判断する。ここでは使用者の同意は使用者の責任に直結するものではなく，単に問題領域の限界を画するに過ぎない。そうだとすれば，単なる許可をも含めてこれを広く解することができよう。これ以降の判例も使用者の承認（Billigung）あるいは要請（Verlangen）など表現を異にするが，基本的にはこの判断枠組みによる（Ⅰ－b 類型・Ⅲ類型参照）。

学説の中には，670 条による損害賠償請求権の要件は単に労働者が自己の自動車を使用者の承認（Billigung）を得て使用したことだけであると解する見解もあるが[143]，これは上記の点を十分に理解しないものといえる。

なお，特別な報酬の不支給という要件に関してであるが，これによって実際に労働者の賠償請求権が否定された例としては 1992 年判決[144]がある他は，その例は多くない。

(エ)　労働者に過失がある場合には，1980 年のソーシャルワーカー事件判決は危険労働法理と同一の方法で使用者は労働者をその過失から免責しなければならないとした。次の 4 で見るように，労働者加害の類型における労働者の賠償義務を制限する法理はこれまで危険労働法理と表現されてきたが，1994 年の大部の決定により危険労働の要件が放棄された結果（4(3)参照），営業内部の損害賠償の原則あるいは労働者の責任制限法理という表現にが使われるようになった。これを反映して，ここで問題とする労働者被害の類型においても，その後の判例ではこの表現が用いられている（Ⅰ－a①，Ⅰ－b②，③，Ⅱ①，Ⅲ）。

また，254 条はソーシャルワーカー事件判決では明示的に援用されていない

---

(143)　Erman/Ehmann, a.a.O.(Fn.10)，§670 Rn. 30, S. 2895.

(144)　BAG Urteil vom 30. 4. 1992, BAGE 70, 197, NJW 1993, 1028. 事案は自動車事故によって自動車保険料の割引率が減少し保険料の額が増大したことによる損害の賠償請求に関するものであるが，裁判所は 1 キロ当たり 42 ペニッヒの走行距離手当によって弁済されているとして，この賠償請求を否定した。

第1章　事務処理に際して生じた損害とドイツ民法670条

が，その後の判決では，いずれも同条の類推適用が労働者の責任制限法理の援用と並んで用いられている。

(オ)　労働者の被った損害の賠償請求権に関して，このような要件論の変遷が見られる。しかし，これの基礎は一貫して670条の類推適用に求められている。2006年のタイヤ破裂事件判決が受任者の損害への670条の類推適用の基礎を「他人のためにする行為のリスク責任」に求めたが，これは単に委任関係だけでなく，労働関係を含めて統一的にカナーリスのリスク責任論の観点から理解する余地を開いたものと評価しうる。この点で2006年判決は極めて重要な意義を有する。

3)　本来的な費用の事例

本来的な費用すなわち任意的な財産的犠牲の償還請求に関しては，1980年判決より前のものについては既に言及した ((2)2)(b)参照)。ここでは，これ以降のものを簡単に見ておきたい。

(a)　まず第1に，事故防止規則 (Unfallverhütungsvorschriften) に基づく個人的な保護装具 (persönliche Schutzausrüstungen) に関する費用の償還請求が問題とされたものがある。

これは安全靴を含む個人的な保護装具に関する費用の負担者は誰かという問題と表裏の関係に立つ。このような費用の負担者に関しては，連邦労働裁判所1982年8月18日判決 (BAGE 40, 50, DB 1983, 234) によれば，原則的には使用者が費用負担者となる。事故防止規則で定められた個人的な保護装具 (たとえば安全靴や保護服など) を労働者に提供することは民法618条で規定された使用者の配慮義務に属し，民法618条の規範目的から使用者の費用負担が導かれるからである。

ただし，使用者がその法律上の義務を超えて保護装具の使用につき労働者に利益を与える場合には，例外的に労働者にこれを負担させることができる。たとえば，安全靴の労働者の私的な領域での使用が合意された場合や安全靴の所有権を労働者が取得する場合などがそうである。もっとも，所有権移転の利益は労働者の意思に反して押しつけることは許されない。

これが保護装具の費用負担の原則であるが，これを前提とすると，労働者が使用者の調達義務 (Beschaffungspflicht) に属する物を購入したときは，この費

用の償還請求権が労働者に認められることになろう。具体的には，判例はレンガ積み職人の安全靴（上記1982年判決の事案）や営林署員の安全長靴の購入費用[145]に関してこれを肯定するが，これに対して，カジノのクルピエのタキシードに関しては否定する[146]。タキシードはクルピエにとって単なる作業服であって，彼の健康保護とは関係しない。また，自己の平服の通常損耗と同様に，就職時に提供されたタキシードの損耗に関しては，労働報酬によって弁済されている。

なお，このような費用負担の原則を全部または一部変更する合意は無効である。民法619条の定める強行法規性は単に個人的な保護装具を提供すべき使用者の義務だけでなく，これの費用負担義務にも適用されるからである（上記の1982年判決参照）[147]。

(b) 第2に，近時の判例では，労働者所有の部屋を作業場所として使用した場合の費用償還請求が問題とされる。

このような部屋の使用も費用に該当し，これが使用者の利益である場合には，労働者は原則としてこれの費用を償還請求しうる。もっとも，このような労働者の部屋の使用は，高価な事務室の維持費用の節約という点では使用者の利益であるが，他方で，交通費や通勤時間の節約という点では労働者の利益でもある。このように両当事者に利益があるときは，使用者の利益が労働者の利益を無視できるほどはるかに上回っている場合にのみ，この費用の全額負担を使用者に課すことができる。

たとえば，販売代理人として外勤に従事する労働者が自己の住居内の一部屋を作業場所として使用していたという事例では[148]，営業内の事務室が経費節減のために閉鎖され，使用者の指図に基づいて自己の部屋の使用がなされていた

---

(145)　BAG Urteil vom 21. 8. 1985, NZA 1986, 324. 裁判所は費用負担に関する一般原則を確認した上で，安全靴の調達を委託された労働者は670条により当該事情により必要と考えることが許されるような費用を使用者に償還請求することができると判示した。

(146)　BAG Urteil vom 19. 5. 1998, BAGE 89, 26, MDR 1999, 235.

(147)　ここでは，就職後1年内に退職したすべての労働者に費用分担を定める事業所協定（Betriebsvereinbarung）が無効とされた。なお，同様に安全靴の労働者による費用分担を定めた事業所協定の有効性を否定した例としては BAG Urteil vom 10. 3. 1976, VersR 1977, 147 がある。

(148)　BAG Urteil vom 14. 10. 2003, NJW 2004, 2036, NZA 2004, 604.

第 1 章　事務処理に際して生じた損害とドイツ民法 670 条

ことなどを理由に，労働者の費用償還請求権が肯定された。

　これに対して，教師が授業の事前準備や後片付けを行うために自分の家の部屋を使用したという事例では[149]，使用者が授業の事前準備や後片付けのための場所を予め決めることを放棄し，学校の中の部屋の使用を教師の裁量に委ねたこと，および原告たる教師が学校の部屋やそこにある事務設備の要求を使用者に対して一度も試みなかったことから，自分の部屋の使用は原告の圧倒的な利益であると認定して費用償還請求権を否定した。

　(c)　第 3 に，労働者のこれら以外の支出が争われたものもある。たとえば，精神病クリニックの看護師がある研修施設で研修を受けた際に支払った研修費用の償還を求めた事案[150]では，これの償還請求が認められた。営業規約により研修義務を負っていたから使用者のために費用が支出されたこと，および，過去に同じ研修費用につき償還がなされており，使用者は研修参加をもはや期待していないことを事前に看護師に指摘しなかったが故に，看護師はこの費用を必要なものと考えることが許されるというのがその理由である。

　また，運転者カード（Fahrerkarte）の取得に関する費用が問題とされた事例もある[151]。法改正により，2006 年 5 月 1 日から総重量 3.5 トンのトラックには従来のアナログのものに代えてデジタル・タコメーターの搭載が義務づけられ，また，運転手は運転者カードを保有すべきものとされた。この運転者カードのチップには運転手の個人的データーが記録され，これによって休憩時間の遵守などの検査が可能となる。この運転者カードの発行手続には 58 ユーロが必要であったが，これを支払った運転手たる原告が使用者に償還請求したというものである。

　裁判所はこれを否定。運転者カードの入手については労働者と使用者の双方に利益が存在するが，しかし，使用者だけがこの費用を負担すべきであるほど使用者の利益が労働者の利益をはるかに上回っていると認定することはできないし，また，運転者カードの取得はトラック運転手として雇用された労働者の自明な投入義務（Einsatzpflicht）の一部であるというのがその理由である。

---

(149)　BAG Urteil vom 12. 4. 2011, BB 2011, 1075, AuR 2011, 226.

(150)　BAG Urteil vom 18. 9. 1991, Juris (nicht veröffentlicht).

(151)　BAG Urteil vom 16. 10. 2007, BAGE 124, 210, NJW 2008, 1612.

4 労働者による加害と賠償義務の制限

(1) 労働者の賠償義務の制限の基礎づけ

労働者が故意または過失により使用者の生命・身体あるいは財産を侵害した場合には，労働者は使用者に対して債務不履行（276 条）または不法行為（823 条以下）に基づいて損害賠償責任を負う。また，第三者に損害を与えた場合には，労働者は 823 条以下に基づいて不法行為責任を負うとともに，使用者も 831 条に基づき賠償責任を負う。しかし，両者の内部関係では，労働者が単独で責任を負うものとされるから，使用者が第三者に賠償したときは，使用者は労働者に対してこれの全額を求償することができる（840 条 2 項）。

これが民法の定める責任秩序であるが，しかし，ドイツの判例および学説はこのような労働者の賠償責任を制限すべきだという点で一致する。使用者は危険な労働から生ずる利益を取得するにも拘わらず，これから生ずる損害を労働者にすべて負わせることは不公平であり，また，このような損害リスクは労働者の報酬によって十分に弁済されていないのが通常である。さらに，労働者は労務の危険性・疲労・仕事の単調さなどの事故の原因となる圧力状態を回避できないのに対して，使用者は保険や製品の価格への転嫁によってこの損失を分散できる立場にあるからである。

問題となるのはその理論構成に関してである。学説の中には，構成要件該当性否定説，違法性否定説，過失否定説，配慮義務説，254 条類推適用説など多様な見解がみられる[152]。ここでは，従来の判例・通説である危険労働理論とカナーリスのリスク責任論に限定してこれを見ることにしたい。

1） 危険労働理論

(a) 労働者の賠償責任の制限はすでにライヒ労働裁判所によって展開され，労働裁判所の判例や連邦通常裁判所もこれを認める。連邦労働裁判所の大部は同僚による加害の事例に関する 1957 年 9 月 25 日の決定（BAGE 5, 1）でこのような労働者の責任制限を「危険労働の場合の使用者に対する労働者の責任制限の理論（Lehre von der Haftungsbeschränkung des Arbeitnehmers gegenüber

---

(152) これらの学説の詳細については，拙稿・前掲注(2)（法学研究 47 号）266 頁以下参照。

第 1 章　事務処理に際して生じた損害とドイツ民法 670 条

dem Arbeitgeber bei gefahrengeneigter Arbeit)」と表した上でこれを支持した。
そこで，このような労働者の責任制限法理は危険労働理論と呼ばれるように
なった。

　この大部の決定によれば，危険労働（gefahrengeneigte Arbeit）とは，それ
自体を考えると確かに回避可能であるが，しかし人間の不十分性に鑑みると労
務給付の典型的な逸脱として経験上計算に入れるべきであるような過ちが注意
深い労働者にも一時的に紛れ込む大きな蓋然性を，労働者によって給付される
べき労務の性質が必然的に伴う場合をいう。

　そして，このような危険労働の場合には，使用者は過失のある労働者に対し
て損害賠償の全部または一部につき請求することができない。具体的には，給
付されるべき労務の危険の大きさ，使用者によって計算されまたは保険によっ
てカバーされた危険，営業内での労働者の地位，賃金や危険手当の額，損害額，
特に過失の程度，勤続年数，年齢，家族関係や従来の態度のような労働者の個
人的事情などを考慮して，労働者の責任の程度が決定される。

　このような責任制限を労働者に認めるべき理由は次の点にある。すなわち，
過失によって惹起された損害が労働者の賃金と釣り合いが取れないという危険
もしばしば存在するが故に，危険労働の場合に通常の規定によって労働者に責
任を負わせることは不当に苛酷だからである。また，理論的には，このような
責任制限は労働関係を支配する誠実義務・配慮義務の思想（Treue- und
Fürsorgepflichtgedanke）から生ずるとして，大部は使用者の配慮義務にその基
礎を求めた。

　このような労働者の責任制限は使用者ではなくて，第三者に損害を与えた場
合にも妥当する。この場合には，両者の内部関係では 840 条 2 項の規定は適用
されずに，労働者は第三者に対する賠償義務からの免責請求権を使用者に対し
て有する。労働者が第三者に賠償したときは，これの償還を使用者に請求する
ことができる[153]。

　(b)　使用者と労働者の間では，労働者の賠償責任の範囲はこのような危険労

----

(153)　もっとも，免責請求権や償還請求権の法的根拠については配慮義務説や 670 条類
　　推適用説，254 条類推適用説など見解が分かれる。Vgl., Gick, Die Grundsätze der
　　Haftung bei gefahrgeneigter Arbeit, JuS 1980, 393（398 f.）; Münchener/Henssler, 5.
　　Aufl., 2009, § 619 a Rn. 25, S. 637.

働法理に基づいていわば当事者間のすべての事情を考慮して決定される。しかし，このような労働者の責任軽減という寛容性には限界が存在する。すべての者のために一般的に損害のない状態を維持し，"好き勝手にやること（Sich - gehen - lassen）"を威嚇して思い止まらせ，労働者に委託された使用者の財貨を回避可能な損害から守ることの重要性，および公正の原則（Gerechtigkeitprinzip）やこれから生ずる贖罪原則（Sühneprinzip）は，取引上または労働生活上要求される注意に重大に違反した労働者に責任軽減という恩恵を与えることを禁止する。

連邦労働裁判所 1959 年 3 月 19 日判決（BAGE 7, 290）は，このような寛容性の限界（Toleranzgrenze）を考慮して，労働者の責任制限の原則を次のように限定した。すなわち，重過失の場合には労働者が単独で負担し（責任制限の否定），通常の過失の場合には使用者と労働者の間で割合的に分割され，最軽過失の場合には使用者が単独で負担すべきものとされた（全部免責）。

(c)　これによって危険労働法理が判例法上確立された。その後長い間，このような内容を伴う労働者の責任制限原則が判例によって維持された。通説も原則的にこれを支持する。

2)　他人のためにする行為のリスク責任

労働者の責任制限法理は判例によれば使用者の配慮義務にその理論的根拠が求められる。しかし，カナーリスは配慮義務の概念は非常に漠然としており，明確で納得的な議論には余り役立たないと批判する[154]。また，このような責任制限は配慮義務が問題とならないような委任や事務管理の場合にも存在する。たとえば，救助活動に際して登山ガイドの不注意によって被救助者が転落した場合がそうであるが，このような場合には，救助活動の危険性（損害傾向性）に鑑みて，登山ガイドの責任は全部または一部制限される。

カナーリスはこのように判例・通説を批判して，配慮義務ではなくて「他人のためにする危険な行為のリスク責任」の原則によってこれを基礎づけることを提唱した。すなわち，使用者は労働者の活動からの利益を有する（客観的要素）。また，使用者はこの労務を労働者に委託し，これによって自己の企業の

――――――――――
(154)　Canaris, a.a.O.(Fn.47), S. 45 ff..

第1章　事務処理に際して生じた損害とドイツ民法 670 条

営業によるのと同じようにリスクを創り出した。労働者はこのリスクを回避することはできないが、しかし、使用者は営業の適切な組織化または保険の締結などによってこのリスクをもっとも良く支配することができる（主観的要素）。リスク責任の要件はここでも満たされている。

このようなリスク責任の観点から労働者の責任制限を基礎づける場合には、危険労働法理の要件をもっと精確に限定することができる。すなわち、すべての損害のリスクが使用者に課されるのではなくて、その営業やこれと結びついた活動から生ずる特別なリスクのみが使用者に課される。そうでない一般的な生活リスクについては使用者に責任を課すことはできない。たとえば、秘書が窓を閉めるのを忘れたために、雨が事務所内に吹き込んで損害が生じたという場合は、一般的な生活リスクに属する。確かに特別な行為リスクと一般的な生活リクスの間の区別はしばしば困難であり得るが、これはドグマ的に解決を必要とする事柄ではない。

また、法的効果に関しても、リスク責任の観点の下でより精確に定めることができる。すなわち、254 条の（類推）適用はその文言を超えてすべての帰責事由の競合の場合にも認められているから、使用者のリスク責任と労働者の過失責任の競合の場合にも同条は類推適用される。これによれば、リスクの帰責が労働者の過失よりも圧倒的に優勢である場合、たとえば労働者の最軽過失の場合には、労働者の責任の完全な排除に導きうる。逆に、労働者の重過失または故意の場合には、労働者は大抵の場合には完全な賠償責任を負う。

過失相殺に際しては、判例のようにすべての事情が考慮されるのではなくて、使用者のリスク責任と労働者の過失の程度にとって重要な要素のみが考慮の対象となる。したがって、労働者の財産関係、年齢、家族状況などは除外される。また、使用者が付保する場合とは異なり、労働者が自分で付保する場合には、この保険はリスク分配にとっては無意味であるから、これも考慮されない。さらに、賃金の額や危険手当の支払も原則的には意味を有しない。これらは労働者の有する法的財貨の侵害リスクに対する補償であって、労働者の損害賠償義務の負担に対する補償ではないからである。これに対して、損害の額はこの中で使用者に帰責されるリスクが明らかとなる限りで考慮される。

このようにカナーリスは他人のためにする行為のリスク責任論によるほうが要件および効果の明確性・精確性の点で判例よりも優れていると主張する。

4 労働者による加害と賠償義務の制限

(2) 判例の展開

1957年の大部の決定以来，判例法上不動の地位を占めてきた危険労働理論は，1970年代頃から新たな展開が見られるようになった。具体的には，責任制限の基礎づけおよび免責の範囲，危険労働性の3点をめぐってである。

1) 営業リスク論の台頭

労働者の責任制限の基礎づけに関しては，使用者の配慮義務から営業リスク（Betriebsrisiko）へと視点が移された。この営業リスクという用語は1957年決定の中にも見いだされるが，そこでは，使用者によって典型的に負担されるべき営業リスクに属するような損害や賠償請求権を労働者に負担させることは労働関係を支配する配慮義務思想と合致しないと述べられており，営業リスクは単に配慮義務思想による責任制限を実質的に理由づける機能を果たしているに過ぎない。

これに対して，1970年代以降の判例では，この営業リスクは過失と無関係な使用者の責任事由として位置づけられ，254条を類推適用して労働者の過失とこれを相互に考慮して損害の分割を行うべきものとされるに至った。

このような営業リスクの観点を初めて明らかにしたのは1970年4月28日の連邦労働裁判所の判決（DB 1970, 1547, VersR 1970, 939）である[155]。これによれば，使用者は単に過失だけでなく営業リスクから生ずる危険に関しても責任を負う。このような営業リスクから生ずる損害を，使用者は危険労働の遂行を委託した労働者に直ちに転嫁することはできない。使用者は営業的な出来事の成果を要求するが故に，彼はこの営業的な出来事と不可避的に結びつくリスクに関しても責任を負わなければならない。

具体的には，交通事故による損害賠償に関して，滑りやすい道路状況下での車の運転が単に営業の利益で，かつ，使用者の明示的な指図に基づいて行われたという事情は部分的に使用者の負担に帰せられる。さらに，過積載の車の運転を営業上の利益で引き受けたという事情は労働者よりもむしろ使用者の負担となる。

このように述べて，労働者の過失と使用者の過失が問題となる限りで，損害は二等分されるが，さらに，使用者は営業リスクについても責任を負うが故に，

---

(155)　BAG Urteil vom 7. 7. 1970, DB 1970, 1982, VersR 1970, 1140 もこれと同旨。

損害の大部分は使用者によって負担されるべきだとして，損害の60パーセントの負担を使用者に認めた。

また，とりわけ1970年11月3日判例（VersR 1971, 552, DB 1971, 342）は過失の3分類を前提として，労働者の中間の過失（通常の過失）の場合には，254条を類推適用して，労働者の過失と使用者に帰責される営業リスクを相互に考慮して損害の分割が行われるべきだと判示した。

2) 全部免責の拡大

(a) このような営業リスクの台頭は中間の過失の場合における責任の減額割合だけでなく，さらに労働者の免責範囲の拡大にも影響を与えた。

すなわち，連邦労働裁判所第7部の1983年3月23日判決（BAGE 42, 130）は危険労働において労働者の故意・重過失によらないで惹起された損害は使用者の営業リスクに属し，それ故使用者はこれを単独で負担すべきであると判示した。つまり，最軽過失の場合だけでなく，さらに中間の過失（通常の過失）の場合にも労働者の全部免責が拡大され，単に故意・重過失の場合にのみ労働者は賠償義務を負えば足りる。

このように労働者の免責範囲は拡大されたが，その実質的な理由は次のような点にある。

従来の判例においては，通常の過失の場合には労働者の過失やその他の事情と使用者の営業リスクを相互に考慮して責任の分割が行われてきたが，このような事例に関連した営業リスクの帰責（fallbezogene Betriebsrisikozurechnung）は，技術的な発展と結びついた責任危険の増大に鑑みるともはや適切ではないと考えられるからである。

これを具体的にみると，まず第1に，営業上の分業（betriebliche Arbeitsteilung）の結果として労働者は労務の特別な危険にさらされる。分業の態様と方法および営業組織の形成は使用者の領域に属し，使用者は指図権や所有者的地位に基づいて営業組織や労働組織を決定することができる。使用者はまさに適切な技術的・組織的処置によってこの特別な危険を支配し，必要があれば損害に対して付保することもできる。これに対して，労働者はその従属的地位により損害惹起の原因に影響を及ぼすことができない。

第2に，損害額も営業の技術的・組織的形成に決定的に依存している。技術

的な発展は高価な機械や他の技術的な工具の投入をもたらすが，その結果として，労働者はますます大きな責任危険にさらされるのに対して，使用者はこれによって人員削減や賃金節約の利益を享受している。

このようなことから，労働者が故意・重過失でなく惹起した損害は使用者の営業リスクに属し，使用者がこれを単独で負担すべきだとされた。法技術的には，1957年の大部の決定が用いる「重大でない帰責事由（nicht schwere Schuld）」には最軽過失だけでなく通常の過失も含まれると解すべきことを主張し，また，このような営業リスクの一般化された評価（通常の過失の場合を含めて全部免責）は法的安定性や法的明確性にも資するという利点を指摘する。

このような営業リスクを理由とする免責範囲の拡張は連邦労働裁判所第7部の1983年10月21日判決（BAGE 44, 170）においても維持された。また，1985年の労働裁判所第3部の決定（後述(c)参照）は，危険労働の要件を放棄する場合には，労働者の責任は労働者が故意・重過失で行為した場合に限られるかという問題を大部に呈示したが，これに関する大部の判断は示されないまま終了した。

(b)　しかし，その後，連邦労働裁判所第8部1987年11月24日判決（8 AZR 524/82, BAGE 57, 55）はこの第7部の判断を拒否し，従来の原則に回帰することを明らかにした。

この第8部は第7部の判断を次のように批判する。①第7部の見解のような一般的なリスクの帰責は254条の類推適用から導き出すことはできない。同条は個々の事例における裁判官の判断による両当事者間での損害の分割を定めているに過ぎないからである。276条で規定された過失基準と異なる基準が労働者に妥当するかどうかについて，254条の法思想から何も導くことはできない。

②1957年の大部の「重大でない帰責事由（nicht schwere Schuld）」は，判例に裁量の余地をできるだけ多く残しておくために用いられたものであり，第7部の見解は正しくない。

③第7部の見解でも重過失と通常の過失の間の区別が必要となるから，法的安定性や法的明確性に資するわけではない。また，254条では，立法者は法的安定性の考えを正当な損害の補償という原則の下位に置いているから，本件との関連で，254条の直接適用の場合よりも大きな意義をこれに見いだすことは

第1章　事務処理に際して生じた損害とドイツ民法670条

できない。

　④営業リスクの観点からこのような結論を導くことができるかどうかをここ
で判断する必要はない。いずれにせよ，これに賛成する根拠を営業リスクから
取り出すことはできない。また，労働者の責任を故意・重過失に一般的に制限
することに賛成する手掛かりは現行法の中に見いだすことはできない。これに
関する一般的な法的確信も存在しないから，裁判官による法創造のための要件
を欠く。

　このように述べて，第8部は第7部の判断を拒否し従来の原則に戻った。

　なお，連邦労働裁判所のある部が1つの法的問題について他の部または大部
と異なる判断をする場合には，大部の判断を求めなければならない（労働裁判
所法45条2項）。しかし，本件では，第8部が第7部と異なる判断を行うに際
して，連邦労働裁判所の大部の判断は求められなかった。損害賠償法に関する
管轄権は1984年7月1日に第7部から第3部に移され，さらに，1986年3月
1日には第3部から第8部に移された。その結果，第7部および第3部はこの
種の法的紛争にもはや関与しないからである。

　(c)　このような労働者の全部免責の範囲の他に，損害の分割の適用範囲も問
題とされた。通常の過失（中間の過失）の場合だけでなく，さらに重過失の場
合にも損害分割が認められるかどうかである。

　この点は，1957年の大部の決定でも，重過失の場合には「通常は（in der
Regel）」免責の余地はないとされており，損害の分割が全面的に否定された訳
ではない。しかし，1970年代の判例はこれを議論の対象として取り上げた上で，
営業リスクを使用者の帰責事由の1つと位置づける観点からこれを積極的に基
礎づけた。

　具体的には，1970年4月28日判決（4(2)1参照）は労働者の重過失が肯定
される場合でさえ，両者の側の責任を基礎づける事情の重大さにより責任を分
割することが考慮される。その際，営業リスクは使用者に不利に考慮されると
した。また，1970年7月7日の判例（注(155)参照）もこれと同旨を述べた上で，
同様のことは使用者に営業リスクの増大に導くような容態が存在する場合にも
妥当すると判示し，少し前に運転免許を取得した者をそうと知りながら運転手
として雇用したことを理由に責任の減額を認めた。1972年1月18日判決

108

（VersR 1972, 498）および 1974 年 1 月 24 日判決（VersR 1974, 1137）もこれに従う。

　これと関連して，若干時代は後になるが，1989 年 10 月 12 日判決（8 AZR 276/88, BAGE 63, 127）も，損害リスクが非常に高く，労働者の賃金からみて，リスクに事前に備えあるいは生じた損害を賠償する状態にないような活動を行う際に損害が生じた場合には，重大な過失の場合も労働者の損害賠償義務は削減されるべきであるとし，これを使用者の営業リスクから基礎づけた。

　(d)　このように判例では，営業リスクを基礎として労働者の完全な免責を通常の過失の場合にも拡張することは否定されたが，しかし，重過失の場合にも損害の分割を認めることによって労働者の賠償義務の軽減される範囲が拡大された。また，使用者の営業リスクには賃金と損害リスクが均衡しない活動をさせたという事情も含められるに至った。

3)　危険労働性

　労働者の責任制限法理は危険労働の存在を要件とする。危険でない労働の場合にはこのような責任制限法理は適用されず，労働者は民法の一般原則に従って損害を賠償すべき責任を負う[156]。

　これが従来の判例であるが，営業リスクの考えはこの要件についても影響を与えた。これの具体的な例としては，次の 2 つの判例があげられる。

　まず第 1 に，1983 年 10 月 21 日判決（4(2)2)(a)参照）である。これによれば，労働者の責任制限の要件は，危険労働であるかどうかの問題とは無関係に，労働者がこの損害を営業上の活動（betriebliche Tätigkeit）を行う際に惹起したことである。労働者が自分自身の利益を追求している場合とは異なり，このような営業上の活動に基づく損害は使用者によって負担されるべき営業リスクに属するというのがその理由である。もっとも，当該事件では危険労働に該当するため，これに関する最終的な判断は留保された。

　第 2 に，1985 年 2 月 12 日の第 3 部の決定（BAGE 49, 1）があげられる。事案は小児科の看護師が生後 12 日の乳児をベッドから持ち上げる際に手から滑らせて床に落としたというものであるが，第 3 部は危険労働の存在を否定した。

───────────
（156）　危険労働法理の展開およびこれの要件に関する問題については，拙稿・前掲注(2)
　　（法学研究 47 号）261 頁以下，274 頁以下参照。

第1章　事務処理に際して生じた損害とドイツ民法 670 条

その上で，労働者の責任制限は危険労働に限定されるのではなくて，すべての営業上の活動について認められるべきだと結論づけた。

その理由として，次のことが指摘される。①危険労働が存在するか否かの判断について実務ではこれの明確性を得ることに何十年もの間成功していないし，また矛盾した判断も見られる。このような矛盾と動揺は，危険性という不確定の概念を具体化するための明確な価値判断が欠けているが故に，判例が個々の事例の正当性を得ようと努めることができるということに基づく。

②また，ライヒ保険法や国家賠償法（Amtshaftungsrecht）におけるように，立法者が責任緩和を規定しあるいは当然のことと考える限りでは，営業上の活動（betriebliche Tätigkeiten）という要件が統一的に用いられている。

③危険労働性の不存在すなわち注意深い労働者にも過ちが偶然的に紛れ込むことを必然的に伴うような性質を有する労務ではないというだけで，責任制限の適用の排除を正当化することはできない。

このような結論はこれまでの判例と異なるため，第3部は大部の判断を求めた。しかし，被告たる州が原告の請求を認めたために，これに関する大部の判断は明らかにされないまま終結した[157]。

(3)　連邦労働裁判所 1994 年の大部の決定

1)　事件の概要と審理経過

危険労働法理は長い間判例において安定した地位を占めてきたが，しかし，前述したように，1970 年以降，営業リスクの観点の導入によって大きく動揺するに至った。そして，1994 年 9 月 27 日の連邦労働裁判所大部の決定（BAGE 78, 56, NJW 1995, 210）は営業リスクの考え方をさらに展開して，これの集大成ともいうべき判断を明らかにした。

問題とされた事案は，建設会社の現場監督者（Polier）が浚渫機の運転手（Baggerführer）にガスの接続管の存在やそこでは人力による作業をすべきことの注意を怠ったために，運転手がガス管を傷つけ，地下室に充満したガスの爆発によって家に損害が生じた。建設会社は家の保険会社から償還請求された額を支払い，また家の所有者から保険でカバーされない損害の賠償請求を受け

---

(157)　BAG Urteil vom 4. 9. 1987, DB 1987, 1948.

た。そこで，建設会社はこの現場監督者に対して償還額の支払いとこれ以外の
賠償義務の確認を求めたというものである。

　原審であるニュルンベルクの州労働裁判所は被告たる現場監督者の重過失を
否定し，また，このような現場監督者の労務は危険労働に該当しないが，この
ような労働者にも従来の責任制限法理が適用されるとして，訴えを棄却した。
上告審たる連邦労働裁判所第8部は原審の見解を支持した。しかし，これは従
来の判例の立場と異なるため，大部の判断を要請した[158]。

　連邦労働裁判所の大部はこの第8部の見解に同調したが，これは連邦通常裁
判所の判例と相反するため，さらに連邦最高裁判所の共同部（Gemeinsamer
Senat）の判断を求めた[159]。

　しかし，連邦通常裁判所第6部は労働者の責任制限原則は危険労働に制限さ
れることなしに広く適用されるべきであり，危険労働性は254条において考慮
されるべき事情だとするこの大部の見解に結果的に従うことを決定した[160]。

　これによって連邦労働裁判所と連邦通常裁判所との間に相反がなくなったた
め，連邦最高裁判所の共同部はこれの審理を中止した[161]。そこで，連邦労働裁
判所の大部は本決定において危険労働に制限されないことを明らかにした。

　なお，その後，第8部はこの大部の決定に従って本件事案に労働者の責任制
限法理を適用しつつ，原判決を破棄差戻した[162]。原審は故意・重過失の場合を

---

(158)　BAG 8. Senat Beschluss vom 12. 10. 1989, 8 AZR 741/87, BAGE 63, 120, VersR
　　　　1989, 1320.
(159)　BAG GS Vorlagebeschluss vom 12. 6. 1992, BAGE 70, 337.
(160)　BGH 6. Zivilsenat Beschluss vom 21. 9. 1993, NJW 1994, 856.
(161)　Gemeinsamer Senat der obersten Gerichtshöfe des Bundes, Einstellungsverfügung
　　　　vom 16. 12. 1993, BB 1994, 431.
(162)　BAG 8. Senat Urteil vom 16. 2. 1995, 8 AZR 741/87(A), Juris (nicht veröffentlich).
　　　　なお，第8部は同じ日に次の事案についても判決した。
　　　　連邦労働裁判所1995年2月16日判決（8 AZR 493/93）（NJW 1995, 3204, BB 1995,
　　　　1193）［パスポート不携帯事件］
　　　　［事実関係］　スチュワーデス（原告）がフランクフルトからアトランタへの飛行に際
　　　　してパスポートを忘れたため，アメリカの入国管理局から航空会社（被告）に3000ド
　　　　ル（約4500マルク）の罰金が課された。被告がこれに相当する額を原告の預金口座か
　　　　ら引き落としたため，原告はこれの支払を被告に請求した。原審は請求認容。被告が上
　　　　告。
　　　　［判旨］　上告一部認容　この罰金は乗務員の誤った容態によって惹起されたものであ

第1章　事務処理に際して生じた損害とドイツ民法 670 条

除いて労働者の全部免責を認めるとする見解に立っており，被告の過失が中間の過失か最軽過失に属するかという重要な認定を行っていないからである。

2）　危険労働の放棄と責任制限の拡張の基礎づけ

(a)　危険労働から営業的な惹起へ

大部は，従来の判例によれば，危険労働が存在する場合に労働者の責任制限法理が適用されるに過ぎないが，この要件は放棄されるべきであると述べる。そうでなければ，危険でない労働を行う労働者は使用者の損害をすべて賠償すべき責任を負うことになるが，これは危険でない労働の場合にも同様に認められる使用者の営業リスクや組織権限に鑑みると正当化することはできないからである。

そこで，大部は本件事案に関する第 8 部の判断を支持し，労働者の責任制限の原則は危険労働でないとしても，「営業上なされ，かつ，労働関係に基づいて給付されたすべての労働（alle Arbeiten, die durch den Betrieb veranlaßt sind und aufgrund eines Arbeitsverhältnisses geleistet sind）」に適用されると判示した。

(b)　責任制限の拡張の基礎づけ

このように労働者の責任制限法理は営業上なされた労働者のすべての活動に広く適用されるに至った。1992 年および 1994 年の大部の決定によれば，このような適用範囲の拡張は次のように基礎づけられる。

まず第 1 に，組織リスクの観点からの基礎づけである。254 条（過失相殺）は被害者に過失がある場合を規定するが，この法の文言を超えて，被害者が物の危険や営業の危険（Sach- oder Betriebsgefahr）に基づいて責任を負う場合にも，この規定は適用される。連邦労働裁判所はこの法原則を労働関係に適用して，被害者たる使用者の営業リスク（Betriebsrisiko）に基づく責任を考慮して労働者の賠償責任を制限してきた。

営業リスクは通常は労務給付の偶然的な不能の場合の使用者の賃金支払リス

り，原告たるスチュワーデスはこれを労働契約の有責な違反に基づき使用者に賠償すべき義務を負う。しかし，1994 年の大部の決定における要件が本件では存在するから，労働者の責任制限の原則が適用される。原告は通常の過失で行為しており，また，被告の組織過失すなわちパスポートに関するコントロールが何ら行われなかったことが 254 条において考慮されるべきである（結果的に，当事者の合意による割合に相当する損害の 3 分の 1 の限度で責任を肯定）。

クの意味で使われるが，ここでは，責任リスクの分配に際しての考慮要素を
はっきりと示すために，営業リスクという概念が用いられている。この意味で
は，たとえば製造施設や生産自体の危険性，あるいは製造された物の危険性は
使用者に帰責されるべきであり，それ故，254条による考慮に際しては，労働
者の責任制限へと導きうる。しかし，ここでの考慮の対象は単にリスクを孕む
要素に限られるから，これは営業上の活動の一部の領域を把握しているに過ぎ
ない。

　しかし，さらに，使用者の組織権や人事権および労働者の人的従属性や指図
拘束性という法的状態は，一般的な企業リスク (allgemeines Unternehmensrisiko)
の要素として，組織リスク (Organisationsrisiko) をも使用者に負わせることを
正当化する[163]。このような営業の組織や労働条件の形成に関する責任は，危険
労働の場合と同じように危険でない労働の場合にも存在する。それ故，営業的
になされたすべての労働の場合に，この責任は使用者に帰責されるべきであり，

（163）　使用者の組織過失が否定された例としては次のものがある。

　　連邦労働裁判所 2001 年 11 月 15 日判決（BAGE 99, 368, NJW 2002, 2129）［ウェーター
　用財布盗難事件］

　　［事実関係］　原告はドイツ鉄道の車両でレストランを経営しており，被告は列車サー
　ビスの従業員である。ある日，被告はレストランの係長としてドルトムントとミラノ間
　を往復する列車に勤務した。その復路で電話のために約 5 分間，これまでの売上金約
　6400 マルクの入ったウェーター用財布を厨房内の鍵の掛けられていない，しかし，シッ
　カリと閉められた引き戸式のキャビネットの中に置いて食堂車両を離れた。帰ってみる
　と，財布がなくなっていた。そこで，原告は被告に売上金相当額の賠償を請求した。原
　審は全額の賠償を肯定。被告が上告。

　　［判旨］　上告棄却　①原審が正当に判示したように，被告は労働契約上，売上金を原
　告との決済時まで正常に保管すべき義務を負うが，彼はこれに重過失で違反した。原告
　の賠償請求権はレストラン業に関する概括的労働協約（MTV Systemgastronomie）第
　15 条ないし中央ヨーロッパ寝台・食堂車株式会社の労働協約（TV Mitropa）第 16 条に
　よって排除されないし，その失効条項も適用されない。

　　②売上金をどのように保管するかは被告の問題である。往路の売上金をミラノで銀行
　に預けるようにさせなかったことは原告の組織過失に属しない。したがって，254 条に
　よる責任の減額は否定される。

　　③また，1994 年の大部の決定によれば，労働者の責任制限の原則は営業上なされ，か
　つ，労働関係に基づいて給付されたすべての労働に適用される。しかし，重過失の場合
　には，労働者は通常は完全な範囲で損害を賠償すべき責任を負う。労働者の賃金が現実
　化した損害リスクと明確な不均衡に立つ場合には，責任緩和は重過失でも排除されない
　が，本件ではこのような不均衡は存在しない。

第1章　事務処理に際して生じた損害とドイツ民法 670 条

254 条の領域では，過失のある労働者はその惹起した損害を 276 条・249 条により完全な範囲で賠償すべき責任を必ずしも常に負う必要はないということに導く。

　第 2 に，職業の自由（基本法 12 条 1 項）や一般的な活動の自由（基本法 2 条 1 項）の憲法上の保障に鑑みると，254 条の類推適用による労働者の責任制限は必要である。

　基本法の規定は国家に対する個人の防御権だけではなくて，すべての法領域の基本的な判断をも含むから，民法の規定もこれと矛盾することは許されない。民法上の責任原則はその経済的効果によって場合によっては賠償義務者の一般的な生活形成や職業活動に決定的な影響を与える。したがって，この責任原則は基本法 2 条 1 項および 12 条 1 項の保護領域と関係する。

　契約責任法は任意で引き受けられた給付義務や注意義務を前提としており，それで私的自治的な判断を基礎とするが，しかし，このことは立法者が責任結果を完全に自由に規定できることを意味しない。むしろ立法者は客観的・法的な規準値（Vorgabe）を遵守し，構造的な力の不均衡が存在する場合には，両契約当事者の基本権的地位の適切な均衡を可能にするために保護的に介入しなければならない。その際，立法者には広い裁量が認められるが，しかし，労働生活における契約力の差異（untershiedliche Vertragsstärke）を無視し，また，使用者の営業リスクを考慮せずに完全な責任リスクを労働者に一方的に負担させることは基本法と一致しない。

　この憲法違反の結果は民法 254 条を類推適用し，この規定を憲法に適合した解釈をするときは回避することができる。営業上なされた活動（betrieblich veranlasste Tätigkeit）によって生じたすべての損害の場合に営業リスクを強行的に考慮することは事態に適したリスク分配に至ることを可能にし，労働関係に存在する力の不均衡の状態を考慮している。労働者の生存の確保に必要な場合には，使用者の経済活動の自由は労働者の就業能力や給付能力に対して後方に退かなければならない。

　このように連邦労働裁判所は危険労働の要件を放棄し，営業上なされた活動によって生じたすべての損害につき労働者の責任制限法理の適用を認めた。そして，① 254 条を類推適用して考慮される使用者の帰責事由には，その労働に特別な危険に関する責任（営業リスク）および使用者の組織権限によって間接

114

的に支配可能な危険に関する責任（組織リスク）を含むこと，および，②無制
限的な賠償責任を労働者に課すことは憲法違反であり，営業上なされた活動に
際して惹起されたすべての損害に254条を類推適用することによってこれを回
避しうることがその根拠とされた。

3）　営業的な惹起（betriebliche Veranlassung）の概念
　新たな判例法理によれば，労働者の責任制限の原則は「営業上なされ，かつ，
労働関係に基づいて給付されたすべての労働」に適用される。つまり，ここで
は①当該活動が営業上なされたこと，および②当該活動が労働関係に基づくこ
との2つが要件とされる。これに該当しない労働者の活動によって生じた損害
は労働者の一般的な生活リスクに属し，労働者がこれを負担すべきことになる。
この意味において，この要件は使用者の営業リスクと労働者の一般的な生活リ
スクを区別する基準として機能する。
　上記の2つの要件の詳細は判例では必ずしも明らかではないが，これは次の
ようなことを意味するものと解される。
　㈠　「営業上なされたこと」というのは，大部によれば，①労働契約上労働
者に委託された活動，または②労働者が使用者の利益において営業のために
行った活動をいうものとされる。これは社会法典第7編105条1項（旧ライヒ
保険法637条1項）の「営業的な活動（betriebliche Tätigkeit)」と概念的には同
じであるといってよい[164]。判旨がこれに関する判例を引用していることからも，
このことは明らかである。
　代表的な学説によれば[165]，この概念の具体的な内容は次のように説明される。
すなわち，前記①の「労働契約上労働者に委託された活動」というのは，労働
者の契約上義務づけられた労務給付であり，これの履行のために行わなければ
ならないすべての活動を含む。これは契約上の合意やこれを具体化する使用者
の指図によって決定される。使用者の作業道具や物の保管もこのような義務づ
けられた労務給付に属する。
　活動の営業的性質は，労働者がこの活動の実行の際に重過失または故意で彼

---

(164)　Münchener/Henssler, a.a.O.(Fn.153), §619 a, Rn. 22, S. 636 ; Peifer, Neueste
　　　Entwicklung zu Fragen der Arbeitnehmerhaftung im Betrieb, ZfA 1996, 69 (71).
(165)　Otto/Schwarze, Die Haftung des Arbeitnehmers, 3. Aufl., 1998, Rn. 135 ff., S. 81 ff.

第1章　事務処理に際して生じた損害とドイツ民法 670 条

の容態義務に違反することによって失われない。営業性に関しては，その都度の活動それ自体が契約上なすべきことに一致することで十分である[166]。

また，前記②の「労働者が使用者の利益において営業のために行った活動」というのは，まず第1に，契約上義務づけられた労務給付ではないが，しかし，使用者の利益であり，労働契約から導かれる使用者の指図権の下にあるような

---

(166)　これを明らかにしたものとして，次の判決がある。

連邦労働裁判所 2002 年 4 月 18 日判決（BAGE 101, 107, NJW 2003, 377）［見習い労働者加害事件］

［事実関係］　被告は個人商店を営む原告のところで見習いとして雇われていた。ある日，箱積みされた自転車を積載したトラックが原告の工場敷地内に到着したので，これを降ろすために，倉庫内にあるフォークリフトを取りに行った。倉庫から出る際に，まだ完全には開いていない扉にぶつかり，これを壊した。そこで，原告はこれによって生じた 6900 マルクの損害の賠償を被告に請求した。

事故当時約 16 歳半であった被告は自動車免許を有しておらず，原審の認定によれば，フォークリフトでの走行は被告に明示的に禁止されていた。また，被告の主張によれば，総務課の帳簿係である L 婦人からトラックからの荷下ろしを指図された。

原審は被告の重過失を認め，また，報酬額と過失の程度を考慮して損害総額の 4 分の 1（1725 マルク）の負担を被告に命じた。原告は全額の賠償を求めて上告。

［判旨］　破棄差戻し　①労働者の責任制限の原則は営業的に惹起された加害行為に関してのみ妥当する。この営業的な惹起（betriebliche Veranlassung）というのは労働契約上彼に委託されたか，または彼が使用者の利益で営業のために行ったような労働者の活動をいう。被告のフォークリフトの運転が営業上の利益で行われたかどうかに関しては，明示的な使用禁止の義務違反や作業との場所的・時間的な関連性の存在だけでは十分ではない。被告がフォークリフトでトラックから荷下ろしをする途中であった場合や L 婦人から自転車を降ろすことを指図された場合には，この運転は営業的に行われたといえる。原審はこの要件の存在について認定していない。

なお，この運転の営業的な性質は，被告が明示的な使用禁止に基づく運転しない義務に重過失または故意で違反したことによって失われない。営業的な惹起に関しては，その都度の活動自体が契約上の債務と一致することで十分である。

また，見習いのような職業訓練関係においても，労働者の責任制限に関する通常の原則が妥当する。職業訓練関係それ自体がもっと広い責任免責に導くわけではない。

②労働者の責任特権はこの責任リスクからの免責を目的としている。その際，労働者の生存保護などを考慮して，過責による段階付けが行われる。しかし，労働者の責任特権を正当化する理由は過責の尺度の細分化だけでなく，さらに過責を損害に関係させることをもたらす。労働者の容態がまさに損害の惹起に関連して余りにも不当である場合にのみ，労働者は責任を負うべきである。過責が損害発生に関連していないときは，労働者に向けられた非難は十分ではない。

③原審は重過失の場合も損害の分割は排除されないことを正当に認めた。

活動がそうである。使用者の利益がある課題の処理をその都度の状況に応じて要求する場合には，使用者は労働者の本来的な労務以外の活動を労働者に指図し，労働者はこれに従うべき義務を負う。使用者の指図なしに，労働者が自ら行う場合には，これが使用者の客観的利益に合致するときは，営業的になされたものといえる。客観的には使用者の利益に反する場合でも，使用者の利益の判断に際して必要な注意を用いたときは，同様に扱われる。

第2に，使用者の指図権が及ばない場合でも，両者の合意によって労働者の活動領域が拡張されたときはこれに該当する。同僚の同乗を要請した場合や社有車での私的な走行を認めた場合などがそうである。

第3に，経営委員会委員としての活動や経営集会への参加など，労働者としての地位と関連する名誉職的な活動もこれに含まれる。

これら以外に，事務管理としてなされる行為も，使用者の利益と実際に合致するときは，営業的な活動となる。さらに，労働者が使用者の支配領域の中にいる限りでは，労働者は労務給付と関連しない事柄についても使用者の指図権に服するが，この使用者の規制権限に服する行為も営業的な活動に属する。

(イ) 「当該活動が労働関係に基づくこと」という第2の要件は，上記(ア)の要件とは異なって格別の意義を有しない。「労働契約上委託された活動」だけでなく，「使用者の利益において営業のために行った活動」も「当該活動が営業上なされたこと」の中に含まれているからである。したがって，責任制限の要件としてはこれは不要であり，単に「営業上の惹起」だけで足りる[167]。

なお，1992年の大部の呈示決定によれば，労働者のこれらの活動は「営業やその活動範囲と密接に関連して（in nahem Zusammenhang mit dem Betrieb und seinem betrieblichen Wirkungskreis）」いることが必要とされる。したがって，営業と緩い関連性しか有しない活動による損害は一般的な生活リスクとして労働者が負担すべきことになる。たとえば，労働者が作業中にタバコに火を付け，これによって爆発が生じた場合などがそうである[168]。

---

(167) Langenbucher, Risikohaftung und Schutzpflichten im innerbetrieblichen Schadensausgleich, ZfA 1997, 523 (525 f.).

(168) Blomeyer, Beschränkung der Arbeitnehmerhaftung bei nicht gefahrgeneigter Arbeit, JuS 1993, 903 (906).

第 1 章 事務処理に際して生じた損害とドイツ民法 670 条

4) 新しい理論の評価

危険労働の要件の放棄はすでに多くの学説によって主張されていたところであって，このような結論それ自体については特に異論は見られない[169]。

判例は配慮義務を離れて，営業リスクおよび組織リスクの観点を前面に押し出して労働者の賠償義務の制限を基礎づけた。これはカナーリスのリスク責任の考えと一致する。また，使用者のリスク責任と労働者の過失の程度を 254 条の中で考慮すべきだとする点でも同様である。したがって，連邦労働裁判所の大部はこの決定においてカナーリスの見解を採用したものといってよい。エーマンは，上記の 1994 年決定以降では，カナーリスの見解が通説，さらには一般的に承認された見解として理解されなければならないと主張するが[170]，この評価は正当であるといえよう。

この大部の決定に関しては，学説では責任制限の基礎づけが主に問題とされる。さらに，考慮されるべき具体的な事情や過失の 3 分類についても見解が分かれる。

(a) 責任制限の基礎づけ

(ア) 連邦労働裁判所の大部は前述したように労働者の責任制限の範囲の拡張を組織リスクと基本法上の権利という 2 つの観点から基礎づけた。しかし，後者の憲法上の議論に関しては批判が多い。

この点については，すでに連邦通常裁判所と連邦労働裁判所の大部との間で議論の応酬がなされた。前述 1) で挙げた連邦通常裁判所第 6 部は 1992 年の連邦労働裁判所大部の決定に対して次のように批判した。254 条で考慮すべき要素に関して，これらの憲法上の権利を特別に強調する必要はない。254 条では労働者の過失と使用者の営業リスクを考慮して労働者の責任制限が行われるが，損害と賃金との不均衡や労働者の経済的生存の危殆化によって労働者の責任制限を基礎づけることは過失責任の修正ではなくて，これの放棄という誤解を与える恐れがある。

これに対して，1994 年の連邦労働裁判所の大部はこのような疑念は納得的

---

(169) 1992 年の大部の決定よりも前に危険労働の放棄を主張していた学説およびこの大部の決定を支持する学説については，1994 年の大部の決定がほぼ網羅的に挙げている。
Vgl., BAG GS Beschluss vom 27. 9. 1994, BAGE 78, 56 (62).

(170) Erman/Ehmann, a.a.O.(Fn.10), §670 Rn. 17, S. 2892 f..

4　労働者による加害と賠償義務の制限

なものではないと述べた。営業リスクの考慮は労働者の過失を考慮しないで免
責することに導かないし，249 条・276 条における立法者の構想を完全に破棄
できないのは当然である。また，民法典の基本構想も基本権を尺度として評価
されなければならないとして，1992 年決定の基礎づけを維持した。

　しかし，このような連邦労働裁判所の反論にも拘わらず，学説の多くも連邦
通常裁判所と同様に憲法上の議論の援用には批判的である。

　たとえば，ランゲンブーヒャー(171)によれば，労働者の責任制限においては，
労働者の最低限の生存を脅かすような責任の排除だけが問題となっているわけ
ではない。また，労働者の責任制限に関して憲法を援用しても，せいぜい補足
的な理由付けが得られるに過ぎず，裁判官法上の制度の具体化に余り貢献しな
い。

　また，ブロマイヤー(172)も責任制限は結局個々の事例の事情に常に依存する
が，これの具体的規準は引用された基本権からは得られない。労働者の最低限
の生存の保護という憲法上の考慮は労働者の責任を故意・重過失の場合を含め
て金額的に制限することに導くのであり，危険労働の要件の完全な放棄を基礎
づける訳ではないと批判する。

　マンホルト(173)は損害賠償の過度な義務づけが職業の自由という基本権を制
限するに至るという点では大部は正当であるが，しかし，差押えが禁止される
最低限の範囲での生活を強いられる場合には，職業活動に対する刺激が労働者
から奪われるという点は納得的ではないと主張する。これは損害分割につき基
本法上の規準値から導きうることを超えており，また，立法者の社会政策的な
決定の裁量権を許されない方法で侵害するものである。さらに，この考慮は現
行法では知られていない金額的に制限された責任に導くが，このような責任制
限はもはや従属的な地位での給付という労働関係の特殊性で基礎づけることは
できない。たとえば，交通事故による賠償責任の場合でも同様に，長期間にわ
たり生存の最低限での生活を強いられるというリスクが存在するからである。

---

(171)　Langenbucher, a.a.O.(Fn.167), S. 545 f..

(172)　Blomeyer, a.a.O.(Fn.168), S. 905 f..

(173)　Manhold, Anmerkung zum BAG GS Vorlagebeschluss vom 12. 6. 1992, JZ 1993,
　　　910.

第1章　事務処理に際して生じた損害とドイツ民法 670 条

　(イ)　これらの学説に対して，クラウゼ[174]の見解は大部の憲法上の説明をカ
ナーリスの一般的な損害賠償法における「行き過ぎの禁止（Übermaßverbot）」
と類似するものと位置づける点で特徴的である。

　カナーリスによれば[175]，民法上の賠償義務を課すことは原則的には加害者の
一般的な活動の自由（基本法 2 条 1 項）に対する侵害であり，これは相当性の
原則（Verhältnismäßigkeitgrundsatz）により判定される。損害の全部の賠償が
加害者を破滅させ，少なくとも惨憺たる状況にさせるが，他方で，被害者がこ
の賠償給付に頼らないで彼の経済的生存を維持できるような場合には，被害者
を完全に満足させるべき加害者の民法上の義務（完全賠償義務）は不相当であ
る。予防的機能や補償機能，損害賠償法の意義や目的も，加害者を一生の間経
済的な破滅に突き落とすことを正当化しない。このような場合には，完全賠償
請求権の制限が認められるべきであり，242 条に基づいて権利濫用の抗弁が加
害者に認められる。これがカナーリスの主張である。

　しかし，被害者の財産関係が憲法上加害者の賠償義務の妨げになるというカ
ナーリスの説明はあまり納得的ではない。

　カナーリスのように，被害者が相当な財産を有している場合には，完全な損
害の賠償請求権が制限されるとすれば，被った損失を補うという損害賠償法の
目的が失われることになり，裕福な者の財貨を裕福でない者による侵害から民
法上保護することを拒否する結果に帰する。

　確かに，加害者が人間的にやっと生きながらえるという異常な状態に置かれ
ることに配慮する必要はあるが，しかし，これは執行保護規定でなされており，
カナーリスの見解はこれを超える。つまり，惹起された損害を完全な範囲で執
行保護の外にある財産により賠償すべき義務を加害者に期待することは，被害
者が裕福でこの賠償給付を頼りにせずに自己の生存を確保できる場合でも，憲
法上の観点からは可能である。

　また，加害者の将来的な経済的原動力を確保するという責任制限の目的の追
求は自己責任の原則の重大な後退を伴うであろう。このような利害関係の判定
は立法者に委ねられたままでなければならない。

---

(174)　Krause, Haftungsbegrenzung kraft Verfassungsrechts ?, JR 1994, 494.

(175)　Canaris, Verstöße gegen das verfassungsrechtliche Übermaßverbot im Recht
der Geschäftsfähigkeit und im Schadensersatzrecht, JZ 1987, 993（1001 ff.）.

4 労働者による加害と賠償義務の制限

　このように述べて，カナーリスによって推奨され，大部によって前面に押し出された責任制限を憲法から演繹することには賛成できないとクラウゼは結論づける。

(b)　過失の3分類と254条

(ア)　一部の学説は危険労働性の放棄や254条による問題解決によって，これまでの過失の3分類も終わったと主張する[176]。276条に反して過失の程度により一般的に責任を制限することに賛成する法的基礎は存在しない。むしろ衡平の観点を考慮して損害結果が分割されるべきであるという。

　このような見解はすでにフォン・ホイニンゲン・ヒューネ[177]によって主張されていた。彼は古典的な過失の3分類に復帰した1987年判決に対して次のように批判した。まず第1に，254条は個々の事例において責任制限を正当化することができるに過ぎず，労働者の責任制限という一般的な規制を行う基礎として用いることはできない。また，3つの過失形式を区別するための精確な法的規準も存在しない。さらに連邦労働裁判所は労働者の損害賠償責任を確定するために254条を2回ないし3回用いている。すなわち，中間の過失の場合には，労働者の過失と使用者の営業リスクなどを考慮して，割合的な損害分割が確定され，さらに，交通事故などでは，使用者が車体保険を締結していたとしても使用者に残る損害額に制限される。そして，254条の意味での使用者の共働過失があるときは，254条によりこれも考慮される。

　このように判例を批判した上で，次のように述べる。労働者の責任制限は実定法に反する法創造であるが，これは，労働者の労務の他律性，人間的な不十分性，リスク手当ての不支給，使用者の付保可能性，生産条件や労働条件の選択や準備に関するリスク責任などの考慮による使用者と労働者の間のリスク分配，および，670条におけるように，他人に一定の活動を行わせ，この活動の利益を取得する者はこの活動と結びついた損害リスクを負担しなければならないという活動の利他性から正当化される。

　そして，責任制限の範囲は254条の一般的な法的考えを援用して決定される。

---

(176)　Boemke, Anmerkung zum GmS-OGB, Beschluss vom 16. 12. 1993, WiB 1994, 208 (209).

(177)　v. Hoyningen - Huene, Die Haftungseinschränkung des Arbeitnehmers, BB 1989, 1889 (1893 ff.).

第1章　事務処理に際して生じた損害とドイツ民法670条

すなわち，損害賠償の範囲は図式化された3分割によることなしに，過責の重大さに応じて制限される。そこでは，労働者の過責と使用者の営業リスクが対峙されるが，使用者と労働者の間の損害結果の分割基準は衡平性である。この衡平性による判断はその都度の事情に依存するから，損害結果の分割に関しては一般的な基準も具体的な基準も存在しないと結論づける。

　(イ)　しかし，このような学説の理解とは異なり，危険労働の要件の放棄や254条の類推適用にも拘わらず，判例では，過失の3分類は維持されたままである。1995年の第8部は被告の過失が中間の過失か最軽過失に属するかを審理すべきだとして原審に差戻したが，過失の3分類の維持はこのことからも明らかであろう(178)。

　このように過失の3分類を維持するときは，従来の判例と同様に，重過失の場合には原則として完全な責任，最軽過失の場合には完全な免責，中間の過失の場合には割合的な損害の分割という原則が妥当することになる。具体的な事案の解決に際しては，この法原則がまず第1に適用され，その後で，割合的な分割が行われるべき場合には，個別的・具体的な事情を考慮してその割合を決定するという2段階の過程を経て最終的な結論が導かれる。

---

(178)　同旨のものとしては，注(162)や(163)の判例の他に，次の例が挙げられる。
　連邦通常裁判所1996年3月11日（NJW 1996, 1532, VersR 1996, 1532）［取締役解任事件］
　［事実関係］　原告は現在被告会社の取締役である。しかし，原告はその前年に被告の単独社員である登記済社団Dと労働関係にあったが，その際にS有限会社との共謀的な契約によってDに損害を与えたことを理由に被告会社の取締役を解任され，任用契約を即時解約された。そこで，原告は任用関係の存在の確認とその未払い賃金の支払いを求めて訴えを提起した。これに対して，被告はDから譲り受けた損害賠償請求権の確認を求める反訴を提起した。
　原審は原告の請求を一部容容し，上告審もこれを是認した。そこで，被告の反訴のみが問題とされた。
　［判旨］　破棄差戻し　原審は故意・重過失に関してのみ労働者は責任を負えば足りるとする見解を前提として，原告の容態は重過失として評価することはできないと判示した。しかし，労働者の責任制限はすべての事情，とりわけ労働者の過失と使用者の営業リスクを254条を類推適用して考慮して行うべきだというのが連邦労働裁判所および連邦通常裁判所の判例であり，これによれば労働者の重過失不存在を認定するだけでは足りない。原審は労働者の過失の程度，さらにすべての事情を考慮すればどのような責任範囲が適切であるかを認定しなければならない。

従来の判例では，過失の3分類による責任制限の原則と254条との関連は必ずしも明確ではなかったが，1994年の大部の決定では，これも254条の類推適用の領域に含められる。この点では上記の学説の主張も一応理解しうる。しかし，第1段階の判断すなわち過失の程度による責任制限は過失以外の個別的・具体的な事情を考慮しないで行われるものであり，いわば画一的な判断であって裁判官はこれに拘束されることになろう。したがって，最軽過失を認定しながら，個別事情を考慮して割合的に損害を労働者に負担させ，あるいは，重過失の場合に，例外的事情の存在を考察することなく衡平の観点から労働者の責任を軽減することは許されない。この点で第2段階の判断とは異なる。労働者の責任の3分類も終わったとする主張はこのような異質の2つの判断の存在を無視するものであり妥当でないように思われる。

　(ウ)　1994年の大部の決定は被害者（使用者）に過失はないが，しかし，生じた損害に関して営業リスクに基づき共同で責任を負う場合にも，254条の文言を超えてこれの適用を認めた。その上で，具体的にどの程度労働者が責任を負うべきかは従来の判例と同じような事情を考慮して決定すべきものとした。具体的には，労務の危険性の他に，労働者の過失の程度，損害の額，使用者によって付保しうるリスク，営業における労働者の地位，リスク手当や賃金の額，さらに，勤続年数や年齢，家族関係などの労働者の個人的な関係などを挙げる。

　このように使用者の負う営業リスクが被害者の過失と同じく損害賠償請求権の減額事由の1つとすることは[14]判決の趣旨にも適合するものであり，特に異論はみられない。

　しかし，考慮すべき具体的な事情に関しては，勤続年数・年齢，家族関係などの労働者の個人的な事情は労働関係や損害原因とは関係しない事柄であって，責任分割に際して考慮すべきではないとする学説の批判がある(179)。逆に，上記の決定が強調する労働者の生存確保という観点からすると，労働者の資力も考慮事情の1つとされなければならないが，これが挙げられていない。

　さらに，使用者によって付保されるリスクを除いて，考慮すべき事情とされるのはすべて加害者たる労働者に関わる事柄であるという点も疑問の余地があ

---

(179)　近時のものとして，Blomeyer, a.a.O.(Fn.168), S. 907 ; Boemke, a.a.O.(Fn.176), S. 209 ; ders, Anmerkung zum BAG GS, Beschluss vom 27. 9. 1994, WiB 1994, 952 m.w.N..

第1章　事務処理に際して生じた損害とドイツ民法670条

ろう。過失相殺の場合には，被害者側の事情が考慮されるのが通常であり，加害者側の事情を考慮してその賠償義務が軽減されるというのは異例に属する。この限りにおいて，加害者と被害者の立場の逆転現象が生じているということもできる。

　このような逆転現象は少なくとも第三者に対する加害の類型に関しては容易に解消することができよう。つまり，労働関係に基づいて営業上なされた活動に際して労働者が他の者に損害を与えた場合には，この損害は原則的には使用者が負担するから（使用者のリスク責任），労働者が第三者に損害を与えたときは，労働者は670条類推適用に基づいてこれからの免責を求める請求権を有する。そして，この免責請求権の具体的な範囲は254条を適用して請求権者たる労働者の側の事情を考慮して決定される。このような減額の仕方は254条の基本構造に適合するものであり，逆転現象はここでは存在しない。

　労働者が第三者ではなくて使用者自身に損害を与えた場合にも基本的には同様に考えることができよう。使用者のリスク責任にとっては，被害者が第三者であるか，使用者であるかはどうでもよいからである。そうすると，民法の一般原則に基づく使用者の損害賠償請求権と労働者の免責請求権が対立することになるが，これは必ずしも方法論的に適当ではない。ここでは民法の一般原則に基づく使用者の損害賠償請求権を基軸に据えるほうが民法の体系に適合すると思われる。しかしながら，これはいわば形式的なものに過ぎず，その実質においては上記の第三者加害の場合と同じ方法を用いてこれの賠償額が決定されるべきことになろう。ここでも使用者のリスク責任の観点を無視することは許されないからである。254条における逆転現象はまさにこのような実質的な判断を反映したものに他ならない。

（c）　過責と責任原因・損害の範囲の関連性

　労働者の責任制限の適用をめぐっては，労働者の故意または過失が義務違反に関して存在すれば足りるか，それとも損害結果にも関係していなければならないかどうかが問題となる。すなわち，労働者の責任が故意・重過失に制限される場合でも，労働者が故意・重過失で義務に違反すると，これによって惹起された損害に関しては責任を負わなければならない。労働者がこの損害につき認識可能でなかった場合でもそうである（行為結果に関するリスク責任。この点

4　労働者による加害と賠償義務の制限

は我が国とは異なる）。これが一般原則であるが，そうすると，生じた損害が異常に大きい場合でも労働者はこれを賠償すべきことになり，いずれにせよ労働者の責任を制限した目的を達成することができない。これは過失責任の緩和と損害結果の完全なリスク帰責の軋轢（Friktion）であり，両者の連動の欠缺（fehlende Synchronisierung）の結果だといえる[180]。そこで，このような事態に対処するために，このような責任制限が存在する場合には，故意・過失は単に義務違反ではなくて，損害結果にも関係すべきかが問題とされる。

　通説的見解はこれを肯定する[181]。労働者の報酬には有責に惹起されたすべての損害の除去は含まれていないという観点は責任原因を超えて，損害の範囲にまで及ぶから，労働者の重過失は賠償すべき損害結果をも含むことが要求されるべきである。この責任特権は損害のリスク帰責から免責するという目的を追求しており，それ故，これの判断においては，損害を惹起する容態が故意または重過失であったかどうかでは十分ではなくて，労働者が営業的な活動に際して損害を故意または重過失で惹起したかどうかが決定的であるというのがその理由である。

　これに関する判例の見解はこれまで分かれていた。しかし，2002年の連邦労働裁判所の判決はこの問題を詳細に論じ，通説の結論を支持した[182]。

　問題となったのは，見習いとして雇われている被告がフォークリフトの運転禁止という使用者の指示に違反してこれを運転し，使用者に損害を与えたという事案であるが，原審は義務違反に関しては故意的な行為を認定したが，損害

----

(180)　Deutsch, Privilegierte Haftung und Schadensfolge, NJW 1966, 705（706）.

(181)　Deutsch, a.a.O.(Fn.180), S. 709 f.；Gamillscheg, Zum Vorsatz bei der Haftung des Arbeitnehmers, RdA 1967, 375；MünchArbR/Blomeyer, Bd.1, 2. Aufl., 2000, §59 Haftung für Schädigung des Arbeitgebers, Rn. 41, S. 1164；Staudinger/Richardi, Neubearbeitung, 2005, §611 Rn. 612, S. 538 f..

　　このような通説的見解は，①この解決が責任特権の他の事例にも適用できること，および②使用者が指図によって不当に損害リスクを労働者に転嫁することを妨げることを長所とする。しかし，オットー／シュバルツェは，後者の場合については，315条によるコントロールの方法が正しい道であると批判する。通説的見解は指図の故意的な違反を完全な賠償責任というサンクションによって阻止する可能性を使用者から奪うことになり，特別な危険回避義務の予防目的に適合しない。これは角をためて牛を殺すたぐいのものである。Otto/Schwarze, a.a.O.(Fn.165), Rn. 165 ff., S. 98 ff..

(182)　連邦労働裁判所2002年4月18日判決・前掲注(166)判旨②参照。

第1章　事務処理に際して生じた損害とドイツ民法670条

発生に関しては故意ではなくて，重過失と評価した。連邦労働裁判所は通説と同様の理由を述べた上でこの原審の判断を支持した。その結果，重過失の場合には例外的に認められる労働者の責任制限が故意的に義務違反した被告にも適用される余地が生じた。

若干の検討——むすびに代えて

　事務処理に際して生じた損害の帰属に関して，問題となる主たる法領域ごとに事務処理者の損害類型と加害類型の2つに分けて個別的に見てきた。ここでは，本章のむすびとして，これらを横断的に整理することによってそれぞれの均質性ないし近似性を明らかにしたい。これによってリスク責任の観点から全領域を統一的に構成する可能性も明らかとなろう。

(1)　事務処理者の被害類型の均質性

(a)　受任者の被った損害に関する委任者の賠償義務はドイツ民法典には規定が置かれなかったが，しかし，ライヒ裁判所は黙示的な責任引受または670条の類推適用によって委任者の賠償義務を解釈上肯定した。同様のことは事務管理の場合にも妥当する。連邦通常裁判所でもこの法理は踏襲された。しかし，事務管理の事例が多く問題とされたために黙示的な責任引受の構成は影を潜め，670条の類推適用論が判例の主流となった。

　670条の類推適用によって賠償される損害に関しては，ライヒ裁判所および連邦通常裁判所の判例の中では種々の基準が用いられている。しかし，結局のところ，「事務処理と結びついた（典型的な）危険」から生じた損害に限られ，そうでない事務処理者（受任者・事務管理者）の一般的な生活リスクに属する損害は除外されるというように集約することができよう。

　さらに，このような特別な危険につき当事者が計算に入れていたに違いないという主観的事情が必要とされるかが問題となる。ライヒ裁判所の判例ではこれを要件とするものもあるが，連邦通常裁判所の判例では言及されていない。学説でもこれを必要とする見解も見られるが，しかし，上記のような事務処理との結びつきがあるときはこの要件は当然に充足されることになろう。これを固有の要件とする必要はない。

また，事務処理者に過失があった場合には，賠償請求権が排除されるのではなくて，判例は 254 条（過失相殺）による賠償額の減額を認める。これを前提として，危険回避のための事務管理の場合には，事務管理者の軽過失を理由とする減額は許されず，逆に，事務管理者が自動車運転などに関して危険責任を負うときは，これを理由に過失がなくとも減額が認められる。さらに，これによる賠償は「適切な賠償」だとするものもある。この意味では，両当事者の過失の不存在を前提とする偶然損害の賠償としてこの問題領域を把握することは狭きに失し適当ではない。

　これ以外に，慰謝料請求や遺族の賠償請求権に関しても解釈上の争いがある。

　(b)　670 条は無償の委任に関する規定であるが，これは他の多くの法律関係にも準用される。とりわけ，ここで注目すべきは有償の事務処理契約すなわち「事務処理を目的とする雇用契約または請負契約」に 670 条の規定が明文で準用されていることである（675 条 1 項）。この事務処理概念をめぐって分離理論と統一理論が対立するが，いずれにせよこれは有償委任の領域とほぼ重なり合う。

　ここで準用されるのは単に費用償還請求権だけではない。判例・通説によれば，670 条類推適用による損害賠償請求権という解釈上の法理も準用される（2 段の類推適用）。したがって，有償の事務処理者も損害賠償請求権を有するが，要件的には，無償委任や事務管理の場合と同じく「事務処理と結びついた（典型的な）危険」から生じた損害に限られる。また，ここでは特に報酬によって損害がすでに弁済されていないことが必要とされる。

　これに関連する判例としては，1937 年のパニックシーン撮影事件や 1957 年のベルリン古紙輸送事件などがある。前者は事務処理者の意識的な危険の引受け，後者は輸送と結びついた通常の危険であることを理由に，いずれも事務処理者の損害賠償請求は当該事案では否定された。

　なお，わが国では，ドイツ法が委任を無償に限定していることに着目して，650 条 3 項の適用範囲を無償委任に制限しようとする見解が主張されているが，これは上記のドイツの法状況を正しく認識していないように思われる。

　(c)　さらに，判例・通説は労働契約にも 670 条の類推適用を認める。これの出発点となったのは 1961 年のいわゆる蟻酸事件判決である。連邦労働裁判所

第1章　事務処理に際して生じた損害とドイツ民法 670 条

の大部は統一理論の立場を採用し，670 条は 675 条 1 項を介して従属的な労働契約に関しても適用されるとした。そして，670 条の類推適用に基づく損害賠償請求権が労働者に認められるためには，①危険労働であること，②異常な損害に該当すること，③労働者に過失が存在しないことが必要であるとした。

　この要件論は長い間実務では不動の地位を占めた。しかし，1980 年のソーシャルワーカー事件およびこれに続く多くの判決によって，これに代わる新たな要件論が形成された。

　具体的には，①危険労働や損害の異常性の要件は放棄され，これに代わって，使用者の活動領域と労働者の一般的な生活領域の区別が強調された。労働者の自動車の使用の場合には，この区別は使用者の自動車の投入義務の有無による。損害の異常性についても，1980 年判決は労働者の自動車の使用など第 2 グループにつき放棄した。もっとも，その後の判例の中には，これを要件とするものも見られる。

　②労働者の過失の不存在も要件として放棄された。労働者に過失がある場合には 254 条が類推適用されるが，その際，労働者の責任制限の原則が考慮される。すなわち，重過失の場合には，労働者の賠償請求権は否定され，中間の過失の場合には損害は分割され，最軽過失の場合には使用者は労働者を過失から免責しなければならない（全額の賠償）。

　1997 年の万能トラクター損傷事件および 2006 年のタイヤ破裂事件では，最軽過失の場合につき判示された。これに対して，2000 年のビオラの弓損傷事件では中間の過失が問題とされたが，賠償額の減額に際しては，労働者の責任制限の原則におけると同様に，営業の組織化や労働条件の形成に関する使用者の責任も考慮すべきこと，および，労働者側についても，過失の程度だけでなく，労務の危険性，損害の額，営業における地位，報酬の額などを含めて考慮すべきだとされた。これらの点で，通常の過失相殺とは異なる取扱いがなされる。

　③労働者が賠償請求しうるためには，特別な報酬の支払いなどによって損害が弁済されていないことが必要とされる。

　(d)　このように事務処理者の被った損害の類型では，単に委任・事務管理のような無償の法律関係だけでなく，有償の事務処理契約，さらに労働契約にお

いて，670条が統一的に（類推）適用されており，これによって事務処理者の被った損害の本人（受益者）への転嫁が行われる。

要件的にみると，委任・事務管理および有償の事務処理契約では，「事務処理と結びついた（典型的な）危険」から生じた損害に限られるが，労働契約では，危険労働の要件は放棄され，「使用者の活動領域」から生じた損害が賠償される。この点で，労働契約と他の類型の間に要件上の差異が見られる。これらを比較すると，労働者の被った損害に関しては，他の法領域におけるよりも損害が転嫁される範囲は広い（後述(3)(c)参照）。

また，事務処理者の過失は損害賠償請求権を排除するのではなくて，いずれも254条の類推適用における賠償額の減額事由として扱われる。ただし，労働契約の場合には，さらに労働者加害の類型において展開された労働者の責任制限の原則が適用される。これによって，過失以外の労働者側の事情，さらに使用者の営業の組織化などに関する責任も考慮されるから，労働者の有する賠償請求権の減額は容易に認められない。

このように670条の類推適用による事務処理者の損害の転嫁という点では異ならないが，この2つの点で労働者は他の事務処理者よりも有利に扱われる。

なお，事務処理者の一般的な生活リスクは本人（受益者）に転嫁されないこと，および，有償の法律関係すなわち有償の事務処理契約および労働契約では，報酬による弁済の有無が問題となる点ではいずれも共通する。

(2) 事務処理者の加害類型の均質性

加害類型に関しては，労働関係に関する事例が大部分を占める。しかし，これ以外の法領域においても，幾つかの判例がみられる。

(a) 無償の事務処理関係について，判例はいずれも事務処理者の免責請求権を肯定する。これによって，事務処理者の賠償義務の負担は当事者間では本人（受益者）に転嫁される。

1962年の自動車牽引事件判決および1983年のボーイスカウト事件判決はこれの法的根拠を670条の類推適用に求める。事務処理者の被った損害と加害の場合の損害賠償義務の負担は同等に扱われるべきだという理解がその背後に存在する。これに対して，2004年の登山ツアー事件判決はこれをめぐる見解の

第1章　事務処理に際して生じた損害とドイツ民法670条

対立すなわち670条の類推適用説とリスク責任論を紹介するにとどめ，いずれの見解によるかを明らかにしなかった。

これの適用要件をみると，1962年の自動車牽引事件では，牽引が無償で好意に基づき行われた場合と生業的（gewerbmäßig）になされた場合に分けて，前者の場合に670条に基づく請求権を認める。しかし，ボーイスカウト事件判決はこれを修正し，危険な活動の存在とその特別な危険の現実化を要件とした。また，登山ツアー事件判決は活動に典型的なリスクの現実化を挙げており，この点ではボーイスカウト事件判決と一致する。

免責の範囲はボーイスカウト事件判決では危険労働法理に依拠して，登山ツアー事件判決では254条の類推適用によって定められる。いずれの場合も，免責の範囲は個々の事例の事情，とりわけ事務処理者の過失の程度に応じて決定されることになろう。前者の判決は事務処理者が事故を故意・重過失で惹起した場合には免責請求権は認められない点に言及するだけであるが，これを否定する趣旨ではないと解される。

なお，事務管理に関する事例は判例では見当たらないようである。上記の自動車牽引事件判決における「牽引が無償で好意に基づく場合」というのは必ずしも明確ではないが，委任だけでなく事務管理をも含むと解する余地もあろう。

(b)　有償の事務処理契約に関してみると，1963年のアルバイト学生加害事件では事務処理を対象とする雇用契約，1984年の国軍ヘリコプター事件では請負契約たる航空輸送契約が問題とされた。

前者では670条の類推適用はそもそも不問に付されたが，後者の判決はこれを肯定する。もっとも，当該事案においては，当該損害賠償義務の負担は報酬によって弁済されているとして，670条類推適用による賠償請求権は否定された。そのため，類推適用の要件や免責の範囲などは明らかにされていない。しかし，この点については，無償の事務処理関係におけると同様に，典型的なリスクの現実化としての損害を要件として，付加的に，ここでは有償契約に関わるから，報酬によって弁済されていないことが必要となろう（前述の被害類型(1)(b)参照）。

(c)　労働関係においては，労働者の損害賠償責任の制限はライヒ裁判所の時代から認められてきた。これは連邦労働裁判所によって危険労働法理として継

受された。そこでは，使用者の配慮義務に法的基礎が求められた。そして，1970年判決は営業リスクの観点を導入したが，これは1980年代に責任制限の基礎づけや免責の範囲，危険労働の要件に関する議論を惹起した。

　その後，1994年の大部の決定は使用者の負う営業リクスおよび組織リスクに労働者の責任制限の基礎を求めた。そして，使用者がこれに基づいて損害発生に関して共同責任を負うという事情は，被害者の過失そのものではないが，254条において考慮されて，労働者の損害賠償義務は軽減されるとした。したがって，このような責任軽減の形式的根拠は254条の類推適用にあるといえる。

　このような責任制限が認められる要件としては，①労働関係に基づいて営業上なされた活動（betrieblich veranlasste Tätigkeit）によって生じた損害であって，②報酬によって弁済されていないという2つである。従来の危険労働の要件は放棄された。これによって労働者の責任軽減法理の適用範囲は拡大された。現在では，このような労務の危険性は免責の範囲を決定する際の考慮事情の1つに過ぎない。

　労働者の免責の範囲は，まず第1に，労働者の過失の3分類に従って決定される。最軽過失の場合には労働者の完全な免責，逆に重過失の場合には原則的に労働者の完全な責任，中間の過失の場合には割合的な責任分割である。そして，第2に，中間の過失の場合には，この割合的な責任分割は，労働者の過失の程度，労務の危険性，損害の額，使用者によって計算されまたは付保可能なリスク，営業内での労働者の地位，報酬の額，さらには勤続年数や年齢，家族関係，これまでの振る舞いなどを考慮して決定される。

　(d)　このように事務処理者の加害類型に関しては，民法の一般原則に基づいて事務処理者に課される賠償義務は本人との内部関係ではいずれも共通して解釈上制限される。

　(ア)　判例においては，無償の事務処理関係および有償の事務処理関係においては，いずれも670条の類推適用がその基礎とされる。これに対して，労働関係の場合には，危険労働の要件が放棄された後は，254条の類推適用にその実定法上の根拠が求められる。

　このような法的構成の相違をどのように考えるかが問題となる。この点については，第三者に対する加害の類型と使用者などの本人に対する加害の類型を

第1章　事務処理に際して生じた損害とドイツ民法670条

区別することが特に重要であると思われる。

　すなわち，前者の場合には，事務処理者の本人に対する免責請求権または償還請求権の問題となるが，これらの請求権は670条の類推適用によって初めて基礎づけられる。254条の類推適用からこれを導くことはできない。254条は請求権を積極的に基礎づける権利根拠規定ではなくて，発生した請求権の消滅を定める権利滅却規定に他ならないからである。したがって，ここでは労働関係も含めて，統一的に670条の類推適用によるのが妥当であろう[183]。

　これに対して，後者の場合には，事務処理者の本人に対する賠償義務は不法行為や債務不履行などすでに民法の一般原則により存在しており，この賠償義務の制限が問題となる。このような場合には254条の類推適用によるのが適合的であろう。もっとも，本人に対する賠償義務の負担と第三者に対する賠償義務の負担は実質的には異ならないから，ここでも670条の類推適用による事務処理者の請求権を構想し，これが民法の一般原則に基づく本人の損害賠償請求権と対立すると把握することもできよう。しかし，これは解釈論的には迂遠な方法であり技巧的に過ぎる。法技術的には254条の類推適用に拠りつつ，他の類型と共通して，このような損失は本人が負担するという原則がその基礎となっていることに注意すれば足りるように思われる（4(3)4)(b)(ウ)参照）。

　このような視点からみると，一方では，ボーイスカウト事件や国軍ヘリコプター事件はいずれも第三者に対する加害の類型に属するから，判例が670条を類推適用したことは正当であると評価できる。今後，本人自身に対する加害の事案が扱われるときは（アルバイト学生加害事件参照），これとは異なって254条の類推適用によることが期待される。他方，労働関係では，判例は両者の類型を区別していないが，これは不十分だと言わなければならない。第三者に対する加害の類型に関しては，254条ではなくて670条が類推適用されるべきで

───────────────

(183)　第三者加害の類型に670条を類推適用する学説としては次のものがある。Gick, a.a.O.(Fn.153), S. 398 f. ; Brox/Walker, a.a.O.(Fn.46), §20 Rn. 12, S. 277 ; Krause, Arbeitsrecht Kommentar(hrsg. Henssler/Willemsen/Kalb), 4. Aufl., 2010, §619 a BGB Rn. 62, S. 1744 ; Otto/Schwarze, a.a.O.(Fn.165), Rn. 478, S. 296 f. ; MünchArbR/Blomeyer, a.a.O.(Fn.181), §60 Rn. 15, S. 1189.

　　なお，マティーネクは1983年のボーイスカウト事件判決を引用して，第三者に対する賠償義務の負担も偶然損害に含まれるという。Staudiger/Martinek, a.a.O.(Fn.8), §670 Rn. 19, S. 300.

あろう。

(イ)　要件論的にみると，無償の事務処理関係では，判例によれば，典型的な
リスクの現実化（あるいは，危険な活動の存在とその特別なリスクの現実化）が要
件とされる。有償の事務処理契約では，これを明示した判例は存在しないが，
670条の類推適用によるときは，同様のことが要件とされることになろう。そ
の上で，報酬による弁済がないことがさらに必要となる。なお，第三者に対す
る加害の場合と区別して，本人に対する加害の場合には254条の類推適用によ
るときでも，670条の基礎とされる原則の適用がここでは問題となるから，要
件的には同様に解されることになろう。

これに対して，労働関係においては，1994年の大部の決定によれば，労働
者の責任制限は危険労働の場合に限られず，「労働関係に基づいて営業上なさ
れた活動によって生じた損害」であれば適用される。この点で，労働者の責任
制限は他の法領域におけるよりも広く認められる（後述(3)(c)参照）。

(ウ)　これらの要件を充足して，事務処理者の賠償義務が制限され，あるいは
免責請求権が認められる場合でも，事務処理者の損失負担が全面的に否定され
る訳ではない。具体的にどの程度免責されるかは個々の事例の事情により判断
される。

無償の事務処理関係において，登山ツアー事件判決は254条を類推適用し，
ボーイスカウト事件判決は労働法上の原則を援用して，これを決定すべきだと
した。ただし，事務処理者の過失の程度以外に，どのような事情を考慮すべき
かについて具体的な摘示はなされていない。また，有償の事務処理契約に関し
て，国軍ヘリコプター事件判決ではこれについての言及はない。

これに対して，労働関係では，まず最初に過失の3分類に応じて免責の範囲
が決定される点で特徴的である。そして，具体的な免責の範囲は254条を適用
してさらに個別的な事案における労働者の事情を総合的に考慮して決定される。
もっとも，加害者側の事情を考慮して賠償額を減額することは254条の本来的
な過失相殺の場面とは異なる。

(3)　事務処理者の被害類型と加害類型の均質性

(a)　損失の本人への帰属

事務処理者の被害類型と加害類型を対比すると，判例・学説ではいずれもそ

第1章　事務処理に際して生じた損害とドイツ民法670条

の損失は本人が負担する点では広く見解は一致する。

いわゆる蟻酸事件の大部の決定は両者の差異を強調して，労働者加害の類型で認められる危険労働法理を労働者被害の類型に適用することを拒否した。しかし，そこでも危険労働法理に代えて670条の類推適用がなされており，損失の本人への帰属が行われている点に変わりはない。学説でも，両者の事例は極めて類似しており，パラレルに扱われるべきことが主張されている[184]。

近時の判例においても，たとえば1983年のボーイスカウト事件判決は，委任法の領域では，委任の遂行の際に非任意的に被った損失の賠償（被害の類型）やこれの免責を求める請求権（特に第三者加害の類型）が受任者に成立しうると判示しており，両者は同等に取り扱われている（2000年のビオラの弓損傷事件も参照）。

(b)　根　拠　規　定

これまでの判例では，労働契約以外の法律関係では，被害類型および加害類型に共通して670条の類推適用が用いられる。これに対して，労働契約の領域では，このような両類型の実質的な同一性にも拘わらず，労働者被害の類型では670条類推適用，労働者加害の類型では254条類推適用が用いられる。

しかし，すでに述べたように，加害類型に関しては，第三者に対する加害事例と本人に対する加害の事例を分けて扱うことが妥当であろう。具体的には，問題とされるすべての法領域において，被害類型および第三者加害の類型では670条の類推適用による損害賠償請求権または免責請求権が認められ，本人に対する加害類型では民法の一般原則による本人の損害賠償請求権が254条の類推適用によって減額される。

(c)　適　用　要　件

労働契約以外の法領域では，被害類型であるか加害類型であるかを問わず，

---

(184)　Canaris, a.a.O.(Fn.47), S.47 f.. ; Genius, a.a.O.(Fn.48), S.502 f. ; Honsell, a.a.O.(Fn.26), S.498 ; Otto/Schwarze, a.a.O.(Fn.165), Rn.620, S.405 f..

第三者加害の類型に670条を類推適用する学説（前掲注(183)）も同様の理解に基づくとものといえる。

なお，ランゲンブーヒャーも労働者加害の類型と労働者被害の類型を同一に扱うべきだと主張するが，その根拠を使用者の保護義務によって基礎づける。Langenbucher, a.a.O.(Fn.167), S 547 ff..

「事務処理と結びついた典型的なリスクの現実化」が要件となる。判例によれば，いずれも670条が類推適用されるからである。

　従来の一般的な理解によれば，事務処理と結びついた典型的なリスクの現実化というのは，事務処理と損害発生の間に相当因果関係が存在するだけでは足りず，事務処理に内在する危険の現実化として評価される場合であることが必要とされる。そうすると，この典型的なリスクの現実化は「危険な活動」への限定を意味することになろう（ボーイスカウト事件判決参照）。

　これに対して，労働契約をみると，労働者の被害の類型では，「使用者の活動領域から生じた損害」が670条の類推適用の要件とされており，これによって危険労働の要件は放棄されたものと解されている。同様に，労働者による加害の類型でも，危険労働の要件は放棄され，「営業上なされ，かつ，労働関係に基づいて給付された労働」であれば足りるとされた。

　そうすると，労働契約とこれ以外の法領域の間では，危険労働ないし危険な活動に限定されるか否かの点で異なり，労働契約では使用者への損失帰属が他の法領域よりも広く認められることになる。

　そこで，このような相違をどのように理解すべきかが問題となるが，この点は，労働契約の特殊性から理解することができよう。すなわち，労働契約は人的従属性という特殊性を有し，労働者は使用者の指揮命令に服して，使用者の提供する設備や場所で労務を給付しなければならない。これに対応して，使用者は製造施設や生産それ自体の危険性などにつき責任を負うとともに（営業リスク），さらに，事業体の組織や労働条件の形成に関しても責任を負わなければならない（組織リスク）。この組織リスクに基づく責任は危険労働でない場合にも同じように使用者に課されるから，危険労働に限定することは妥当ではない。1994年の大部の決定はこのようにして危険労働の要件を放棄したのである。

　これに対して，労働契約以外の法領域では，このような人的従属性は存在しないから，原則的には過失責任の原則に服するが，危険な活動を他人に処理させるときは，例外的にこれのリスクの負担が本人に課される。

　このように当事者間におけるリスク分配はそれぞれの法律関係に応じて異なりうる。上記の相違は労働関係の特殊性を反映したものであって，合理的なものと評価しうる。

　カナーリスによれば，委任や事務管理に関しては「危険な行為」あるいは

第1章　事務処理に際して生じた損害とドイツ民法 670 条

「特別な行為のリスク」がリスク責任の要件とされており，これは基本的には労働契約においても妥当する。この意味では，危険労働が前提となっている。しかし，他方では，労働契約と関連して，営業の組織化や保険の締結などによる使用者のリスクの支配可能性にも言及しており，この点では危険労働の要件を放棄した 1994 年の大部の見解と一致する[185]。一部の学説はこの判決以降はカナーリスの見解が一般的に承認された見解となったとするが，これはこのような理由によるものであろう。

　いずれにせよ，リスク責任論においても，危険労働の要件をめぐって労働関係とこれ以外の法律関係の間で異なって扱うことは正当であると評価することができよう。

(d)　損失帰責の範囲

　事務処理に際して生じた損害が本人に原則的に帰責されるとしても，その具体的な範囲は被害者側の帰責性を考慮して減額される。670 条が類推適用される領域すなわち被害類型と第三者加害の類型では，254 条の適用により，事務処理者の有する損害賠償請求権または免責請求権が事務処理者側の帰責事由すなわち過失や危険責任，軽過失免責などの事情を考慮して減額される。これに対して，本人に対する加害類型では民法の一般原則による本人の損害賠償請求権が本人のリスク責任を考慮して 254 条の類推適用によって減額される。

　労働者加害の類型では，過失の 3 分類に基づく労働者の責任制限の法理が適用され，また，被害者である使用者の事情だけでなく，加害者である労働者側の事情も減額の考慮事情とされるとともに，この中には過失とは関係しない多くの個人的な事情が含まれる。この点で，労働者は他の事務処理者と比べて強く保護されている。

　この法理は 1980 年のソーシャルワーカー事件判決以降，労働者被害の類型にも援用され，さらに，1983 年のボーイスカウト事件判決はこれを無償の事務処理契約に援用した。2004 年の登山ツアー事件判決も同様である。

---

(185)　このように危険労働でないものも対象に含めるときは，「他人のためにする『危険な行為』のリスク責任」（Risikohaftung bei schadensgeneigter Tätigkeit im fremden Interesse）という表現は再検討の余地があろう。2006 年のタイヤ破裂事件判決は「他人のためにする行為のリスク責任」（Risikohaftung bei Tätigkeit im fremden Interesse）という名称を用いている。

若干の検討

このような特別な処理方法は労働関係においてはその適用要件に関してと同じく使用者の組織リスクや労働者の人的従属性から正当化することができよう。しかし，そうでない法領域でもこれと同様に処理することにはなお慎重な検討が必要であろう。

(e) 670条類推適用論とリスク責任論

670条の類推適用とリスク責任の関連について，最後にみておきたい。カナーリスは670条の類推適用を表見的な理由付けであるとして排斥し，危険思想を直接的な根拠として本人への行為リスクの帰責を基礎づけた。ここでは670条の類推適用と「他人のためにする危険な行為のリスク責任」とは別個のものとされる。このような理解はこれまでの判例・学説においては一般的なものである。2004年の登山ツアー事件判決も両者を対立する見解として位置づけている。

しかし，1983年のボーイスカウト事件では，670条の類推適用を主たる根拠としながら，リスク責任の考えも援用された。さらに，2006年のタイヤ破裂事件において，連邦労働裁判所は受任者の損害に670条が類推適用される基礎は「他人のためにする行為のリスク責任」論にあると判示した。これによって，670条の類推適用論と「他人のためにする行為のリスク責任」論が結合された。

これによれば，事務処理に伴って生じた損害の帰属をめぐっては，法形式的には670条の類推適用，法理論的には「他人のためにする行為のリスク責任」論がその根拠として用いられることになろう。

我が国では650条3項が委任者の無過失損害賠償責任を規定するが，この理論的な根拠は「他人のためにする行為のリスク責任」に求められるべきこと，および，この650条3項が事務管理や雇用・労働契約にも類推適用されるべきことなどについては，すでに別稿で論じたとおりである（注(1)参照）。上記のタイヤ破裂事件判決の理解はこの私見と軌を一にするものといってよい。

第2章　オーストリア法における使用者の
　　　　リスク責任論の展開

は じ め に

　労働過程においては，種々の損害が労働者に生じうる。労働災害や職業病な
どにより労働者自身が直接的に損害を被る場合（労働者被害の類型）だけでなく，
さらに，労働者が自己の不注意で使用者または第三者に損害を与え，これの損
害賠償義務の負担という形で損害を被る場合（労働者加害の類型）もある。こ
のような労働過程で生じた損害に関しては，使用者と労働者の内部関係では，
使用者は過失とは無関係にこの経済的損失を負担すべきだというのが使用者の
リスク責任論に他ならない。このような使用者のリスク責任は雇用・労働契約
という契約法領域における使用者の無過失責任であって，いわば不法行為法上
の危険責任に相応する。両者はいずれも利益思想（Vorteilgedanke）と危険設
定思想（Gefahrsetzungsgedanke）を理論的根拠とする点で共通する。

　我が国では，労働者加害の類型では使用者の求償権（715条3項）の制限が
論じられているものの，労働者被害の類型では圧倒的な見解は過失責任を貫徹
し，使用者は過失のない限り責任を負わないとする。しかし，このような法状
況は，ドイツやオーストリアのそれと比べると立ち後れたものと言わざるを得
ない。というのは，これらの国においては，法的構成に争いはあるものの，結
論的には労働過程で生じた経済的損失の使用者への帰属を認める点では判例・
学説は一致しているからである。

　ドイツでは，判例・通説はBGB670条の費用概念の拡張および危険労働理
論によるが，カナーリスは[1]，これに代えて，統一的に「他人のためにする
危険な行為のリスク責任（Risikohaftung bei schadensgeneigter Tätigkeit in
fremdem Interesse）」という一般的な理論によるべきことを提唱した。この見

---

(1)　Canaris, Risikohaftung bei schadensgeneigter Tätigkeit in fremdem Interesse, RdA
　　1966, 41 ff..

第 2 章　オーストリア法における使用者のリスク責任論の展開

解はその後の判例・学説に多大な影響を与えたが，判例上これを最初に採用したのはドイツではなくて，オーストリアの裁判所においてである[2]。すなわち，OGH は，1983 年 5 月 31 日の判決（SZ 56/86, ÖJZ 1983, 872）において，委任者の無過失損害賠償義務を定める ABGB1014 条を「他人のためにする行為のリスク責任（Risikohaftung bei Tätigkeit in fremdem Interesse）」を規定したものと解し，この規定を類推適用して使用者のリスク責任を肯定した。この判例理論は学説においても圧倒的に支持されている。

　我が国において，このような使用者のリスク責任の観点を主張したのは四宮説が最初であろう。これによれば，650 条 3 項や信託法 36 条は「利益の属する者に危険も属する」という原則を明らかにしており，事務管理者が損害を被った場合，この原則により賠償請求しうるとした[3]。そして，このような事務処理関係における「結果の移転」としてのリスク転嫁の原則はさらに雇用・労働契約にも妥当するとして，労働者加害の類型における使用者の求償権および損害賠償請求権の制限を基礎づけた[4]。また，私見は安全配慮義務論を研究する中で，使用者の安全配慮義務を給付義務として位置づけるとともに，労働過程で生じた損害に関しては，労働者被害の類型および労働者加害の類型に共通して，「他人のためにする行為のリスク責任」を理論的根拠として，形式的には 650 条 3 項の類推適用によって統一的に使用者にその経済的損失を帰すべきことを主張した[5]。

　しかし，このようなリスク責任論に対しては，学説の反応はこれまでのところ冷淡かつ懐疑的なように見受けられる[6]。そこで，使用者のリスク責任論を

(2)　この点については，拙稿「労働過程で生じた損害の帰属と他人のためにする行為の危険責任」法学研究 47 号 328 頁以下（1991 年）参照。
(3)　四宮和夫『事務管理・不当利得・不法行為（上巻）』33 頁以下（1981 年）。もっとも，賠償請求しうる損害は「費用」に準ずるものに限られる。
(4)　四宮和夫『事務管理・不当利得・不法行為（下巻）』710 頁以下（1985 年）。
(5)　拙稿「雇用・労働契約における安全配慮義務──給付義務構成への 1 つの試み」法学研究 36 号 160 頁以下（1986 年），同「安全配慮義務と保護義務」私法 46 号 209 頁以下（1986 年）。その後，「雇用・労働契約への民法 650 条 3 項の類推適用」法学研究 49 号 135 頁以下（1992 年）において，これの具体化を試みた。
(6)　下森定「国の安全配慮義務」国家補償法大系 2・259 頁以下（1987 年），同「判批」判タ 669 号 56 頁以下（1988 年），野田龍一「民法 650 条 3 項の適用範囲について──比較法制史的考察──」福岡大法学論叢 37 巻 2・3・4 号 363 頁以下（1993 年）など。

　　　　　　　　　　　　　　　　　　　1　労働過程で生じた損害に関する法的規制

より明確化しこれに対する疑念を払拭するために，本章では，オーストリアにおけるリスク責任論の展開について検討することにしたい。オーストリアにおいては，これに関する判例理論が蓄積されつつあり，類型的にも広がりを見せつつあるからである。

　オーストリア法では，我が国と異なりそれぞれの類型に関して特別法が存在するから，まず最初にこれを概観し，使用者のリスク責任の問題領域との関連を明らかにしておくことが有益であろう。その上で，リスク責任論一般に関する問題点を検討し，それから各類型について判例を中心として個別的に考察することにしたい。

1　労働過程で生じた損害に関する法的規制

(1)　労働者被害の類型と普通社会保険法

　労働者が労働過程において損害を被った場合（労働者被害の類型）には，普通社会保険法（ASVG）の特別規定が存在する。これによれば，労働災害または職業病による労働者の人的損害に関しては，故意の場合を除いて，使用者は労働者およびその遺族に対して賠償責任を負わない（ASVG 333条1項）。ただし，交通事故による場合には使用者の免責特権は排除される（ASVG 333条3項）。

　したがって，民法上の賠償責任規定が適用されるのは，このような使用者の免責特権が適用されない場合に限られる。まず第1に，物的損害がそうである。ABGB 1014条類推による使用者のリスク責任がこれまで主として問題とされてきたのは，このような労働者の物的損害をめぐってである。第2に，人的損害に関しても，使用者の故意の場合および交通事故の場合には使用者の免責特権が排除される。前者の場合にはリスク責任の実益はない。また，後者についても，使用者の自動車保有者としての危険責任（したがって，自動車責任保険者による保険給付）が存在するため，使用者のリスク責任は実際的には問題とならなかった。しかし，1989年のASVG 333条3項の改正に伴って，使用者の

　　なお，650条3項の歴史的な沿革については，野田龍一「委任者の損害塡補義務――民法650条3項の史的系譜――」福岡大法学論叢36巻1・2・3号51頁以下（1991年）に詳しい。

第2章　オーストリア法における使用者のリスク責任論の展開

免責特権の排除と保有者の危険責任の範囲にズレが生じたため，近時，この場面での使用者のリスク責任が判例・学説の注目を集めている。

(2) 労働者加害の類型と被用者賠償責任法

　労働者加害の類型については，1965年に制定された被用者賠償責任法（Dienstnehmerhaftpflichtgesetz，以下，DHGと略す。）が次のような労働者の責任軽減を規定している。

　まず第1に，労働者の使用者に対する加害の場合であるが，労働者が労務給付の調達に際して過失により使用者に損害を与えたときは，裁判所は衡平に基づいて減額し，軽過失のときは，全部を免責することもできる（2条1項）。この賠償義務の判断に際しては，裁判所はとりわけ労働者の過失の程度や当該活動と結びついた責任の程度，報酬の算定に際してそのリスクがどの程度考慮されているか，労働者の職業教育の程度，労務給付が調達されるべき条件，損害発生の回避の困難性が経験的に当該労務給付と結びついているかどうかを考慮すべきものとされる（2条2項）。また，宥恕可能な過ち（entschuldbare Fehlleistung）については，他の事情を考慮することなく，労働者は免責される（2条3項）。

　第2に，労働者が第三者を加害した場合には，賠償した労働者または使用者の償還請求権について次のように規定する。すなわち，使用者の同意を得て，または確定判決に基づいて，労働者が第三者に過失によって加えた損害を賠償したときは，この賠償額および不可避的な訴訟費用や差押費用の償還を一部，または軽過失のときは全部，使用者に請求することができる。2条2項に掲げた事情はここでも考慮される（3条2項）。また，宥恕可能な過ちによるときは，他の事情を考慮することなく，全額の償還を使用者に請求できる（3条3項）。

　逆に，労働者の同意を得て，または，確定判決に基づいて，使用者が第三者に賠償した場合，使用者は労働者にこの賠償額および不可避的な訴訟費用や差押費用の償還を請求することができる。ただし，労働者が過失によって第三者に損害を与えた場合に，裁判所がその償還を減額し，または，軽過失のときに，全部の免責をするときは，使用者の償還請求権は制限または排除される。2条2項の事情はここでも考慮される（4条2項）。また，宥恕可能な過ちによるときは，使用者は労働者に対する償還請求権を有しない（4条3項）。

142

このような第三者加害の場合の特別な法規制は，いずれも使用者が ABGB 1313a 条（法定代理人および履行補助者の過失に関する責任）ないし 1316 条（旅店主や運送業者の責任）または他の法律の規定により第三者に対して賠償義務を負う場合に限られる（3条2項・3項，4条1項）。また，労働者または使用者が第三者から請求されたときは，これを遅滞なく相手方に通知し，訴訟の場合には，訴訟告知をしなければならない（3条1項，4条1項）。訴訟告知を怠ったときは，償還請求権自体はなくならないが，相手方は第三者に対する抗弁を主張することができ，また，第三者との訴訟でこの抗弁が異なる判決に導き得た限度で，償還を免れることができる（3条4項，4条4項）。

使用者または第3者に対する加害に共通する規制としては，①労働者の権利の制限は労働協約（Kollektivvertrag）によらなければならないこと（5条），②軽過失に基づく使用者と労働者間の損害賠償請求権または償還請求権は行使しうる日から6カ月以内に裁判上行使しなければ消滅すること（6条），③労働者に対する相殺は禁止されないが，労働者が意思表示の到達後14日以内に異議を述べたときは，相殺は許されないこと（7条）などがある。

これが被用者賠償責任法の概要である。労働者による加害の類型については，このように被用者賠償責任法によって立法的な手当がなされている。

使用者のリスク責任との関連では，この特別法が排他的な性質を有するか否かが問題となるが，後述するように，判例・通説はこれを否定し，ABGB1014条類推に基づく使用者のリスク責任の追及を労働者に認める。

2　使用者のリスク責任

(1)　判例法理の形成と展開

(a)　労働者の被った損害に関する使用者の責任について，OGH1983年5月31日判決（SZ 56/86(S.384), ÖJZ 1983, 572）は画期的な見解を明らかにした。事案は，原告たる労働者は，1975年4月15日以来，公的災害保険会社で労働災害の事故調査担当者として働いていた。1980年11月5日，原告が事故調査のために自己の自動車で走行中に除雪車と衝突し，自動車に重大な損害が生じた。そこで，これの賠償を使用者に請求したというものである。

OGH は次のように判示した。すなわち，「労働者が労務義務の履行に際して

143

第2章　オーストリア法における使用者のリスク責任論の展開

被った物的損害に関する使用者の——無過失の——賠償責任について，OGH は
これまで見解を明らかにしていない。しかし，ドイツでは，BAG1961 年 11 月
10 日判決以来，BGB670 条の類推適用によって，使用者の無過失責任が肯定
されている。この BAG によって最近展開された原則のいくつかは，オースト
リア法でも用いることができる。その際，ABGB1014 条から出発すべきである。
ABGB1002 条以下の『委任契約（Bevollmächtigungsvertrag）』が『事務の処理
（Besorgung von Geschäften）』すなわち法律行為の締結やその他の法的行為を
本質とし，純粋に事実的な労務を含まないような活動だけを対象とするという
ことは，ABGB1002 条の意味での『事務処理（Geschäftsbesorgung）』をも労働
者に任されたような労働関係にのみ，ABGB1014 条を適用しうるということ
を意味しない。ABGB1014 条の中で表現された『他人のためにする行為のリ
スク責任（Risikohaftung bei Tätigkeit in fremdem Interesse）』という一般原則は，
むしろこの規定を労働契約に類推適用することが全く完全に事態に適している
ように思わせる。」（括弧書きは筆者）

　この判決によって，ABGB1014 条の類推適用による使用者の無過失損害賠
償責任が初めて肯定された。そして，注目すべきは，ABGB1014 条の中に「他
人のためにする行為のリスク責任」という一般原則を見出し，これによって労
働契約への類推適用を正当化したことである。これに関して，判例はエーレン
ツバァイク，シュタンツル，クラマーなどのオーストリアの学説を援用するが，
ドイツのカナーリスが提唱した理論に大きな影響を受けていることは明らかで
ある。

　(b)　ABGB1014 条類推適用論はその後の判例によって維持され，現在では
確立した判例法理となっている。事案としては自動車の損傷に関するものが大
半を占める。具体的には，労働者が自分の自動車を営業のために使用したとこ
ろ交通事故にあい，自動車が損傷したというのが典型的な例である。しかし，
その後，労働者自身の車ではなくて，妻や同棲相手など第三者の所有する車で
あった場合にもこの法理の適用が肯定され，さらに，「営業手段
（Betriebsmittel）」として用いられた物の損傷とは関係しないような第三者の損
害事例にも適用される。また，労働者の人的損害に関しては見解は分かれるが，
これを否定する見解でも ABGB1014 条の人的損害への類推適用可能性を一般

144

的・抽象的に拒否するものではない。このように判例においては，ABGB1014
条類推による使用者のリスク責任は加害の類型や損害の種類によって制限され
ない一般法理として位置づけられている。現在までのところ，使用者に対する
加害の事案は見当たらないようであるが，ここでは DHG の適用によれば十分
であって，リスク責任を持ち出す実益がないからであろう。

（c）　このように判例は ABGB1014 条の類推適用によって使用者のリスク責
任を導くのであるが，学説もこれを支持するのが圧倒的である。たとえば，ヤ
ボルネックは，OGH が ABGB1014 条の基礎を他人のためにする行為のリスク
責任に求めたことを高く評価し，このような理解だけが事実的行為をも含むと
一般的に解されている HGB110 条にも合致するとして，判例の絶対的な支持
を表明する[7]。ピドリンスキーも同じく，①使用者の賠償義務の基礎として
ABGB1014 条を類推適用すること，および②他人のためにする行為のリスク
責任という一般原則からこの類推を正当化することを支持し，この責任は利益
思想と特別な危険の設定思想の２つの責任要素の結合に基づくとする[8][9]。

　これに対して，トーマンドルは判例法理を批判して，OGH のリスク責任は
ABGB1014 条による責任から８歩離れているという[10]。すなわち，①同条のリ
スク責任の事実的な活動への拡張，②同条の規定から委任を超えて適用される
ような一般的な法原則の抽出，③これによる労働契約への類推適用の正当化，
④同条のリスク責任の典型的な危険への制限，⑤使用者のリスク責任の労働相
当な物的損害への制限，⑥使用者のリスク責任を労働者へのリスク転嫁の場合
に制限すること，⑦DHG の原則による労働者の過失の考慮，⑧使用者のリス

---

(7)　Jabornegg, Arbeitgeberhaftung für Sachschäden an AN-Eigentum, DRdA 1984, 37
　　 ff.(37), derselbe, Zur Schadenshaftung des AG nach §1014 ABGB, DRdA 1988, 132 ff.
　　 (134)).

(8)　Bydlinski, Die Risikohaftung des Arbeitgebers, 1986, S.56 ff..

(9)　判例を支持する学説としては，本文に引用するものの他に，Klein, Der dienstbedingte
　　 Sachschaden des Arbeitnehmers, DRdA 1983,347 ff. (357 f.), Hanreich,
　　 Schadensersatzansprüche aus der Verwendung des eigenen Kfz für den Auftraggeber
　　 oder Arbeitgeber, JBl 1984, 361 ff.(364), Spielbüchler, in Floretta/Spielbüchler/
　　 Strasser, Arbeitsrecht, Bd.I, 4. Aufl., 1998, 335 f., などがある。

(10)　Tomandl, Grundlagen und Grenzen der verschuldensunabhängigen
　　 Arbeitgeberhaftung, ZAS 1991, 37 ff. (38).

第2章　オーストリア法における使用者のリスク責任論の展開

ク責任と DHG3 条の要件の非依存性，の8つである。ABGB1014 条を雇用・労働契約に類推適用する際にはこれらの点が問題となるが，トーマンドルはこれを個別的に検討した上で，結論として，ABGB1014 条の類推適用を否定する。

　以下においては，このトーマンドルの指摘を参考として，学説上大きな議論の対象とされている点を個別的に検討することにしよう。具体的には，①法の欠缺と類推適用，②雇用・労働契約の有償性とリスク責任，③ DHG の排他的性質，の3つである。

(2)　法の欠缺と類推適用

　裁判官による法創造は立法者によって認識されていないか，または意識的に未解決のまま残されたような問題について許容されるに過ぎないという見解を前提として，トーマンドルはこれに関する立法者の意思を明らかにしようとする(11)。彼によれば，学説や立法手続の中では，すでに第3次部分改正法(12)の前に，単なる事実的な事務処理の問題や ABGB1014 条によってこれが把握されていないことが認識されていた。また，改正作業に関与した貴族院の委員会は，事務処理者が法律行為を行う際に被った損害にのみ ABGB1014 条を適用することから出発しており，事実的な行為にも拡張する最も良い機会であったにも拘わらず，これをしなかった。ABGB1151 条2項は下手に文書化されたのでは決してなく，立法者の意思を明確に表現している。したがって，ABGB1014 条の適用を事実的行為に拡張したり，同条から「他人のためにする行為のリスク責任」という一般原則を演繹することは妥当ではない。また，法の欠缺という類推適用の要件が欠けており，それ故，純粋に事実的な労務を内容とする労働契約に ABGB1014 条を類推適用することは認められない。

　判例・通説は受任者に過失がある場合にも ABGB1014 条および 1015 条を適用しうることを前提とするが，しかし，両条の成立史などからは，立法者はこれを否定する意図であったといいうる。したがって，判例・通説はその実定法上の基礎を欠く。

　このように立法者の意思は明確であり，法の欠缺は存在しないから，裁判官

---

(11)　Tomandl, a.a.O.(Fn.10), S.40 ff..
(12)　これは Dritte Teilmovelle zum ABGB vom 19. 3. 1916, RGBl. Nr.69 を指す。

146

による法創造は許されないとトーマンドルは主張する。

　これに対して，ビドリンスキーは，ヤボルネックの指摘を敷衍して[13]，ABGB1151条2項は委任契約に関する規定の全体を事務処理を伴う雇用契約に適用することを規定しており，このことから逆に，ABGB1014条という1つの規定の適用範囲が委任および事務処理を伴う雇用契約に制限されるという立法者の意思を導き出すことはできない。立法者はこのような問題状況の存在を少しも意識していなかった。このような立法者の見解の欠陥（Anschauungsfehler）に手を加えることは，まさに類推の課題であると主張する[14]。

　このように立法者の意思が奈辺にあったかをめぐって見解が対立する。しかし，議事録などの客観的な資料からは立法者の意思を確定することはできず，成立史や規定の体裁などから間接的に推断されているに過ぎない。この意味では，いずれに理解することも可能であり，若干水掛け論的な印象を受ける。また，法の適用（解釈）において問題とされるべきは当該規定の現在有する意味の確定であり，その際，立法者の意思が決定的な役割を営むわけではない。立法者意思を検討する意味は当該規定の制定された当時の意味内容を明らかにする点にあるに過ぎない。たとえ立法者意思が明確にされたとしても，これを唯一の根拠として，現在におけるABGB1014条の類推適用を否定することはできないように思われる。

(3)　雇用・労働契約の有償性とリスク責任

　判例はABGB1014条から「他人のためにする行為のリスク責任」という一般原則を導き出し，これを雇用・労働関係に適用する。しかし，雇用・労働契約は有償であるから，労働者は自己のために行為しているのであって，必ずしも「他人のために行為する者」とはいえないのではないか，したがって，上記の一般原則の適用によって使用者のリスク責任を導くことはできないという疑問が生ずる。

---

(13)　ヤボルネックは，ここでは1002条以下が一般的に問題となっているのではなく，単に1014条が問題となっているに過ぎないことを指摘するが，そこでは，法の欠缺との関連は必ずしも明確に意識されていない。Jabornegg, Arbeitgeberhaftung, a.a.O.(Fn.7), S.37.

(14)　Bydlinski, a.a.O.(Fn.8), S.57.

第2章　オーストリア法における使用者のリスク責任論の展開

　しかし，ドイツ法とは異なって，オーストリア法では委任は有償の場合をも含むから，ABGB1014条は有償・無償を問わず適用されることは明らかである。そうすると，「有償」の雇傭・労働契約に同条を類推適用しても大きな問題はないように思われる。トーマンドルもこの点は同様である。このような疑問はある意味では「他人のためにする行為のリスク責任」というネーミングから生じた混乱であるともいえよう。

　もっとも，一部の学説は，有償の雇用・労働契約の場合には，他人のためにする行為のリスク責任という一般原則だけでは使用者のリスク責任を基礎づけることはできないという。

　たとえば，フィッツは[15]，他人のためにする行為から利益を受ける者がその行為と結びついた損害リスクを負担すべきだとする利益学説が妥当するのは無償給付に制限される。交換関係の場合には，自己責任的な契約形成の原則（Prizip der eingenverantwortlichen Vertragsgestaltung）が妥当し，行為者は予見可能な損害リスクを自分で負担しなければならない。利益——不利益の基準はこの場合のリスクの帰責には不適切である。このことは，雇用・労働関係にも妥当する。確かに使用者は労働力を使って自己の目的を追求している。しかし，このことは労働者の側にもいえる。純粋な他人のためにする事務執行に類似する利益関係が存在すると考えることは，現実とかけ離れていると批判する。

　もちろんフィッツも使用者のリスク責任を認めるのであるが，労働者の人的および経済的な従属性や労働者の側における自己責任的なリスク管理の期待不可能性にその根拠を求める。このような労働者の社会的な保護の必要性が真実の帰責根拠であって，他人のためにする行為という概念で説明することはこれを覆い隠すものに他ならないと主張する。

　ケルシュナーは[16]，無償行為に限定する点を除いて，フィッツの見解を全面的に支持する。すなわち，雇用・労働契約の場合には労働者は有償つまり自己の利益をも追求している。しかし，労働者はリスクを支配することができず，あらゆる危険に対して予防措置を講ずることはできない。このような典型的な力の不均衡すなわち労働者の経済的・組織的な従属性が使用者に損害リスクを

---

(15)　Fitz, Risikozurechnung bei Tätigkeit im fremden Interesse, 1985, 50 ff..

(16)　Kerschner, Die Reichweite der Arbeitgeberhaftung nach §1014 ABGB, in Tomandl, Haftungsprobleme im Arbeitsverhältnis, 1991, S.57 ff. (59 f.).

帰責するための重要な追加的要素（maßgebliches zusätzliches Element）である
という。

　また，オーバーホーファーは[17]他人のためにする行為のリスク責任を企業
の理念（Idee des Unternehmens）に求める。すなわち，ある行為の利益と不利
益はその企業の経済的関連において結びついているという企業の理念から，補
助者の加害行為に関する責任（他人の行為に関する責任）だけでなく，他人のた
めに行為する者に生じた損害に関する責任（他人のためにする行為のリスク責
任）も由来する。そこでの利益と危険のパラレルは，無償行為の場合にのみ本
人のリスク責任を正当化する。有償行為の場合には，行為者は自己の利益を追
及してあるいは自己の事業の領域内で損害を被ったのであり，本人のリスク責
任は直ちには妥当しない。しかし，この場合でも，本人のリスク責任が全面的
に排除されるわけではない。1つには，他人のためにする行為という帰責事由
の薄弱さ（Schwächere Ausprägung）が別の責任要素によって補完される場合
には，本人のリクス責任が生ずる。また，損害リスクがその事務と非常に緊密
に結びついている場合もそうである。

　これを有償の雇用・労働契約に関していえば，他人のためにする行為の帰責
原則だけで使用者のリスク責任を基礎づけることはできないが，しかし，ここ
では，使用者は適切な範囲で労働者を免責しなければならないという社会的保
護原則（Soziales Schutzprinzip）が補完的に介入する。労働者は原則的には賠
償リスクを吸収するほどの収入を得ることは不可能であり，他の責任マネジメ
ントの可能性も残されていないが故に，いわば追加的な反対給付として，相当
な責任軽減を用意することが使用者に課される。この社会的な保護原則は労務
給付の調達の際に過失で惹起された他人の損害および自己損害に関して適用さ
れる。この領域では，他人のためにする行為という帰責原因および社会的な保
護原則という帰責原因（いずれも使用者に不利な事由）と労働者の過失（労働者
に不利な事由）という複数の帰責原因が1つの天秤にかけられて一緒に考慮さ

---

(17)　Oberhofer, Die Risikohaftung wegen Tätigkeit in fremdem Interesse als
　　　allgemeines Haftungsprinzip, JBl 1995, 217 ff. (217 f., 225 f.), derselbe, in Schwimann,
　　　Praxiskommentar zum ABGB, Bd.8, 2 Aufl., 1997, Nach §§3 und 4 DHG, Rz. 3 und 4,
　　　S.229.

第 2 章　オーストリア法における使用者のリスク責任論の展開

れるという[18]。

　このように雇用・労働契約の「有償性」を問題とする見解においても，労働者の人的・経済的な従属性や社会的保護原則などを付加することによって，結論的に使用者のリスク責任の承認に至る点で判例・通説と一致する。

(4)　DHG の排他的規制

　労働者による加害の類型に関しても，判例・通説は ABGB1014 条を類推適用して使用者のリスク責任を肯定する。しかし，すでに述べたように，労働者加害の類型に関しては，DHG という特別法が存在するから，これとの関連が問題となる。この特別法が労働者加害の類型を排他的（完結的）に規定しているとすれば，一般法である民法の適用は排除され，それ故 ABGB1014 条の類推適用も許されないことになるからである。

　(a)　この点について，ケルシュナーは[19]，労働者による第三者加害の場合については，DHG が排他的に適用され，ABGB1014 条の類推による責任は認められないと主張する。DHG によれば，労働者の使用者に対する償還請求権は，①労務給付の調達に際して生じた損害だけでなく，② ABGB1313a 条ないし1316 条，または他の法律上の義務により，使用者が第三者に対して直接的に賠償義務を負う場合に限られる。ABGB1014 条を類推適用して使用者のリスク責任を認めると，このような制限を課した DHG の評価を完全に無視することになる。また，DHG の立法者は ABGB1014 条による使用者のリスク責任との競合問題にまだ直面していなかった。それ故，DHG は一般的な閉じられた責任秩序（allgemeine abschließende Haftungsordnung）を構成しており，後発的に生じた競合関係では，DHG の強行的な評価（zwingende Wertungen）を遵守すべきは当然のことである。競合に賛成する者もこの評価を守らざるを得ない。そうだとすると，目的論的に，また，法的安定性からも，最初からこれの競合を否定すべきであるとする。

　もっとも，ケルシュナーは，例外的に，労働者が営業手段（Betriebsmittel）

---

(18)　Oberhofer, Anmerkung zum OGH 1989.5.24, ZAS 1991, 57 ff. (59)によれば，他人のためにする行為のリスクの帰責原則と社会的な保護原則という帰責原則の累積的な効果は，稀な事例を除いて，過失という帰責事由のある労働者の免責をもたらすという。

(19)　Kerschner, a.a.O.(Fn.16), S.69 ff..

150

2 使用者のリスク責任

として使用した他人の物（他方配偶者や第三者の物）の損傷の場合には，ABGB1014条の類推適用を認める。営業手段が労働者または第三者のいずれに属するかを問わず，使用者が損傷された物の代わりに自己の物を提供しなければならなかったときは，使用者はリスク責任を負うべきだからである[20]。また，第三者に対して賠償義務を負う蓋然性が極めて高いような活動のために労働者を使用する場合には，使用者は十分に付保するように配慮すべき義務を負う。使用者がこの配慮義務に有責に違反するときは，これに基づく損害賠償義務が使用者に課される。このような使用者の過失責任はDHGによって排除されない[21]。

トーマンドルもケルシュナーと同じようにDHGの排他性を強調する[22]。すなわち，DHGは使用者に対する加害の場合における労働者の賠償義務の軽減を規定する。そして，第三者に損害を与えた場合にも，使用者に損害を与えたと同じ法的地位に労働者を置いた。もっとも，この場合には，使用者が第三者に対して直接的に賠償義務を負う場合であることが要件とされる。この要件は使用者の労働者に対する求償権の制限（DHG4条）については当然のことである。この場合には，第三者がまず最初に使用者に対して賠償請求することが前提とされるからである。これとは異なり，労働者の使用者に対する免責請求（DHG3条）に関して，なぜこの要件を必要とするのかは明らかではない。この場合，第三者が使用者に賠償請求し得ないときは，労働者が完全かつ最終的にその損害を負担することになるが，この結果は法政策的には遺憾であり平等違反（gleichheitswidrig）であると考えることもできる。しかし，これが現行法である限り，如何ともし難い。立法者の明示的に定めたこの特別な要件をABGB1014条の類推によって除去することは許されない。

また，DHGは一般的な損害賠償法と異なる損害負担を定める労働法上の特別立法である。DHGは1811年に制定されたABGB1014条に対して後法（lex posterior）であり特別法（lex speccialis）でもある。OGH自身も使用者のリスク責任の範囲・程度はDHGに従うことを強調しているが，これによれば，

---

(20)　Kerschner, a.a.O.(Fn.16), S.65.

(21)　Kerschner, a.a.O.(Fn.16), S.72 f., derselbe, Anmerkung zum OGH 1989.5.24, DRdA 1991, 137 ff.(140).

(22)　Tomandl, a.a.O.(Fn.10), S.45 ff..

第2章 オーストリア法における使用者のリスク責任論の展開

DHG が責任減額を拒否する場合には，使用者のリスク責任が問題とならないことは明らかである[23]。したがって，たとえ ABGB1014 条類推による使用者のリスク責任を認める見解が正しいと仮定するときでさえ，DHG の規制対象である使用者または第三者に対する加害事例においてこれを持ち出すことはできない。

トーマンドルはこのように述べて DHG が労働者による加害の類型を排他的（完結的）に規定していると結論づける。その上で，DHG に規定されていない事例すなわち労働者の被った物的損害に関して考察し，DHG の類推適用によって使用者の賠償責任を基礎づける。労働者が使用者の供給した営業手段（Betriebsmittel）を損傷したときは，DHG2 条により，労働者の責任は軽減され，使用者は少なくとも損害の一部を負担しなければならない。そうだとすると，使用者が営業手段の供給を労働者に転嫁することによって，使用者はこの責任を免れることは許されない。営業手段を労働者に供給することは使用者の義務だからである[24]。

労働者が第三者に属する営業手段を使用しこれを損傷した場合はどうか。労働者の第三者に対する加害という点では，DHG の規制に服するということもできる。しかし，使用者が労働者に営業手段の供給を請求する場合には，当該供給された営業手段が労働者の物であっても，第三者の物でも，使用者にとっては同じである。この観点からすると，この事例は DHG によって明示的に規定されておらず，労働者自身の営業手段の損傷と極めて類似するから，DHG を類推適用してこれと同様に処理すべきであるという。

このようにトーマンドルは DHG の特別法的性質を強調するとともに，その

---

(23) もっとも，OGH は過失相殺による減額の仕方に関してこのように述べているだけであるから，トーマンドルのこの主張は牽強付会の誹りを免れないように思われる。

(24) このような DHG の類推適用論はすでに 83 年判決を契機としたシュランクの論文において主張されていた。彼によれば，DHG によって把握されていない労働者の物的財貨（Sachgütern）に対する損害について，労働者にこれを完全に負担させることは不可解な評価の断裂（unverständlicher Wertungsbruch）である。これは計画違反の法の欠缺であり，DHG のリスク分配原則を類推的に援用することによってこれを閉じるべきである（DHG2 条・3 条の類推適用）。営業手段を供給すべき義務を労働者に転嫁することによって，使用者は DHG のリスク分配を回避することはできない。Schrank, Betriebsrisiko und arbeitsrechtliche Wertordnung, ZAS 1985, 8 ff. (12).

152

本来的な適用領域でない労働者の営業手段の損傷およびこれと類似する第三者の営業手段の損傷の事例については，これの類推適用によって処理すべきことを主張する。

(b)　このような DHG の排他的性質について，ABGB1014 条の類推適用肯定説からは，次のような反論がなされる。まず第 1 に，使用者の第三者に対する責任という DHG の要件は，不器用な労働者は使用者に償還請求できるが，器用な労働者はこの要件の欠如のために償還請求できず，自分でその損害を負担しなければならないという恣意的で法倫理的には我慢できない結果を導く。しかし，この要件を解釈によって排除することはできない。これと異なり，他の請求権の基礎が存在するときは，これを援用することによって要件排除の結果を達成することは可能である。つまり，他人のためにする行為のリスク責任が成立するときは，DHG の要件が存在しないときでも，労働者はこれに基づいて使用者に償還請求することができる。この場合，立法者が DHG の中で閉じられたシステムを創設するつもりであったか否かは重要ではない。DHG の文言からは同一の目的を追求する他の請求権は排除されるべきことを引き出すことは決してできない[25]。

第 2 に，使用者のリスク責任は DHG の発効後初めて裁判所によって展開されたが故に，これとの関連で DHG の閉じられた性質による立論がどうしても必要な訳ではない[26]。換言すると，法は当然に制定時に存在する法状況を前提とするから，DHG はその当時の法理論を排除するということはできても，その後に展開された法理論までも当然に排除するわけではないからである。

このような DHG の排他的性質を否定する見解によれば，1014 条類推による使用者のリスク責任は DHG の規定する請求権とは別個のものでありこれと併存して認められることになる。

---

(25)　Oberhofer, a.a.O.(Fn.18), S.59.

(26)　Apathy, in Schwimann, Praxiskommentar zum ABGB, Bd.5, 2 Aufl., 1997, § 1014, Rz. 12, S.744.

　　OGH 1995.11.8 ÖJZ 1996, 300 も，立法者が明らかに考えていなかった ABGB1014 条による請求権は DHG6 条の中に包含されていないとする。

第2章 オーストリア法における使用者のリスク責任論の展開

(5) 小　　括

　ABGB1014条類推による使用者のリスク責任をめぐって，このような問題点が争われてきた。ここでは，損害類型を基準としてその法的構成を簡単に整理しておこう。

　まず初めに，判例・通説は労働者被害の類型および労働者加害の類型のいずれの場合にも ABGB1014 条類推によるリスク責任を認める。この中には，オーバーホーファーのように，社会的な保護原則などの補強的な根拠を援用する見解もみられる。

　これに対して，トーマンドルは労働者加害の類型については DHG を排他的に適用し，さらに，営業手段の損傷に関しても，これが労働者の所有である場合（労働者被害の類型）だけでなく，第三者に属する場合にも，DHG2 条の類推適用によるべきだとする。ここでは，ABGB1014 条の類推適用は問題とされていない。

　ケルシュナーの見解は両者の中間に位置する。すなわち，労働者被害の類型は ABGB1014 条の類推適用，労働者加害の類型は DHG の排他的な適用による。もっとも，労働者被害の類型に関して，労働契約が有償であることから，労働者の経済的・組織的な従属性を ABGB1014 条類推のための追加的根拠として援用する。労働者加害の類型についても，第三者の営業手段の損傷については，例外的に，DHG ではなくて ABGB1014 条の類推適用を肯定し，また，第三者に対して賠償義務を負う蓋然性が極めて高いような労務の場合には，使用者の配慮義務違反を理由に賠償責任を認める。

　このように労働過程で生じた損害の帰属をめぐっては，その法的構成に関して大きく3つの見解が対立するが[27]，使用者への損害の帰属を肯定する点ではいずれも同じである。

　なお，このような ABGB1014 条類推による使用者のリスク責任は連邦公務

---

(27)　この他に，使用者のリスク責任の基礎を配慮義務に求める見解もある。すなわち，シュノールによれば，配慮義務に基づいて，通常の労働危険を超える労務に伴う特別犠牲（dienstbedingtes Sonderopfer）に関しては労働者に適切な賠償を給付すべき義務が使用者に生ずる。この使用者の義務は労働者の側では労働契約に基づく履行請求権として現れる。Schnorr, Verschuldensunabhängige Haftung des Arbeitgebers für Sachschäden des Arbeitnehmers ?, RdW 1984, 77 ff. (83).

員などの公法上の雇用関係には適用されない[28]。ある雇用契約に関して特別法が存在するときは、この限りで民法上の雇用契約に関する規定は適用されないが、この補完性の原則（Subsidiaritätsprinzip）は雇用契約に類推適用されるABGB1014条についても妥当するからである。これに対して、連邦の契約職員（Vertragsbedienstete）については、ABGB1014条類推による請求権が肯定される[29]。契約職員法（Vertragsbeienstetengesstz）は他人のためにする行為のリスク責任の規制を何も含んでいないから、この補完性の原則により、民法の規定が直接的または類推的に適用されることになる。

3 労働者の物的損害

労働者の物的損害の主たる事例としては、労務のために労働者が自己の自動車を使用し、交通事故などによってこの自動車が損傷されて損害を被ったという場合があげられる。このような営業手段（Betriebsmittel）として用いられた労働者の所有物（自動車）の損傷に関して、どのような要件の下で使用者はこのリスクを負うかが争われてきた。換言すると、使用者のリスク責任の限定基準・画定基準は何かという問題である。

(1) 判例による責任限定基準

(a) 83年判決（前掲）によれば、使用者のリスク責任は次のような基準により画定される。

まず第1に、労働相当な物的損害（arbeitsadäquate Sachschäden）でなければならない。使用者のリスク責任の対象となるのは、具体的な労務給付と典型的に結びついた労働相当な物的損害であって、使用者のリスク責任は労働者の行為の特別なリスク（spezifisches Risiko der Tätigkeit des Arbeitnehmers）の現実化であるような物的損害に限られる。労働者の偶然に被った損害はこれに含まれない。危険労働、特に公の交通における自動車の運転のような労働を行う際に被った損害は明らかに前者に属する。

---

(28) OGH 1988.11.16 JBl 1989, 734.

(29) OGH 1988.2.24 ÖJZ 1988, 501.

第2章　オーストリア法における使用者のリスク責任論の展開

　第2に，労働者が自己の自動車での勤務走行中に損害を被った場合には，その自動車の使用が労働者の個人的な生活領域（persönlicher Lebensbereich）ではなくて，使用者の活動領域（Betätigungsbereich）に属しなければならない。これは，労働者の自動車の提供がなければ，使用者は営業車を使用させなければならず，それでこれと結びついた事故リスクを自分で負担しなければならなかったかどうかによって判断される。

　すなわち，労働者に委託された仕事が自動車なしでも同様に処理することができ，それ故，労働者が個人的便宜（persönliche Erleichterung）のために自動車を用いたときは，これは労働者の個人的な生活領域に属する。これに対して，自動車なしでは当該仕事をそもそも正常に処理しえないために，使用者が労働者に営業車を使わせなければならなかったような場合には，労働者の自動車の使用は使用者の活動領域に属する。

　このように83年判決によれば，労働相当性ないし委託された労務の典型的な危険の現実化，および使用者の活動領域への算入という2つの基準を満たすことが必要とされる。

　(b)　判例の提示する第1基準はABGB1014条の要件に対応するものであって，特に大きな問題はない。ABGB1014条は「委任の履行と結びついた損害（die mit der Erfüllung des Auftrags verbundenen Schaden)」であることを唯一の要件とするが，これは次のように解されてきた。すなわち，損害発生の危険が委任と結びついていること，換言すると，ある種の営業危険（Betriebsgefahr od. Betriebsrisiko）すなわち委託された事務の典型的な危険（die typischen Gefahren des aufgetragenen Geschäfts）の現実化としての損害が問題となっている限りで，委任者は無過失賠償責任を負う。委任に基づいて（ex causa mandati）生じた損害のみが賠償され，委任の機会から（ex occasione mandati）生じた損害はこれに含まれない[30]。使用者の責任にABGB1014条を類推適用する場合にも，同一の制限が課される。これが第1基準に他ならない。

　これに対して，第2の基準はABGB1014条の本来的な適用要件ではないか

---

(30)　Stanzl, in Klang und Gschnitzer, Kommentar zum ABGB, Bd.1/4., 2. Aufl., 1968, §§ 1014, 1015, S.849; Strasser, in Rummel, Kommenar zum ABGB, Bd.1, 3. Aufl., 2000, §§ 1014, 1015, Rz.10, S. 2090 f.; Gchnitzer, Österreichisches Schuldrechts, Besonderer Teil und Schadensersatz. 2. Aufl., 1988, S.271.

ら，明らかに同条の通説的な見解を超えるものである。学説の多くはこのような問題性に言及していないが，ヤボルネックは[31]，使用者（委任者）の活動領域という基準によって ABGB1014 条の客観的に正当化し得ないような責任の拡張を阻止することができ，同時にリスク責任という責任事由を正当に評価することができるという。たとえば，タクシー運転手の場合，合意された報酬（運送契約の有償性）から一定の危険をタクシー運転手が引き受けていることが明らかである。しかし，弁護士が裁判所に行く途中で交通事故にあった場合については，合意された報酬からこのような危険の引受を推論することはできない。このような場合には，この第2基準によって依頼者のリスク責任を有意義に限定することができる。

　しかし，他方で，ヤボルネックは，使用者の活動領域と労働者の個人的な生活領域を分ける具体的な判断基準については賛同しない。判例は，①労働者の自動車の提供がなければ，使用者は営業車を使用させなければならなかったかどうか，あるいは②自動車なしに当該仕事を正常に処理することができなかったかどうかによる。しかし，たとえば，委託された活動を自動車なしでも同様によく処理することができるが，それにも拘わらず，使用者が労働者の車の提供を期待している場合には，①の営業車の提供ということは問題とならない。これの使用が使用者の指図（Weisung）によるときは，使用者のリスク責任は認められる。

　また，使用者が公共交通手段の利用を命じたが，公共交通手段では出張目的をもはや適時に達成することができないので，労働者が使用者と相談することなく自己の車を使用したときは，②を満たすようであるが，しかし，使用者は指図違反や出張中止の可能性を援用することができないのだろうか。

　同様に，交通事故によって自動車だけでなく服も損傷した場合，指示された仕事をこの服なくしても同様によく処理できたかどうかを問題解決の基礎とすることはできない。

　さらに，使用者が営業車を労働者に提供しなければならなかったかどうかの問題は，当該リスクが使用者の領域に組み入れられるべきかどうかをまず先に解明して初めて答えることができる。したがって，使用者が提供しなければな

---

(31)　Jabornegg, Arbeitgeberhaftung, a.a.O.(Fn.7), S.37 ff..

らなかったというのはそのリスクが使用者の領域に組み入れられるということの書き換えに他ならず，循環論法（petitio principii）に属するという。

(2) 使用者の活動領域と労働者の個人的な生活領域

(a) ヤボルネックは ABGB1313a 条・1315 条の補助者責任を参考として，新たな基準を提唱する[32]。補助者責任では，補助者を関与させることが本人の自由裁量に服し，本人がこれから自己の目的のために利益を引き出すという考えが基礎とされる。この他人の行為（または物）を用いることの自由裁量（Disposition）とそれからの受益（Nutzung）という基準は一般化可能なものである。ABGB1014 条による責任に関してもこの基準により委任者のリスク責任の範囲が確定される。これによれば，弁護士の依頼人はこのような自由裁量を有しないからリスク責任を負わないことは明らかである。また，労働者の物的損害の事例では，使用者のリスク責任の範囲は，労働相当な危険領域（arbeitsadäquater Gefährdungsbereich）に属する損害であり，かつ，自由裁量と受益（Disposition und Nutzung）によって限定された使用者のリスク領域（Risikobereich）に属する損害に限られる[33]。

このような限定基準によれば，判例とは異なり，労働者が委託された活動を自動車なしでも同様にうまく処理することができ，彼が自己の車を単に個人的な便宜のために用いたかどうかは問題とならない。使用者が自家用車の使用を指示し（anordnen）またはこれを当然と考える（voraussetzen）ときは，使用者の自由裁量がなされ，労務目的で労働者の自動車が使用されたといえる[34]。労働者の服の損傷についても，この要件を満たせば，使用者は当然にリスク責任を負うことになる。

このように判例が自動車を必要とするような業務であるか否かという業務の客観的性質によって判断するのと異なり，ヤボルネックは使用者の自由裁量の

---

(32) Jabornegg, Arbeitgeberhaftung, a.a.O.(Fn.7), S.39.

(33) Jabornegg, Reiseaufwand eines BR-Mitgliedes, DRdA 1989, 400 (403)によれば，使用者の利益のために，かつ，使用者の自由裁量により（zum Nutzen und nach Disposition des AG），労働者の物が使用されたかどうかという問題に帰する。

(34) これによれば，使用者の指図に違反するか，何の理由もなく突然にかつ使用者や上司と協議しないで，労働者が自家用車を使用した場合には，使用者のリスク責任は認められない。Vgl., Jabornegg, Schadenshaftung, a.a.O.(Fn.7), S.135.

3 労働者の物的損害

要素と受益の要素を重視する。

(b)　労働者の自動車の損傷に関しては，さらにその後，次のような判決が公にされた[35]。

(ア)　OGH1988 年 2 月 24 日（ÖJZ 1988, 501）では，公務員組合のためのオーストリア労働組合総同盟（Österreichische Gewerkschaftsbund für die Gewerkschaft Öffentlicher Dienst）が国を相手として次のような確認の申立てをした。

「連邦の契約職員（Vertragsbedienstete）は，彼が自己の自動車を公務出張のために使用者の同意（Zustimmung）を得て用いた場合，あるいは彼が自分に委託された活動を自動車なしには正常に行うことができず，使用者が自動車を提供しなかった場合には，公務出張の際に契約職員の自動車に生じた物的損

---

(35)　なお，OGH 1987.2.24 DRdA 1989, 400 も労働者の自動車の損傷に係わるものである。しかし，この事案では，損害は当該労働者が経営協議会委員として会議に出席するために自動車で走っている途中での交通事故によって生じたという点に特殊性がある。裁判所は，経営協議会委員の委託（Betriebsratsmandat）は労働契約と密接に結びついており，労務給付の調達と意味的な関連性を有するとして，ABGB1014 条類推によるリスク責任法理の適用を認めた。しかし，この場合のリスク判断は，労働者としての活動ではなくて，この委託遂行のために自己の自動車の投入を必要とするか否かに依る。つまり，労働者の自動車の使用がなければ，使用者は自己の自動車を投入しなければならず，それでこれと結びついたリスクを自分で負担しなければならないかどうかが問題となるが，本件事案では，このような使用者の義務は存在しないとして労働者の賠償請求を否定した。まず第 1 に，§72 ArbVG の"その他の物品の必要性（sonstige Sacherfordernisse）"を拡張解釈して，使用者の自動車供与義務を承認しうるが，個々の事例ではこれは営業の大きさや経営協議会の必要性（Bedürfnisse）により判断される。本件では営業規模などからこのような義務を使用者は負わない。第 2 に，その会議に出席するために自動車を用いることの不可避性も否定される。公共交通手段の利用の可能性が存在したこと，会議の期日や場所の調整可能性の存在，さらに自己の自動車を最寄りの駅やバス停留所に置いておくことができた。このようなことから，自己の自動車の使用は労働者の個人的な生活領域に算入されるべきであって，使用者の活動領域には属しない。
　　これに対して，ヤボルネックは経営協議会の委員は使用者の利益のために活動しているのではないから，ABGB1014 条によるリスク分配は問題とはならないと主張する。営業所有者の物品供与義務を定める§72 ArbVG は，その意義と目的によれば，供与すべき物品の偶然的な損害のリスクは営業所有者に帰せられるという点に及ぶ。本件では，ABGB1014 条ではなくて，§72 ArbVG から導かれる特別な法律上のリスク分配を基礎とすべきだという。Jabornegg, a.a.O.(Fn.33), S.402 f.
　　なお，リスク責任の人的適用範囲については，Vgl., Kerschner, a.a.O.(Fn.16), S.60 ff..

159

第 2 章　オーストリア法における使用者のリスク責任論の展開

害の賠償請求権を使用者の過失とは無関係に使用者に対して有する。自動車の
損傷につき契約職員に過失がある場合には，使用者に対する彼の賠償請求権は，
使用者によって自動車が提供された場合に適用される被用者賠償責任法または
機関賠償責任法の規定により減額される。」

　OGH は，まず第 1 に，他人のためにする行為のリスク責任に基づく契約職
員の賠償請求権は私法上の雇用関係の場合と同じく ABGB1014 条から，また
は給与法（Gehaltsgesez）20 条 1 項の（拡張的な）解釈から導かれるとした。そ
して，この請求権の基礎たる根本思想（Grundgedanke）は，労働者の労務を行
うべき危険領域の中で労働者の物を自己の目的のために自由裁量で用いた使用
者はこれによって相応の利益（entsprechender Nutzen）を得ているというにあ
る。それ故，自動車なしでは履行が可能でないかまたは期待できないような任
務（Aufgaben）が契約職員に課され，その損害がこの任務の遂行中に生じ，か
つ使用者が営業車を提供しないために自分の事故リスクを節約した場合にのみ，
契約職員の自家用車の使用から生じた損害は使用者に帰せられる。これに対し
て，契約職員が単に個人的な便宜のために自己の自動車を用いた場合には，こ
れは彼の個人的な生活領域に属する[36]。

　また，使用者の同意はそれだけではリスク責任を基礎づけない。その使用が
「業務上の利益（Dienstesinteresse）」であることを上司が確認する（bestätigen）
場合には，旅費規程により，公共交通機関の乗車賃よりも多い旅費の支給が認
められるに過ぎない。指示された労務の正常な遂行のために自動車が必要な場
合に使用者がリスク責任を負うのは，このような同意や確認に根拠を有するわ
けではない。また，時間や旅費の節約のために自動車の使用を許可した場合，
これをもっぱら使用者のリスク領域に算入することはできない。多くの事例で
は，その主たる利益は労働者側にあるからである。

　このように述べて，使用者の同意を得た場合のリスク責任について確認請求
を棄却し，その余の訴えを認容した。なお，賠償義務の対象は事故損害であつ
て，単なる故障（Pannen）は含まれないことは自明だとする。

　ここでは，83 年判決の基準が基本的に維持されており，特に目新しい点は

───────
（36）　さらに，衣服や旅行用具の喪失や損傷などは「一般的な生活危険（allgemeine
　　　Lebensrisiko）」に属するとした。指示された行為による損害の促進
　　　（Schadensbegünstigung）は問題とならないからである。

160

3 労働者の物的損害

ない。ヤボルネックは使用者の同意だけでは使用者のリスク責任を基礎づけないとする点は一般的に支持するが，しかし，判例とは異なって，「業務上の利益」の確認はリスク責任の基礎づけとして十分だとする[37]。時間や費用の節約を含むすべての事例において，このような確認は営業車を自由に使わせることができない場合にのみ問題となる。このことは，営業車の提供が原則的に正当化されるような状況を示唆しており，したがって，この確認は一方では使用者の受益を証明し，他方では営業車の提供と比較可能な使用者の自由裁量を表しているという。

　なお，ヤボルネックは言及していないが，判例が自由裁量と受益にリスク責任の基礎を求めた点は彼の見解に影響されたものといえよう。

　(イ)　OGH1990 年 11 月 7 日（JBl 1991, 329）では，いわゆる"交代要員（Springer）"として雇われている契約教師が住居から学校への走行中にカーブでスピンし，木に衝突した。そこで，自動車の損傷による損害の賠償を被告である州に請求したという事案が問題とされた。

　OGH によれば，通勤での自動車の使用は一般的には労働者の私的な領域に属する。これによって営業上の利益が促進されず，また，典型的な使用者の自由裁量が存在しないからである。しかし，第一審裁判所の認定によれば，どの学校で勤務するかの指図は契約教師である原告にとって予見可能ではなく，場合によっては，1 日単位または週単位で，電話や口頭で急になされた。彼女が自己の自動車を使用しないとすれば，その指図に応ずることはできなかったであろう。このような場合の自動車の使用は労働相当であり，特別な危険領域の中で行われた。交代要員の労務はその都度の配置場所に適時に現れることをも含むからである。被告が自動車がなければ適時に実施可能でないような指図や配置を行う際には，労働者による自家用車の提供を意のままにし（disponieren），かつ，これによってとりわけ交代要員の無制限的な移動性と即時の使用可能性の点で相応の利益（entsprechender Nutzen）を得ていると判示した。

　この判決は労働者が本来的な業務処理のために自家用車を用いたのではなくて，通勤手段としてこれを使用した点に事案の特殊性がある。裁判所は交代要

---

(37)　Jabornegg, Zur Risikohaftung nach §1014 ABGB im Arbeitsrecht, DRdA 1991, 27 (33).

第2章 オーストリア法における使用者のリスク責任論の展開

員としての特殊性からその業務の範囲を広く把握し，これに従来の判断基準を
そのまま適用して，労働者による自家用車の使用は使用者の活動領域に属する
とした。この意味では，本判決は従来の判例理論の延長線上にあるといってよ
い。

　注目すべきことは，まず第1に，ヤボルネックを明示的に引用して，他人の
ためにする行為のリスク責任に基づく賠償請求権の判断に際しては，原告の車
が事故の日に被告の利益のために，かつ被告の自由裁量により（zum Nutzen
und nach Disposition der bekl. Partei）使われていたかどうかが重要だとした点
である。もっとも，具体的な判断基準についてもヤボルネックの見解を支持し
たわけではない。

　第2に，OGH は原判決を破棄して控訴審に差戻した。控訴審は公共交通手
段を利用して適時に勤務地に到達できたという被告の主張を審理しなかった。
また，使用者により自家用車の使用が禁止されている場合や，勤務地の近くに
仮の宿舎（Quartier）を賃借することが時間的・財政的に期待可能な場合にも，
原告の自家用車の使用は原告の個人的な生活領域に属するから，これらについ
て審理すべきだというのがその理由である。このように勤務地への適時の到達
は多くの実現可能性が存在しうるから，実際的に使用者のリスク責任が認めら
れる余地はそれ程多くないように思われる。

　(ウ)　OGH1996 年 9 月 4 日判決（DRdA 1997, 273）では，弁護士事務所の弁護
士候補者（Rechtsanwaltsanwärter）の交通事故が問題とされた。この弁護士事
務所では，所員は月曜日に自家用車に乗ってきて，事務所にそのまま置いてお
き，週末に乗って帰るという慣行が行われていた。平日の間は，使用者は所員
の車を自由に使用することができた。月曜日に弁護士候補者が自己の住居から
事務所に向かって走行中に交通事故を引き起こし，自動車に全損の被害が生じ
た。原告である弁護士候補者は，自動車の損害および街灯（Lichtmast）の損傷
や清掃費用，行政費用，牽引費用，衣服やメガネの破損による損害を含めて，
使用者にその賠償を請求した。

　OGH は，被告の利益のためにかつ被告の自由裁量により（zum Nutzen
und nach Disposition der bekl. Partei）当該自家用車が使用されていたどうか
が決定的に重要だとする。そして，本件事案では，勤務場所での業務使用
（Dienstgebrauch）のためにも準備すべき自家用車による住居地から勤務地への

3　労働者の物的損害

いわゆる引渡走行（Überstellungsfahrt）は，被告の利益（Nutzen）にとって重要であり，使用者の要求した自家用車の提供のために必要な引渡走行は，それ故，使用者の自由裁量（Disposition）に基づいて行われた。引渡走行中の自家用車の使用は，90年判決の事案と類似して，労務指示の履行（Erfüllung des Arbeitsauftrages）と結びついていた。使用者は勤務地での自家用車の準備を要求することによって，営業車を節約した。したがって，当該自動車の損傷による損害について，使用者はリスク責任を負わなければならない。

しかし，これ以外の街灯の損傷等による損害は使用者のリスク責任に含まれない。労務指示によって生じたこれらの損害リスクは労働者の私的な生活リスクを超えていないし，労務のための走行によって増加していないからであると判示した[38]。

本件では，勤務場所において労働者の自家用車を業務使用のために準備すべきだったのであり，このためには引渡走行は不可欠だといえる。これに代えて営業車や公共交通機関などを使用することは全く問題とならない。つまり，ここでは，自動車なしで履行しうるかという労務の性質や使用者の事故リスクの節約という観点は役に立たない。この点において，本件事案ではヤボルネックの基準よる処理が不可欠であったといえよう[39]。

このようにヤボルネックの見解はOGHに大きな影響を与え，一定の範囲で使用者のリスク責任の拡大に寄与した。しかし，これによって全面的に従来の判断基準が放棄されたと断定することはできない。というのは，従来の基準を維持する判例も見られるからである。たとえば，OGH1998年10月21日（DRdA 1999, 144）の判決は，外回りの労務遂行の機会に妹を訪ねる目的で同じ場所に

---

(38)　これに対して，ケルシュナーはメガネや衣服など労働者の費用と危険において使用に供されるべき物については賠償されないが，自家用車の事故の結果としての行政費用や牽引費用は賠償されるべきだとする。Kerschner, Dienstnehmerhaftpflichtgesetz, 2. Aufl., 2004, §1, Rz. 21, S.40, derselbe, Anmerkung zum OGH 1996.9.4, DRdA 1997, 273（275）.

(39)　なお，当該自動車が労働者ではなくて第三者の所有に属する事例としては，OGH 1986年2月18日（JBl 1986, 468）およびOGH 1995年11月8日（ÖJZ 1996,300）がある。詳細は第三者に対する加害の類型において後述するが，使用者の活動領域の判断基準について簡単にみると，前者では83年判決がそのまま援用されている。また，後者では，使用者がこの損害に関してリスク責任を負うこと自体は争われていないため，従来の判例を繰り返すにとどまる。

163

第2章　オーストリア法における使用者のリスク責任論の展開

とどまり（何らかの回り道は不要），住居地（勤務地）への帰り道に事故を起こ
したという事案において，従来の一般原則を繰り返した上で，この走行も委託
された労務給付との関連でとらえられると判示した。

　もっとも，この事案では，本来的な労務の一時的な中断が問題となっている
点に特徴があるが，しかし，この中断は何れの基準によるかに直接係わるもの
ではないし，逆に言えば，いずれの基準によってもこれの結論を当然に導くこ
とができるわけではない。この意味では，この判決が従来の基準を採用したこ
とを過大に評価すべきではないとも言える。

(3)　使用者のリスク責任の限定基準

　使用者のリスク責任の要件ないし限定基準に関して，ヤボルネックの見解は
すでに述べたが，これ以外の学説をいくつか見ておこう。

　(a)　ビドリンスキーによれば[40]，使用者のリスク責任の要件として，①後に
損害に現実化したリスクが行為それ自体と結びついていること（行為のリス
ク）および②これが雇用契約の履行としての行為と結びついていること（履行
の特別なリスク）を必要とする。

　まず第1に，行為それ自体の危険に関してであるが，行為の危険ないし
リスクとは当該行為と損害発生の促進（蓋然性）(eine Begünstigung
(Wahrscheinlichkeit) des Schadenseintritts) の結合を意味する。ここでの損害
促進は統計的な蓋然性や相当因果関係ではなく，経験のある注意深い平均人で
あれば予め計算に入れることができる程度の損害発生の可能性で足りる（損害
の予見可能性）。労働者の車の損害につき予め計算に入れることができたという
には，単に勤務中の自動車の運転だけでなく，労働者の車の使用をも計算に入
れることができなければならない（リスク判断の対象）。

　また，後に現実化したリスクを惹起する使用者の意思的活動（Willensakt）
の時点を基準として，これらの予測可能性が判断される（リスク判断の時点）。
具体的には，契約締結，指図，あるいは契約の変更のいずれかの時点である。
指図などは，労働者の自動車の提供自体ではなく，労働者の車の提供がなけれ
ば履行できないような労務給付に関連していれば足りる。労働者自身が自動車

---

(40)　Bydlinski, a.a.O.(Fn.8), S.63 ff..

3　労働者の物的損害

の使用につき判断するような場合でも，このことが契約に内在するときは，使用者の意思に帰すことができる。

第2に，使用者のリスク責任に関しては，雇用契約の履行としての行為と結びついた損害でなければならない（契約の履行の特別な危険）。雇用契約の履行との関連がなくとも生ずる損害の促進・リスクについては，労働者がこれを負担する。これらは個人的な生活領域・一般的な生活リスクに属する（ストッキングの伝線や財布の喪失，階段からの転倒，衣服の消耗など）。個人的な生活領域のリスクを超える労務履行の危険（eine über das Risiko des privaten Lebensbereiches hinausgehende Gefahr der Diensterfüllung）すなわち雇用契約の履行の特別な危険（spezifisches Risiko der Erfüllung des Dienstvertrages）が認められる場合に，使用者はリスク責任を負う。

労働者の自動車の損傷については，雇用の拘束がなければその自動車が運用されたであろうような私的生活と比較して，認識可能なリスクの増大をその雇用上の行為がもたらすかどうかが決定的である。単に一時的かつ制限的な範囲で労働者が自己の車を使用者のために使用する場合には，このようなリスクの増大が存在するとはいえないから，使用者のリスク責任は認められない。これに対して，私的な使用を明確に超える程度においてその自動車を雇用上使用することが予見可能であり，それ故実際的にはいつも計画に組み込まれていた限りで，すなわち，初めから計画に組み込まれた永続的な雇用上の使用の場合には，重大なリスクの増大が存在する。

なお，労働者の車の投入が労務の履行に役立つと共に，労働者の個人的な便宜にも役立つ場合などのグレーゾーンでは，損害の分割によって処理される。

ビドリンスキーの見解はこのようなものであるが，ファーバーは基本的にこの見解を支持する[41]。すなわち，ファーバーは委任者の計算と危険に基づく事務処理義務という委任契約の本質を前面に押し出し，この観点の下で委任法の規定を総合的に理解しようとする。彼によれば，ABGB1014条による責任もこのような委任者の計算と危険に由来するものであり，雇用契約への同条の類推適用もこのことから基礎づけられる。「委任の履行と結びついた損害」という要件に関しても委任者の計算での事務処理という観点はその基本的な解釈指

---

(41)　Faber, Risikohaftung im Auftrags- und Arbeitsrecht, 2001, S.164 ff., 239 ff.

165

第2章　オーストリア法における使用者のリスク責任論の展開

針となり，このことから委任者にとって損害発生が予見可能なことが要求される（リスクの予見可能性）。また，一般的な損害賠償法の観点から，この要件の下で，現実化した損害が委託された行為の特別なリスクであることが必要とされるという。そして，予見可能性や行為に特別なリスクに関するビドリンスキーの見解を原則的に支持する。しかし，ビドリンスキーが委任関係や雇用関係によって認識可能的にリスクが増大したかという問題を持ち出すことに対しては反対する。予見可能な，行為に特別なリスクという要件で十分であり，これ以外の考察を持ち出すことは必要でも有益でもないからである。

　(b)　さらに，学説の中には使用者の意思的要素をも考慮する見解がある。たとえば，マヤー・マリーは[42]，使用者が他の自己の財貨を使用させなければならず，自分でそのリスクを負担しなければならなかったかどうかという判例の基準を支持するが，さらに，労働者の財貨使用前における使用者の容態によっても使用者がリスク責任を負うことを認める。すなわち，使用者は労働者の財貨の使用を望み（wünschen），これを許容（gestatten）あるいは命ずる（anordnen）ことができる。命令のときはリスク移転を生ずることは明らかであるが，ある種の意思表示的価値（gewisser Erklährungswert）を伴う使用者のすべての容態もリスク移転に導くという。

　ケルシュナーは使用者が労働者または第三者に属する物の使用を承諾し（zustimmen）またはこれを黙認した（dulden）場合に少なくとも使用者のリスク責任を認めてきたが，さらに，現在では，使用者が自己の物を使用させなければならなかった場合にもこれを認める[43]。

　(c)　トーマンドルは[44]，DHG の類推適用の立場からではあるが，営業手段の提供（Beistellung）は使用者の義務であり，これを労働者に転嫁することによって使用者は責任を免れることはできないとする。これによれば，労働者が自分で営業手段（Betriebsmittel）を提供することを使用者から直接的または間

---

(42)　Mayer-Maly, Die Risikohaftung des Arbeitgebers für Eigenschäden des Arbeitnehmers, NZA Beil.3, 1991, 5 (15). derselbe, Österreichisches Arbeitsrecht, Bd.,1. 1987, S.94.

(43)　Kerschner, a.a.O.(Fn.16), S.65.

(44)　Tomandl, a.a.O.(Fn.10), S.65.

接的に強いられた場合には，使用者はリスク責任を負わなければならない。具体的には，労働者による営業手段の提供が使用者から請求（verlangen）されたか，または指示された労務を正常に処理するためにはそれが必要不可欠（notwendig）であった場合がこれに該当する[45]。

　使用者のリスク責任の要件ないし限定基準に関しては，このような学説が存在する。これによれば，使用者のリスク責任論は決して野放図な使用者の責任へと導くことにはならない。とりわけビドリンスキーやファーバーのように，使用者のリスク責任が客観的に予見可能な特別なリスクに制限されるとすれば，過大（苛酷）な負担を使用者に課すことにはならないであろう。また，リスクの予見可能性が存在するのであるから，使用者はこれを考慮して損失を被るリスクを冒すことを取り止めることもできる。いずれを選択するかはまさに使用者が自己の計算と危険においてなすべき事柄であり，リスクが損害に現実化したときは，使用者がこれを負担すべきは当然のことといえよう[46]。

4　労働者の人的損害

(1)　ASVG の規定と問題の所在

(a)　労働者が労務遂行中の事故（労働災害）により人的損害を被った場合，労働者は ABGB1014 条の類推適用を理由として使用者にこれの賠償を請求できるか。ABGB1014 条の請求権は物的損害だけでなく人的損害にも及ぶとするのが判例・通説であるから，同条の類推適用の場合にこれを否定すべき理由はない[47]。

　しかし，労働関係に関しては，ASVG の特別規定が存在する。これによれば，すでに言及したように，労災による労働者の人的損害については，使用者は，故意の場合を除いて，これの賠償責任を負わない（使用者の免責特権・ASVG333

---

(45)　なお，シュノールは，配慮義務説の立場から，使用者のリスク責任を労働者にとって特別犠牲（Sonderopfer）を意味するような労務に伴う損害すなわち通常は労働者の労働危険に属しない損害に限る。ここでは，当該損害が労務に典型的なまたは異常な出来事に拠るかどうかは法的に重要ではない。Schnorr, a.a.O.(Fn.27), S.82.

(46)　Vgl., Faber, a.a.O.(Fn.41), S.184 f..

(47)　Vgl., Kerschner, a.a.O.(Fn.16), S.65.

第 2 章　オーストリア法における使用者のリスク責任論の展開

条 1 項)。賠償責任の法的根拠が何であるかを問わないから，ABGB1014 条類推による責任もこれに含まれて当然に免責されることになる[48]。

　これが原則であるが，例外的に，その稼働に関して法律上の規定に基づいて高度の賠償責任（erhöhte Haftplicht）が存在する交通手段によって労災が生じた場合には，使用者の免責特権は適用されない（ASVG333 条 3 項）。ただし，使用者は存在する責任保険から自由になる保険金の額に至るまで責任を負うに過ぎない（同項第 2 文）。このことからも理解できるように，このような例外を認めたのは，自動車責任保険者に責任を課す点にあるのであって，使用者に実際に賠償責任を負担させることが企図されているわけではない。

　(b)　法改正がなされる前の段階では，同条項は，「それの稼働に関して法律上の規定に基づいて増大した責任義務が存在する交通手段による『被保険者の一般交通への参加に際して（bei der Teilnahme des Versicherten am allgemeinen Verkehr)』労災が生じた場合には」使用者の責任特権は排除されると規定していた。

　判例は[49]，この「一般交通への参加」という要件を極めて厳格に解釈した。すなわち，このような「一般交通への参加」は，その事故が営業的な出来事の範囲外で生じ，関与者が自己の労務を行っておらず，その事故が被害者の職務と場所的・時間的かつ原因的に関連していない場合にのみ認められる。また，被害者たる労働者が公衆の利用できない使用者の自動車で輸送されていた場合には，一般交通への参加は存在しないと解した。

　このような厳格な解釈の結果として，旧法では，使用者の責任特権の排除が認められることはほとんどなかった。そのため，職業的に活動している同乗者や運転手は事故保険から給付を受けることができたに過ぎない。そうでない交通事故の第三者と比較すると，自動車責任保険者に対する慰謝料請求が認められない点で，これらの者は不利な地位に置かれることになる。

　そこで，このような不公平を除去し，これらの者にも自動車責任保険者に対する慰謝料請求権を付与するために，1989 年の第 48 次普通社会保険法の部分

---

(48)　Kerschner, a.a.O.(Fn.16), S. 65 f.; Neumayr, in Schwimann, Praxiskommentar zum ABGB, Bd.8, 2 Aufl., 1997, § 333 ASVG, Rz. 6, S.327.

(49)　OGH 1984.11.27 JBl 1985, 565.

改正法（48. ASVG-Novelle）によって，一般交通への参加という文言が削除された。そして，これが使用者の追加的な財政負担をもたらすのではなくて，単に自動車責任保険者の免責排除が目的であることを明らかにするために，第2文が追加されて，前述のような規定内容となったのである。

(c) 立法者はこれによって使用者特権の排除の適用範囲を拡張したのであるが，しかし，旧ASVG333条3項の反射規定（Reflexnorm）ないし補充規定（Komplementärnorm）[50]である鉄道および自動車賠償責任法（EKHG）3条3号には手を付けずにそのままにした。この規定によれば，被害者が使用者の自動車で輸送されており，事故の時点で自動車の営業のところで活動している場合（すなわち「一般交通への参加」に該当しない場合）には，自動車保有者としての使用者の危険責任は否定される。したがって，この保有者責任との関連では，ASVG333条3項の使用者特権排除の要件は存在せず（保険給付の不存在），これらの者は慰謝料請求権を有しないことになって改正目的は達成されない。

そこで，この保有者の危険責任とは別に，ABGB1014条類推による責任が使用者に認められるかどうかが現実的な問題として浮上した。この賠償義務が自動車賠償責任保険法（KHVG）2条1項により自動車責任保険でカバーされると解するときは，使用者特権排除の要件を充足し，自動車責任保険者に対する慰謝料請求権がこれらの者に認められることになる。

近時，この問題に関して，2つの最高裁判例が全く正反対の判断を明らかにしたこともあって，学説の注目を集めている。

(2) 判　例

(a) OGH2002年9月5日（ZVR 2004, 61）の第2法廷判決では，次のような事案が問題とされた。生石灰用の輸送サイロが設置された自動車（Sattelfahrzeug）の運転を任された労働者が，その輸送サイロから別の貯蔵庫に送り出す際にこれと繋いでいたホースが外れ，漏れた高圧の生石灰によって目に重傷を負った。被害者に保険給付した社会保険者が使用者の自動車責任保険者に対してこれの償還を請求した。

---

(50)　Vonkilch, Haftpflicht für Kfz-Schäden von Dienstnehmern, Arbeitgeberprivileg und Haftpflichtversicherung nach der 48. ASVG-Novelle, ZVR 2004, 40 (44).

第 2 章　オーストリア法における使用者のリスク責任論の展開

　裁判所は，まず第 1 に，自動車保有者の危険責任に関しては，EKHG3 条 3 号により，使用者の責任を否定した。したがって，使用者の責任特権は排除されず，自動車責任保険者への代位は認められない。そこで，次に，ABGB1014 条類推による使用者の責任を検討し，これを肯定した。生命や健康という法益の重大性に鑑みると，使用者のリスク責任によって物的損害のみが把握され，人的損害が把握されないとすれば，それは評価矛盾だからである。そして，後述する学説の見解に従って，ABGB1014 条類推による賠償請求権も，KHVG2 条 1 項の「法律上の責任規定（gesetzliche Haftpflichtbestimmung）による賠償請求権」に含まれるとして，自動車責任保険による保護を認めた。これによって，ASVG333 条 3 項の要件はすべて満たされるから，自動車責任保険者はこれの賠償義務を負うと判示した。

　ここでは保険代位が直接的な問題とされているが，この見解によれば，被害者たる労働者は使用者および自動車保険者に対して慰謝料を請求できることになろう。

　(b)　これに対して，OGH2002 年 12 月 19 日（JBl 2003, 662, ZAS 2004, 88）の第 8 法廷判決は，トラックの運転手がトレーラーをトラックに連結するためにそれを駐車位置から同僚と一緒に手で引っ張っている時に隣のトレーラーとの間に挟まれて怪我をしたという事案で，「徹底的に考察した上で（nach reiflicher Überlegung）」上記の第 2 法廷の見解を否定し，被害者たる労働者からの使用者に対する慰謝料請求を棄却した。

　まず第 1 に，ABGB1014 条類推による責任を認めると，運転手として活動している労働者に常に無過失の慰謝料請求権が成立することになるが，立法者がこれを望んだとすれば，1989 年の法改正に際して EKHG3 条 3 号を削除したであろう。しかし，立法者はこれを行わなかった。肯定説は EKHG3 条 3 号との間で明確かつ正当化し得ない評価矛盾に陥る。第 2 に，その事故がもっぱら被害者たる労働者の有責な行為によって惹起された場合にも，慰謝料請求権を当該労働者に認めることは，余りにも極端な特権へと導く。また，自己の自動車を提供した労働者は使用者の免責特権の結果として慰謝料請求権を有しないから，これと比べてその取扱いに極端な不平等が生ずる。

　第 8 法廷はこれらを理由として第 2 法廷の見解を拒否し，ABGB1014 条類

推による使用者のリスク責任は KHVG2 条 1 項の意味での「法律上の責任規定」ではないとした。

（c）このように判例の見解は分かれているが，その後，第 9 法廷は OGH2003年 5 月 7 日（DRdA 2004, 346）の判決で第 8 法廷の見解を支持した。事案は，トラックの運転手がその自動車の中で宿泊していたが，その際，追加的に設置したスタンド暖房（Standheizung）のスイッチを入れたところ，このスタンド暖房の機能不全の結果，その運転手が二酸化炭素中毒（Kohlendioxidvergiftung）により死亡した。そこで，未亡人に保険給付をした事故保険者が自動車責任保険者にこれの償還を請求したというものである。

裁判所は，本件事故は自動車の稼働（Betrieb）またはその使用（Verwendung）に際して生じたものではないとして，EKHG の責任を否定した。そして，ABGB1014 条類推によるリスク責任に関して，人的損害に関する使用者の責任は ASVG333 条において排他的に規定されており，その責任特権は第 48 次部分改正法によっても維持されたままであると述べて，同条の類推適用を否定した。

（3）学 説
（a）これに関する学説をみると，ABGB1014 条類推による使用者のリスク責任に基づいて使用者の責任特権排除を肯定するものとして，オーバーホーファーおよびケルシュナー／バーグナーの見解が挙げられる。

オーバーホーファーによれば[51]，まず第 1 に，ABGB1014 条類推によるリスク責任を ASVG333 条 3 項の適用領域において展開することは，自動車の運転手として雇われている労働者や職業上活動している同乗者に自動車責任保険者に対する慰謝料請求権を認めるという立法者の動機に適合する。第 2 に，ABGB1014 条によるリスク責任は後見や緊急事務管理などの契約外の関係でも適用されるから，契約は「法律上の責任要件（gesetzliche Haftungstatbestand）」の単なる結合点にすぎない。また，KHVG2 条 1 項[52]の「法律上の責任規定に

---

(51) Oberhofer, Der Ersatzanspruch bei Schäden wegen Tätigkeit in fremdem Interesse, ÖJZ 1994, 730（732 f.）.

(52) オーバーホーファーは，1987 年の KHVG の適用下における 1988 年の自動車責任保険普通取引約款（AKHB）1 条 1 項について論じている。しかし，新しい KHVG が

第2章　オーストリア法における使用者のリスク責任論の展開

基づく賠償請求権」は，判例では広く解されている。したがって，ABGB1014
条によるリスク責任もこれに該当する。

　さらに，オーバーホーファーは，使用者の自動車を用いた労働者と自己の自
動車を使用者のために用いた労働者を異なって取り扱うことは正当ではないと
して，後者の労働者に対しても，ABGB1014条類推によるリスク責任の要件
の下で，自動車事故による慰謝料請求権につき使用者の責任を認める。このこ
とはASVG333条3項の第1文から理解できるという[53]。

　また，ケルシュナー／バーグナーは[54]，生命や健康という法益の優越性から
すると，ABGB1014条類推による使用者のリスク責任は労働者の人的損害に
も及ぶことは明らかである。指示された業務の典型的な危険に関して使用者は
責任を負わなければならないということがリスク責任の中心であるが故に，こ
こではある種の営業危険が問題となっており，危険責任と近い。したがって，
ABGB1014条類推による賠償請求権はKHVG2条1項の「法律上の責任規定
による賠償請求権」に含めることができるという。この請求権が契約（雇用契
約）に基礎を有することを理由に「法律的な性質」を否定することはできない。
その根源を契約または不法行為に有するとしても，いずれにせよこの賠償請求
権は準法律上の債務関係を構成するからである[55]。

　　1994年に施行され，これに伴いAKHBも改正された。新旧を問わずいずれもKHVG2
　　条1項とAKHB1条1項は保険の対象につき文言的に同じように規定している。そのた
　　め，KHVG2条1項に置き換えて統一を図ることにした。
[53]　最後の点については，同条第2文を無視するものであるとともに，普通社会保険法
　　の第48次部分改正法は使用者の追加的な負担を意図していないと批判される。Vgl.,
　　Faber, Haftung für Personenschäden eines als Kfz-Lenker eingesetzten Arbeitnehmers
　　auf Grund §1014 ABGB ?, JBl 2003, 669 (673), Apathy, Risikohaftung des
　　Arbeitgebers für Personenschäden ?, JBl 2004, 746 (750 f.). これに対して，オーバー
　　ホーファーは，労働者が自己の自動車を使用する場合には，これによって使用者は労働
　　者の自動車責任保険の共同被保険者となるとする。Oberhofer, Praxiskommentar,
　　a.a.O.(Fn.17), Rz. 21, S. 232 f..
[54]　Kerschner/Wagner, Risikohaftung des Arbeitgebers bei Personenschaden des
　　Arbeitnehmers ?, DRdA 2001, 568 (569, 571 f.).
[55]　なお，ケルシュナーは自己の自動車を使用した労働者について慰謝料請求権を
　　否定する。これは一見すると奇妙な感じを与えるが，使用者の自動車賠償責任保険
　　が使用者の自動車に付されていることの結果に過ぎないという。Kerschner,
　　Dienstnehmerhaftungsgesetz, a.a.O.(Fn.38), §1, Rz 21, S.41.

4 労働者の人的損害

(b) これに対して，ファーバーやアパシーなどはABGB1014条類推による使用者の責任特権排除を全面的に否定する。

(ア) ファーバーによれば[56]，この問題は労働者や使用者，自動車責任保険者のそれぞれの観点から検討されるべきである。

まず労働者の観点からであるが，肯定説によれば，自動車を操縦し，その途中で身体を侵害された運転手は無過失の慰謝料請求権を有するが，これ以外の運転手（職業的関連のない運転手）はこれを有しないことになる。このように運転手の範疇を二分して異なって取り扱うことは必ずしも不合理であるとはいえない。しかし，EKHG3条3号の明文規定に反する。さらに，肯定説は労働者グループの二分化をも導く。ASVG333条3項の保険保護の存在との関連で，使用者の自動車を用いた労働者は保護されるが，自己の自動車を使用者のために提供した労働者は保護されないことになる。しかし，前述の場合とは異なって，いずれの労働者も同一のリスクを引き受けているのだから，このような肯定説の差別的取扱いに合理的理由は存在しない。DHGの原則により，労働者に過失がある場合でも比較的広く慰謝料が認められるから，この矛盾はさらに増大する。

次に，使用者の観点からみると，肯定説は確かに使用者に直接的な負担をもたらさないが，しかし，掛け金の増大という間接的な負担に直面することになる。

さらに，責任保険者の観点からは，第2法廷の判決によって重大な変更が生じた。結果的に，それまで存在しなかった保険保護や保険の塡補義務が奇妙な人的制限を伴って規定されるに至った。しかし，自動車事故による人的損害が誰に生じたかは自動車責任保険者の観点からは単なる偶然に過ぎない。また，ABGB1014条類推によるリスク責任は委任者や使用者の計算と危険でなされる行為に関する特別な民法上の責任規制であって，自動車責任保険の保護とは関係しない。

このようなことから，ABGB1014条は自動車責任保険では何らの役割を演じないと結論づける。そして，方法論的には，KHVG2条1項を目的論的に制限して，ABGB1014条類推による責任は保険保護を基礎づけないとする（第8

---

(56) Faber, a.a.O.(Fn.53), S.671 ff..

第2章　オーストリア法における使用者のリスク責任論の展開

法廷判決と同旨)。

(イ)　アパシーも同様に否定説を支持する[57]。まず第1に，EKHG3条3号によれば，自動車の営業のところで活動し，かつ輸送されていた者が交通事故により損害を被った場合には，保有者は——被害者が保有者の労働者であるか否かを問わず——危険責任を負わない。このような被害者は自己の行為の結果については自分で負担すべきであるというのがその理由であるが，このような保有者の責任排除は一般的には不公平ではない。

また，第48次部分改正法による改正は「一般交通への参加」という要件の削除によって，公衆に開放されていない使用者の自動車で単に輸送されている労働者に損害賠償請求権を認めることが目的とされていた（従来の判例法理の一部否定)。この限りでは，EKHG3条3号の修正は必要とされない。また，そこでは，外部の第三者よりも有利な地位に置くことは意図されていない。さらに，運転手にも慰謝料請求権を認めるのが立法者の意図であったということは難しい。EKHG3条3号が使用者の運転手に対する危険責任を排除していることを立法者が見落としていたとしても，改正法は，少なくとも使用者に過失がある場合に，使用者（保有者）の運転手に対する責任を惹起する。したがって，EKHG3条3号を同時に改正しないとしても，改正法は意味を有する。

人的損害に関するリスク責任は，物的損害の場合とは全く法的状態を異にする。すなわち，人的損害に関しては，ASVG333条が使用者の責任の中心的な規定である。これによれば，使用者に過失がある場合にも一般には労働者の慰謝料請求権は否定される。それにも拘わらず，自動車事故の場合にABGB1014条を類推して職業運転手に無過失の慰謝料請求権を認めることは，明白な評価矛盾である。同様に，自己の自動車を使用者のために投入した労働者に認められない慰謝料請求権を，使用者の自動車を用いる労働者に認めることも疑問である。したがって，ABGB1014条類推による使用者のリスク責任は労働者の人的損害に関しては妥当しない。

また，労働者の所有する自動車の損傷の場合には，使用者は事故リスクを節約したといえるが，人的損害の場合にはそうではない。労働者は一定の活動を行う義務を負っており，これに対して報酬を受け取ることが労働契約の本質で

---

(57)　Apathy, a.a.O.(Fn.53), S.752 ff..

あるから，使用者自身が当該労務を行う余地はなく，事故リスクの節約という
基準は適合しないとして，ABGB1014条類推論を批判する。

　アパシーの見解は，EKHG3条3号に手を加えないとしてもASVG333条3
項の改正は意義を有するとした点，および，労災による人的損害に関しては
ASVG333条が中心的規定だとして，ABGB1014条の人的損害への類推を否定
した点に特徴があるといえよう。

　(c)　上記の肯定説と否定説はいずれもEKHG3条3号の全面的な適用を前提
とするが，学説の中には，EKHG3条3号の適用を（全部または一部）否定し，
これによって保有者の危険責任の肯定および使用者責任特権の排除を導く見解
がある。

　(ア)　フォンキルヒはEKHG3条3号の機能喪失から出発する[58]。彼によれば，
EKHG3条3号の唯一の目的は危険責任の領域を使用者責任特権の排除の範囲
に合わせるという点にあった。しかし，第48次部分改正法によって，この両
者の関係が取り除かれたことによって，EKHG3条3号はその特徴的な機能
を奪い取られ，そのため適用可能でなくなった（EKHG3条3号の機能喪失
(Funktionsverlust)）。

　第48次部分改正法の立法者の意図は労働者の責任法上の差別待遇を阻止す
ることであって，労働者に有利な責任状態を作り出すことではない。
ABGB1014条類推によるリスク責任を持ち出すことはこれと一致しない。そ
うではなくて，EKHG3条3号の機能喪失を承認して，労働者をEKHGの人
的な適用範囲の中に加えることが法改正の趣旨に合致する。

　具体的には，EKHGの危険責任法的な帰責の観点とDHGの特別な評価を考
慮してこれを判断すべきである。まず第1に，前者の観点からは，保有者に
とって回避不可能な出来事（unanwendbares Ereignis）すなわち損害発生の原
因が支配可能な危険領域の外にあるか否かが重要となる。たとえば，被害者た
る労働者が必要な注意を遵守し，異常な営業危険が現実化した場合（EKHG9
条2項第1文），あるいは，その事故がもっぱら自動車の性能の瑕疵や装置の故
障に基づく場合（EKHG9条1項）には，保有者たる使用者が危険責任を負うこ
とに争いはない。運転手の交通違反的な容態による事故の場合には，次のよう

---

(58)　Vonkilch, a.a.O.(Fn.50), S.45 ff..

第2章 オーストリア法における使用者のリスク責任論の展開

に分けて考えるべきである。他の被害者たる労働者（同乗者）については，その事故は回避不可能な出来事に該当せず，保有者は被害者に対して危険責任を負う。これに対して，交通違反をした運転手自身の損害については，EKHG9条2項を類推して保有者は危険責任を免れる。この者との関連では，当該事故は回避不可能な出来事だといえるからである。このような回避不可能な出来事の認定に際しては，DHGの評価を考慮すべきであり，このことは回避不可能な出来事とされる範囲の制限へと導く。

（イ）シュマランツァーはEKHG9条からEKHG3条3号の適用制限（部分的廃止）を導こうとする[59]。すなわち，EKHG9条1項によれば，自動車の性能の瑕疵や装置の故障のリスクはいずれにせよ保有者が負担しなければならない。そうだとすると，事故の原因が保有者の領域の中にあり，営業のところで活動している労働者に過失がないときは，他の被害者たる労働者と同様の保護が与えられるべきである。EKHG3条3号はこの限度で適用が制限されるべきであり（EKHG3条3号の部分的な廃止（teilweise Derogation））[60]，これによって，被害者たる運転者にも慰謝料請求権を認めようとする立法者の意図を達成することができるという。

なお，ABGB1014条類推適用論に関して，シュマランツァーは同条の類推は労働者に過失がない場合に限るとする見解を前提として，EKHGとの間に評価的な矛盾は生じないとする。

（d）ABGB1014条と人的損害の関連については，ASVGの改正に伴ってこのような問題が顕在化した。EKHGによる保有者（使用者）の危険責任が存在するときは，KHVGによる保険給付が認められるから，ASVG333条3項の要件を充足し，使用者の責任特権が排除されることは明らかである。このような使用者の責任特権の排除は同時に被害者たる労働者に慰謝料請求権を認めることを意味する。

問題となるのは，このようなEKHGにる危険責任が存在しない場合である。ここにおいて，ABGB1014条類推による人的損害に関する使用者のリスク責

---

(59) Schmaranzer, Risikohaftung des Dienstgebers, ZAS 2004, 88（92 ff.）.

(60) EKHG 3条3号に関する同様の制限はすでにシャウアーによって主張されていた。しかし，シャウアーはABGB 1014条との関連については言及していない。Schauer, in Schwimann, Praxiskommentar zum ABGB, Bd.8, 2. Aufl.,1997, §3 EKHG, Rz 18, S.64.

任および KHVG2 条 1 項への包含によって，使用者の責任特権の排除を認める
ことができるかどうかが争われてきた。判例は当初これを肯定したが，後に否
定説へ転じた。肯定説および否定説はいずれも EKHG3 条 3 号の全面的な適用
を前提とするが，これに対して，折衷説は EKHG3 条 3 号の適用を全部または
一部否定することによって EKHG による保有者の危険責任の範囲を拡張し，
これによって問題を解決しようとする。

　とりわけ肯定説と否定説の間では，ABGB1014 条類推によるリスク責任の
人的損害への適用の可否という観点から議論されており，まさに同条の適用範
囲それ自体が争点であるかのような印象を与える。しかし，問題の本質はこの
ような点にはない。そうではなくて，使用者責任特権の排除される範囲が争わ
れているのであって，換言すると，労災による人的損害については使用者の賠
償義務を否定し，すべて保険によって処理するという制度に由来する特有の問
題に係わる。我が国では，使用者の労災補償責任・労災保険給付と民法上の賠
償義務は併存するから，これらの議論は余り参考とならない。それよりも，い
ずれの見解においても ABGB1014 条による賠償請求が一般的・抽象的には人
的損害にも及ぶとされている点に注目すべきであろう。

5　第三者に対する加害

(1)　第三者に対する加害類型と判例

(a)　労働者が労務の遂行中に第三者に損害を与えたという事案としては，ま
ず第 1 に，労働者が第三者の所有する自動車を営業手段として用いた際に，こ
れが交通事故により損傷したという場合があげられる。

　(ア)　これに関する判例としては，次のようなものがある。

　① OGH1986 年 2 月 18 日判決（JBl 1986, 468, ZAS 1987, 85, DRdA 1988, 132)
では，妻の自動車の損傷が問題とされた。労働者は 2 人の顧客との約束を守る
ために使用者の了解（Einvernehmen）を得て自家用車を使用した。走行中に
凍った車道の上で事故が発生し，自家用車が全損した。そこで，労働者が使用
者に約 7 万シリングの賠償を請求したというものである。

　本件では，自動車の所有者は誰かが争点の 1 つであったが，OGH は，原告
が事故の前に自家用車の所有権を獲得していたときは，その損害は労働者の所

第2章　オーストリア法における使用者のリスク責任論の展開

有する自動車について生じ，被告は83年判決の要件の下でABGB1014条の類推適用に基づいてこれを賠償すべき義務を負うと判示した。これはすでに言及した労働者被害の類型に属するから，特に目新しい問題はない。

　しかし，OGHはこれに続いて，妻が自家用車の所有者であり，かつ，原告が妻に対してこれの賠償義務を負う場合にも，被告の賠償義務は認められるとした。このような場合，経済的にみると，損害は労働者の財産に生じている。原告が妻に賠償したとすれば，原告は間接的な被害者ではなくて，直接的な被害者である（損害移転（Schadensverlagerung）の事例）。まだ賠償していないときのように通常は被害者に生ずる損害を例外的に第三者が経済的に負担しなければならない場合には，この損害転嫁（Schadensüberwälzung）によって加害者（ここでは使用者）はABGB1014条類推による賠償義務を免れないからである。ここでも，83年判決の要件はもちろん満たさなければならない。

　②OGH1995年11月8日判決（ÖJZ 1996, 300）はこれと類似する。ここでは，同棲者（Lebensgefährten）の所有する自動車が用いられて損傷したという事案に係わる。裁判では主として消滅時効の期間が争われたが，OGHはその前提としてABGB1014条の類推適用による使用者のリスク責任の適用を認めた。ただし，その理由については，前述した86年判決のような理由付けを説示することなく，「ABGB1014条は労働契約にも類推適用されるべきであり，使用者はこれに基づき本件事例において生じているような労働相当な物的損害を賠償しなければならないと，OGHは繰り返し判示してきた」と述べるに過ぎない[61]。

---

(61)　なお，OGH 1996.12.12 DRdA 1997, 478では，労働者が使うために使用者に委ねられた第三者所有の自動車が交通事故により損傷され，第三者が当該労働者に対して賠償請求したという事案が問題とされた（ライトバン事件（Kombi-Fall））。裁判所は使用者の所有物の代わりに自己の物をあてた者はDHGの保護を享受する者によって用いられることを受け入れたが故に営業内部の損害補償のシステムの中に包含される。この限りでは，当該第三者は使用者に分類されるべきであり，DHG 3条ではなく同法2条を適用すべきだとした。

　　ここでは，加害した労働者の使用者に対するABGB 1014条類推による賠償請求は問題とされていない。また，使用者によって提供された自動車が第三者の所有に属する点において，賃貸，リースあるいは所有権留保売買などの事例と共通する。しかし，使用者のリスク責任と同じくDHGも使用者と労働者の内部関係に係わるものであって，第三者の法的地位に影響を与えないから，この判旨を一般化することはできない。Vgl.,

5　第三者に対する加害

(イ)　労働者の自動車の損傷につき，ABGB1014 条類推による使用者のリスク責任を認める場合には，労働者の使用した自動車が第三者の所有に属するときも，同様に処理することは容易に理解できる。営業手段として用いられた自動車が労働者に属するか，あるいは第三者所有の物であるかは，使用者にとってはいわば偶然的な出来事に過ぎないからである。この意味において，第三者所有物の損傷の場合にも，判例が使用者のリスク責任の原則を適用したことは正当といえる。また，責任の要件ないしリスク責任の限定基準についても，労働者の自動車の損傷に関して展開されたことがここでもそのまま妥当することになろう。

(b)　第三者加害の事案の中には，さらに，このような営業手段とは関係しない第三者の損害が問題となったものもある。

(ア)　この類型に属する判例としては，次のようなものがあげられる。

① OGH 1989 年 5 月 24 日（ZAS 1991, 57）では，原告（最も若い見習労働者）が指示された買物に自転車で出かけたが，帰り道で自分を追い越そうとした自動車に注意することなく左に曲がり，その自動車と衝突して約 4 万 4000 シリングの損害を与えた。原告は被害者に賠償した後，使用者にこれの支払いを求めた。

第一審判決は損害が直接的に原告の財産に生じていないという事情は何も変更しないとして，使用者のリスク責任を肯定した。そして，原告の過失を考慮して，3 分の 2 の限度でこれを認容した。

これに対して，控訴審は原告の請求を全面的に否定した。使用者のリスク責任に関しては，労働者が自己の財貨（Vermögenswerte）を使用者のために使用したことが必要とされるが，本件では使用者の自転車が用いられており，このような場合には使用者は労働者の惹起した事故損害に関して責任を負わない。第一審判決のように解すると，客観的に正当化できないような使用者責任の拡張に至るという。

OGH は控訴審の見解を否定して使用者の責任を認めた。自転車の運転による事故において指示された行為の典型的な危険の現実化すなわち労働相当な物的損害（Sachschäden）に関する使用者の無過失責任の要件は満たされている。

Kerschner, Anmerkung, DRdA 1997, S.481 f.; Faber, a.a.O.(Fn.41), S.326 ff..

第 2 章　オーストリア法における使用者のリスク責任論の展開

その損害が原告の財産（Vermögen）に直接的に生じていないということは被告の責任に影響を及ぼさない。原告が被害者に賠償し，その損害が経済的に見ると彼の財産に生じたことが確定しているときは，なおさらそうである。いわゆる損害の移転（sogenante Schadensverlagerung）の事例が存在する。原告は間接的な被害者ではなくて直接的な被害者である。使用者責任の拡大という控訴審の議論は実定法上の基礎を有しないが，これに対しては，使用者は営業賠償責任保険（Betriebshaftpflichtversicherung）の締結によってその経済的なリスクを排除すれば足りる。

②OGH1997 年 3 月 26 日判決（DRdA 1998, 34）では次のような事案が問題とされた。自動車のシートベルト（PKW-Sicherheitsgürtel）の製造業者はWと自動車のシートベルトの輸送契約を締結したが，その孫請け会社の運転手はパスポートを忘れたので引き返す際にトラックのトレーラーが横転し，積荷のシートベルトが損傷した。製造業者は約 100 万シリングの損害を被ったので，これを孫請け会社とその運転手に対して賠償請求した。第一審裁判所は両者の責任を認めたが，第二審のリンツ高等裁判所は孫請け会社の責任を否定し，運転手の不法行為責任を肯定した。製造業者はこれに基づいて運転手の給与を差し押さえた（Gehaltsexekution）。そこで，本件訴訟において，運転手は使用者である孫請け会社に対してすでに被害者に支払った賠償の償還と将来の償還義務の確認を求めた[62]。

　第一審裁判所は DHG3 条による償還請求を使用者の自己責任の欠缺を理由に否定したが，しかし，ABGB1014 条類推による使用者のリスク責任を肯定。控訴審もこれを支持した。

　OGH も同じく DHG の直接的な適用を否定する。そして，使用者の第三者に対する自己責任の欠缺は ABGB1014 条類推によるリスク責任の原則を何も変更しない。ABGB1014 条の類推適用にとって決定的に重要なことは，指示された行為の典型的な危険と結びついた労働相当な加害が労務給付の調達に際して第三者のところで生じ，第三者の労働者に対する賠償請求が裁判上認められることによって，結果的に労働者の自己損害（Eigenschaden）が存在するこ

---

(62)　事実関係の詳細については，Vgl., Kerschner, Anmerkung zum OGH 1997.3.26, DRdA 1998, 35.

5　第三者に対する加害

とであると判示した[63]。

　(イ)　このように判例は営業手段とは関係しない第三者に対する加害の場合に
も使用者のリスク責任法理を適用する。ABGB1014条は損害類型を問わず適
用されると解されており，これの類推による使用者のリスク責任に関してこれ
を営業手段の損傷に限定すべき合理的理由は存在しないように思われる。使用
者のリスク責任論の理論的基礎はここでも妥当する。

　この類型における責任要件は，判例によれば，指示された行為の典型的な危
険の現実化すなわち労働相当な損害であれば足りる。自動車の損傷の場合とは
異なり，使用者の活動領域と労働者の個人的な生活領域との区別は問題となら
ない。

　(c)　第三者に対する加害の類型は，すでに見たように，営業手段として用い
られた物の損傷の場合と，営業手段とは関係しない第三者に対する加害の場合
に分けられるが，判例はいずれの場合にも使用者のリスク責任法理の適用を認
める。この際，86年判決および89年判決はその理由付けとして「損害移転」
を持ち出している。しかし，このような損害移転がここで存在するかどうかは
疑問であり，学説ではこの点に対する批判が強い。

　また，第三者に対する加害の類型はDHGの本来的な適用領域に属する。そ
こで，ABGB1014条類推による使用者のリスク責任がこれによって排除され
るか否かが問題となるが，この点はすでに言及した（2(4)参照）。上記の判例は
いずれも通説と同様にこれを否定して使用者のリスク責任の成立を認める。そ
うすると，両者の責任の関係，とりわけ使用者のリスク責任に関してDHGの
規定が類推適用されるべきかどうかがさらに問題となる。前述した97年判決
は，使用者の自己責任というDHG3条の定める要件が存在しないときでも，
使用者のリスク責任はこれによって影響されないとする。類推適用の観点から
見ると，これは自己責任に関するDHG3条の類推適用を否定したものと評価
することができる。確かに成立要件に関しては困難であろうが，しかし，成立
した使用者のリスク責任を法的にどのように取り扱うかをめぐっては，DHG
の規定を類推適用することも考えられてよい。

───────────

(63)　これ以外にも，DHG3条による訴訟告知義務や拘束効およびDHG6条の短期時効
　　との関連について判示するが，この点については後述する。

第2章　オーストリア法における使用者のリスク責任論の展開

　このことは同様に労働者被害の類型でも問題となる。労働者被害の類型は
DHG の本来的な適用領域に属しないが，しかし，DHG は使用者と労働者間の
特殊な関係を考慮して特別な規定を置いたのだから，労働者被害の類型におい
ても同様に DHG の政策的判断を尊重すべきかどうかが当然に問題となる。こ
のように考えると，労働者加害の類型か労働者被害の類型かを問わず，使用者
と労働者の間において，ABGB1014 条類推によるリスク責任につき DHG の規
定を考慮すべきかという一般的な問題として設定することができる。
　そこで，このような損害移転の問題と DHG の類推適用について次に検討す
ることにしたい。

(2)　第三者に対する加害と損害の移転

　(a)　損　害　移　転（Schadensverlagerung）す　な　わ　ち　第　三　者　損　害　賠　償
（Drittschadensliquidation）は，従来，次のような事例において問題とされてき
た[64]。
　まず第 1 に，債務者が危険負担を免れるような場合である。たとえば，贈与
された目的物が贈与者のところで贈与者の過失なしにある加害者によって破壊
された場合には，贈与者は債務を免れ（ABGB1447 条），財産的には贈与契約
が履行されたのと同様の地位に立つ。また，売買契約において，売主がまだ物
の所有者であるが，買主がすでにその危険を負担する場合において，加害者が
この物を壊したときも同様である。
　第 2 に，間接代理または受託者が自己の名で契約を締結したが，契約相手方
の不履行により損害が本人に生じた場合である。
　第 3 には，労働者が加害者によって怪我をさせられ，これによって労務給付
ができなくなったが，使用者が ABGB1154b 条ないし労働協約により賃金を支
払わなければならない場合，あるいは，身体侵害に伴う治療費が被害者自身で
はなくて，扶養義務者や社会保険者がこれを負担する場合などである。
　これらの事例では，賠償請求権を有する直接的な被害者（unmittelbarer
Geschädigte）に本来的に生ずべき損害が何らかの法的原因に基づいて第三者す
なわち間接的な被害者（mittelbarer Geschädigte）に生じている。このような損

---

(64)　Vgl., Koziol, Österreichisches Haftpflichtrecht, Bd.1, 3. Aufll, 1997, S. 433 ff.; Koziol-
　　　Welser, Grundriß des bürgerlichen Rechts, Bd. 1, 10. Aufl., 1995, S. 467 ff..

5　第三者に対する加害

害の移転によって加害者が賠償義務を免れるとすることはもちろん不当であり許されない。そこで，判例・通説は，直接的な被害者がこの第三者の損害を自己の損害として賠償請求し，あるいはこの請求権を第三者に譲渡して第三者が自分で加害者に請求できるとする。

　(b)　判例は第三者に対する加害の類型をこのような損害移転の事例として理解するのであるが，ケルシュナーは86年判決の評釈においてこれを持ち出す必要は全くないと批判した[65]。OGHは妻の物的損害を念頭において，この損害は経済的には労働者が負うが故に，妻から夫への損害の移転があるという。しかし，ABGB1014条の類推による賠償請求権を有するのは労働者であって妻ではないし，また，第三者に対する損害賠償義務の負担という形で労働者自身に損害が生じているから，損害移転のない通常の事例が存在する。損害移転の事例は，夫が妻に賠償義務を負わないような場合にまさに問題となるに過ぎない。ヤボルネック[66]やオーバーホーファー[67]もこのケルシュナーの批判を全面的に支持する。

　このように損害移転の理論を持ち出すことに対しては学説からの厳しい批判がある。このような批判を考慮したからであろうか，その後の95年判決（同棲者の自動車事件）や97年判決（シートベルト事件）では損害の移転に全く言及していない。

(3)　DHGの類推適用

　判例・通説によれば，ABGB1014条類推による請求権はDHGとは別個・独立のものであるが，しかし，その法的な取扱いをめぐってDHGの規定を類推適用すべきかが争われている。具体的には，過失相殺（DHG2条，3条2項・3項）および訴訟告知義務（DHG3条1項），強行法規性（DHG5条），時効期間（DHG6条）についてである。訴訟告知・拘束効を除いて，これらは労働者被害の類型にも共通する問題である。条文の配列に従って，これをみることにしよう。

---

(65)　Kerschner, Anmerkung zum OGH 1986.2.18, ZAS 1987, 85 (87).

(66)　Jabornegg, Schadenshaftung, a.a.O.(Fn.7), S. 136.

(67)　Oberhofer, a.a.O.(Fn.18), S. 58.

第 2 章　オーストリア法における使用者のリスク責任論の展開

(a)　過 失 相 殺

損害の発生につき労働者に過失がある場合に，ABGB1014 条類推による請求権に関して，これはどのように取り扱われるべきか。

OGH は，83 年判決において，次のように判示した。すなわち，労働者の過失を理由に使用者は ABGB1014 条類推による賠償義務を免れることはできない。労働者が自己の自動車を使用者の活動領域の中で使用しなければならず，その際，労働者はその業務の性質によれば自己の所有物の損傷という恒常的な危険（ständige Gefahr）にさらされるが故に，使用者が労働者の事故損害に関して責任を負うべき場合には，使用者の供した営業車の損傷に適用されると同一の原則により，使用者は労働者を免責しなければならないと述べて，DHG2 条で挙げられた基準（1⑵参照）による使用者の賠償義務の減額を認めた。

これは労働者の自動車が営業手段として用いられた事例であるが[68]，営業手段として用いられた第三者の自動車の損傷だけでなく（95 年判決），これと関係しない第三者の損害の事例でも同様である（89 年判決・97 年判決）。

このように DHG2 条の基準を用いて過失相殺することは確固とした判例法理といえる。これに対して，学説の中には，労働者に過失がある場合には，ABGB1014 条類推による使用者のリスク責任を否定する見解がある。たとえば，トーマンドルによれば[69]，受任者による有責な損害惹起の場合を ABGB1014 条も 1015 条も明示的に規定していないが，しかし，その立法史や ABGB の議事録からは，両条とも受任者に賠償請求権を認めるつもりでないことは明らかである。したがって，労働者に過失がある場合には，ABGB1014 条類推適用のための基礎を欠くという。

しかし，このような否定説はごく少数であって[70]，圧倒的な学説は判例を支持する[71]。労働者の過失は使用者の責任の減額事由にとどまり，リスク責任の成立自体の否定に導くわけではない。そして，この責任減額は DHG の基準に

---

(68)　Auch OGH 1988.2.24 ÖJZ 1988, 501.

(69)　Tomandl, a.a.O.(Fn.10), S.42 ff..

(70)　Schmaranzer, a.a.O.(Fn.59), S.93 は否定説を支持する。

(71)　Oberhofer, a.a.O.(Fn.18), S.59; Jabornegg, Schadenshaftung, a.a.O.(Fn.7), S.134; Strasser, a.a.O.(Fn.30), Rz.10, S.2092; Apathy, a.a.O.(Fn.26), Rz.11, S.744; Faber, a. a.O.(Fn.41), S.250 f..

従うとする。たとえば，ビドリンスキーは[72]，労働者被害の類型において労働者の過失を DHG と異なって評価することは首尾一貫しないという。DHG は労働者加害の類型につき使用者の営業リスク（Betriebsrisiko）との関連における労働者の過失の評価を規定しているからである。ビドリンスキーは労働者被害の類型のみを論じているが，使用者のリスク責任を第三者への加害の類型でも認めるときは，同様のことが妥当しよう。

クライン[73]も同様に労働者の過失を責任減額事由として位置づけるが，その適用条文を ABGB1304 条（過失相殺）に求める。その上で，具体的な減額については，過失責任の領域とは異なり，使用者のリスク責任と労働者の過失が相対している場合には DHG による評価と並行してなすべきだという。これは過失相殺の根拠条文と減額基準を明確に区別した点で評価できる。

(b) 訴訟告知義務

DHG3 条は被害者たる第三者から賠償請求された労働者の訴訟告知義務（Streitverkündigungspficht）を規定するが，この規定を ABGB1014 条類推による労働者の請求権に関しても適用しうるかが問題となる。

OGH1997 年 3 月 26 日（DRdA 1998, 34）はこれを肯定した原審を支持し，補充的に次のように述べる。すなわち，ABGB1014 条類推による請求権については，労働者の過失は DHG2 条の基準により評価されて，使用者の賠償義務の範囲が判断される。DHG3 条は DHG2 条の補充的規定であるから，使用者の賠償義務を検討する際に DHG3 条を考慮することに何も反対しない。それ故，前訴の拘束効（Bindungswirkung des Vorprozesses）の問題は民事訴訟法の規定だけで解決されるべきではない。

DHG3 条において，前訴の拘束効が認められるのは前訴の中で使用者が聴取の可能性を有していたかまたは有していたであろうからである。本件事案では，使用者は前訴において共同被告であったから，DHG3 条による個別の訴訟告知をすることは必要ではない。また，一審判決で使用者に対する訴訟が棄却されたために，上訴手続に参加しなかったから，再訴は禁止され，上訴審での新しい主張も許されない。上訴審において補助参加人（Nebenintervenient, ZPO17

---

(72)　Bydlinski, a.a.O.(Fn.8), S.39 ff..

(73)　Klein, a.a.O.(Fn.9), S.355.

第 2 章　オーストリア法における使用者のリスク責任論の展開

条）として関与することは使用者の自由であり，そこで補助参加人としての訴
訟行為を通して自己の見解を主張することを原告である労働者は妨害していな
い。これらのことから，前訴の拘束効は使用者にも及ぶとした。

　訴訟告知義務および前訴の拘束効については，学説でも，これを肯定するの
が通説といえる[74]。

（c）　強行法規性

　使用者のリスク責任は片面的強行法規性を有するか。これに関する判例はま
だ存在しないようであるが，学説では，ABGB1014 条が本来的に任意法規で
あることから，類推適用の領域においても同様に任意法規性を認めるのが通説
的な見解である。しかし，最近では，DHG5 条を類推適用する見解も見られる。

　㋐　前者の代表的なものとしては，ビドリンスキーの見解があげられる。彼
は ABGB1014 条の任意規定性から出発して，これの免責合意に関しては，ま
ず第 1 次的な問題は免責合意の存在の有無とその射程範囲であり，その後，第
2 次的にその免責合意の許容性・法的な有効性が問題になるとする[75]。

　明示的な免責の合意があればもちろん，そうでない場合でも，契約の解釈に
よって免責合意を導くことができる。たとえば，契約上定められた金銭給付ま
たは高額な報酬支払いがリスク責任を排除する目的でなされたような場合がそ
うである。もっとも，このような目的は労働者にとって誤解の余地のないほど
明確に現れ，少なくとも契約締結の同意を通して彼によって一般的に受け入れ
られたことを必要とする。使用者の単なる内心の意思や契約締結後の目的設定
は法的には全く重要ではない。

　このような契約解釈による免責は特に日当（Tagegeldern）や手当（Diäten），
走行距離手当（Kilometergeldern）の場合に問題となる。どのような財産的負
担（費用や損害）がこれによって弁済（Abgeltung）されているかという免責の
射程範囲に関しては具体的な契約との関連でのみ判断することができる。しか
し，取引上通常の意味からすると，一般的には次のようにいうことができる。
日当や手当はある任務の履行中に必要となった，通常の個人的な（家での）生

---

　(74)　Apathy, a.a.O.(Fn.26), Rz. 12, S.744.; Oberhofer, Praxiskommentar, a.a.O.(Fn.17),
　　　　Rz. 25, S.233; Kerschner, a.a.O.(Fn.62), S.36.
　(75)　Bydlinski, a.a.O.(Fn.8), S.96 ff..

活費用を超える費用に対する弁済を意味する。したがって，費用償還請求権は排除されるが，これは自動車の損害には及ばない。走行距離手当の場合には，OGH と同様に，一般的には，これによって経常的に生ずる費用（自動車の消耗を含む）のみを弁済しているに過ぎず，事故に伴う物的損害のリスクを含まない。これに対して，自動車の稼働や維持と結びつくすべての費用や支出に対する弁済を意識的に意欲した契約条項の場合には，リスク責任も排除される。修理費用すなわち自動車の事故に伴う物的損害は自動車の維持費用に属するからである。

このような免責合意の存在が認められる場合でも，常にその有効性が認められるわけではない。その許容性の範囲は公序良俗違反性（ABGB879 条 1 項）によってその限界が画される。集団的契約上の報酬額が高いために追加的なリスク負担が労働者に期待可能である場合には，免責合意は公序良俗違反とはならない。追加的なリスク負担によって労働者が普段の生活を保持できなくなるわけではない。同様に，労働者のリスクの増大が相応に弁済される場合には，免責合意は有効である。この要件の下で，ABGB1014 条の任意法規性は完全な効果を発揮するという。

ケルシュナーも[76]同様に使用者のリスク責任の任意法規性から出発し，個々の事例においては公序良俗違反が問題となるとする。そして，労働者の労務に伴う事故損害のリスクと労務の履行に際して使用者や第三者を加害するという労働者のリスクは類型的に異なるとともに利益状態も同じではないことを理由に DHG5 条の類推適用に反対する。しかし，労働者が契約上自己または第三者の自動車を使用することを義務づけられているような場合には，例外的にDHG5 条を類推適用することが必要だという。DHG の強行法的な責任秩序は労働者が労務の履行と結びついたリスクを回避できないということに基づいており，ここでも同様のことが妥当するからである。

　(イ)　これに対して，ヤボルネックは DHG5 条の類推を肯定して使用者のリスク責任の強行法規性を認める[77]。使用者の物の損傷に関しては DHG の責任軽減を排除しあるいは無過失責任を労働者に課すという合意は許されないが

---

(76)　Kerschner, a.a.O.(Fn.16), S. 75 ff., derselbe, Dienstnehmerhaftpflichtgesetz, a.a.O.(Fn.38), §5, Rz. 10, S.200.

(77)　Jabornegg, Schadenshaftung, a.a.O.(Fn.7), S.134 f..

第2章 オーストリア法における使用者のリスク責任論の展開

（DHG5条），営業のために用いられた労働者の物の損傷に関してはすべての損害を労働者に課す合意が許されるとすれば，これは耐え難い評価矛盾であるし，必然的に使用者が労働者に自己の物の使用を迫るという事態に導くであろう。ABGB879条1項の公序良俗違反によりこれを阻止することもできるが，しかし，その際にDHGによるリスク負担の強行法規性を考慮しないことが可能であるとは考えられない。ここでは，DHG5条を類推することが評価的に正当であり事態に適するという。

このようにヤボルネックは強行法規性を承認するが，このことは契約による労働者へのリスク移転を全面的に否定するものではない。労働者にとって不利でなければリスクを労働者に移転する契約も有効である（有利性の検査・Günstigkeitsprüfung）。たとえば，営業のために用いられた労働者の物に関して使用者のリスク責任を相当な追加的報酬の支払いによって排除するような場合がそうである[78]。

(d) 時 効 期 間

(ｱ) DHG6条は使用者のリスク責任に類推適用されるべきか。オーバーホーファーはこれを肯定する[79]。DHGは経済的な非独立者の責任に関する原則を規定したものであり，労働生活においては請求権の存否を迅速に画定することが望ましいというDHG6条の立法趣旨はまさに使用者のリスク責任に基づく請求権にも妥当するからである。しかし，彼は，DHGには，そもそも基本的な評価矛盾（Wertungswiderspruch）が存在するという。

すなわち，DHGによれば，使用者と労働者間の軽過失に基づく賠償請求権は6ヵ月の消滅時効に服する。1983年の法改正によって，労働者の責任軽減は重過失の場合にも拡張されたが，この際，DHG6条はそのまま手を付けずに維持された。その結果，軽過失のときは6カ月，重過失のときはこれよりも長い時効期間が適用されることになる。このことはDHG2条による使用者の損害賠償請求権（Schadensersatzanspruch）およびDHG4条による使用者の償還請

---

(78) オーバーホーファーもほぼ同様であるが，相当な追加的報酬の支払はそれだけでは決してDHGの規制を排除するのに十分ではないとする。Oberhofer, Praxiskommentar, a.a.O.(Fn.17), Rz. 10 ff., S.230 f..

(79) Oberhofer, Präklusion und Verjährung im Haftungsrecht der wirtschaftlich Unselbständigen, ZAS 1989, 45ff..

求権（Regreßanspruch）については妥当であるが、しかし、DHG3条による労働者の補償請求権（Ausgleichanspruch）については、重過失者のほうが軽過失者よりも長い権利行使期間が認められるという奇妙な結果を招来することになる。

　そこで、労働者重過失の場合のDHG3条による労働者の補償請求権については、30年の一般時効（ABGB1479条）ではなくて、ABGB1486条の3年の時効期間を適用することによって、これを回避すべきだとする。同条は日常生活の債権（Forderung des täglichen Lebens）について規定するが、労働関係に基づく金銭債権は原則的には「日常生活の取引による債権（Forderungen aus Geschäften des täglichen Lebens）」に該当するものと考えるべきであり、DHG3条による労働者の補償請求権もこれに含まれる。また、第三者への損害賠償の給付によって、労働者は労務遂行と関連する費用を支出したのだから、損害賠償給付は同条5号の「経費（Auslagen）」に該当するというのがその理由である。もちろん、オーバーホーファーの言うように3年の時効期間を適用しても、これによって上記の評価矛盾が全面的に除去されるわけではない。オーバーホーファーは法改正がどうしても必要だと主張するが[80]、この背景にはこの点の認識が存在するといってよい。

　オーバーホーファーは、さらに、労働者重過失の場合における使用者のDHGに基づく請求権の時効について検討する。ここでも、DHG6条の6ヵ月の時効期間は適用されないからである。まず第1に、DHG2条による使用者の損害賠償請求権に関しては、ABGB1489条の3年の時効が適用されることは明らかである。また、DHG4条による使用者の償還請求権をみると、DHG3条による労働者の補償請求権と異なる時効規定を適用することは正当ではない。誰が第三者に対して賠償給付したかによって区別することに客観的な理由はないとともに、労働者よりも使用者を有利に扱うことは労働契約法の基本的評価に反する。したがって、ABGB1486条5号の類推適用により3年の時効期間に服すると解すべきである。同条同号の直接的な適用でないのは、ここでは労働者ではなくて使用者による経費の支出が問題となっているからである。

───────────

(80)　オーバーホーファーは、改正案として、労働者軽過失の場合の使用者の請求権は6ヵ月の時効に服し、軽過失を超える場合の労働者の請求権は同じく6ヵ月で時効消滅するというようにDHG6条を修正することを提案する。Oberhofer, a.a.O.(Fn.79), S. 55.

第2章　オーストリア法における使用者のリスク責任論の展開

ABGB1014 条類推によるリスク責任に DHG6 条を類推する場合にも，同条によって把握されない場合の時効期間が問題となる。具体的には，労働者に共同過失がない場合および重過失の場合である。いずれの場合も，DHG3 条による労働者の補償請求権と同様の理由により，ABGB1486 条 5 号の 3 年の時効期間に服すべきである。ただし，5 号の経費（Auslagen）の概念は費用（Aufwand）よりも財産的価値の意識的な投入の観点をもっと強く全面に出しているから，損害（Schaden）をこれと同一に置くことは不可能である。したがって，ここでは，ABGB1486 条 5 号り適用ではなくて，これの類推適用による。

ケルシュナーは[81]，類推の基礎が欠けているとして，DHG6 条の類推適用を否定する。そして，ABGB1014 条類推による労働者の請求権は契約上の請求権としての性質を有することを理由に，ABGB1486 条 5 号に服するという。

これに対して，ビドリンスキーは[82]損害賠償請求権の観点を強調する。本来的な委任法の領域では，リスク責任に基づく請求権は一般的な 30 年の時効に服するが，雇傭契約の領域では，無過失責任であるとしても損害賠償請求権が問題となっている。したがって，法の欠缺は存在せず，損害賠償請求権に関する ABGB1489 条の時効規定（第 1 文の 3 年の時効）が適用されるとする。

(イ)　OGH1989 年 9 月 13 日（JBl 1990, 469）は，オーバーホーファーの見解を援用して，ABGB1014 条類推による使用者のリスク責任に基づく労働者の請求権に関しては ABGB1486 条 5 号を類推して 3 年の時効期間に服すると判示した。立法者は ABGB1486 条 5 号のところではこのような請求権を恐らく考えていなかった。しかし，この規定の目的的な解釈によれば，立法者は労働関係に基づく金銭債権を原則的には日常生活の債権として短期の 3 年の時効期間に服させるつもりであることが導かれる。したがって，時効に関しては，この請求権は労働者の経費償還債権と類似して取り扱われると判示した。

もっとも，ここでは，労働者の過失は認定されているが，これが重過失であるとはされていない。そうだすると，DHG6 条（6 カ月の短期事項）の類推の有無が問題となるが，本判決はオーバーホーファーの見解を援用するにも拘わらずこれに言及していない。

---

(81)　Kerschner, Dienstnehmerhaftpflichtgesetz, a.a.O.(Fn.38), §6, Rz.16, S.216, derselbe, a.a.O.(Fn.16), S.60.

(82)　Bydlinski, in Koziol, Kurzkommentar zum ABGB, 2005, §1015, Rz.11, S.1004.

（ウ）これに対して、OGH1995 年 11 月 8 日（ÖJZ 1996, 300）では、軽過失が認定された事例において、使用者のリスク責任に基づく労働者の請求権は契約上の請求権であり、労働関係に基づく金銭請求権として ABGB1486 条 5 号（3年の時効）を類推適用すべきだとした。そして、これは労働者の軽過失または重過失とは無関係にそうであるという。

OGH は軽過失の場合には DHG6 条を類推適用すべきだとするオーバーホーファーの見解をこの限度で拒否した。その理由は次のような点にある。過失相殺に関して DHG2 条の基準を用いることから、DHG6 条の類推適用が必然的な効果としてもたらされるわけではない。また、ABGB1014 条による労働者の請求権は DHG6 条の損害賠償請求権や償還請求権とは異なる。重過失と軽過失の場合の時効期間に関する評価矛盾も存在しない。立法者は重過失による賠償請求権が 6 ヵ月で消滅しないことが事態に適するものと考えていた。また、立法者が DHG6 条のところで ABGB1014 条による請求権を考慮していないことは明らかだからである。

その後、OGH1997 年 3 月 26 日（DRdA 1998, 34）もこの ABGB1486 条 5 号類推適用論を支持した。

(4) 労働者の訴訟費用・弁護士費用

（a）第三者に対する加害の事例と関連して、労働者が第三者の提起した訴訟で敗訴し訴訟費用の負担を命じられた場合に、これを使用者に請求しうるか。DHG3 条の要件を満たすときは、不可欠な訴訟費用を含めて使用者に償還請求しうることは明文上明らかである。しかし、たとえば使用者が第三者に対する賠償義務を直接的に負わないときなど、DHG3 条の要件を満たさない場合に、ABGB1014 条の類推適用に基づいて賠償請求しうるかが問題となる。刑事訴訟における弁護士費用の賠償請求についても同様である。これらはもちろん労働者自身に生じた損害の類型であるが、便宜上ここで扱うことにしたい[83]。

---

(83) なお、費用と損害の間の区別は、通常、意思的要素を基準として行われる。すなわち、任意的・意思的な財産的犠牲（freiwillige willentliche Vermögensschaden）が費用であり、任意的でない財産的犠牲（unfreiwillige Vermögenschaden）が損害とされる。しかし、訴訟費用などがいずれに属するかは、必ずしもハッキリとしない。Strasser, a.a.O.(Fn.30), Rz.4, S.2086 などはこれを費用とするが、Kerschner, a.a.O.(Fn.16), S.64 は

第2章　オーストリア法における使用者のリスク責任論の展開

(b)　学説をみると，たとえばケルシュナーは次のように述べる[84]。すなわち，第三者損害訴訟における訴訟費用（Prozeßkosten）に関しては，ABGB1014条の類推適用によってDHG3条の特別な要件を回避することは許されない。したがって，同条の類推による請求権はDHG3条による償還請求権が成立しない場合にのみ認められる。たとえば，労働者が第三者から裁判上請求されたが，その後実際に賠償を求められなかったというような場合（使用者が労働者より先に弁済した場合）である。立法者はこのような事例を忘れていたように思われるが，この欠缺はABGB1014条類推によって閉じられるべきである[85]。刑事事件における弁護士費用については，有罪判決の場合には，これの賠償を求めることはできない。これに対して，単なる行政罰（Verwaltungsstrafen）については，いずれにせよ労働者の個人的な非難可能性が存在しないときは，使用者に転嫁することができる。故意に行政刑法に違反する場合でさえ，使用者がこれを指図したときは，使用者は賠償義務を負うという。

また，マヤー・マリーは[86]，罰金を賠償するという約束の有効性について検討し，ドイツおよびオーストリアの判例を参照して，犯罪を行う前になされた約束は公序良俗に違反して無効であるが，犯罪後になされた約束は有効だとする。同様に，訴訟費用の賠償に関する約束も許される。第三者に対する訴訟に関する訴訟費用や防衛費用は，このような約束がなくとも，ABGB1014条により賠償請求しうるとする。

(c)　これに関連する判例としては，OGH1996年7月24日判決（ÖJZ 1997, 28）がある。事案は，使用者があるガストハウスを借りて営業をしていたが，ウェイトレスの過失により火災が発生。建物所有者に賠償した保険会社が，保険代位に基づき使用者およびウェイトレスに対して賠償請求し，裁判所は両者に連帯して賠償すべきことを命じた。また，ウェイトレスは刑事責任も追及され，有罪判決を受けた。ウェイトレスはこれらの訴訟費用および弁護士費用を

　　両者であり得るとする。Mayer-Maly, Risikohaftung, a.a.O.(Fn.42), S.13は能動的な訴訟のときは費用，受動的な訴訟では損害に近いとする。また，後述する判例は損害（Schaden）として位置づけている。

(84)　Kerschner, a.a.O.(Fn.16), S.67.

(85)　Kerschner, Dienstnehmerhaftpflichtgesetz, a.a.O.(Fn.38), §3, Rz.38, S.164 f., derselbe, Kommentar zum OGH 2000.1.26, JBl 2000, 530 (533).

(86)　Mayer-Maly, Risikohaftung, a.a.O. (Fn.42), S.11 f..

5　第三者に対する加害

使用者に請求したというものである。

　まず訴訟費用に関してであるが，使用者が労働者に被害者たる第三者に対する訴訟の遂行を要請するか，または使用者が第三者に損害賠償することによってDHG3条2項の範囲内での労働者の償還からその基礎を奪う場合には，DHGによって把握されない労働者のいわゆる自己損害が存在する。このような自己損害に関しては，ABGB1014条を類推して，使用者の配慮義務という特別な要件の下で，使用者の負うべきリスク責任の範囲内で，使用者はこれを賠償すべき義務を負う。

　また，刑事訴訟における弁護士費用（Verteidigerkosten）についても，この費用の賠償を使用者に求めることが一般的に否定される訳ではない。労働者の有罪判決は確かに彼の加罰的な行為に帰せられるが，けれども刑事判決の拘束効との関連で弁護士を用いるべきだとの使用者のあり得る指図や労働相当性を無視することは許されない。このような事情に帰すことができる部分については，労働者は使用者にこれの賠償を請求しうる。その際，DHG2条を類推して労働者の過失の程度に応じて減額されると判示した。

　(d)　第三者に対する訴訟費用については，DHG3条の要件を満たす場合には，これの賠償を請求しうることは明らかである。また，判例によれば，ABGB1014条類推による責任はDHGとは別個独立のものであるから，これに基づいて訴訟費用の賠償を請求することもできよう。DHG3条の要件を満たすときは，単にその実益が存在しないに過ぎない。

　労働者が罰金を支払った場合，これをABGB1014条類推により賠償請求することはできないであろう。刑罰という害悪を他の物に転嫁することは許されず，有罪判決を受けた者自身がこれを負担しなければならない。また，ABGB1014条類推による賠償請求権を認めることは，犯罪を助長することに繋がるとともに，犯罪前の賠償合意が無効であることと矛盾するからである。

　これに対して，刑事訴訟における弁護士費用は罰金それ自体とは異なる。上記の判例が掲げる要件の下では，これの賠償を認めることが妥当であるように思われる。

　なお，これと類似して，有限会社の業務執行者（GmbH-Geschäftsführer）に生じた訴訟費用が問題となった事例もある。OGH2000年1月26日判決（JBl

第2章　オーストリア法における使用者のリスク責任論の展開

2000, 530）がそうである。事案は，有限会社の業務執行者であった原告に対して，計画倒産（Krida）の嫌疑での刑事訴訟および債権者の1人から職務懈怠を理由に損害賠償の訴えが提起されたが，いずれも無罪判決および請求棄却の判決が確定した。そこで，原告はこれに要した弁護士費用（Verteidigerkosten）を破産債権として届け出たが，破産管財人がこれを争ったので，これの確認を申し立てたというものである。

裁判所は，業務執行者に課された罰金刑（Geldstrafe）や有罪判決が出された刑事訴訟における権利防衛費用（Kosten der Rechtsverteidigung）は ABGB 1014条の意味での費用（Aufwand）ではない。しかし，無罪判決で終わった刑事訴追や業務執行者に対する棄却された民法上の損害賠償請求のリスクは，その業務執行が——会社に対しても——合法的なもの（eine ordnungsgemäße）であった場合には，個人的な生活領域または一般的な生活リスクではなくて，ABGB1014条に包摂される特別なリスクであると評価すべきである。これと必然的に結びつく代理費用（Vertretungskosten）は ABGB1014条のリスク責任の原則によって賠償請求しうる損害（Schäden）であると判示した[87]。

有限会社の業務執行者は労働者ではない。また，有限会社の業務執行者については，合名会社（Offenne Handelsgesellschaft）の社員に関する HGB110条のような規定（ABGB1014条と内容的には同一である）も存在しない。このような有限会社と業務執行者の間の関係において，上記の判例は ABGB1014条を直接的に適用して，無過失の損害賠償請求権を認めた。我が国の学説が民法650条3項の（類推）適用に慎重であることを考えると，この点でも注目に値しよう。

む　す　び

(1)　オーストリア法では，使用者のリスク責任論は1983年の OGH の判決を契機として展開された。OGH は委任に関する ABGB1014条の中に「他人のためにする行為のリスク責任」という一般原則を見いだし，同条の雇用・労働

---

(87)　なお，有限会社法（GmbHG）25条は業務執行者の責任を規定する。判例によれば，これは強行規定であると解されるから，この限りで DHG は適用されない。本件では，原告は有限会社の従業員であり同時に業務執行者であったが，この場合も同様である。

194

契約への類推適用を正当化した。ABGB1014条の雇用・労働契約への類推をめぐっては，主として法の欠缺の存否，雇用・労働契約の有償性およびDHGという特別法の存在との関連で疑念が提起されたが，この法理論は現在の判例および学説において確固たる地位を占めている。

　類型的には，当初，労働者の所有する自動車の損傷という労働者の物的損害の事例が問題とされたが，その後，当該自動車が第三者の所有であった場合，さらに労務のための使用とは関係しない第三者の法益を侵害した場合など，第三者に対する加害の類型についても肯定された。また，ASVG333条3項の改正に伴って，近時，労働者の人的損害の類型が現実的な問題として浮上した。判例はABGB1014条類推肯定説によったが，その後，否定説へと立場を変えた。学説でも，ABGB1014条類推による使用者のリスク責任を労働者の人的損害につき認めることには否定的な見解が優勢であるといえよう。しかし，これらは立法者が手を付けないままにしたEKHG3条3号との関連で否定するに過ぎず，ABGB1014条類推による使用者のリスク責任が労働者の人的損害に及ぶことを否定するものではない点に注意すべきである。

　このように使用者のリスク責任は労働者被害の類型および第三者に対する加害の類型について認められてきたが，使用者に対する加害の類型に関してはこれまでのところ判例は見当たらないようである。しかし，労働者の損害賠償義務の負担が問題となる点で第三者に対する加害の類型と異ならないのだから，これを使用者のリスク責任から排除すべき理由はないといってよい。

　ABGB1014条は「委任の履行と結びついた損害」であることを要件とする。同条の類推の場合も，これに対応して，使用者のリスク責任は具体的な労務給付と典型的に結びついた労働相当な損害に限られる。ビドリンスキーやファーバーなどはリスクの予見可能性やリスクの判断対象，リスク判断の時点などに分けて，この要件をさらに具体化することを試みている。訴訟費用に関するOGHの2000年の判決ではビドリンスキーの見解が援用されており，今後，この視点での分析が展開されるように思われる。

　さらに，労働者の個人的な生活領域・一般的な生活リスクではなくて，使用者の活動領域に属することを必要とする。これが付加的な要件か，それとも上記の要件の1つの具体化に過ぎないのかについては見方が分かれる。また，両者の領域の判断基準も問題となる。自動車の損傷の事例において，判例は自動

第2章　オーストリア法における使用者のリスク責任論の展開

車なしでは当該仕事を正常に処理しえないかどうかによったが，その後，自由裁量と受益（Disposition und Nutzung）というヤボルネックの基準を採用した。これによって，労務の遂行と直接的に関連しない事例も使用者のリスク責任に含めることが可能となった。近時，訴訟費用の償還の事例においても，このような労働相当性や一般的な生活リスクに属しない特別なリスクの要件が用いられたが，ここでは，もちろん自動車なしで当該仕事を正常に処理し得たかどうかという判断基準が妥当しないことはいうまでもない。

　ABGB1014条類推による労働者の損害賠償請求権は債務不履行や不法行為とは異なる別個・独立の請求権である。したがって，この請求権の法的な取扱いが問題となるが，過失相殺や消滅時効の期間，強行法規性などを中心として，その全容がほぼ明らかになったといえよう。

　(2)　使用者のリスク責任論はこのようにオーストリア法において著しい発展をみた。このような法状況に鑑みると，我が国のリスク責任論はまだ未成熟であると言わざるを得ない。ここでは，リスク責任論に対して抱くであろういくつかの疑問点を検討して本章のむすびとしたい。

　まず第1に，雇用・労働契約の有償性との関連である。650条3項が「他人のためにする行為のリスク責任」という一般原則を表明したものであるとしても，雇用・労働契約は有償であるから，労働者は自己のために行為しており，他人のために行為する者とはいえず，上記の一般原則は妥当しえないとする疑問がありうる。しかし，「他人のためにする行為」というのは，当該行為と結びついたすべての利益を「他人」（委任者や使用者など）が享受するという「利益思想（Vorteilgedanke）」を表現したものに他ならない。このような行為から生ずる利益の帰属関係がその核心をなしているのであって，当該行為に対する対価（報酬）が支払われるか否かとは関係しない。「他人のためにする行為」とは決して利他的な行為や無償行為などを意味するのではない。このような誤解を招く恐れがあるというのであれば，もう1つの理論的根拠である「危険設定思想（Gefahrsetzungsgedanke）」すなわち受任者の活動が委任者の指示ないし意思に由来するという帰責要素に重点を置いて，「委託した行為のリスク責任」と呼ぶことも考えられてよい。

　第2に，650条3項の賠償責任は無過失責任であって，これを広く認めることは使用者にとって酷ではないかという疑念が生ずる。しかし，本章の冒頭で

む　す　び

指摘したように，労働者加害の類型において，使用者の求償権や損害賠償請求権を制限して損失の使用者への帰属を認めるにも拘わらず，労働者被害の類型においてこれを否定することは首尾一貫性に欠ける。使用者のリスク責任を肯定することはそこで一般的に承認されている基本的な価値判断と相反するものではない。問題となるのはリスク責任の要件に関してであろう。650条3項は「委任事務を処理するため」受けた損害と規定しており，その範囲をめぐっては見解が分かれる。しかし，これは委任事務を直接的な原因とする損害を意味することは明らかであるから，雇用・労働契約に類推する場合には，これに対応する要件が必要となる。具体的には，労働相当な損害ないし労務の典型的な危険の現実化としての損害がこれに該当しよう。また，オーストリアの一部の判例・学説のように，予見可能なリスクを意味するとすれば，使用者にとって決して過酷とはならない。使用者は予めこのリスクを計算に入れて当該行為の中止を命ずるか，保険を締結するか，あるいは現金で支払うことを選択することが可能だからである。

　第3に，委任者の無過失損害賠償責任は特異な規定でありその適用を制限すべきではないのかという点である。これを無償委任に限定し，あるいは有償委任においては損害賠償の範囲は無償委任の場合よりも減縮されるべきだとする見解の背後にはこのような認識が存在しよう。しかし，受任者の受領物引渡義務（646条）や費用償還請求権（650条1項）などから明らかなように，委任契約の本質は委任者の計算と危険に基づいて行われる点にある。委任者の無過失損害賠償責任もこれの1つの現れに他ならず，この意味では委任契約の本質上当然の規定であるといえよう。そうだとすると，本人の計算と危険あるいは利益思想が妥当する法律関係にこれを類推適用することも認められてよい。

　また，650条3項は他の多くの法律関係に準用されている点にも注意する必要がある。たとえば，民法典の中では，準委任に準用されることはいうまでもないが（656条），さらに，組合の業務を執行する組合員（671条）や遺言執行者（1012条）にも準用される。また，家事事件手続法124条・125条・146条などは，家庭裁判所の選任した財産の管理者について650条の準用を規定する（旧家事審判法16条も同様）。

　商法においても，問屋と委託者の関係に委任に関する規定が準用され（商法552条2項），準問屋についても同様である（商法558条）。さらに，会社法（平

第 2 章　オーストリア法における使用者のリスク責任論の展開

成 18 年 5 月 1 日施行）では，株式会社と役員および会計監査人との関係は委任
に関する規定に従うものとされ（会社法 330 条），委員会設置会社の場合には，
委員会設置会社と執行役員との関係についても同様である（会社法 402 条 3 項）。
また，持分会社では，業務を執行する社員と持分会社との関係について 650 条
が準用される（会社法 593 条 4 項・598 条 2 項）。これらは旧法でも同様に規定
されていた（商法旧 68 条・旧 147 条・旧 254 条 3 項，旧有限会社法 32 条）。持分
会社の清算の場合には，清算持分会社と清算人との関係は委任に関する規定に
服し（会社法 651 条），また，会社の解散命令の申立があった場合に，裁判所の
管理命令で選任された管理人について 650 条が準用される（会社法 825 条 7 項）。

　寄託に関する 665 条とは異なり，これらの規定ではいずれも 650 条 3 項の準
用は排除されていないから，同条項も準用されることに法文上疑いはない。

　このように種々の法律関係において 650 条 3 項の無過失損害賠償責任が見い
だされる（さらに，信託法 36 条 1 項も参照）。このような責任の広がりをみると
き，現行法において委任者などのリスク責任を異端児であるということは到底
できないように思われる。このような責任の存在を直視して，その具体的な適
用をめぐる諸問題を解明することこそがまさに学説のとり組むべき課題といえ
よう。

第3章　オーストリア一般民法 1014 条の歴史的沿革とその適用範囲

は じ め に

　オーストリアでは，労務遂行中に被った労働者の損害に関して，使用者は過失の有無を問わずこれを賠償すべき責任が判例法上認められている。すなわち，OGH1983 年 5 月 13 日（SZ 56/86）はこのような使用者の損害賠償責任を形式的には委任者の無過失損害賠償責任を定めた 1014 条の類推適用，理論的には「他人のためにする行為のリスク責任」によって基礎づけた。また，労働者による使用者または第三者の加害の類型に関しては，被用者賠償責任法（DHG）が労働者の使用者に対する賠償責任の減免を明文で定める。これはオーストリア法の注目すべき特徴であるが，判例はこの類型に関しても 1014 条の類推適用による労働者の賠償責任の軽減を肯定する。

　このような労働契約への 1014 条の類推適用をめぐっては，これまでに少なくとも 20 件を超える判例が公にされており，また，通説的見解もこれを支持する。したがって，これは判例・学説上確定した法理であると評価することができる[1]。

　このように 1014 条は本来的な委任契約の領域ではなくて，雇用・労働契約において重要な役割を演じている。しかし，同条それ自体の歴史的な沿革や理論的な基礎を明らかにしておくことは，同条の雇用・労働契約への類推適用を論ずる際の資料として有用であるといえよう。本章の目的は主としてこの点にある。また，近時，事務管理に関しても，新しい判例が公にされたので，これに関しても見ることにしたい。

---

(1)　これに関しては，拙稿「労働過程で生じた損害の帰属と他人のためにする行為の危険責任」法学研究 47 号 328 頁以下（1991 年），同「オーストリア法における使用者のリスク責任論の展開(1)(2・完)」法学志林 104 巻 2 号 33 頁以下（2006 年），同 3 号 101 頁以下（2007 年）参照。

第3章　オーストリア一般民法1014条の歴史的沿革とその適用範囲

1　ABGB1014条の立法史

(1)　委任者の無過失損害賠償責任

1)　委任と他の契約類型の区別

(a)　オーストリア一般民法（ABGB）は，第22節「任意代理契約（Bevollmächtigungsvertrag）」という表題の下で委任契約（Auftrag）について規定する（1002条以下）。もっとも，その表題から明らかなように，本来的な委任に関する規定と代理に関する規定が混在しており，この点の注意が必要である。

ABGBでは，委任はある者が有償または無償で他人の事務を他人の計算で処理すべき義務を負う契約をいうものとされる。この事務処理とは法律行為（Rechtsgeschäften）または他の法的行為（Rechtshandlungen）（例 契約交渉や財産の管理）を行うことである。そうでない純粋な事実行為（歩道の掃除や物品輸送）は委任の概念に含まれない。このような純粋な事実的行為は委任ではなくて雇用または請負契約の領域に属する。つまり，委任と雇用・請負契約はその対象が法律行為か，または純粋な事実的行為か否かによって区別される[2]。

また，雇用と請負の限定規準は時間的な労務給付で足りるか，それとも一定の結果を完成すべき義務を負うかにある[3]。雇用と請負はいずれも「労務給付

---

(2)　Vgl., Koziol/Welser, Grundriß des bürgerlichen Rechts, Bd. I, 10. Aufl., 1995, S. 362 f.. もっとも，古い判例の中には，委任の対象は法律行為だけでなく，事実的な活動でもよいとしたものもある。具体的には，OGH 11. 1. 1881, GIU（Sammlung von civilrechtlichen Entscheidungen des k.k. Obersten Gerichtshofes）Nr. 8245がそうである。事案はドナウ汽船会社の従業員が夜に泥酔した渡り板の監視員の代わりに汽船を固定することを委託され，これを行う際に，台船（Stehschiff）と汽船の間に足を挟まれて怪我をしたというものである。一審判決は委託された労務給付が原告の労働義務に属さず，原告がこれを任意かつ無償で引き受けた場合には，委任契約が存在するとした。委任契約は単に法律行為だけでなく，通常の労務給付に属するようなものも対象としうるからである。もっとも，1014条は単なる損害発生の可能性ではなくて，損害発生の蓋然性の存在を必要とするが，本件では，このような蓋然性が認められないとして，同条の適用を否定した。控訴審はこれを支持。OGHもこれを援用して上告を棄却した。

　　同様の学説としては，Swoboda, Bevollmächtigungsvertrag und Auftrag, Geschäftsführung ohne Auftrag, versio in rem., 1932, S. 24 f.が挙げられる。

(3)　なお，雇用契約は有償だけでなく無償でもあり得る点に争いはないが，請負契約では有償に限るかどうかが争われる。通説的見解は，「報酬と引換えに（gegen Entgelt）」

に関する契約（Verträge über Dienstleistungen）」という表題の下で第26節で扱われるが，総則規定を除くと，雇用契約は1153条以下，請負契約は1165条以下でそれぞれ規定される。もっとも，雇用または請負契約が事務処理と結びつく場合には，委任に関する規定もこれに準用される（1151条2項）。

　(b)　ドイツ法と対比すると，委任と雇用・請負契約の限定規準が決定的に異なる。ドイツでは，無償性が両者の限定規準とされており，委任は無償の事務処理契約に限られる。この結果として，委任は法律行為に限定されず，純粋に事実的な行為をも含むことになる（広義の事務処理概念）。同様に，雇用・請負契約も純粋に事実的な行為だけでなく，法律行為も含むから，契約の対象たる行為の点では両者は同じである。

　そうすると，「事務処理を対象とする雇用契約または請負契約」に委任の規定の準用を定めたBGB675条1項における「事務処理」とは何かが問題となる。この規定は委任の規定が準用されない雇用・請負契約の存在を前提とするが，ここでの「事務処理」が広義の事務処理概念を意味するとすれば，すべての雇用・請負契約に委任の規定が準用されることになり，BGB675条1項の前提と矛盾することになる。そこで，BGHの判例および通説は一般的な事務処理概念とは異なってこれを理解する（分離理論）(4)。これに対して，ABGB1151条2項はBGB675条1項に相当するが，ここではこのような問題は生じない。

　さらに，雇用契約をめぐって重要な差異を指摘することができる。オーストリア法では，総則規定を含む1151条以下の意味での（真正な）雇用契約は「人的な従属性（persönliche Abhängigkeit）」を本質的なメルクマールとする（判例・通説）(5)。被用者は労働場所や労働時間，労働に関する容態を自由に定める

　　　とする1151条1項後段に基づき有償性は請負契約の本質であるとして，無償の請負契約を否定する。これに対して，有力説は，通説のように解すると，事実的な結果の無償での完成は委任に算入すべきことになるが，事務処理に向けられた委任の規定を適用することは適切ではないと批判して，無償の請負契約を肯定する。また，無償性の明示的な合意を許容する1152条の規定は請負契約にも適用しうることもその根拠の1つに挙げる。Vgl., Koziol/Welser, a.a.O.(Fn. 2), S. 403.

　(4)　拙稿「事務処理に際して生じた損害とドイツ民法670条（2・完）」法学志林110巻4号32頁以下（2013年）参照。

　(5)　Spenling in Koziol, Bydlinski, Bollenberger, Kurzkommentar zum ABGB (im folgenden, KBB), 3. Aufl., 2010, §1151, Rn. 2, Rn. 6 ff., S. 1282 ff. ; OGH 9. 11. 1976,

第3章　オーストリア一般民法1014条の歴史的沿革とその適用範囲

ことはできず，雇主の指揮監督に服し，その指図に拘束されて労務を給付しなければならない。この点では雇用契約は労働契約（Arbeitsvertrag）と同一である。このような従属性を有しない独立的な労務給付を内容とする契約は「自由な雇用契約（freier Dienstvertrag）」と呼ばれるが，労働法および雇用契約法はこれに関して規定していない[6]。そこで，判例は人的従属性に由来しない雇用契約の規定（1152条・1159条・1159a条・1159b条・1162条ないし1162d条）に関しては自由な雇用契約への類推適用を肯定する[7]。

これに対して，ドイツ法では，民法上の雇用契約は人的従属性の有無を問わないから，真正な雇用契約および自由な雇用契約の両者を含む。人的従属性は労働法の適用範囲を画するものであり，労働法は人的従属性を伴う雇用契約（労働契約）に関してのみ適用される。

なお，我が国では，委任と雇用・請負契約の区別などについては，基本的にオーストリア民法と同じであるが，いわゆる自由な雇用契約は「準委任」（656条）に該当し，委任の規定に服する点で異なるといえよう。

2)　委任者の損害賠償責任

ABGB は委任者の義務として費用償還義務（1014条第1文）と損害賠償義務（1014条第2文・1015条）を定める。本章の課題である委任者の損害賠償義務についてみると，これは次の3つの場合に分けられる。

(a)　委任者の過失による損害

1014条第2文前段は「委任者は自己の過失によって生じた損害をすべて賠償しなければならない」と規定する。1012条は受任者に関して同様に過失に基づく損害の賠償義務を定めており，両者は対応関係にある。しかし，加害者に過失がある場合にはこの損害を賠償すべきことは当然であるから（1293条以下），これらの規定は損害賠償法の一般的規定を反復したに過ぎず，何ら特段の意味を有しない。

　EvBl 1977/112（ÖJZ 1977, 239）=ZAS 1978/8（S. 53）；OGH 19. 5. 1981, EvBl 1982/24（ÖJZ 1982, 72）=JBl 1982, 500.

(6)　もっとも，2004年の改正法によって，自由な雇用契約に関して使用者の書面交付義務が1164a条として追加された（BGBl I 2004/77）。

(7)　OGH 29. 9. 1981, ZAS 1983, 29；OGH 26. 3. 1997, SZ 70/52.

1 ABGB1014条の立法史

(b) 委任の履行と結びついた損害

委任者は過失の場合だけでなく、さらに、「委任の履行と結びついた損害（mit der Erfüllung des Auftrages verbundener Schaden）をすべて賠償しなければならない」（1014条第2文後段）。

(ア) ここでの責任要件は単に「委任の履行と結びついた損害」である。過失の有無は問題とされないから、これが無過失責任（リスク責任）であることは明らかである。生じた損害と委任の履行との「結びつき」について、判例[8]・通説[9]は「委託された事務の増大した典型的な危険（erhöhte typische Gefahren des aufgetragenen Geschäfts）の結果として生じた損害」、すなわち「委任の原因に基づいて（ex causa mandati）生じた損害」をいうものと解する。この委託された活動によって損害発生の蓋然性が一般的な生活リスクと比較して予見可能的に増大しなければならない。単に「委任の機会から（ex occasione mandati）生じた損害」は賠償されない。

(イ) 1014条によれば、「すべての損害」が賠償される。したがって、少なくとも積極的損害はすべて賠償されなければならない。積極的損害の種類は問題とならないから、物的損害だけでなく、人的損害、さらに財産的損害も1014条により賠償される[10]。

(ウ) この委任者のリスク責任は無償委任だけでなく有償委任にも適用される。一部の学説は無償委任に限定するが[11]、これは法の文言や体系に適合しない。1014条は1015条とは異なって、文理上無償委任に限られていない。また、雇用・請負契約は原則的に有償であるが、1151条2項によれば、事務処理と結

---

(8) OGH 9. 2. 1937, SZ 19/40 ; OGH 31. 5. 1983, SZ 56/86.

(9) Apathy in Schwimann-Praxiskommentar, Bd.5, 1997, §1014 ABGB Rn. 9, S. 743 ; Bydlinski in KBB (Fn. 5), §1014 ABGB Rn. 7, S. 1113 f. ; Stanzl in Klang-Kommentar zum ABGB, Bd. 4/1, 2. Aufl., 1968, §1014, 1015 ABGB S. 849 ; Strasser in Rummel-Kommentar zum ABGB, Bd. 1, 3. Aufl., 2000, §1014, 1015 ABGB Rn. 10, S. 2090 f..

(10) Kerschner, Die Reichweite der Arbeitgeberhaftung nach §1014 ABGB oder zur Entmystifizierung einer neuen Wundernorm, in : Tomandl, Haftungsprobleme im Arbeitsverhältnis, 1991, S. 57 (S. 65 ff., 74 f.).

(11) Fitz, Risikozurechnung bei Tätigketi im fremden Interesse, 1985, S. 89 ff., 160 ff. ; Oberhofer, Die Risikohaftung wegen Tätigkeit in fremdem Interesse als allgemeines Haftungsprinzip, JBl 1995, 217 (S. 218).

第3章　オーストリア一般民法1014条の歴史的沿革とその適用範囲

びつく雇用・請負契約に1014条の規定が準用されるからである[12]。

(c)　偶　然　損　害

受任者が事務処理（Geschäftsführung）に際して単に偶然的に（zufällig）被った損害は原則として賠償されない。しかし，受任者がこれを無償で処理することを引き受けた場合には（無償委任），この偶然損害の賠償請求権が受任者に認められる（1015条）。ただし，この場合には，受任者の請求しうる賠償の範囲は有償委任であれば得たであろう報酬の最高額に制限される。

このようにABGBは1014条および1015条で委任者の無過失損害賠償責任を定める。ドイツ法やスイス法はこのような明文規定を有していないから，この点はABGBの特徴の1つといえる。

これに対して，我が国の民法典は1014条に相当する規定を有する。650条3項がそうである。もっとも，同条は「委任事務を処理するため」に被った損害と規定し，また受任者に過失がないことを要件とする点で異なる。また，1015条のように無償委任の場合の特別な賠償責任は定められていない。

このようにABGBの委任者の無過失損害賠償責任の規定は非常に興味深いものであるが，このような規定は歴史的にどのように法典化されるに至ったのであろうか。オーストリア法における委任者の無過失損害賠償責任の歴史的な沿革を概観してみることにしよう。

(2)　歴史的沿革
1)　立　法　史

ABGBの成立過程は次の4つの段階に分けられる。テレジア法典，ホルテン草案，マルティーニ草案，そして，マルティーニ草案を原草案としてなされた審議である[13]。

---

(12)　Faber, Risikohaftung im Auftrags- und Arbeitsrecht, 2001, S. 93 ff..

(13)　Vgl., Harrasowsky, Der Codex Theresianus und seine Umarbeitungen (im folgenden, Der Codex Theresianus), Bd. I, 1883, S.1 ff. ; derselbe, Geschichte der Codification des österreichischen Civilrechts, 1868, S. 36 ff. ; Ofner, Berathungs-Protokolle der k. k. Hofkommission in Gesetzsachen, S. 1 ff., in : Der Ur-Entwurf und die Berathungs-Protokolle des Österreichischen Allgemeinen Bürgerlichen Gesetzbuches (im folgenden, Der Ur-Entwurf), Bd. I, 1889.
　　また，これに関する我が国の文献としては，村上淳一『近世法の形成』163頁以下

1 ABGB1014 条の立法史

(a) テレジア法典

女帝マリア・テレジアは 1753 年に民法典を作成するための編集委員会 (Compilations-Commission) の設置を命じ，総督府の長官であるハウクヴィツ (Haugwitz) がこの編纂作業の責任者となった。オーストリア民法典の編纂作業はこの時に始まった。同委員会はブリュン (Brünn) で作業を行い，部分草案を提出した。しかし，これを改訂するための修正委員会 (Revisions-Commission) がウィーンに新たに設置され，その後，この委員会の下で進められた。そこでは，編集委員であったアツォーニ (Azzonie) が主要な役割を演じ，彼の死去した 1760 年以降はツェンカー (Zencker) がこれを継承した。そして，1766 年 11 月 25 日に法典草案が女帝の裁可を仰ぐために提出された。これがテレジア法典 (Codex Theresianus) と一般的に呼ばれるものであるが，正規の法典ではなくて草案の段階にとどまる。

国務院 (Staatsrat) の審議では，国務大臣カウニッツ (Kaunitz) によって高く評価されたビンダー (Binder) が圧倒的な影響力を行使した。彼は草案の裁可を思い止まるべきことを主張した。草案の裁可に賛成したのはブリューメーゲン (Blümegen) だけであった。

1770 年 10 月 14 日，カウニッツは草案の改定を決議し，2 年間の猶予期間を与えた。ホルテン (Horten) がこの改訂作業に従事したが，これも国務院の審議において種々の修正が加えられた。そして，1772 年 8 月 4 日，マリア・テレジアはこれの更なる改訂を命じ，その際次の原則に従うべきものとした。すなわち，①法と教科書を混同すべきでないこと，②できるだけ簡潔に表現すべきこと，③曖昧さや不明確性を回避すべきこと，④法それ自体においては，ローマ法に結びつけるのではなくて，自然的な衡平性が基礎とされるべきこと，また，法はできるだけ単純化し，不必要な注釈などによる条文数の増大を回避すべきこと，の 4 つである。これはビンダーやカウニッツの意見を採り入れたものである。

(1979 年)，ヴィアッカー著・鈴木禄弥訳『近世私法史』422 頁以下 (1961 年)，石部雅亮「オーストリア民法典」久保正幡先生還暦記念『西洋法制史料選Ⅲ』225 頁以下 (1979 年)，シュロッサー著・大木雅夫訳『近世私法史要論』113 頁以下 (1993 年) などがある。

第 3 章　オーストリア一般民法 1014 条の歴史的沿革とその適用範囲

(b)　ホルテン草案

テレジア法典の改訂作業はホルテンを中心とする新しい委員会に委ねられた。1780 年にマリア・テレジアが没してヨーゼフ 2 世が即位したが，この編纂作業はそのまま引き継がれた。1786 年にホルテンが死去し，宮廷顧問官 (Hofrat) のケース (Keeß) がこれを継承した。彼らによって作成された第 1 編は同年の 11 月 1 日に公布され，翌年から施行された（「ヨーゼフ法典」と呼ばれる）。

(c)　マルティーニ草案

1790 年にヨーゼフ 2 世が死去し，レオポルト 2 世が即位すると，編集委員会に代えて，ウィーン大学の自然法教授のマルティーニ (Martini) を中心とする宮廷立法委員会 (Hofkommission in Gesetzsachen) が設置された。

1792 年にフランツ 2 世が帝位に着いたが，編纂作業はそのまま継続された。そして，マルティーニは 1794 年に民法典の第 1 編の改定案を提示した。これは行政部の高級官僚の強い反発を受けたため，新たに宮廷修正委員会 (Revisions-Hofkommission) がロッテンハン (Rottenhann) の下に設置されて，さらに検討が加えられた。そして，1796 年に完全な草案が提出された（マルティーニ草案）。

1797 年 1 月 12 日にマルティーニが健康上の理由から引退を表明すると，ケース (Keeß) によって若干の字句の修正が施されて，これが同年 2 月 13 日に西ガリツィーエンに（西ガリツィーエン法典 (Westgalizisches Gesetzbuch)），さらに同年 11 月 18 日に東ガリツィーエンに法律として公布された[14]。ガリツィーエン地方に限るとはいえ，包括的な民法典としては，これが公布にまで至った最初のものである。

(d)　原草案とツァイラーの提議

(ア)　1794 年に新たに宮廷修正委員会が設置された結果，最高司法庁を後ろ

---

(14)　西ガリツィーエン法典はマルティーニ草案とは次の点で異なる。①マルティーニ草案では，各編の各章毎に条文数が振られていたが，西ガリツィーエン法典では，各編毎に通し番号が付された。②純粋に用語的な適合化が行われた。もっとも，個々の規定が客観的な点においても草案の規定と一致しないことも時たま見られる。Vgl., Faber, Risikohaftung (Fn. 12), S.104.

1 ABGB1014条の立法史

盾とする宮廷立法委員会と総督府の意向を受けた宮廷修正委員会の間で主導権争いが繰り広げられることになった[15]。そこで，フランツ2世は1796年11月20日に，両委員会を1つに統合すること，および，マルティーニ草案を各ラントの立法委員会に意見具申のために通知することなどを命じた。

　これに基づき，1797年に草案は各ラント立法委員会に1年の期限を区切って意見聴取のため送付された。しかし，各ラント立法委員会は期限を遵守せず，1801年になって初めて完全になされた。そこで，同年の12月21日に第1回の委員会が開催された。そこでは，西ガリツィーエン法典とほぼ同じものが原草案（Urentwurf）として審議に付された[16][17]。

　(イ)　この新しい委員会では国務大臣のロッテンハンが議長を務めた。そして，実質的な責任者となったのはツァイラー（Franz von Zeiller）であった。彼は最初の委員会の冒頭で民法典編纂の意義，これまでの編纂作業の経緯，および改訂作業に関する諸原則などにつき詳細な基調報告を行った。その後，ツァイラーが各立法委員会の意見を集約して各条文ごとに報告し，自己の見解を明らかにした上で，これに基づいて審議が行われた。

　第1読会は1801年12月21日から1806年12月22日の第132回まで続いた。その後，第2読会が第133回（1807年5月4日）から第160回（1808年1月14日）まで，第3読会が第161回（1809年11月13日）から第174回（1810年1月4日）まで行われた。そして，フランツ2世の裁可を得て，1811年6月1日に公布され（JGS Nr. 946/1811），翌年の1月1日から施行された。これによっ

---

(15)　皆川宏之「法典編纂と自然法論(2)・完——オーストリア一般民法典第7条の成立史を題材として——」法学論叢149巻4号129頁（2001年）参照。

(16)　西ガリツィーエン法典については，第1編第1条から57条までに限られるが，次の文献に紹介されている。Barta, Zur Kodifikationsgeschichte des österreichischen bürgerlichen Rechts in ihrem Verhältnis zum preußischen Gesetzbuch, S. 324 ff., in: Barta, Palme, Ingenhaeff, Naturrecht und Privatrechtskodifikation, 1999. これによって，原草案と西ガリツィーエン法典の同一性を確認することができる。

　　なお，両者の僅かな相違については，Ofner, Entwurf eines allgemein bürgerlichen Gesetzbuches (Der Urentwurf), Fußnote, CXLVIII, in : Der Ur-Entwurf (Fn. 13), Bd. I. を参照。

(17)　マルティーニ草案を原草案と表記することが多く見られる。しかし，マルティーニ草案と西ガリツィーエン法典，さらに原草案の間には，すでに指摘したような差異が僅かではあるが存在することに注意する必要があろう。

第3章　オーストリア一般民法 1014 条の歴史的沿革とその適用範囲

てオーストリア全体の民法典が約 60 年の歳月を経て完成したのである。

その後，種々の改正がなされてはいるが[18]，現在でも現行法として維持されている[19]。

2）　委任者の無過失賠償責任の取扱い

(a)　テレジア法典［Codex Theresianus（1766）］

(ア)　テレジア法典は，第3編「人的債務関係（Persönlichen Verbindungen)」の第15章「指図契約（Befehlscontract)」で委任契約を規定する[20]。その主要な部分は次の通りである。

第1条［指図契約の本質と特性］

1号　指図契約とはある者が他の者から委託された事務の処理を無償で（umsonst）引き受ける好意的な合意（gutwillige Vereinigung）である。

4号　しかし，この契約の本質は，完全な達成後に感謝のために褒美や尊敬（Verehrung），謝礼（Vergeltung）が提供され，または初めにそれに関して何かを与えることを約束し，あるいは一定の種類の事務に従事することによってその生活費を得ようとする者，たとえば弁護士や公証人，交渉使節などから，予めの約束なしに，この職業的活動に対して何かを要求されるとしても，これによって変更されない。

第6条［指図者または委託者の反対債務とこれに向けられた債権］

73号　指図された事務の遂行に関して被指図者の財貨に指図者の最軽過失に基づいて生じた損害は同様に被指図者に賠償されるべきである。しかし，

---

(18)　ABGB の法改正は現在までに 88 回を数えている。とりわけ，1914 年から 1916 年の間に 3 回にわたって部分改正が行われたが，この中でも，1916 年の第 3 回部分改正法（Dritte Teilnovelle, RGBl Nr. 69/1916）は民法典全般に及ぶ広範囲な法改正である。

(19)　ABGB が他のヨーロッパ諸国に与えた影響に関しては，ブラウネーダー著・堀川信一訳「ヨーロッパ私法典としてのオーストリア一般民法典」一橋法学 10 巻 1 号 19 頁以下（2011 年）参照。

　　なお，損害賠償法の近時の改正動向については，大東文化大学法学研究所オーストリア損害賠償法研究班（代表者・堀川信一）「翻訳　新オーストリア損害賠償法草案(1)～(5・完)」大東法学 20 巻 1 号 1 頁以下（2010 年），20 巻 2 号 1 頁以下（2011 年），21 巻 1 号 21 頁以下（2011 年），22 巻 1・2 号 2 頁以下（2013 年），23 巻 1 号 2 頁以下（2013 年）参照。

(20)　Vgl., Harrasowsky, Der Codex Theresianus (Fn. 13), Bd. Ⅲ, S. 261 f., 270.

偶然から生じた損害または被指図者自身の過失がその契機を与えた損害は
賠償されない。

74号　すなわち，ある者を自宅に泊めることを指図された被指図者が自己
の過失なしにこの者によって盗まれた場合には，指図者は盗まれた財貨の
価値を賠償する義務を負う。けだし，この者の性質について十分に告知し
なかったことは指図者の過失と評価すべきだからである。

75号　これに対して，指名なしに有用な召使いの調達を懇請された被指図
者がこの召使いを自宅に滞在させている時に彼によって盗まれた場合には，
指図者に過失があるのではなくて，その者の選択において注意深く行為し
なかったという過失が被指図者にある。

76号　被指図者が委託された事務の遂行中に (in Ausrichtung des
aufgetragenen Geschäfts) 自己の財貨に被った偶然損害は，指図者の過失
がそこに紛れ込まず，さらに，このような偶然に関する賠償を被指図者に
予め約束していない場合には，指図者の負担に帰すことはできない。すな
わち，指図の遂行のために行われた旅行中に略奪されたときは，彼はこの
損害を自分で償わなければならない。

77号　危険が指図者に恐らく知られており，被指図者が指図者から警告さ
れずに，委託された事務を悪意なしに善意で引受けた場合，あるいは，被
指図者がこの指図の遂行を任意ではなくて，指図者に対する義務的な忠実
さから引き受けた場合には，この指図の委託がなかったとすれば損害が回
避されたであろうときは，指図者は単なる偶然によっても被指図者の財貨
に生じた損害を衡平上賠償しなければならない。

第7条　［相互の過失と危険］

88号　これと異なり，単なる偶然に関しては，これが明示的な約定によっ
て引き受けられていないときは，誰も相手方に対して義務を負わず，偶然
によって自己の財貨に生じた損害は各人が自分で負担しなければならない。
［…］

89号　被指図者に託された指図者の物が偶然的に滅失した場合には，指図
者は被指図者に対して，反対に被指図者が委託された事務の遂行中に自己
の物に偶然損害を被ったとすれば被指図者が指図者に賠償請求できるより

第3章　オーストリア一般民法1014条の歴史的沿革とその適用範囲

も少ない賠償を請求することができる。

　これによれば，委任契約は原則として無償の好意契約である（第1条1号）。しかし，他方では，当時の普通法の学説を反映して，褒美や報酬が事後的に提供され，あるいは事前に約束された場合でも，契約の本質は変更されないと規定する（同条4号）。つまり，これらの褒美などは有償委任とは異なって委任事務の対価を意味しない。したがって，理論的には委任の無償性は維持されたままである[21]。

　委任者（指図者）の損害賠償責任に関しては，極めて個別的に規定されている（第6条73号ないし77号，第7条88号・89号）。しかし，原則的には，偶然損害に関しては，受任者（被指図者）は委任者に賠償請求できず，これを自分で負担しなければならない（第7条88号）。つまり，最軽過失であれ，過失が委任者に存在する場合にのみ，損害賠償請求権が受任者に認められるに過ぎない（第6条73号）。ローマ法源にも見られる具体的な事例が個別的に第6条74号ないし76号で明らかにされている。

　これに対して，第6条77号は2つの例外を定める。1つは，ある危険が委任者に恐らく知られていたが，受任者は彼から警告を受けなかったという場合である。もう1つは，受任者が任意ではなくて，委任者に対する義務的な忠実さから，この命令の実行を引き受けた場合である。これらの場合には，委任者は衡平上受任者の偶然損害を賠償すべき責任を負う。

　注意すべきは，まず第1に，前者の事例は今日の見解では委任者の有責な説明義務違反として把握されるから，これは委任者の過失に基づく賠償という本来の原則の適用事例に属することになろう。したがって，後者の事例が本来的な例外となる。また，偶然損害の賠償は完全な損害の賠償を目的としたものではなく，衡平による賠償に限られる。このようにテレジア法典では，現行民法典の1014条や1015条と同じような構想の萌芽はまだ見い出されない。

　(イ)　これと異なり，雇用契約に関しては，雇主の無過失損害賠償責任が明文で規定されている。テレジア法典では，第3編「人的結合について」ですべての債務関係が包括的に扱われているが，しかし，雇用契約に関する規定は存在しない。したがって，雇用契約に関しては，第1編「人事法（von dem Recht

(21)　幾代通・広中俊雄編『新版注釈民法(16)』214頁（1989年）〔中川高男〕参照。

210

1 ABGB1014条の立法史

der Personen))」の第7章「被用者（von Dienstleuten）」の規定が適用されることになる。具体的には，次の条文である。

第2条[22]

30号　雇主（Herr）は被用者（Diener）を保護し，不当に厚かましい言動から守り，被用者の過失なしに労務によって生じた物の損害を彼に賠償し，また，命じられた危険な仕事中に，または雇主のその他の指図から生じた被用者の生命や健康に対する損害を賠償すべき義務を負う。この場合，裁判官は原告たる被用者をその行為それ自体から判明する衡平に従って争いのない状態に置かなければならない。

これによれば，雇主は保護義務と並んで，労務者の過失なしに労務により被った物的損害，および命じられた危険な仕事中に，または雇主のその他の指図により生じた労務者の生命・身体に関する損害を賠償すべき義務を負うものとされる。

この規定はその後の法典化作業の過程で忘れ去られたが，テレジア法典において，すでに使用者の無過失損害賠償責任が認められていたことは大変興味深い。また，現行法でも，1014条は雇用契約に準用されるが，しかし，事務処理を対象とする雇用契約に限られる（1151条2項）。事実的な雇用契約に関しては，1014条を類推適用するのが現在の判例・通説である。テレジア法典が事実的な雇用契約を含むすべての雇用契約に使用者の無過失損害賠償責任を規定したことは，このような判例・通説による解決の先取りであると言うこともできよう。

(b)　ホルテン草案［Entwurf Horten（1787）］

ホルテン草案は，第3編の第16章で任意代理契約（Bevollmächtigungscontracte）について定める[23]。その主たるものは次の通りである。

第2条　他人の事務の処理は無償で引き受けられなければならず，これと異なり，これに対して賃金が約束される場合には，これは雇用契約である。

---

(22)　Vgl., Harrasowsky, Der Codex Theresianus (Fn. 13), Bd. I, S. 270.

(23)　Vgl., Harrasowsky, Der Codex Theresianus (Fn. 13), Bd. IV, 1886, S. 459 ff..

第3章　オーストリア一般民法1014条の歴史的沿革とその適用範囲

けれども，事務の達成後に，謝礼や尊敬，お返しが感謝のためにこの者に
提供される場合には，この契約の本質は変更されない。

第3条　身体的な労務によってではなくて，むしろ理性や知力（Krafte des
Verstandes und Geistes）によって成し遂げられるような事務の委託と引受
けは，初めからその遂行に対して一定の謝礼が約束された場合でも，常に
任意代理契約であると看なされる。[…]

第33条　また，委託を行った者の過失によってであれ，あるいは偶然
（ungefährer Zufall）によってであれ，委託された事務を行う際に任意代理
人（Bevollmöchtigte）の財貨に生じたすべての損害は彼に賠償されなけれ
ばならない。けれども，任意代理人は，彼の側にすべての過失がなく，か
つこの偶然が専ら（einzig und allein）委託された事務の処理に基づいて彼
に生じた場合でなければ，偶然損害の賠償を請求することはできない。

このホルテン草案でも，委任の無償性は基本的には維持されているが（第2
条第1文），しかし，事後的な謝礼等の提供等が認められるとともに（第2条第
2文），高度の精神的労務に関しては，一定の謝礼の支払いが予め合意された
場合でも，委任契約として扱われる（第3条）。

この点では，ホルテン草案はテレジア法典と比べて大きな違いはない。しか
し，委任者の責任の問題については，委任者の過失は必ずしも不可欠なものと
はされていない。ここでは，委任者の過失責任と無過失責任が併存的に規定さ
れる。すなわち，「委任者の過失によってであれ，あるいは偶然によってであ
れ」，受任者の財貨に生じた損害はすべて賠償される（第33条）。ただし，偶
然損害に関しては，任意代理人に過失がなく，かつ，この偶然が専ら委託され
た事務の処理のために彼に生じた場合に限られる。

このようにホルテン草案は委任者の過失責任と無過失責任を併存的に定める
点で，現行民法典の1014条と同じである。しかし，偶然損害の賠償責任の限
界付けは現行民法典と比べると余り明確とは言えない。

（c）　マルティーニ草案［Entwurf Martini（1796）］
マルティーニ草案は委任に関して次のように規定する[24]。

---

(24)　Vgl., Harrasowsky, Der Codex Theresianus (Fn. 13), Bd. V, 1886, S. 171 f..

212

1 ABGB1014 条の立法史

第 3 編

第 4 章　助言契約（Empfehlungsvertrag）と寄託契約（Hinterlegungsvertrag）

第 1 条　とりわけ，ある者が他人の事務を処理し，あるいは他人の物を保管する場合には，無償の労務給付が行われる。一方の者がこの尽力を約束し，他の者がこの約束を受諾した場合には，前者では助言契約，後者では寄託契約が存在する。

第 3 条　他人の事務の処理に関して，謝礼が単に黙示的にせよ約定された場合（これはこの事務を引き受けた者の身分や職業から明らかになるに違いない），あるいは，他人の物の保管者に賃金が提供されるべき場合には，これらの契約は単なる世話好き（bloße Dienstfertigkeit）を目的とするのではなくて，むしろ交換行為（Tauschhandlungen）に属する。

第 12 条　誠実な占有者に対する償還と同じように，委任者（Machtgeber）は受任者（Gewalthaber）に事務処理のために支出した費用を償還すべき義務を負う。委任者の過失によって生じたか，または委任の履行と結びついた損害も受任者に賠償されるべきである。

第 13 条　しかし，単に予期しない偶然（unvermutheter Zufall）によって生じた損害は，雇われた弁護士であれば，そこでなされた尽力につき彼に支払われるであろう最高の査定額の限度で，受任者に賠償されるに過ぎない。

　このマルティーニ草案では，委任の無償性が厳格に貫徹された（第 1 条）。受任者の身分や職業から報酬が黙示的に約束されたことが明らかとなる場合には，委任契約ではなくて交換行為（Tauschhandlungen）に属するものとされる（第 3 条）。もっとも，「交換」に関する第 5 章には，有償の事務処理契約に関連する規定は存在しない。

　次に，委任者の賠償責任についてみると，委任者の過失責任と無過失責任を併存的に規定する点ではホルテン草案と同様である。しかし，マルティーニ草案の注目すべき点は，委任者の無過失責任に関して「委任の履行（Erfüllung des Auftrages）と結びついた損害」（第 12 条）と「予期されない偶然（unvermühter Zufall）によって生じた損害」（第 13 条）の 2 つに分けて規定したこと，および，後者の場合には，賠償額は仮定的な報酬額に限るとしたことにある。

　このような構想は基本的に 1014 条と 1015 条と同じであって，現行法の原型

213

第3章　オーストリア一般民法 1014 条の歴史的沿革とその適用範囲

はこのマルティーニ草案に求めることができよう。もっとも，マルティーニ草案では委任は無償のものに限られていた点に注意が必要である。

(d)　原草案［Urentwurf (1797)］
原草案における委任に関する規定は次のようなものである[25]。

第3編
第4章　助言契約と寄託契約（Empfehlungs- und Hinterlegungsverträgen）

第 102 条　とりわけ，ある者が他人の事務を処理し，あるいは他人の物を保管する場合には，無償の労務給付が行われる。一方の者がこの尽力を約束し，他の者がこの約束を受諾した場合には，これによって，前者では助言契約（Empfehlungsvertrag）が生じ，後者では寄託契約が生ずる。

第 104 条　他人の事務の処理に関して，単に黙示的に報酬が約束された場合（これは事務処理者（Geschäftsträger）の身分や職業から容易に判断できる），または他人の物の受寄者がこれに関して報酬を得べき場合には，これらの契約はもはや単なる世話好きに基づかない。これらは交換行為に属する。

第 113 条　委任者（Machtgeber）は受任者（Gewalthaber）に事務処理のために支出したすべての費用を，誠実な占有者に対してなされると同じように，償還すべき義務を負う。さらに，委任者は，彼の過失によって生じたか，または委任の履行と結びついたすべての損害を賠償しなければならない。

第 114 条　受任者が事務処理に際して単に偶然に（zufälliger Weise）損害を被った場合には，委任者は，雇われた事務処理者（gedungener Sachwalter）がこの事務を行うとすれば支払われるであろう報酬の最も高い査定額以上のものを受任者に賠償する必要はない。

原草案でも，委任の無償性は維持された。第3編第4章の第 102 条および第 104 条はそれぞれマルティーニ草案の第 1 条と第 3 条に対応する。文章表現に若干の変化が見られるが，内容的な差異をもたらすものではない。

また，委任者の責任に関しても，原草案第 113 条および第 114 条はマルティーニの第 12 条と第 13 条にそれぞれ対応する。しかし，「予期されない偶然（unvermühter Zufall）」という文言は削除され，現行民法典の 1015 条と同

---

(25)　Vgl., Ofner, a.a.O.(Fn.16), S. XCIX f..

一 の「偶然に (zufälliger Weise)」という表現に改められた（第114条）。もっとも，このような文言の変更がなされた理由は明らかではない。また，これによって内容的な修正が意図されたかどうかも不明である。

(e) ツァイラーの提議

(ア) 1805年3月11日の第84回委員会で，原草案第102条および第104条の審議が行われた[26]。第102条に関しては，ウィーン大学法学部はラテン語の「contractus mandati」を十分に表現していないとして「助言契約 (Empfehlungsvertrag)」という用語を用いることに反対した。ツァイラーはこの異議を受け入れて，「助言契約」に代えて「代理契約 (Vollmachtsvertrag)」を用いることを提案した。しかし，ここで扱われる契約の概念をより明確にするために，「任意代理契約 (Bevollmächtigungsvertrag)」の用語を使うことが決定された。また，寄託契約は別のところで定めるものとして，第3編の第4章では単に「任意代理契約」が扱われることになった。

その結果，第102条は「ある者が彼に委託された事務を他人の名で処理することを引き受ける契約は任意代理契約である」と改められた。第104条についても，寄託に関連する部分を削除し，さらに，明示的・黙示的な報酬の合意がある場合につき「交換行為 (Tauschhandlungen)」ではなくて，「有償契約 (entgeltlicher Vertrag)」に属するものとされた。

委任の無償性との関連では，原草案第102条の「無償の労務給付 (unentgeltliche Dienstleistungen)」という限定が削除され，また，第104条の上記の改正から明らかなように，報酬が合意された場合につき，原草案の第5章「交換 (Tausche)」の適用を受ける別個の契約（交換契約）としての位置づけが放棄された。これによって，委任契約の無償性が否定され，委任契約は有償委任を含むことが明瞭になったといえよう。

(イ) 1805年3月18日の第85回委員会では，原草案の第113条および第114条が審議された[27]。第113条前段の費用償還請求について，受任者を「誠実な占有者」と類似して扱うことを止め，受任者は「失敗した結果の場合でさえ (selbst bei fehlgeschlagenem Erfolge)」費用の償還を請求しうることを明らかに

――――――――――――
(26) Vgl., Ofner, Der Ur-Entwurf (Fn. 13), Bd. II, 1889, S. 44 f..

(27) Ofner, Der Ur-Entwurf (Fn. 13), Bd. II, S. 49 ff..

第3章　オーストリア一般民法1014条の歴史的沿革とその適用範囲

した。また，費用の前払請求権が追加された。費用請求権に関してはこのような改正がなされたが，これに対して，後段の委任者の損害賠償義務については何も変更されないままであった。

　第114条の偶然損害の賠償責任に関しては，委任契約が有償委任に拡張されたことに伴い，無償委任の場合に限ることを明らかにした[28]。また，この場合の賠償額を「雇われた事務処理者（gedungener Sachwalter）」を基準とした報酬の最高額ではなくて，「有償契約であれば支払われるであろう報酬の最高額」に改められた。

　このように委任を有償委任に拡張し，また，無償委任への制限を第114条に関して追加し，第113条後段についてはこれを追加しなかったことから考えると，第113条後段の委任者の損害賠償責任は有償委任にも適用されるというのが立法者の見解だということができる。この点で，委任者の賠償責任はマルティーニ草案よりも拡張されており，また，委任の無償性に責任の基礎を求める従来の見解が貫徹できなくなったことに注意すべきであろう。ただし，このような委任者の責任を拡張する立法者の動機は立法資料からは窺い知ることができない。

3）小　　括

　委任者の損害賠償責任に着目すると，当初は，過失責任の原則とこれの例外とされたが（テレジア法典），その後，過失責任と無過失責任が併存的に規定され（ホルテン草案），さらに，後者は「委任の履行と結びついた損害」と「予期しない偶然」または「偶然に」生じた損害の2つに分けて規定された（マルティーニ草案，原草案）。

　この段階までは，委任は原則として無償委任に限られていたが，ツァイラーの提議に基づき，有償委任も委任に包含されるに至った。その結果，「委任の履行と結びついた損害」の賠償は無償委任だけでなく有償委任にも適用され，これに対して，「偶然に生じた損害」は無償委任に限定された。これによって，委任者責任に関する現行法の規定が完成するに至った。ABGBは有償委任に

---

(28)　マルティーニ草案では，このような制限は不要であった。そこでは，委任は無償に限られるから，原草案第113条および第114条も当然に無償の委任関係のみに適用される。

216

おいてこのような委任者の無過失賠償責任を認めた初めての立法例である。

(3) 他の契約類型への準用

1) 事務処理と結びついた雇用・請負契約と ABGB1014 条

委任はある者が有償または無償で他人の事務をその者の計算で処理すべき義務を負う契約である（1002 条）。委任の対象たる事務処理は法律行為やその他の法的行為を意味する。純粋に事実的な行為は委任ではなくて，雇用契約（Dienstvertrag）または請負契約（Werkvertrag）に属する。すなわち，一定の時間相手方のために労務を給付すべき義務を負う場合には雇用契約が成立し，単なる労務給付ではなくて仕事の完成を引き受けた場合には請負契約が成立する（1151 条 1 項）。

ABGB は 1153 条以下で雇用契約を[29]，また 1165 条以下で請負契約をそれぞれ詳細に規定しており，委任に関する規定は雇用・請負契約には適用されないのが原則である。しかし，「事務処理が雇用・請負契約と結びついている限りでは，任意代理契約に関する規定も遵守されなければならない」ものとされる（1151 条 2 項）。

したがって，事務処理的要素を含む雇用・請負契約に関しては，1014 条に基づいて，使用者または注文主は被用者や請負人の被った損害につき委任者と同様に無過失賠償責任を負わなければならない。このことは条文上明らかである。

2) ABGB1151 条 2 項の立法史

(a) この規定の歴史的な沿革をみると，すでに述べたように，(ア) テレジア

---

(29) 雇用契約は被用者の人的従属性を本質的なメルクマールとする（真の雇用契約・echter Dienstvertrag）。したがって，このような人的従属性を有しない独立的な労務給付を目的とする契約は第 26 節の意味での雇用契約ではない（自由な雇用契約・freier Dienstvertrag）（もっとも，2004 年の改正によって，自由な雇用契約に関する規定が書面交付義務に限ってであるが 1164a 条として新設された）。それ故，1151 条以下の規定は自由な雇用契約には直接的に適用されない。しかし，判例によれば，人的従属関係に由来せず，また社会的弱者の保護に仕えない第 26 節の規定は自由な雇用契約に解釈上類推適用される。Vgl., Spenling in KBB(Fn. 5)，§1151 Rn. 2, 6 und 12, S. 1282 ff. ; Schrammel in Klang-Kommentar zum ABGB, 3. Aufl., 2012, §1151 Rn. 60 ff., S. 35 ff..
　なお，このような「自由な雇用契約」は我が国では「準委任」に相当する（656 条）。

第3章　オーストリア一般民法1014条の歴史的沿革とその適用範囲

法典は使用者の無過失損害賠償責任に関する規定を有していた（第1編第7章第2条30号）。そこでは，事務処理的要素を含む雇用契約という限定はない。

　㈡　ホルテン草案ではこの規定は引き継がれなかったが，第3編第12節では，「身体的な活動によってではなくて，理性と知力によって実行される仕事（Verrichtung）は金銭で評価し得る労務に属しない。このような労務の給付に関して契約が締結された場合には，この契約は労務給付契約（Dingungscontract）ではなく，また，これに対して約束された報酬は賃金ではない。この契約と報酬は第16章（任意代理契約）の規定により判断されるべきである」との規定が置かれている（第94条）[30]。

　これは1151条2項のように雇用契約の中で特殊な形態を認め，これに関する法の適用を特別に定めたものではない。そうではなくて，これは単に雇用契約と委任契約の区別を規定するに過ぎない。この規定が委任に関する第3編第16章の第3条と内容的に全く同一であることからも，このことは容易に理解することができよう。そうだとすると，この規定は何ら独自の意味を有しない。まして一部の雇用契約に関して使用者の無過失損害賠償責任を特別に規定したものとはいえない。

　㈦　マルティーニ草案では，「労務給付契約（Dingungs- und Verdingungsvertrag）のところで他の契約（andere Verträge）が同時に起こることは時々生ずる」として，「このようなすべての事例では，それぞれの特別な事務に適する法律上の規定が遵守されるべきである」とされる（第3編第8節第27条）[31]。

　これによれば，たとえば雇用契約と同時に委任類型に属する特別な事務の委託がなされた場合には，この限度において，委任契約に関する規定が適用されることになろう。

　㈣　原草案は「労務給付契約と他の従たる契約（andere Nebenverträge）が1つになっている（vereinigen）場合には，（…）それぞれの事務に適する法律上の規定が遵守されなければならない」とした（第3編第8節第278条）[32]。

　労務給付契約と従たる契約が合体する具体的な例として，物品管理人

---

(30)　Vgl., Harrasowsky, Der Codex Theresianus (Fn. 13), Bd. IV, S. 428.

(31)　Vgl., Harrasowsky, Der Codex Theresianus (Fn. 13), Bd. V, S. 190.

(32)　Vgl., Ofner, a.a.O.(Fn.16), S. CXV.

218

（Gütterverwalter）に金銭や他の物品の保管を依頼し，あるいは特別な事務を同時に委託する場合，またはこのような事務が委託なしに彼によって引き受けられた場合が当該条文の中で明示的に挙げられている。これはマルティーニ草案の例示するものと全く同一である。したがって，両者は規定表現を異にするが，内容的には完全に一致している。

(オ)　1805年7月8日の第94回会議で上記の規定は審議に付されたが，ツァイラーはこの条文につき特に意見を述べなかった。しかし，審議の結果，一般原則から推論しうるとして，これらの具体例を規定から削除することが決定された（なお，顛末報告義務についても削除）(33)。

そして，第1草案では，「労務給付契約（Dingungs- und Verdingungsvertrag）」から「賃金契約（Lohnvertrag）」に用語変更がなされて，これが第286条となった。改訂草案および最終草案では第1147条となり，最終的にABGBの第1159条として成立した。すなわち，「他の従たる契約が賃金契約と結びつく（verbinden）場合には，それぞれに適する法律上の規定が遵守されなければならない」。

(b)　当初のABGBでは，この規定が属する第26節は「労務給付に関する有償契約」という表題の下に，賃金契約（Lohnvertrag）と出版契約（Verlagsvertrag），僕婢契約（Gesindevertrag）について定めていた。つまり，雇用契約と請負契約は区別されず，両者を含む統一的な類型として「賃金契約」が構想されていた。

しかし，時代の経過とともに労働形態が変化し，これに応じて種々の特別法も制定されるに至った。そこで，1916年の第3回部分改正法（III. Teilnovelle, RGBl Nr. 69/1916）はこの第26節を全面的に改正し，労務給付に関する契約に新たな枠組みを与えた。

すなわち，表題を「労務給付に関する契約」に改め，その下で雇用契約と請負契約をそれぞれ独立の契約類型として定めた。また，出版契約は維持されたが，僕婢契約は削除された。

その後，雇用契約に関して若干の改正がなされたが(34)，これを除くと，1916

---

(33)　Vgl., Ofner, Der Ur-Entwurf (Fn. 13), Bd. II, S. 108.

(34)　具体的には，2000年と2004年の法改正である。前者では，疾病の場合の賃金継続

第3章　オーストリア一般民法1014条の歴史的沿革とその適用範囲

年の雇用契約に関する規定はそのまま維持されている。

　(c)　この第3回部分改正法によって，従来の1159条は現行の1151条2項に置き換えられた。その際，「賃金契約」が内容的に「雇用・請負契約」に変更され，これと結びつくものが「従たる契約」から「事務処理」に限定された。また，この限定の当然の帰結として，法的効果の面では，遵守すべき対象は「それぞれに適する法律上の規定」から「任意代理契約に関する規定」に変更された。

　問題となるのは，なぜこのような限定がなされたかである。この点に関して，貴族院の報告書は次のように述べている[35]。すなわち，これまで1159条によって言及された，雇用または請負契約と他の契約の関係は本来的には単に任意代理契約に関して法律上明確にする必要があるに過ぎない。けだし，「事務処理」（1002条）それ自体は一種の「労務給付」であり，これに関する契約は労働契約と評価されるべきだからである。そこで，「事務処理」に限定した上で，これまでオーストリア法によれば存在していたような「賃金契約」と「委任（Auftrag）」の関係を本質的に変更することなしに，旧1159条に相当する規定を1151条の第2項として付加した。

　このように改正法は雇用・請負契約と結びつくのは「従たる契約」というよりも「事務処理」に限られるという認識に基づいて，従来の規定を文言的に修正したに過ぎないといえよう。

2　ABGB1014条の理論的基礎の変遷

(1)　起草者の見解

　このような委任者の無過失責任はどこにその理論的基礎が求められるのだろうか。歴史的には，委任契約の無償性すなわち「好意で活動する者は不利益を

　　的支払義務に関する1154b条の改正とこれに伴う従来の1156条と1156a条の削除および1156b条の1156条への表記変更，告知期間中の自由時間の付与に関する1160条と強行規定に関する1164条の改正が行われた（BGBl I Nr. 44/2000）。また，後者では，自由な雇用契約に関する書面交付義務が1164a条として新設された（BGBl I Nr. 77/2004）。

(35)　Vgl., Tomandl, Grundlagen und Grenzen der verschuldensunabhängigen Arbeitgeberhaftung, ZAS 1991, 37 (41).

負担しない」という功利思想（Utilitätsgedanke）によって，これは基礎づけられた。

しかし，ABGB は一方では委任者の無過失責任を認め，他方で，委任を有償の場合にも拡張した。これに伴って，委任者の無過失責任は有償委任の場合にも適用されるに至った。これを編纂上の過ち（redaktionelles Versehen）に基づくものということはできない。起草者は 1015 条の規定を意識的に無償委任に制限した。それにも拘わらず，起草者が 1014 条に関してはこの点を見落としたと評価することは許されないからである[36]。

このように有償委任にも委任者の無過失責任を認める場合には，無償性を前提とする上記の功利思想はもはや妥当しない。そこで，これに代わる理由づけが必要となるが，立法資料の中では，これに関する説明は何も見当たらない。

もっとも，ツァイラーはそのコンメンタールの中で，1015 条に関しては，衡平の考慮（billige Berachtung）に基礎を求めている[37]。すなわち，無償の受任者は少なくとも彼の財産に損害を被らないことを望んでおり，また，親切で引き受けたのでないとすれば，委任者は報酬を合意した蓋然性が非常に高いが故に，仮定的な報酬の最高額の限度で賠償されるべきであるという。これと異なり，1014 条に関しては，火災からの物の救出の例を挙げるに留まり，理論的根拠については言及していない。

（2）　初期の学説

民法典の施行後から 1970 年頃までは，多くの学説は，すでに普通法で展開された「委任の原因に基づいて（ex causa mandati）」生じた損害と「委任の機会から（ex occasione mandati）」生じた損害の区別を前提として，1014 条は前者の損害，1015 条は後者の損害に関して定めたものだと理解し，その上で，「委任の原因に基づく損害」の概念を検討している。そこでは，このような委任者の責任の理論的な解明は意図されていない。

このような中にあって，ドグマ的な基礎に言及する学説も幾つかみられる。これらは大きく 3 つのグループに分類することができると思われる。

---

(36)　Vgl., Fitz, Risikozurechnung (Fn. 11), S. 67 f..

(37)　Zeiller, Commentar über das allgemeine bürgerliche Gesetzbuch, III/1, 1812, S. 289 ff..

第3章　オーストリア一般民法1014条の歴史的沿革とその適用範囲

(a) 衡 平 説

ウンガー（Unger）によれば，委任者が委任の遂行から生じた損害を負担しなければならないということは，委任者がこれから利益を有するが故に衡平であるという[38]。そして，この衡平の観点から，委任者の責任を委任の履行と原因的な関連に立つか，これと直接的に結びついている損害に限定する。

(b) 営業危険説

ショイ（Schey）は[39]，1014条の責任は「全く現代的な思想（durchaus moderner Gedanke）」に基づくと考える。すなわち，それが委任者の事務であり，受任者はこの委任者の事務に従事しているが故に，委任者がこの営業危険（Betriebsgefahr）を負担すべきは当然であるとする。

また，シュタンツル（Stanzl）は[40]，1014条によって営業危険すなわち委託された事務の典型的な危険に関する委任者の責任が定められたと述べるが，その理由として，受任者が委任者の事務を処理していること，および受任者が委任者のために行為していることに求める。そして，営業危険の考えは現代法では益々広く採用されていると述べる。これらの点から考えると，シュタンツルはショイの見解を支持するものと言えよう。

なお，エーレンツヴァイク（Ehrenzweig）は「現代の賠償義務思想（moderner Haftpflichtgedanke）」がここに現れているとするが[41]，これがショイの営業危険を意味するかどうかは明らかではない。

(c) 企業の理念説

ヴィルブルク（Wilburg）によれば[42]，企業者（Unternehmer）は経済的な合目的性の観点から，第三者に対する危険責任が企業者に集中すると同じように，内部関係でも関与者に対して一定の損害の危険を負担しなければならない。報酬と引換えに企業者に仕える従業員とは異なり，企業者は「費用と収益

---

(38)　Unger, Handeln auf fremde Gefahr, 1894, S. 33 ff..

(39)　Schey, Die Obligantionsverhältnisse des österreichischen allgemeinen Privatrechts, I/3, 1907, S. 654.

(40)　Stanzl in Klang-Kommentar (Fn. 9), § 1014, 1015, S. 849.

(41)　Ehrenzweig, System des österreichischen allgemeinen Privatrechts, II/1, 2. Aufl., 1928, S. 561.

(42)　Wilburg, Die Elemente des Schadensrechts, 1941, S. 125 f.

222

（Kosten und Gewinn）」の相互作用を考慮している。また，企業者は損害の予防措置を講ずることができるとともに，保険の締結によってこれに対処することもできる。これらの事情は，損害の危険を典型的に計算に入れる状態にあるような損害に関する企業者の増大した責任に賛同するという。

　これは契約関係における損害賠償義務に関して一般的に述べたものであるが，同様の観点は委任者の責任に関しても妥当する。何故委任者は委任遂行中の危険に関して責任を負わなければならないのかという問いに対して，「企業の理念（Idee des Unternehmens）」すなわち委任者はある活動の「利益と不利益（Vor- und Nachteile）」をその経済的な関連では結びつけて考えていることから説明できるとする[43]。

　前述した「営業危険」の考え方は「他人の事務の処理」という点に主眼を置くものであるが，企業の理念説はこのような客観的な性質よりも，企業者による経営上の抽象的な計算を基礎とする点で異なるといえよう。

(3)　学説の展開

1)　他人のためにする行為のリスク責任論

　ドイツでは，1961 年 11 月 10 日の大部の決定（蟻酸事件）[44]を契機として，学説では「他人のためにする行為のリスク責任論」（以下，リスク責任と略）が展開された[45]。これは利益思想と危険設定思想を基礎として，物に関する従来の危険責任に相当する無過失責任（リスク責任）が「他人のためにする行為」の受益者に課されるとするものである。この原則は委任関係や事務管理，さらに雇用・労働関係にも共通して妥当し，委任者や事務管理における本人，さらに使用者はこの原則に基づいて受任者や事務管理者，労働者の被った損害に関してリスク責任を負う。

　このリスク責任論は，1970 年代以降のオーストリアの学説にも影響を与え

---

(43)　Wilburg, Die Elemente (Fn. 42), S. 136.

(44)　BAG Großer Senats Beschluss vom 10. 11. 1961 (Ameisensäurefall), BAGE 12, 15 = NJW 1962, 411.

(45)　Canaris, Risikohaftung bei schadensgeneigter Tätigkeit in fremdem Interesse, RdA 1966, 41 ff. ; Genius, Risikohaftung des Geschäftsherrn, AcP 173 (1973), 481 ff. usw.

第3章　オーストリア一般民法1014条の歴史的沿革とその適用範囲

た[46]。オーストリアでも労働関係、とりわけ労働者の物的損害に関する使用者の責任が議論されるようになったが、学説は1014条の中に「他人のためにする行為のリスク責任」という一般原則の表現を見いだし、同条の労働関係への類推適用を肯定するに至った[47]。

(a)　先駆的学説

オーストリアにおいてドイツのリスク責任論を初めて導入したのはクラマー（Kramer）である[48]。彼は、カナーリスやシュタインドルフに依拠しながらリスク責任の一般原則を肯定し、これは委任の履行と結びついた損害の賠償責任を定める1014条に関して妥当すると主張した。これに基づいて、営業の中に持ち込まれた労働者の物の損傷、および労務の履行に際して労働者の被った物的損害に関して、使用者の無過失損害賠償責任を肯定する。

また、クライン（Klein）は労働者の物的損害に関して論ずる[49]。彼はドイツの蟻酸事件判決の紹介およびその検討を通して、オーストリアでは1014条の類推適用によるべきだと主張した。

彼によれば、1151条2項の事務処理概念は1002条と同一であって純粋な法律行為だけではなくて「その他の法的行為」も含まれるが、労働者が使用者の

---

(46)　もっとも、Mayer-Maly, Die Risikohaftung des Arbeitgebers für Eigenschäden des Arbeitnehmers, NZA Beilage. 3/1991, S. 5 (14) によれば、エーレンツヴァイクやヴィルブルクによって展開された基本的な考え方が1945年以降ドイツの学説に広がったとして、シュタンインドルフ (Steindorff, Wertersatz für Schäden als Aufwendungsersatz im Arbeits- und Handelsrecht, Festschrift für Dölle, Bd. I, 1963, S. 273 ff.) を挙げている。これによれば、近時のオーストリアにおけるリスク責任論は逆輸入ということになろう。

(47)　もっとも、労働関係に1014条を類推適用すべきことを最初に主張したのはエーレンツヴァイクである。Ehrenzweig, System (Fn. 41), S. 490.

　　その後、この見解はヘムメルレ (Hämmerle, Arbeitsvertrag, 1949, S. 251) やシュタンツル (Stanzl in Klang-Kommentar (Fn. 9), § 1014, 1015, S. 849) によっても支持された。しかし、これらは1014条の本質の理解を異にする点で本文で述べる見解とは異なる。

(48)　Kramer, Arbeitsvertragsrechtliche Verbindlichkeiten neben Lohnzahlung und Dienstleistung, 1975, S. 75 ff..

(49)　Ch. Klein, Der dienstbedingte Sachschaden des Arbeitnehmers, DRdA 1983, 347 (350 ff., 354 f.). なお、この論文は次に述べる1983年のOGHの判決の前に書き上げられたことから、時期的には同判決の前の学説として分類した。

利益領域で自己の物を使用することは，純粋な事実的行為というよりも「その他の法的行為」に近い。そうだとすると，物的損害に関しては1014条を類推適用して使用者に営業危険を負担させることが妥当である。そして，1014条の背後には，カナーリスの主張するリスク責任の原則を見いだすことができるという。

(b) 判　　例

このようなリスク責任論は，その後，OGHによって明示的に採用された。すなわち，OGHは1983年5月31日の判決（SZ 56/86）で[50]，①1014条には「他人のためにする行為のリスク責任」という一般的な原則が表現されており，②この規定を労働契約に類推適用することが事態に適しているとして，勤務走行中に除雪車と衝突して自己の自動車に被った労働者の損害賠償請求を認めた。

そこでは，クラマーの学説が引用されているが，実質的にはドイツのカナーリスの理論に依拠したものと評価しうる。そして，冒頭で述べたように，これを基礎とした判例は公にされたものに限っても現在すでに20件を超えている。

(c)　通説的地位の獲得

この判例は上記のいずれの点でも学説によって好意的に受け入れられた。OGHとは無関係に同様の見解を主張していたクラインはもちろん[51]，ハンライヒ（Hanreich）[52]，ケルシュナー（Kerschner）[53]，ビドリンスキー（F.

---

(50)　この判決については，拙稿・法学研究47号（前掲注(1)）337頁以下，同・法学志林104巻2号（前掲注(1)）39頁以下参照。

(51)　Ch. Klein, Der dienstbedingte Sachschaden（Fn. 49), S. 357 f..

(52)　Hanreich, Schadensersatzansprüche aus der Verwendung des eigenen Kfz für den Auftraggeber oder Arbeitgeber, JBl 1984, 361.

(53)　Kerschner, Der praktische Fall : Die geraubte Fotoausrüstung, DRdA 1986, 230 (233).

　　彼によれば，1151条2項の目的は労働者の事務処理に関して単に労働契約の規定によって判断することを阻止する点にあった。したがって，同条から，事実的な種類の労務給付の場合には委任法の個々の規定は一切適用しえないという結論を導くことは許されない。事務処理を対象とするか否かは第三者との外部的な接触の点で異なるに過ぎないが，事務処理を対象とする場合と同じく，事実的な労務給付の場合にも第三者の危険にさらされることが多く存在する。したがって，両者を異なって取り扱うべきではないとし，リスク責任の観点から責任の要件を考察する。

第3章　オーストリア一般民法1014条の歴史的沿革とその適用範囲

Bydlinski)⁽⁵⁴⁾などによって支持された。その結果，オーストリアでは，OGH と同様に，「他人のためにする行為のリスク責任」論によるのが圧倒的な学説または通説であると評価されている⁽⁵⁵⁾。

(d)　特別な基準の付加

ヤボルネック（Jabornegg）も OGH の判決に全面的に賛成する⁽⁵⁶⁾。しかし，判例は一方では委任の原因に基づいて（ex causa mandati）生じた損害・当該事務の典型的な危険を要求する点では通説的見解と同じであるが，他方では，労働者の個人的領域・使用者の行為領域を問題としている点で通説を超えている。この領域的な考え方は委任者や使用者の責任を合理的な範囲に制限するためには必要である。問題はどのような基準によって両当事者間の領域を決定することができるかどうかである。

有償委任の場合には，「委任の機会から（ex occasione mandati）生じた損害」は有償性を理由に受任者の領域に割り振られるが，「委任の原因に基づいて（ex causa mandati）生じた損害」の割り振りについては，まず第1に報酬の合意に基づいて判断される。これによって判断できない場合，OGH は使用者が営業車を労働者に提供しなければならなかったかどうかを基準として用いる。

しかし，これを判断するためには，当該危険が使用者の領域に組み入れられるべきかどうかが前提として問題となる。このような使用者と労働者の危険領域の限定基準に関しては，同様に自己の目的のための他人の使用が問題となっている履行補助者や使用者責任に関する1313a条・1315条が参考となる。そこでは，他人の行為の利用およびこれに関する本人の自由裁量（Disposition）という2つの要素に基づいて本人に危険が帰責される。使用者と労働者の間の危険領域もこの2つの要素によって判断されるべきであるという。

このようにヤボルネックの見解は危険領域の観点を強調する点に特徴があり，

---

(54)　Bydlinski, Die Risikohaftung des Arbeitgebers, 1986, S. 34 ff., S. 56 ff. 彼は他人のためにする行為のリスク責任の原則を1014条の法的根拠として取扱い，それでこれを類推の基礎とすることは全く正しいとする。

(55)　Vgl., Kerschner, Der praktische Fall（Fn. 53），S. 232 ; Koziol/Welser, Grundriß des bürgerlichen Rechts（Fn. 2），S. 400.

(56)　Jabornegg, Arbeitgeberhaftung für Sachschäden an AN-Eigentum, DRdA 1984, 32（S. 37 ff.）.

これによれば，委任の原因に基づいて（ex causa mandati）生じた損害・典型的な危険の現実化としての損害に該当するかどうか，そして，当該リスクが両当事者のいずれの領域に属するかという2つの観点からリスクの帰属が判断されることになる。

この見解がリスク責任の理論的基礎をどこに求めるかは必ずしも明確ではないが，OGH の見解を全面的に支持していることから，同様に「他人のためにする行為のリスク責任」に求めるものと解される。

2) 利 益 説

(a) フィッツ（Fitz）は従来の学説を個別的に検討し，その問題点を指摘する。本稿との関連で重要なカナーリスの見解と利益学説に対しては，次のような問題点を指摘する[57]。

(ア) まず第1に，カナーリスは「他人のためにする行為のリスク責任」という統一的な一般原則を主張するが，使用者のリスク責任と委任や事務管理におけるリスク責任の間には重大な差異が存在する。委任や事務管理の場合には，危険責任（Gefährdungshaftung）の意味での抽象的な支配可能性の優位性は委任者や本人に存在しない。これらの者はとりわけ物の支配や営業上の組織力を有しておらず，危険源と典型的に近い関係にあるということはできない。これに対して，利益のメルクマールは事務管理やその他の利他的な行為の場合には特に顕著である。しかし，被害者と賠償義務者の間に特別な個人的利益関係が存在し，一方当事者がいわば相手方の目的追求の道具となっており，本人が自分で行えば本人自身に生ずるであろう危険が問題となっている点で，伝統的な危険責任の要件とは異なる。

(イ) 利益と危険の同一帰属（Gleichlaus von Nutzen und Gefahr）の観点から，ラーレンツやカナーリスなどは「相手方に一定の活動をさせ，これから利益を得る者はこの活動と結びついた損害危険を負担すべきである」とする。しかし，このように広く一般化すると，利益学説（Interessenlehre）は実際的な問題解決に資することができない。また，これの民法上の核心領域では，利益学説は無償給付に制限されていることは明らかである。交換契約の場合には，両当事

---

(57) Fitz, Risikozurechnung (Fn. 11), S. 46 ff.. なお，オーバーホーファーはフィッツの見解を全面的に支持する。Oberhofer, Risikohaftung (Fn. 11), S. 218 f..

第3章　オーストリア一般民法1014条の歴史的沿革とその適用範囲

者は原則的には同等の地位に立つから，利益－不利益の基準は妥当しない。このことは労働関係に関しても当てはまる。

　(b)　そこで，フィッツは民法や商法，労働法に共通する統一的な解決を追求するのではなくて，いくつかの問題グループを個別的に検討することが必要だとする。

　(ア)　委任関係においては[58]，無償委任の場合には利益思想が委任者の責任を基礎づける。1014条は無償委任・有償委任の双方を含むが，同条の適用は無償委任に制限されるべきである。とりわけ不動産仲介業者や弁護士など職業的な委任関係に関しては，1014条の適用は否定される。

　1014条は「委任の履行と結びついた損害」を要求することによって，「委任の原因に基づいて（ex causa mandati）生じた損害」と「委任の機会から（ex occasione mandati）生じた損害」の基準を採用するが，これは単に責任の因果関係の限定のための手段にとどまらず，責任原因としての功利原則（Utilitätsprinzip）の防御手段として機能する。

　また，一般的な生活リスクの排除がウンガー（Unger）によって主張され，これによって初めて「特別な事務危険（spezifische Geschäftsgefahr）」のメルクマールが導入された。この危険性は単に責任の制限だけではなくて，危険責任の下では同時に責任を基礎付ける要素でもある。このように委任者の賠償義務を委任に特有のリスクに制限することは「利益と危険」という帰責要素の本質的な競演に関する理論史上の重要な方向転換であったといえる。

　(イ)　事務管理も無償委任と同様に，「他人のためにする行為」であり，利益と危険の同一帰属という利益思想が妥当することに疑問の余地はない[59]。

　(ウ)　有償の事務処理契約の場合には，すでに述べたように，利益思想に基づくリスク責任は認められない。ただし，これには次のような例外が存在する。

　すなわち，労働契約の場合には，確かにリスク責任が使用者に課されるが，これは労働者の典型的な市場弱者性，他人の組織への組入れ，使用者の支配可能性の優位性，労働者の社会的保護の必要性などがその決定的な理由である。労働契約の場合にも利益原則を持ち出すことはこれを覆いかくすものであ

---

　(58)　Fitz, Risikozurechnung (Fn. 11), S. 58 ff..
　(59)　Fitz, Risikozurechnung (Fn. 11), S. 96 ff..

る[60]。1983 年の OGH の判決は基本的には正当であるが，これと同様の問題を有する。

また，他人の計算で行われる行為の場合には，この行為から生じた事務リスク（Geschäftsrisiko）は他人のためになす行為のリスク責任の典型的な事例として本人に帰せられる。たとえば，問屋営業（Kommissionsgeschäft）がそうである[61]。

3)　「委任者の計算と危険」説

近時，「委任者の計算と危険での事務処理（Geschäftsbesorgung auf Rechnung und Gefahr des Auftraggebers）」という委任法の原則によって，委任者の無過失責任を基礎づける見解がファーバー（Faber）によって主張された[62]。彼によれば，1014 条によるリスク責任については，同条が 1002 条以下の規範集団の中にあるという「規範環境（normatives Umfeld）」から考えて，まず第 1 次的に，委任法上の原則による正当化が試みられるべきであり，第 2 次的には一般的な損害賠償法上の評価にも注目すべきだとする。

(a)　委任法上の原則

1002 条以下の委任法は次の 3 つの基本的な原則から成り立つ。

まず第 1 に，委任者の「計算での（auf Rechnung）」事務執行である。これは受任者によって行われるべき事務のすべての経済的な結果は委任者に生ずることを意味する。これの積極的な側面としては受任者の利益引渡義務（1009 条），消極的な側面としては事務処理と結びついた費用の負担すなわち報酬支払義務（1004 条），費用償還請求権（1014 条第 1 文）が挙げられる。1014 条第 2 文後段や 1015 条によって賠償される損害も，広義の事務の費用に含まれる。

それ故，一般的に広義では「委任者のためにする事務」ということができる。確かに有償委任では，報酬を得る点では受任者も委任の引受につき固有の利益を有する。しかし，報酬請求権は委任契約の締結によって成立し，委託された

---

(60)　Fitz, Risikozurechnung（Fn. 11），S. 90, S. 162 ff. ; Oberhofer, Risikohaftung（Fn. 11），S. 218, 225 f..

(61)　Fitz, Risikozurechnung（Fn. 11），S. 166 ff. ; Oberhofer, Risikohaftung（Fn. 11），S. 226 f..

(62)　Faber, Risikohaftung（Fn. 12），S. 164 ff..

第3章　オーストリア一般民法1014条の歴史的沿革とその適用範囲

行為の結果とは無関係である。これに対して，費用や損害などここで挙げたものは委託された行為の結果それ自体に依存し，契約締結後あるいは事務処理後に初めて確定される性質のものである。委任法はこのような不明確な要素を伴うすべてのものを委任者に割り当てており，事務と結びついた利益だけでなく，これと結びついた損失も委任者に帰属させている。

　第2に，委任者の「危険での（auf Gefahr）」事務処理である。上記の委任者による費用負担の原則は，委託された行為によって意図された事務目的が実現されず，あるいは委任者の利益になることなく，再びこれが脱落した場合にも適用される。つまり，事務処理は委任者の「危険で」行われる。たとえば，事務処理に不可避的または有益な費用はその目的を達成しない場合でも，委任者はこれを償還しなければならない。また，仕事の完成が偶然によって妨げられた場合でも，委任者は費用償還や損害賠償の義務，さらに適切な報酬の支払義務を負うものとされる（1020条第2文）。

　第3に，当該事務に関する委任者の常時支配（jederzeitige Herrschaft）の原則である。受任者の説明義務や顛末報告義務（1012条），委任者の指図権と受任者の服従義務（1009条），委任者の自由な撤回権（1020条）などがこれの表れである。これらによって，委任者は当該行為を開始ないし維持することが有意義であるかどうか判断し，状況の変化に素早く適切に対応することが可能となる。つまり，委任者は「事務の支配者（Herrn des Geschäfts）」であり，受任者は委任者の「延長された手（verlängerter Arm）」であるということができる。

(b)　1014条の責任

　委任者の無過失責任はこのような「委任者の計算と危険での事務処理」の原則に基づくものであるが，このような理解は「委任の履行と結びついた損害」という要件の解釈指針として役立つ。すなわち，委任法によれば，委託された事務の経済的な責任を委任者に課すためには，その事務の経済的な結果をある程度判断できる可能性が委任者に存在することが前提とされている（常時支配の原則）。したがって，「委任の履行と結びついた損害」というのは，委任者にとって予見可能な損害ないし計算可能な損害を意味する。このリスクの予見可能性は具体的に生じた損害や損害発生の事情に関してであり，損害額の計算可能性までは要求されない。事務の支配者の観点からすると，契約締結時に限ら

ず，当該リスクが後の時点で存在することが初めて明らかとなり，委任者がこれを知り得たにも関わらず，契約の変更や指図をすることなくこの活動を維持した場合には，委任者は責任を免れることはできない。この予測可能性の有無は客観的な基準すなわち注意深いかつ経験的な平均人を基準として行われるべきである。

（c）　一般的な損害賠償法と1014条

1014条は委任法の規定ではあるが，同時に損害賠償法上の規定でもある。「委任の履行と結びついた損害」というのは，現実化したリスクと委託された事務の内容との間に特に密接な関連性を要求しているが，通説によれば，「この種の活動に特別な典型的リスクの現実化」としての損害でなければならない。これは一般的な損害賠償法の相当性理論と類似する。相当性理論では，非典型的な損害に関して責任が排除されるが，ここでは逆に，まさに特別な典型的損害に関して責任が基礎づけられる。また，リスク責任における損害と行為の間には極めて高い関連性が要求されることは明らかである。さらに，この考察は責任義務者の観点から事後的にではなく，かつ，客観的な基準を基礎として行われなければならない。それ故，「委任の履行と結びついた」損害という基準は，損害賠償法の観点からは，重大に増加した強度さを伴う一種の相当性基準であるということができる。

この帰責に必要な強度さの程度について，ビドリンスキーは「取引の平均的な見解によれば真面目にこれを計算に入れるべき程度に，生じた損害が問題となる行為によって促進された」場合だとする。しかし，彼も賠償される損害を明確に限定することは可能ではないことを強調している。

そこで，これを一般的な損害賠償法のところで考慮することが有意義なように思われる。損害を他人に転嫁するにはこれを正当化する特別な事情が必要である。とりわけ違法かつ有責な加害行為がこれに該当するが，1014条の責任はこれを前提としていない。しかし，損害賠償義務という法的効果は同じであるから，異なる帰責の観点はその重大性においてほぼ一致すると考えられる。したがって，特別な行為リスクの基準は評価的には違法でかつ最低限の軽過失の容態に匹敵するような強度さでなければならず，比較的厳格な基準が用いられるべきである。

第3章　オーストリア一般民法1014条の歴史的沿革とその適用範囲

(d)　1015条との関連

1015条は無償委任における制限的な賠償義務を規定するが，これは利益思想（Vorteilsgedanke）と委任者の「計算と危険での」事務処理という2つの法理を考慮したものと考えることができる。前者によれば，その事務から結果として生じたすべての損害が賠償されるべきことになる。これに対して，後者では，「委任の機会から（ex occasione mandati）生じた損害」は賠償されない。そうすると，「委任の原因に基づいて（ex causa mandati）生じた損害」の場合には，2つの法理はともに賠償を肯定する方向に作用するが，「委任の機会から（ex occasione mandati）生じた損害」の場合には，前者はこれの賠償を肯定，後者はこれの否定という正反対の方向に作用する。賠償額を制限する1015条の規定はこの2つの法理のジンテーゼとして理解できる。無償での引受が通常でない場合には，仮定的な報酬の額はその限度で委任者が計算に入れるべき金額に相当し，この額への制限はこの2つの評価の交点（Schnittpunkt）を構成すると考えられるからである。

(e)　評　価

ファーバーの見解は要件論的には「予見可能な，特別な行為リスク」とする点で通説と異ならないが，その基礎を「委任者の計算と危険」という委任法の原則に求める点に特徴がある。もっとも，このような観点は必ずしも新しいものではない。ファーバー自身が指摘するように，ショイやヴィルブルクなどの見解とその根底においては共通する。また，委任者によって指示された活動の予見可能なリスクの現実化は委任者の経済的活動の費用に属するという点に委任者の無過失責任の根拠を求める見解[63]とも相通ずる側面を有する。

(4)　リスク責任論をめぐる議論

既に述べたように，現在の判例・通説は1014条の無過失損害賠償責任の理論的基礎を「他人のためにする行為のリスク責任」論に求める。しかし，この見解に対しては，近時，上記のファーバーによって比較的詳細な検討と批判が展開されるに至った。ここではその概要を見るとともに，「委任者の計算と危険」説につき若干の検討を行うことにしたい。

---

(63)　Koziol/Welser, Grundriß des bürgerlichen Rechts（Fn. 2），S. 365.

2 ABGB1014条の理論的基礎の変遷

1) ファーバーの批判

「他人のためにする行為のリスク責任」論は利益思想と危険設定思想を基礎として委任者の無過失責任を基礎づけるものであるが，ファーバーはそれぞれの基礎について次のように述べる[64]。

(a) 利益思想（Vorteilsgedankem）

(ア) これは確かに無償委任の場合には妥当する。しかし，これを過大評価すべきではない。フィッツが正当に指摘したように，無償性から必然的に相手方の一方的な利益を推論することはできないし，受任者の固有の経済的利益の欠缺を常に意味する訳ではないからである。また，利益思想によれば，すべての経済的な利益が一方当事者に生ずる場合にはすべての不利益がこの者に帰せられることになる。しかし，1014条では「委任の原因に基づいて（ex causa mandati）生じた損害」に制限され，また，1015条では仮定的な報酬額に制限されているが，なぜこのような制限がなされているかを説明することはできない。

(イ) 有償委任の領域でも，一部の学説は利益思想によって1014条のリスク責任を正当化しようとする。有償委任では受任者も固有の利益を有しており，委任者と同等の地位に立つにも拘わらず，そうである。

(i) たとえば，ビドリンスキーは委任者や使用者へのリスク帰責に関して，「単に見込まれる，または目的とされた利益」でも十分であり，「少なくとも意図された，または典型的な事例では生ずるに違いない利益」であれば足りるとする。

しかし，「単に見込まれる，あるいは典型的な事例では生ずる利益（auch nur zu erewartenden oder im typischen Fall eintretenden Vorteil)」によって正当化できるのは，経済的に合理的な事業（企画）に限られるとともに，事業（企画）が総じて成功裡に行われると考えることは大胆な仮説である。また，「単に目的とされ，あるいは少なくとも意図された利益（auch nur bezweckten oder wenigstens intendierten Nutzen)」とするときは，単に「利益の獲得意思」という主観的な要件で足りることになるが，このような意思がなぜリスク責任を基礎付け得るのかは理解できない。

---

(64) Faber, Risikohaftung(Fn. 12), S. 111ff..

第3章　オーストリア一般民法1014条の歴史的沿革とその適用範囲

(ii)　また，ビドリンスキーは労働者の自動車の損傷という事例に関連して，「社有車の節約された事故リスク」を使用者の明確な利益と考えている。しかし，事務処理者の活動や行われるべき事務に代えて，物の投入に関連づけることはビドリンスキー自身も貫徹していないし，歴史的に見ても新しいものである。また，1015条では無償行為それ自体からの利益が念頭に置かれていることは明らかであり，物の投入による利益に依拠するとすれば，1014条との差異が生じないことになる。

　使用者の「節約された事故リスク」と法的効果としての「労働者の事故リスクの負担」とは全く対応しており，逆に表現したに過ぎない。したがって，これによって責任を基礎づけることはできない。また，思いがけず生じた急ぎの事情により労働者の車がどうしても必要な場合や，使用者が小規模会社で財政的に社有車を確保できない場合には，仮定的な社有車の投入は完全な擬制に過ぎない。

(b)　危険設定思想

　カナーリスは利益思想と並んで危険設定思想を持ちだすが，これによれば，危険源の設定とその支配可能性がリスク責任を基礎づける。

(ア)　カナーリスは危険源の設定を委任者や使用者が当該活動を受任者や労働者に任せたという点に見いだすが，これは両当事者間の契約締結に起因するものであり，これがなぜ一方当事者の責任負担を基礎づけるのかは理解できない。また，これをリスク誘因の観点から考える場合でも，危険な行為の契約上の引受によって，受任者も全く関係のない第三者とは異なって能動的に危険の直面に貢献している。

(イ)　危険源の支配可能性についてみると，委任者や使用者は営業の相当な組織化または付保可能性などによって危険源の支配可能性を有する。この考えはオーストリアの学説によって支持された。さらに，法の経済分析やこれに依拠するコラー（Koller）の学説がこれと類似する基準を包括的なリスク分配の規制として定立することを試みている[65]。ここでは，これらの学説を中心として検討する。

---

(65)　Koller, Die Risikozurechnung bei Vertragsstörungen in Austauschverträgen, 1979, S. 78 ff..

2 ABGB1014条の理論的基礎の変遷

　まず第1に，最も少ない費用でリスクを回避できる者つまりリスクの支配者がこれを負担するという「最安価回避者の原則（Prinzip des cheapest cost avoider）」または「抽象的な支配可能性の原則（Prinzip der abstrakten Beherrschbarkeit）」によって，1014条を納得的に説明することはできない。

　1014条の文言からは「委任の履行と結びついた損害」であれば足り，両当事者の損害回避能力は問題とされていない。

　労働契約における典型的な事例では，確かに優位的な支配可能性が使用者に認められる。しかし，労務遂行のために用いられた労働者の自動車の損傷という事例では，事故を阻止できたのは労働者であって使用者ではない。また，使用者は労働者の自動車をより安全に装備することは殆ど出来ない。営業の適切な組織化の観点からも，自動車の使用禁止の指図は適切な公共交通機関がない場合には実際上不可能である。社有車の提供によって事故リスク自体が減少するわけではないから，使用者の陵駕的な危険回避可能性を基礎づけることはできない。委任契約の領域では，委任者によるリスク回避の可能性は使用者と比べるとさらに少ない。

　陵駕的な危険支配性の観点に従うと，たとえば間接代理人による物品の売却の事例では，奇妙な結果となる。すなわち，物品に瑕疵があるときは，間接代理人は買主に対して担保責任を負い，この賠償を1014条により委託者に請求することができる。この場合，委託者が同時に製造業者であるときは，委託者の陵駕的な危険支配性を理由に1014条の適用を肯定しうるが，単なる取次業者である場合には，これは存在しないから，同条の適用は否定されることになる。しかし，自己の名前での物品の売却という委託内容が同一であり，1014条の要件からも両者の結論の差異を正当化することは難しい。

　第2に，有利な付保可能性または最も安価な付保者にリスクを帰責するという「最安価付保者の原則」が1014条の基礎となり得るかどうかは，具体的な事例に基づいて検証されるべきである。結論から先に述べると，労働契約および委任契約においても，使用者や委任者は最安価付保者であるということはできない。具体的には，次の通りである。

　（i）労働者の物的損害に関しては，使用者の営業責任保険（Betriebshaftpflichtversicherung）による付保が考えられるが，しかし，労働者の用いた自動車（動産）に生じた損害に関しては，いわゆる「活動条項

第3章　オーストリア一般民法1014条の歴史的沿革とその適用範囲

(Tätigkeitsklausel)」[66]によって，使用者に対する労働者の損害賠償請求権は保険の対象から除外されている。また，車体保険に関してみると，労働者が最安価付保者である。さらに，いわゆる「出張 − 車体保険（Dienstreise - Kaskoversicherung）」を使用者が締結するという方法も考えられる。しかし，私的走行を勤務走行と偽るというモラルリスク（モラルハザード）がこれには存在し，理論的には逆に勤務走行の距離を実際よりも少なく申告する危険もある。それ故，保険者はこの保険を単体で提供していないし，相当な契約総数に昇る場合にのみ提供しているに過ぎない。保険料も労働者の車体保険よりも通常は安くない。

　いずれにせよ使用者が大企業であるときは，使用者が最安価付保者と考えられる場合もあり得る。しかし，大企業であるか否かという契約当事者の個性にリスク帰責の判断を依拠させることは1014条の要件とは合致しない。単に現実化したリスクと委託された活動の内容の関連が同条のリスク帰責にとって決定的であるに過ぎない。

　(ii)　責任損害（Haftpflichtschaden）すなわち第三者に対する賠償義務の負担という労働者の損害に関して，OGHは1014条の類推適用による使用者への転嫁を認める。これについては，原則的には使用者は営業責任保険の締結によってカバーすることができる。この保険料が個々の労働者が責任保険を締結した場合の保険料よりも少ない場合には，使用者は最安価付保者ということができる。

　しかし，労働者が労務のために用いた自動車による第三者の損害惹起という実際的に重要な事例では，使用者の付保可能性は存在しない。自動車条項（Kraftfahrzeugklausel）[67]により，使用者の責任保険はこれに及ばない。したがって，労働者が自動車責任保険を締結し，この保険料を使用者の走行手当の支給によって一部補填するという通常行われている形態が実際的には有意義で

---

(66)　責任保険約款（AHVG）7条10・2号によれば，責任保険は動産の使用，運送，加工またはその他の活動に際してまたはその結果として生じた被保険者の損害賠償義務には及ばないものとされる。Vgl., Faber, Risikohaftung（Fn. 12），S.149 f.

(67)　責任保険約款7条5・3号によれば，この保険は被保険者または彼のために行為する者が自動車の保持または使用によって惹起した損害賠償義務には及ばないものとされる。Vgl., Faber, Risikohaftung（Fn. 12），S. 153 f.

236

ある。つまり，最安価付保者の基準による使用者への帰責は自動車事故の事例には妥当しない。

(iii) 労働契約ではなくて，委任契約では，委任者が最安価付保者であるということはできない。すなわち，物的損害に関しては，労働契約のところで述べたように，「活動条項」によって受任者の物的損害は委任者の責任保険から排除される。車体保険に関しては，受任者が最安価付保者である。また，責任損害については，労働契約の場合と異なって，1002条以下の意味での受任者の賠償義務は委任者の営業責任保険では付保されない。したがって，いずれの場合でも，受任者が自分で責任保険を締結する必要がある。

間接代理人が買主に対して担保責任を負う場合，受任者たる間接代理人に対する1014条による委任者の損害賠償義務は委任者の責任保険によってカバーされない。担保責任は保険上の損害賠償義務に該当しないし，受任者に生じた損害は純粋な財産的損害だからである。したがって，委任者が最安価付保者だとはいえない[68]。

---

(68)　支配可能性の原則や有利な付保可能性の原則以外に，コラーはいわゆる吸収原則（Absorptionsprinzip）と分業的誘因の原則（Prinzip der arbeitsteiligen Veranlassung）を持ちだすが，ファーバーはこれに対しても否定的である（Faber, Risikohaftung（Fn. 12）, S. 159 ff.）。

　　(ア)　吸収原則によれば，予見可能ではあるが支配可能でないリスクについては，最も良くリスク分散やリスク配慮をなし得る当事者に帰責される。労働者の物的損害について，コラーは損害発生の予見可能性は使用者と労働者にとってほぼ同等であり，損害の額の計算については，逆に労働者に優位性が認められるが，しかし，ここでは労働者の乏しい経済力，これに伴うリスク分散の可能性の不存在を考慮すると（労働法上の保護思想），使用者の側に吸収の優位性を認めることが正当化されるという。

　　このような労働法上の観点は民法上の委任の場合には妥当しない。また，この原則によるリスク帰責は，間接代理人の事例から明らかなように，製造者かどうかなど委任者の地位に依拠することになるが，これは1014条の要件とは調和しない。賠償金の支払いのための積立金創設（自己保険）というリスク分散の可能性は企業規模や製造された物の個数に依存する。これらの要素は1014条とは関係しない。

　　(イ)　分業的誘因の原則とは，他人を自己の利益のために分業的に行為させた者はこれと結びついたリスクをも負担しなければならないというものである。これは第2次的な基準であり，抽象的な支配可能性の原則や吸収原則によってリスク配分ができない場合にのみ適用される。

　　しかし，委任者だけでなく，受任者も自己の需要すなわち労働力の利用という需要を満たしているから，この原則の前提は異論の余地がある。また，この原則の重要な適用

第3章　オーストリア一般民法1014条の歴史的沿革とその適用範囲

(c)　ヤボルネックは1313a条・1315条に依拠した領域理論を主張する。確かにこれらの規定は参考に値するが，しかし，履行補助者責任および使用者責任はいずれも被害者たる第三者と本人の間の責任に関するものであり，内部関係では補助者に責任が残ったままである。また，「自由裁量と利益」という要件以外に，使用者責任では被用者が不適切な者であったことが必要とされる。また，履行補助者責任では本人と第三者との間に契約関係が存在し，これの履行ということが要件とされるから，いずれにせよ単に「自由裁量と利益」の観点によってリスク領域を限定することはできない。

さらに，このようなリスク領域による区別が1014条の要件の基礎に置かれているかは疑わしい。これは規定の文言や歴史的な考察の結果に反するし，委任者または受任者の領域への損害の組入れは1014条による判断の結果であるに過ぎず，この規定の責任要件ではない。

2)　若干の検討

ファーバーは「他人のためにする行為のリスク責任」論をこのように批判して，「委任者の計算と危険」という委任の基本原則に委任者の無過失責任の基礎を求めるべきだと主張する。

しかし，これについては，とりあえず次のような点を指摘しておきたい。

まず第1に，確かにオーストリア一般民法のように，委任者の無過失責任に関する明文規定を有する場合には，委任の基本原則すなわち「委任者の計算と危険」によってこれを説明することもできよう。しかし，ドイツやスイスではこのような明文規定は存在しない。ここでは委任者の無過失責任は一般的な理論によって基礎づけられなければならない。その上で，これの要件と効果の明確化が図られる。ここでも「委任者の計算と危険」という委任の基本原則を用いることはもちろんできようが，しかし，この場合には，1014条や1015条のような制限を導くことは当然にはできない。

第2に，「委任者の計算」というのは，事務処理のすべての経済的な結果が委任者に生ずることを意味し，積極的な側面だけでなく，消極的な側面に関し

事例は予見可能でないリスクの場合である。しかし，1014条に関しては，圧倒的な見解によれば，予見可能なリスクに限られる。予見可能でないリスクにまで1014条の適用範囲を広げると，1015条の適用範囲はほぼ存在しないことになると批判する。

ても妥当するとファーバーは主張する。しかし，この主張は利益思想とほぼ重なるように思われる。「与える債務」とは異なり，「なす債務」の場合には，積極的な側面すなわち利益がすべて債権者に帰属することは明らかである。利益思想はこれを前提として，一定の法律関係においては，利益と損害の同一帰属すなわち利益の帰属者にこれの消極的側面すなわち損害も帰属させるべきことを主張するものに他ならない。

ファーバーは有償委任では受任者も固有の利益を有するとして，利益思想の限界を指摘する。しかし，前述した事務処理による利益が委任者に帰するという契約の基本構造は委任の有償性によって変更されるわけではない。

受任者の報酬が利益思想に基づく無過失責任を排除するのは，その額などから損害リスクを受任者に移転させる特約を解釈上肯定しうる場合であろう。受任者の報酬はこの限度で問題となるに過ぎない。もちろん，医師や弁護士などの契約のように，損害リスクを受任者に移転させることが契約の趣旨と解される場合，さらにそうでない契約でもこのような特約が明示または黙示になされた場合にも利益思想による無過失責任は排除される。

第3に，ファーバーは[69]ビドリンスキーやショイの見解を引用しながら，雇用契約も委任と同じく「純粋な行為の義務付け」として構成されており，その結果労働者の給付は使用者の「計算と危険」で行われていると理解する。このことは雇用契約が事務処理と結びついているか否かとは無関係に妥当するから，1151条2項のような限定は合理的理由がないとして，事務処理と関係しない雇用契約にも1014条の類推適用を肯定する。事務管理に関しても，本人の「計算と危険」を理由に1014条の類推適用を認める。

このように債権者の「計算と危険」で行われる法律関係を広く認める場合には，これは単に委任法上の原則ではなく，一定の共通する法律関係に横断的に存在する原則として把握することが妥当であろう。

第4に，ファーバーは委任者の無過失責任の基礎を「委任者の計算と危険での事務処理」という原則に求め，第3の原則である「常時支配の原則」はこれの責任要件の解釈に役立つとして，具体的には委任者の計算可能性の存在を賠償の要件として導く。

---

(69)　Faber, Risikohaftung (Fn. 12), S. 243 ff., 258 ff..

第3章　オーストリア一般民法1014条の歴史的沿革とその適用範囲

　この「常時支配の原則」は委任者が当該行為を開始ないし維持することが有意義であるかどうか判断し，状況の変化に応じて素早く対応することができるということを意味する。これは受任者の説明義務や受任者の服従義務などの規定を前提として，これから導かれる原則である。しかし，この原則の内容，すなわち種々の事情を考慮した結果として，当該行為を「開始」または「維持」したという点に着目すると，リスク責任論のいう危険設定思想と同じく重なり合うように思われる。つまり，危険設定思想は狭義では当該危険の設定が本人の誘因ないし意思に帰せられることを意味しており，これは当該行為の「開始」または「維持」と同義だからである。また，営業の相当な組織化や保険の締結などの事情はリスク責任論では必ずしも不可欠な要件とはされていないし[70]，さらに，これらの要素はファーバーの見解においても当該行為の「開始」または「維持」の判断に際して委任者の考慮する諸事情の中に当然に含まれることになろう。

　なお，ファーバーはコラーの分析枠組みを用いて検討し，委任者や使用者は営業の相当な組織化または付保可能性などによる危険源の支配可能性を有しないと主張する。しかし，上述したように，この危険源の支配可能性は危険設定思想の一部を構成するに過ぎず，これが一部の事例において否定されるとしても危険設定思想が全面的に排除されることにはならない。

（70）　確かに，カナーリスは労働者の物的損害の事例に関して，使用者はリスクを創設し，この活動から利益を取得し，彼はこの危険状態を支配していることを指摘し，使用者にとっては保険の締結が有意義であるが，労働者はこの危険を回避できないと述べる。また，労働者の加害の事例に関しては，営業の相当な組織化であれ，保険の締結によってであれ，使用者は最も良くこの危険を支配しうるという（Canaris, Risikohaftung（Fn. 45）, S. 45, 48）。
　　　しかし，カナーリスは伝統的な物に関する危険責任と「行為のリスク責任」という2つの下位的事例の上位に位置する原則を「このリスクから利益を引出し，これがその者の意思に帰せられるべき者にリスクを帰責する」という原則として定義する。ここでは支配可能性は問題とされていない。また，労働契約とは異なり，委任のところでは，危険設定思想として受任者の活動が委任者の誘因または意思に帰されることを挙げているに過ぎない。これは事務管理に関しても同様である（Canaris, Risikohaftung（Fn. 45）, S. 43）。

240

3 事務管理と ABGB1014 条の類推適用

(1) 事務管理と ABGB1014 条

1) 事務管理に基づく義務

(a) 本人の費用償還義務

ABGB はこれを 3 つの類型に分けて規定する[71]。

まず第 1 に，緊急事務管理（Geschäftsführung im Notfall）すなわち目前に迫った損害を回避するためになされる場合には，事務管理者は不可避的で合目的的な費用の償還を請求することができる（1036 条）。これが過失なしに失敗に終わったときでもそうである。

第 2 に，有益な事務管理（nützliche Geschäftsführung）すなわち緊急性なしに，明確かつ圧倒的な他人の利益のために事務管理が行われた場合には，事務管理者は費用償還請求権を有する（1037 条）。ここでの費用償還請求権は 2 つの点で制限される。すなわち，合目的的でない費用や無駄になった費用は償還請求できない。また，合目的的な経費もそれが成果を収めた場合にのみ賠償される。

第 3 に，無益な事務管理（unnütze Geschäftsführung）の類型である。本人の圧倒的な利益が明確でない事務管理（1038 条）と，本人の明示的な意思に反する事務管理（1040 条）がこれに属する。いずれの場合にも，事務管理者は費用償還請求権を有しない。むしろ事務管理者は以前の状態を回復し，この干渉がなければ生じなかった損失を賠償しなければならない（1311 条第 2 文）。

(b) 事務管理者の義務

事務管理者の従たる義務として，1039 条は管理継続義務と顛末報告義務を定める。この管理継続義務は有益な事務管理のみに妥当し，内容的には当該事務処理の中止によって損害を増大させることは許されないという点にある。

さらに，獲得された利益の返還義務や本人への通知義務なども解釈上認められている。

2) 損害賠償

ABGB の事務管理に関する規定の概要は上記の通りである。これから明ら

---

(71)　Vgl., Koziol／Welser, Grundriß des bürgerlichen Rechts（Fn. 2）, S. 504 ff..

第3章　オーストリア一般民法1014条の歴史的沿革とその適用範囲

かなように，受任者の被った損害に関する1014条や1015条に相当する規定は事務管理法には存在しない。そこで，このような損害賠償請求権をたとえば1014条の類推適用によって解釈上認めることができるかが問題とされる。この点について，事務管理者の被害の類型と事務管理者による加害の類型に分けて次にみることにしよう。

(2)　事務管理者の被った損害と本人のリスク責任

1）　学　　説

　他人の家の消火活動に際して，自己の衣服や身体に損害を被った場合や犬を救助する際に手を噛まれて怪我をした場合，あるいは自殺者を救助する際にこれに暴れて抵抗した自殺者によって腕を噛まれて，救助者がエイズに罹患・発病したような場合に，事務管理者は本人に対してこれらの損害の賠償を請求できるか。

　(a)　比較的古い学説では，このような損害賠償の問題に言及するものはあまり多くない。たとえば，エーレンツヴァイクはこれを否定し，このような事務処理と結びついた損害はいかなる場合にも賠償されないと主張する[72]。委任法の類推は正当ではないし，本人は事務管理者にその危険の中に入ることを要請していないからである。これに対して，ヴィルブルクは損害賠償請求権を肯定する。彼によれば，利益のみを享受する者は衡平の考慮に基づいて，受任者や事務管理者がその仕事の遂行中に被った損害を賠償しなければならないという[73]。

　(b)　その後の学説では，1014条を類推適用してこれの賠償を認める見解が多く見られるようになった。

　(ア)　たとえば，シュタンツルはこの問題を若干詳細に論ずる[74]。彼によれば，本人は事務管理者に対して営業危険（Betriebsgefahr）すなわち事務の典型的な危険に関して責任を負う。したがって，1014条最後尾の規定は事務管理者に類推適用されなければならない。

---

(72)　Ehrenzweig, System（Fn. 41），S. 718.

(73)　Wilburg, Die Elemente（Fn. 42），S. 121.

(74)　Stanzl in Klang-Kommentar（Fn. 9），§1036, S. 900.

242

3 事務管理と ABGB1014 条の類推適用

　確かに 1036 条は 1014 条第 1 文前段のような費用償還請求権を事務管理者に認めているに過ぎない。しかし，このことから，1014 条最後尾の「事務の遂行と結びついた損害」の賠償請求権を事務管理者に否定することは不十分だと思われる。また，1036 条が損害賠償に言及していないことを余り重要視すべきではない。事務管理法は比較的僅かな規定しか有しておらず，また，1036 条で反復された費用償還請求権に続いて，1014 条の中で考慮されている事例は事務管理に関しては問題とならないか（前払い），自明なこと（過失による損害に関する責任）だからである。

　さらに，1014 条だけでなく，1015 条も事務管理に類推適用される。したがって，緊急事務管理の場合には，1014 条の類推による損害賠償請求権を有しない限りで，偶然的に損害を被った事務管理者は彼の費用や逸失利益を超える報酬（Belohnung）を求める請求権を有する[75]。

　㈠　フィッツは利他的な委任の場合に決定的に重要な「利益と危険（Interesse und Gefahr）」というメルクマールは事務管理の場合にも妥当するとして，シュタンツルの 1014 条類推適用論に賛成する[76]。もっとも，事務管理の場合には，事務処理の可能的な結果とリスクの均衡が必要とされるとともに，過失のない不幸の帰責が問題となっていることから，両当事者の経済的な負担能力を考慮した衡平補償（Billigkeitsausgleich）が妥当するという。オーバーホーファーはこの見解を支持する[77]。

　㈡　ファーバーも基本的にはこれを支持する[78]。緊急救助の場合の事務管理者も受任者などと同じく本人の計算と危険で行為している。ここでの特殊性は事務処理の危険が本人にとって事前に（ex ante）予見可能でなく，そのために委任契約の場合のように，当該事務処理を断念するという選択ができない点にある。しかし，この予見可能性は単に状況証拠的機能を有するに過ぎない。こ

---

(75)　ルムメルもこのような 1014 条および 1015 条の類推適用を支持する。Rummel in Rummel-Kommentar zum ABGB, Bd. I, 2. Aufl., 1990, §1036, Rn. 4, S. 1649.
　　　もっとも，Rummel in Rummel-Kommentar zum ABGB, Bd. 1, 3. Aufl., 2000, S.2142 では，この部分が削除されて判例の紹介に置き換えられたが，後述する有益な事務管理に関する説明をみると，従来の見解が維持されていることは明らかである（注(80)参照）。

(76)　Fitz, Risikozurechnung（Fn. 11），S. 96 ff..

(77)　Oberhofer, Risikohaftung（Fn. 11），S. 219 ff..

(78)　Faber, Risikohaftung（Fn. 12），S.259.

243

第3章　オーストリア一般民法1014条の歴史的沿革とその適用範囲

こでは当該事務処理の特別なリスクが現実化したと評価できることが重要である。いずれにせよ，事務管理者は無償で行為するから，本人へのリスク配分は狭義の利益思想によって基礎づけられる。本人の予見可能性の欠如すなわち制御可能性の欠如は事務管理者の賠償請求権を「適切な賠償（angemessener Ersatz）」に制限することによって対処すべきだという。

　このように緊急事務管理の場合に1014条の類推適用によって事務管理者に損害賠償請求権を認めるのが現在では通説的見解であるといってよい[79]。さらに，一部の学説は有益な事務管理の場合にも同様に損害賠償請求権を肯定する[80]。

　(c)　これと異なる見解としては，たとえば967条2項の類推適用説が挙げられる。マイセル（Meissel）は[81]委任の場合には契約上の義務の履行の領域内で生じた受任者の損害が問題とされるが，事務管理者はこのような契約上の義務なしに行為する点で大きく異なるから，1014条を類推適用する通説は妥当ではないと批判する。そして，これに代えて，他の規定すなわち寄託に関する967条2項を類推適用すべきことを主張する。

　寄託契約では，有責な方法で加えられた損害の賠償義務および寄託物の維持や継続的な用益の増大のために用いられた費用の償還義務と並んで（967条1項），緊急の場合に受寄者が受寄物を救うために自己の物を犠牲にしたときは，受任者は適切な賠償を請求することができる（967条2項）。

　前者の費用償還は契約によって把握され，受寄者に義務づけられた行為に関連する。これに対して，後者は受寄者の契約上の義務に属さない，自己の物の

---

(79)　1014条の類推適用肯定説としては，さらに次のようなものが挙げられる。Koziol/ Welser, Grundriß des bürgerlichen Rechts（Fn. 2），S. 505 ; Apathy in Schwimann - Praxiskommentar（Fn.9），§§ 1036-1040 ABGB, Rn 12, S. 777.

(80)　Fitz, Risikozurechnung（Fn. 11），S. 99 ; Rummel in Rummel-Kommentar, 3. Aufl.,（Fn. 75），§ 1037, Rn. 5, S. 2143.
　　なお，フィッツは緊急事務管理の場合とは異なって，有益な事務管理の場合の損害賠償請求権はこの事務処理の積極的な結果が残る場合に限るとする。
　　このような肯定説に対して，オーバーホーファーはオーストリア法では有益な事務管理は常に違法の非難が課されるから，このような違法な干渉にリスク責任思想を適用することはできないと批判する。Oberhofer, Risikohaftung（Fn. 11），S. 219 f..

(81)　Meissel, Geschäftsführung ohne Auftrag, 1993, S. 190 ff..

利他的な犠牲に関連する。このような契約上の義務を超える活動を行う場合には，受寄者は事務管理者であると看なされる。したがって，967条2項は緊急事務管理者の被った損害に類推適用することができる。

このように967条2項を類推適用するときは，その要件および法的効果に関しても妥当な結論を導くことができる。すなわち，ここで賠償されるのは本人の法的財貨の救済のために犠牲にされた財貨の賠償であって，偶然損害の賠償ではない。また，この賠償は「適切な賠償（angemessene Entschädigung）」であって，個々の事例の事情を考慮して決定される。具体的には，犠牲にされた財貨の価値，犠牲の合目的性，救助された財貨の価値および事務管理者と本人の財産状況などである。これによって不当な過酷さが本人に生ずることを回避することが可能となる。

また，「犠牲にされた財貨」とは意識的に具体的な事務処理のリスクにさらしたすべての財貨を意味するから，「行為に特別な損害」もこれに包摂される。一般的な生活リスクに属する損害はこれから排除されるとともに，事務管理者の「行為に特別な損害」の賠償は「適切な賠償」に制限されることを基礎づけることができるとする。

2）判　　例
事務管理者の損害賠償請求権に関連する判例は長い間存在しなかった。しかし，1995年に至って初めて，OGHはこの問題に関して注目すべき見解を明らかにした。その後，この見解は1997年の判例でも維持されており，判例の立場は確定したものと評価することができよう。

(a) OGH1995年8月24日判決（2 Ob 46/95）（SZ 68/ 142 = DRdA 1996, 27 = ÖJZ 1996, 265）
【事実関係】1992年7月29日の午前11時40分過ぎ，Fは約束に従ってあるものを受け取りに被告の家を訪れた。家には被告の10歳の息子が1人でいたが，Fが家に入るや否や煙の臭いに気づいた。そこで，Fは台所の戸を開けて入ると，煙が充満していた。油で一杯の鍋が電源スイッチの入った熱い電熱板の上に置かれており，そこから煙が上がっていた。Fはこれを他のところに移し電源を切った。その際，鍋の油が熱い電熱板の上にこぼれて燃え上がった。そこで，台所の火災を防止するために，鍋の2つの取っ手をつかんで，戸外へ

第 3 章　オーストリア一般民法 1014 条の歴史的沿革とその適用範囲

持って行こうとした。その際，油が少しタイルの床にこぼれ，その上でＦは
足を滑らせて転倒した。熱い油が彼女の腕と足にかかった。また，床にこぼれ
た熱い油の上を尻と背中を使って移動したため，尻と背中にも火がついた。さ
らに，顔にも重度のやけどを負った。

　社会保険者である原告はこれまでにこの負傷に関してＦに約 31 万シリン
グ[(82)]を支払った。

　そこで，原告は被告に対してこの支払額の賠償請求と将来的な給付に関する
被告の責任の確認を求めた。

　一審は請求棄却。原審も原告の控訴を棄却した。原告が上告。

【判旨】破棄差戻し

　①本件では，1036 条の緊急事務管理が成立する。

　② 1014 条以下とは異なって，1036 条が損害賠償請求権を規定していないこ
とを理由として，事務管理者は偶然損害の賠償を請求できないという結論を導
くことは許されない。比較可能な利益状態に鑑みると，受任者とは異なって緊
急事務管理者に完全な損害のリスクを負担させるつもりであるという立法者の
意図を仮定することはできない。むしろ評価的な考察においては，法の欠缺が
認められるべきである。

　③事務管理の場合には，事務管理者は本人によって意図的に事務の典型的な
危険にさらされたのではないし，また，事務管理者が損害回避のために介入す
るかどうか，どのように介入するかに関して本人は影響力を有しないから，
1014 条を類推適用することはできない。

　④むしろ，1015 条および 1043 条や 967 条の規定から「適切な賠償
（angemessene Entschädigung）」という基本的な考えを取り出すことができる。
このことは 1306a 条，1310 条に依拠した「衡平責任（Billigkeitshaftung）」へと
導く。

　緊急事務管理者に賠償が行われるべきかどうか，どの範囲で賠償されるかは，
個々の事例の事情に依存する。本件では，たとえば本人の差し迫った危険と事

---

(82)　オーストリアにユーロが導入されたのは 1999 年 1 月 1 日である。そして，2002 年
　　2 月 28 日までに旧通貨は回収された。ユーロとの交換比率は 100 シリングで 7.27 ユー
　　ロである。

246

3 事務管理と ABGB1014 条の類推適用

務管理者によって冒されたリスクの間の関係，事務管理者の損害の種類と額，危険状態の発生への寄与および経済的な負担能力が考慮されるべきである。衡平による賠償の算定に関しては，危険と損害が事後的に（ex post）関係づけられる。また，負担能力に関しては，収入や財産だけでなく，保険による補償も考慮すべきである。

衡平による被告に対する請求権が被害者に成立するかどうか，どの程度成立するかは，これまでの認定に基づいて最終的に判断することはできない。特に，実際に差し迫った被告の危険の大きさや両者の収入や財産関係の認定が欠けており，さらに被告の保険による補償が成立しているかどうかが解明されていない。経済的に考えて，2つの保険が相互に対峙しているときは，これも衡平考慮の中に入れられるべきである。

ここでは，1014 条の類推適用という学説の通説的見解を拒否して，1015 条および 1043 条・967 条の規定から導かれる「適切な賠償（angemessene Entschädigung）」を事務管理者に認めた。法的構成は異なるが，緊急事務管理者に対する本人のリスク責任を初めて肯定した最上級審の判断である。

なお，差戻審の一審および原審では，被告の責任は 75％ と認定されたが，原告と被告双方が再び上告した。両者の対立点は次の2つである。すなわち，①Ｆはもっぱら被告の個人的な利益のために行為したから，このリスクは被告に帰責されるべきであるか，②被告は自己の責任保険によって全損害の負担が可能であり，被告の責任保険とＦの社会保険が対峙している場合には，社会保険はＦの側の財産として評価されるべきではないか，それとも，経済的に2人の保険者が対峙しているときは，両者の補償準備金に比例して損害の分割が行われるべきか。

OGH は[83]，①被告の利益のためになされたことから，直ちに事務管理者の

----

(83)　OGH 17. 10. 1996, 2 Ob 2325/96t, RIS（Rechtsinformationssystem, http://www.ris. bka.gv.at/Jus/）.（未公刊）

　【判旨】破棄自判　①緊急事務管理者は通常は公衆の利益だけではなくて，個人的な利益においても行為する。原審の認定によれば，本件の緊急事務管理は明らかに被告の利益のためになされた。しかし，この本人の個人的な利益の言及から，事務管理者の請求権が減額されないまま存在するという結論は生じない。

　原審の認定によれば，請求権を減額する共同過失はＦには認められない。また，Ｆの不器用さは本件の事情の下では請求権の減額に導かない。

第3章　オーストリア一般民法1014条の歴史的沿革とその適用範囲

請求権の減額が否定されることにはならない，②緊急事務管理者と本人の双方に保険者がいる場合には，両保険者の負担能力ではなくて，緊急事務管理者と本人がどの程度負担可能であるかが問題とされるべきであり，本件ではいずれの当事者も完全な保険補償を得ていることから，両者は対等の割合で負担すべきであると判示した。

(b)　OGH1997年6月18日判決（3 Ob 507/96）（SZ 70/113=JBl 1998, 114）

【事実関係】1994年3月31日の夜9時過ぎ，ある婦人が自動車で走行中に犬をはねてしまった。彼女はこの衝突音を聞いて出てきた農夫と一緒にこの犬を捜し，農家の車庫にいるのを見つけた。そこで，彼女はこの日の緊急当番医である獣医の原告に電話した。原告はこの犬を10メートルほど引っ張って外に出して，診察を始めた。しかし，その途中でこの犬が突然原告に噛みつき，原告は右の親指の骨折，爪の破損や裂挫傷を負った。原告は自己の動物診療所に代わりの医師を手配し，また，予定されていた市場での肉検査の仕事をキャンセルせざるを得なかった。そこで，原告はこの犬の所有者である被告に対して，これらの損害の賠償を求めて訴えを提起した。

---

②原告の見解とは異なり，負担能力の考察に際して，社会保険補償を無視することは許されない。本件事例でも，経済的に考えると，2つの保険者が対峙しており，このことは衡平の評価のところで考慮されるべきである。

衡平判断の事例に関する判例では，被害者の補償請求権が個人の保険契約に基づくか，社会保険者に対する法律上の請求権に基づくかどうかによって異なって判断すべきだとはされていない。

③原審は被告の現実に差し迫った危険が大きいことを認定しており，この点での割合的な検討は行われない。この事情はまず第1に緊急事務管理者に賠償を認めることに賛成するが，さらに，賠償の額の算定に関しても重要である。

本件事例では，負担能力の検討が決定的に重要となる。経済的に考えて2人の保険者が対峙している場合には，被告の見解とは異なり，関与する保険者にとってこの損害が負担可能であるかどうかではなくて，緊急事務管理者と本人がどの程度でこれを負担できるかが問題となる。

本件事例では，両者は完全な保険補償を享受しており，この損害は両者にとって等しく負担可能である。このことは1対1の割合での分割に導く。

被告はこの範囲ですでに請求を認めているから，被告の責任保険の補償額が500万シリングであり，原告たる社会保険は無制限であるという事情が被告の有利に働くか否かという問題は棚上げにすることができる。

上記の割合と異なる分割を正当化するその他の事情も本件事例では存在しない。

3 事務管理と ABGB1014 条の類推適用

一審は 1320 条（動物保有者の責任）の適用を否定して，原告の訴えを棄却。これとは反対に，原審は同条に基づく被告の責任を肯定しうるとして，一審判決を破棄差し戻した。また，これに関する最高裁判例がないことなどから最高裁に異議申立できるとした。被告が上告。

【判旨】上告棄却。

①原審の見解とは異なり，本件では，1320 条を根拠とすることはできない。被告は必要な犬の管理を行わなかった。しかし，原告の負傷はたとえば自由に走り回っている犬に襲われたことによるものではなく，犬の診察の際に生じたものであるが故に，いわゆる結果損害（Folgeschaden）に属する。このような結果損害の賠償に関しては学説上争いがあるが，当法廷は保護規範の違反に基づく結果損害に関する責任については規範相当性（Normadäquanz）によって判断すべきだとする見解に従う。すなわち，リスク分配，一般的な生活リスクと特別な生活リスク，不法性の強度さ，保護法の目的と当該結果損害の遠さなどを相互に考慮して判断されるべきである。この観点から見ると，原告の負傷は 1320 条の規定の意味での規範相当性があるものとはいえないから，同条による不法行為責任は排除される。

②しかし，原告は緊急事務管理者であると考えられる。動物の応急措置をなすべき公法上の行為義務が存在する場合でも，事務管理はこれとは無関係に成立しうる。

OGH は 1995 年の判決で次のように述べた。すなわち，緊急救助の事務管理者には，1306a 条および 1310 条に依拠した衡平責任に基づいて，その際の偶然的な負傷に関して，適切な賠償が給付される。緊急事務管理者に賠償が認められるか，どの範囲で賠償が認められるかどうかは，個々の事例の事情に依拠する。たとえば，本人の差し迫った危険と事務管理者から由来するリスクの間の関係，事務管理者の損害の種類と額，危険状態の発生への寄与および経済的な負担能力が考慮されるべきである。本法廷はこの見解に従う。

本件では，適切な賠償の考察に必要な認定がなされていない。したがって，理由は異なるとしても，一審判決は取り消されなければならない。

(c) 若干の検討

(ア) このように OGH の第 2 法定は 1995 年の判決で「衡平責任」に基づいて，

第3章　オーストリア一般民法1014条の歴史的沿革とその適用範囲

緊急事務管理者に「適切な賠償」を初めて認めた。その後，OGHの第3法廷も1997年判決でこれを支持した。

諸外国の法状況についてみると，スイス債務法422条は事務管理者に対する裁判官の裁量による損害賠償を本人に義務づけている。ドイツ法では，事務管理者の損害賠償請求権に関する規定は存在しない。しかし，法的構成に争いはあるものの，事務管理者の損害賠償請求権は解釈上肯定されている。もっとも，賠償の範囲は「適切な賠償」に制限するのが多くの学説の見解である。

OGHの見解はこれらの国の取扱いと適合的であって，OGHがこれを理由付けの1つとして考えていることは1995年の判決の中でこれらの国の法状況に言及していることからも明らかである。

(イ)　OGHが事務管理の特徴すなわち本人の委託の欠如および事務管理者に対する影響力の行使不可能性に着目したことはもちろん正当である。問題はこれをどの平面で考慮するかである。OGHはこのことから1014条の類推適用の否定という結論を導くが，これが唯一の方法ではない。従来の学説は1014条を類推適用した上で，これを損害賠償の範囲の平面で考慮している[84]。

(ウ)　OGHは1015条および1043条や967条という複数の条文から「適切な賠償」と「衡平責任」を導き，これを緊急事務管理に適用する[85]。このような全体の類推（Gesamtanalogie）は1014条の類推適用のような個別的な類推と比較すると，その要件は不明確である。緊急事務管理の領域ではこれで良いとしても，有益な事務管理にも妥当するかどうか，さらに類似の利益状態が存在する事例においてその外延を明らかにすることはできないであろう。OGHの挙げる責任範囲の確定に際しての考慮事情は過失相殺的な法理の中に持ち込み，これによって「適切な賠償」を実現するほうが方法論的には穏当なように思われる。

(エ)　1014条の類推適用という通説的見解と全く異なるにも関わらず，OGHの見解はいくつかの判例評釈において好意的に受け入れられた[86]。これは緊急

---

(84)　Vgl., Fitz, Risikozurechnung (Fn. 11), S. 98 ff. ; Faber, Risikohaftung (Fn. 12), S. 258 ff..

(85)　なお，前述した1997年判決は1995年判決に従う旨を述べるが，そこでは1995年判決とは異なって，1015条は全く引用されていない。

(86)　Fitz, Anmerkung zum OGH 24.8.1995, ÖZW (Österreichische Zeitschrift fur

3 事務管理と ABGB1014 条の類推適用

事務管理の場合に本人のリスク責任を肯定し，その賠償を適切な範囲に制限した点に注目した結果であるといえよう。ファーバーも判例の解決は結果的には自己の主張する評価によっても正当であるとし，単に行われた活動の種類に特別なリスクが現実化したという評価が決定的であり，加えて，狭義の利益思想すなわち行為の無償性が本人へのリスク割当てを一定の範囲で正当化することを指摘するに過ぎない[87]。

しかし，結果の妥当性はもちろん重要ではあるが，その法的構成にも十分な関心を払うことが必要であろう[88]。

3）　社会保険との関連

(a)　労災の場合には，労働者は社会保険者に対して保険給付を請求することができる。さらに，一定の事故類型に関しては労災と同一に扱われる。一般社会保険法（ASVG）176 条 1 項はこのような場合として 13 の類型を規定する。この中で，本稿と関連するのは同項の 2 号である[89]。そこでは，①現実的また

Wirtschaftsrecht)1997,14 ; Grömmer/Oberhofer, Geschäftsführer ohne Auftrag - Schadensersatz, DRdA 1996, 311 (313 f.). なお，後者は「圧倒的な自己過失」の抗弁の主張に言及していないことを問題点として指摘する。

(87)　Faber, Risikohaftung (Fn. 12), S. 258 ff.

(88)　Koziol in KBB (Fn. 5), §1036, Rn. 6，S. 1148 はこの判例を紹介するが，それにも関わらず，1014 条の類推適用により損害は賠償されると述べている。

(89)　この 1 項 2 号は 1955 年の制定当初から存在していた。その後，これが拡張され，1962 年の改正法では②「差し迫った援助給付のために医者や助産婦を連れに行く際」（BGBl Nr. 13/1962），1987 年の改正法では，⑦「公安機関（Sicherheitsorgan）の職務行為の適切な援助の際」がそれぞれ追加された（BGBl Nr. 609/1987）。また，2012 年には「献血の協力に際して」が⑥「献血または臓器移植法による臓器移植に際して」に置き換えられた（BGBl Nr. 107/2012）。

　　また，2 号の適用は当初は「これらの給付につき特別な法律上の義務が存在しない場合」に限られていた（BGBl Nr. 189/1955）。しかし，2012 年に本文で述べたような制限に変更された（BGBl I Nr. 123/2012）。したがって，フィッツが述べるように，従来この制限をめぐっては議論があったが，現在では意味を失ったと言える。Vgl., Fitz, Risikozurechnung (Fn. 11), S. 106 ff.

　　なお，1 項の列挙する労災と同視される事故類型は当初 4 つの場合に限られていた。その後，1961 年に 3 つ追加され（BGBl Nr. 13/1962），1972 年に 2 つ（BGBl Nr. 31/1973），1976 年に 2 つ（BGBl Nr. 704/1976），1980 年に 1 つ（BGBl Nr. 585/1980），そして 1987 年に 1 つ（BGBl Nr. 609/1987）がそれぞれ追加されて，現在の 13 となった。これに伴って 3 項の適用範囲も拡大された。

第 3 章　オーストリア一般民法 1014 条の歴史的沿革とその適用範囲

は推定的な生命の危険からの人の救助またはこのような救助の試みに際して生
じた事故，②差し迫った援助給付のために医師や救急隊員，助産婦を連れに
行った際に生じた事故，③行方不明者の捜索の際に生じた事故，④その他の不
幸または公衆の危険や苦境における援助給付の際に生じた事故，⑤生命の危険
にある病人や遭難者のところに聖職者を連れてくる際に生じた事故，⑥献血ま
たは臓器移植法（Organtransplantationsgesetz ＝ OTPG）による臓器移植に際し
て生じた事故，そして⑦公安機関（Sicherheitsorgan）の職務行為の適切な手助
けの際に生じた事故が労災と同視される。ただし，いずれの場合にも，この事
故が救助者の故意によって惹起されたのでないことや他の事故保険法や事故介
護法（Unfallfürsorgerecht）の規定などにより給付請求権が存在しないことが保
険給付の要件とされる。

　そして，このような活動を行う者が事故保険の被保険者でない場合でも，こ
れらの活動に際して生じた事故に基づく事故保険の給付は彼に認められる（同
条 3 項前段)[90]。

　このように一般社会保険法の規定に基づいて，緊急事務管理者は事故保険か
らの給付を受けることができるが，これと関連して次の 2 つの点が問題とされ
る。

　(b)　まず第 1 に，使用者の免責特権を定めた ASVG333 条 1 項を類推適用し
て，事務管理者に対する本人の免責を認めることができるかどうかである。換
言すると，事務管理者は本人に対して保険給付でカバーされない残余損害を賠
償請求しうるかが問題となる。

　OGH はとりわけ同法 176 条 1 項 6 号の「営業的な活動（betriebliche
Tätigkeit)」に関連してではあるが，同法 333 条 1 項の適用を広く認める傾向
にあった。たとえば，OGH1977 年 11 月 30 日判決（8 b 146/77f, SZ 50/156）は，
被害者が ASVG の意味での"被保険者"である場合にのみ責任特権の適用が
あることを前提として，332 条ないし 334 条の意味での被保険者とは事故保険
に基づく給付請求権が成立する者であれば足り，この請求権が 176 条 1 項によ

----

(90)　この前段の規定は当初は第 2 項に置かれていた。その後，1965 年に第 2 項として新
　　たな規定が追加されて，従来の第 2 項は第 3 項となった（BGBl Nr. 220/1965)。2009 年
　　には，この第 3 項に母性保護法（MSchG）などによる待機期間中の職業教育と関連する
　　事故に関する後段の規定が追加された（BGBl Nr. 84/2009)。

252

3 事務管理と ABGB1014 条の類推適用

る労災と同視される事由に基づくか否かとは関係しないという[91]。

これに対して，学説はこのような免責の拡張を否定する[92]。使用者に免責特権が認められたのはとりわけ使用者が事故保険の掛金を支払っているからである。同法 176 条 1 項の事例では，このような保険の掛金の支払いは規定されていない。同様に，企業平和の理由もここでは妥当しない。また，同法 335 条 3 項は，同法 333 条の適用などと関連して，誰が使用者と同等に扱われるべきかを一定の事例について明示的に規定している。仮に立法者が同法 176 条 1 項の事例において免責特権を望む場合にはこれに言及するはずであるが，このような言及はなされていない。同法 333 条 1 項は損害賠償請求権の排除という例外的規定であって，これを拡張的に解釈することはできない。学説はこれらを理由として免責の拡張を否定する。

その後，OGH はすでに述べた 1995 年判決において，上記の批判学説であるフィッツの文献を引用して同法 333 条 1 項の類推適用を否定した。

これは緊急事務管理の事例に関する初めての判断であり，結論的には正当であると評価しうる。しかし，これは同法 176 条 1 項 6 号に関する従来の判例とは異なっており，このような相反を単に事案の相違を理由として正当化することはできないであろう[93]。

　(c)　事務管理者に対する本人の免責を否定する場合には，本人に対する保険者の償還請求の可否がさらに問題となる。ASVG332 条によれば，同法の規定により給付の権利を有する者が他の法律上の規定に基づいて請求することができる場合には，この給付がなされなければならない限りで，この請求権は保険者に移転する。これによって，緊急事務管理者の損害は最終的には本人の負担に帰すことになる。

しかし，緊急事務管理が利他的な動機に基づいて公衆の利益のために行われ

(91)　同旨のものとして，OGH 1. 6. 1978(2 Ob 54/78) ZVR 1979/268 ; OGH 17. 5. 1978 (8 Ob 35/78) EvBl 1979/102 ; OGH 12. 11. 1997(3 Ob 172/97h) JBl 1998, 790 などがある。

(92)　Steinbach, Kommentar zu OLG Wien 19. 10. 1979, 31 R 252/79, ZAS 1981, 65 (67) ; Holzer, Dienstgeberhaftungsprivileg (§ 333 ASVG) und den Arbeitsunfällen gleichgestellte Unfälle (§ 176 ASVG), JBl 1982, 348 (354 f.) ; derselbe, Eine Lebensrettung, DRdA 2001, 67 (69 f.); Fitz, Risikozurechnung (Fn. 11), S. 109 ff..

(93)　Vgl., Grömmer/Oberhofer, Geschäftsführer ohne Auftrag (Fn. 86), S. 314 f..

第3章　オーストリア一般民法1014条の歴史的沿革とその適用範囲

るという性質を考慮して事故保険の中に組み入れたにも拘わらず[94]，事故保険者が本人に求償しうるとすると，結局，事故保険による一時的な立替という結果になる。そこで，このような保険代位の可否が第2の問題として争われる。

　(ア)　フィッツはドイツのハウス（Hauß）の見解に依拠して，緊急事務管理の場合における保険代位は否定されるべきであると主張した[95]。本人は差し迫った危険な状態にあり，事務管理を拒否することも制御することもできないのだから，このような者を有責な加害者と同じように扱うことは不当である。また，立法者によれば，緊急事務管理は公の利益でもあり，それ故事故保険の中に含められたにも関わらず，公衆と本人の関係においては，何故，事務管理のリスクが本人にのみ帰責されるべきかは理解できないというのがその理由である。

　(イ)　これに対して，前述の1995年判決はこのフィッツの見解を否定して保険代位を認めた。すなわち，使用者や同僚に対する償還請求権は法律上制限されているが[96]，緊急事務管理の本人に関しては明文規定は存在しない。また，法の目的もこのような制限を要求していない。緊急事務管理者に保険保護を提供し，本人の支払不能のリスクを除去することが法の目的であって，事務管理に基づく本人の責任を免責させる点にはない。利他的に公衆の利益で行われる生命救助などは事故保険の中に算入されるべきであるが，これによって，救助リスクを最終的に一般公衆に移転し，本人を民法上の責任から免責することを意図していたことは立法資料から取り出すことはできない。本件事例がそうであるように，緊急事務管理者は公衆の利益で行為するが，単にそれだけではなくて，個人の利益のためにも行為している（家の焼失の防止）。それ故，緊急救助損害の厳格な社会化は拒否されるべきであると述べた。

　(ウ)　これに対して，フィッツはOGHの立法資料の用い方には問題があると批判する[97]。本人の緊急事務管理者に対する賠償義務が判例上認められたのは

---

(94)　Vgl., OGH 31. 5. 1988, SZ 61/139=JBl 1988, 666.

(95)　Fitz, Risikozurechnung (Fn. 11), S. 112 ff.

　　なお，マイセルもこの結論を支持するが，衡平の観点に基づく賠償請求権である点にその根拠を求める。Meissel, Geschäftsführung ohne Auftrag, (Fn. 81), S. 192.

(96)　ASVG334条によれば，社会保険者の使用者に対する償還請求は故意・重過失による事故惹起の場合に限られる。

(97)　Fitz, a.a.O. (Fn. 86), S. 14 ff..

最近のことであって，立法者がこれを考慮して償還の問題を判断する機会は存在しなかった。むしろその損害は最終的には公衆に転嫁されることから出発していたというべきである。また，緊急事務管理が本人の個人的な利益においても行われているということから何を導こうとしているかは不明であり，具体的にどのような分割が償還において行われるべきかも問題だと指摘する。

(3) 事務管理者の損害賠償責任の軽減

1) 民法上の規定

緊急事務管理の場合には，他人の法領域への干渉につき違法性は否定されるが故に，事務管理者はこの干渉を理由とする損害賠償義務を負わない（1311条第2文事例3）。

しかし，事務管理を行うに際して過失がある場合には，損害賠償法の一般原則である1295条以下に基づいて，事務管理者はこれを賠償すべき責任を負う。これが通説的見解である[98]。これによれば，本人の物を軽過失で損傷したときは，損傷の時点での通常の価格を賠償し（1332条），故意・重過失のときは，さらに逸失利益も賠償される（1331条）。

2) 責任制限の試み

(a) フィッツは利他的に行為している場合に行為者の損害につき本人に無過失賠償責任を認めるときには，同様に行為者の加害による賠償義務も軽減されるべきではないかという問題を提起する。ドイツ民法680条は緊急事務管理者の責任を故意・重過失に限っており，軽過失について緊急事務管理者は免責される。フィッツはこの条文とこれに関するドイツの判例・学説を参考としながら，結論的に緊急事務管理者の軽過失免責を主張する。

すなわち，自己のためにする行為の場合には，行為者は自己の費用で賠償義務負担の危険に対処すべきである。準備金の積立や損害保険の締結など，その手段は問わない。これに対して，ある者が利他的な危険救助をなし，相当な反対給付なしに責任リスクを増大させた場合には，報酬欠缺に対応するものとし

---

(98)　Apathy in Schwimann - Praxiskommentar（Fn. 9），§§1036-1040, Rn. 18, S. 778；Koziol in KBB（Fn. 5），§1036, Rn. 7, S. 1148；Rummel in Rummel-Kommentar, 3. Aufl.,（Fn 75），§1036, Rn. 3, S. 2141.

第3章　オーストリア一般民法 1014 条の歴史的沿革とその適用範囲

て，軽過失の免責が行われる[99]。

　緊急事務管理に関しては，1312 条が防止しなかった損害に関する事務管理者の免責を定める。しかし，救助途中で事務管理者の惹起した損害をこの中に含めて理解することはできない。これの賠償をめぐる事務管理者の軽過失免責は利益帰属の思想から導かれる。責任の厳格化（本人の無過失賠償責任）と責任緩和（事務管理者の賠償義務の軽減）は 1 個のコインの裏表だからである[100]。

　事務管理者が第三者に損害を与えた場合には，上記の責任制限に対応した保護が与えられる。具体的には，本人に対する解放請求権や償還請求権が事務管理者に認められると主張する[101]。

　(b)　このように緊急事務管理者の責任を故意・重過失に限定することに対して，マイセルは次のように批判する[102]。まず第 1 に，これは損害賠償法の一般原則に違反する（1295 条）。第 2 に，事務管理者は事務管理に必要不可欠な勤勉さや知識に関して責任を負わなければならないが，緊急事務管理の場合にはこれは適用されない（1299 条）。さらに，過失の前提としての事務管理者の注意義務は事務処理の状況の特殊性や干渉の緊急性，脅威の程度などを考慮して確定されるから，軽過失に関する責任を演繹的に否定しなくとも，事態に適した解決は可能である。

　しかし，このマイセル見解によっても，過失の認定によってすべての事例を解決することができるわけではない。上記のような諸事情を考慮してもなお過失が肯定される事例が残ると思われるが，まさにこの場合にも事務管理者の免責を認めるべきだというのがフィッツの主張に他ならない。マイセルの批判はこの点で正鵠を射ていないと思われる[103]。もっとも，フィッツのように軽過失の場合は全面的免責，重過失の場合には全部の責任肯定というのは若干硬直的に過ぎる。具体的状況に応じて割合的な責任を導くことが妥当であろう。

---

(99)　Fitz, Risikozurechnung (Fn. 11), S. 148 f..

(100)　Fitz, Risikozurechnung (Fn. 11), S. 151 ff..

(101)　Fitz, Risikozurechnung (Fn. 11), S. 155 ff..

(102)　Meissel, Geschäftsführung ohne Auftrag (Fn. 81), S. 139 f..

(103)　なお，緊急事務管理以外の事務管理類型における事務管理者の賠償責任の問題性については，vgl., Meissel, Geschäftsführung ohne Auftrag (Fn. 81), S. 140 ff. ; Apathy in Schwimann -Praxiskommentar (Fn. 9), §1036-1040, Rn. 20, S. 778.

むすび

(c) なお，同様のことは事務管理の場合だけでなくて，受任者や労働者についても問題となる。これを 1014 条を用いて，どの程度本人に転嫁することができるかはリスク責任論の主たる議論の 1 つである。しかし，これに関する学説の関心はもっぱら労働者の賠償責任に向けられている。この点はすでに論じたことがあるので[104]，ここでは受任者の賠償責任に関するフィッツの見解を紹介するにとどめたい。

受任者の賠償義務については，1012 条が過失によって損害を惹起した場合にはこれを委任者に賠償すべき責任を負う旨を定める。しかし，オーストリア法における委任契約は有償を本来的な形態としており，両当事者の利益のためになされる。したがって，受任者の責任を原則的に制限すべき契機は存在しない。むしろ，弁護士や財産管理人，仲介人，委託販売業者，銀行などでは，高度の職業上の注意義務が受任者に課されるべきである。これと異なり，利他的で且つ職業的でない事務処理という非典型的な事例に関しては，法の欠缺が存在し，これは利益状態に適合した責任基準によって充足されるべきであるとフィッツは主張する[105]。これは 1012 条の適用領域を有償委任に限定し，無償委任の場合には，利益とリスクの同一帰属の観点から受任者の賠償義務を軽減しようとするものである。

む　す　び

本章では，主としてオーストリア法における委任者の無過失責任およびこれの準用規定に関する歴史的な沿革と理論的基礎，さらに事務管理における類推適用に関する判例・学説の状況を見てきた。ここでは，これらに関して幾つかの重要と思われる点を指摘して，本章のむすびに代えたい。

(1) 委任者の無過失責任に関する歴史的な沿革
(a) 委任者の損害賠償責任に関する ABGB の規定をみると，その特徴として次のような点を指摘することができる。すなわち，① ABGB1014 条におい

---

(104)　前掲注(1)に引用のものを参照。
(105)　Fitz, Risikozurechnung (Fn. 11), S. 151.

第3章　オーストリア一般民法 1014 条の歴史的沿革とその適用範囲

て委任者の過失責任と無過失責任が併存的に規定されていること，②「委任の
履行と結びついた損害」と「偶然によって生じた損害」を分けて，別個に規定
されていること，③「偶然によって生じた損害」に関しては，仮定的な報酬額
に制限されていること，④委任の無償性の原則が放棄され，有償委任も委任に
含むものとされたこと，⑤これを前提として，偶然損害に関する ABGB1015
条は無償委任にその適用範囲が限定されていることの5つである。

　(b)　これらを立法史的に考察すると，(ア)　過失責任と無過失責任の併存的な
規定はホルテン草案にその起源を求めることができる。テレジア法典でも委任
者の無過失責任は規定されていたが，これは過失責任の原則に対する例外とし
て構成されていたに過ぎない。

　(イ)　「委任の履行と結びついた損害」と「偶然によって生じた損害」の区別
はマルティーニ草案をその起源とし，原草案に受け継がれた。そこでは，1014
条の「委任の履行と結びついた損害」という表現はいずれも同じであるが，
1015 条の「偶然に（zufälliger Weise）生じた損害」はマルティーニ草案では
「予期されない偶然（unvermühter Zufall）によって生じた損害」という表現が
用いられていたが，原草案の段階でこれが修正された。

　なお，テレジア法典およびホルテン草案では，両者をともに規定するのでは
なく，テレジア法典は「偶然損害の賠償」を，ホルテン草案は「事務処理に基
づいて生じた偶然損害の賠償」のみを定める。このホルテン草案は文言的にみ
ると現行法の「委任の履行と結びついた損害」に相当するものと解することが
できる。また，受任者（任意代理人）に過失がないことが要件とされている点
でホルテン草案は他の草案とは異なる。我が国の 650 条 3 項および母法である
フランス民法典 2000 条も同様の要件を定めており，この点でも注目される。

　(ウ)　偶然損害に関しては，賠償の範囲はいずれも制限的なものとされた。テ
レジア法典では「衡平上の賠償」に限られる。マルティーニ草案において初め
て仮定的な報酬の最高額という制限が用いられた。この制限は原草案および
ツァイラーの提議においても維持された。しかし，その基準は「雇われた弁護
士」から「雇われた事務処理者」を経て，「有償契約」であれば支払われるで
あろう報酬額へと変更された。

　(エ)　委任の無償性の原則はテレジア法典から原草案に至るまで一貫して維持

258

むすび

されてきた。立法の最終段階において，この委任の無償性の原則はツァイラー
の提議によって放棄された。その結果，無償委任を前提としてこれまで認めら
れてきた委任者の無過失責任が有償委任にも拡張されることになった。

　これに関する立法者の意図は立法資料からは明らかではない。しかし，すで
にテレジア法典において，事後的な謝礼の支払だけでなく，これの事前の支払
約束の有効性，さらに一定の職業人にはこのような約束が存在しない場合にも
報酬を請求し得ることが認められていた。これらは無償委任の原則に反しない
ものとされたが，その経済的な実態は事務処理の対価すなわち報酬であること
は明らかである。つまり，委任の無償性はすでに形骸化していたのであり，
ツァイラーはその実態を直視してこれを法典化したに過ぎない。同様に，委任
者の無過失責任も実質的には有償委任にもその適用が肯定されていたというべ
きである。このような実態ないし実質に着目する場合には，ツァイラーの提議
によって委任者の無過失責任の適用範囲が有償委任に拡張されたという評価は
必ずしも正鵠を射ていないと思われる。

　㋑　偶然損害に関するABGB1015条を無償委任に限定することは，同じく
ツァイラーの提議によって行われた。「委任の履行と結びついた損害」と「偶
然によって生じた損害」の区別は，すでに述べたようにマルティーニ草案に始
まる。これを継承した原草案を含めて，両者の責任が委任者に認められていた。
これに対して，ツァイラーは後者の責任を無償委任に限定した。その結果，無
償委任の場合には従来と同様に委任者は両者の責任を負うが，有償委任の場合
には前者の責任に限られることになった。

　（c）　ABGB1151条2項によれば，ABGB1014条を含む委任契約の規定は「事
務処理を対象とする雇用・請負契約」に準用される。これの起源はマルティー
ニ草案に求めることができる。そこでは，混合契約論的な観点から，当該契約
に適用されるべき法規範が定められた。これ以降は，表現方法を異にするもの
の，内容的には同一の規定が置かれた。

　ホルテン草案ではこのような観点は希薄であり，「理性と知性によって実行
される仕事」の契約は単に任意代理契約の規定に従うものとされた。また，テ
レジア法典ではこのような準用規定はないが，使用者の無過失損害賠償責任を
定めていた点は注目される。

第3章　オーストリア一般民法1014条の歴史的沿革とその適用範囲

(2)　委任者の無過失損害賠償責任の理論的な基礎づけ

(a)　1014条の無過失損害賠償責任の理論的根拠については，起草者の見解は明らかではないが，初期の学説では，衡平説・営業危険説・企業の理念説が主張された。その後，1970年代には，ドイツ学説の影響を受けて「他人のためにする行為のリスク責任」論が主張された。1983年判決がこれを採用すると，多くの学説もこれを支持するに至り，現在の判例・通説が形成された。もっとも，近時，利益説や「委任者の計算と危険」説などの新たな主張も見られる。

(b)　ファーバーは「他人のためにする行為のリスク責任」論を批判的に検討し，これに代えて「委任者の計算と危険」説によるべきことを主張した。彼は委任法の規定から委任の3原則を導き，これによって委任者の無過失責任を基礎付けることを試みる。しかし，このような思考方法は委任者の無過失責任が実定法化されていない場合にも妥当するかは疑問の余地があろう。また，この「計算と危険」が委任の場合だけでなく，雇用契約や事務管理にも妥当するとして，使用者や本人の無過失責任を肯定する。そうすると，「計算と危険」は単に委任法の領域だけでなく雇用や事務管理に共通する原則となり，この点ではリスク責任論における「利益思想」と同様であるということができる。また，ファーバーが委任法の第3原則だとする「常時支配の原則」は内容的にはリスク責任論の「危険設定思想」と重なる。ファーバーはこれを委任者の無過失責任に関する責任要件の解釈に資するものとするが，少なくともこれが実定法化されていない国では利益思想と並んで委任者の無過失責任の基礎づけとして用いるべきであろう。このように解することが「物に関する危険責任」との類似性からも正当だと考えられる。

(3)　事務管理とABGB1014条の類推適用

(a)　事務管理者の被った損害と本人のリスク責任

近時の通説的見解は緊急事務管理にも1014条の類推適用を認める。したがって，緊急事務管理に際して事務管理者が損害を被った場合には，事務管理者は本人の過失を問うことなくこれの賠償を請求することができる。これに対して，OGHは通説とは異なり，1015条および1043条や967条という複数の条文から「適切な賠償」と「衡平責任」を導く。これの結論が妥当であるとし

ても，このような全体の類推という方法が適切であるかどうかは慎重な検討を必要としよう。

なお，緊急事務管理者の損害に関しては，一般社会保険法（ASVG）が適用されるが，これと関連して，①使用者の免責特権の規定がここで類推適用されるか，また，②保険代位により事故保険者は本人に賠償請求できるかが問題とされる。前者につき，通説および判例はこれを否定する。また，後者については，有力説は保険代位を否定すべきだと主張するが，判例はこれを肯定する。

(b) 事務管理者の損害賠償責任の軽減

本人または第三者に損害を与えた場合における事務管理者の損害賠償義務は本人との関係において軽減されるか。この問題を扱う学説はそれほど多くない。有力説はドイツの学説・判例を参考としながら，事務管理者の責任を故意・重過失に制限すべきこと（軽過失免責）を主張するが，これに対しては，損害賠償の一般原則に反するとともに，過失の前提としての注意義務の認定によって事態に適した解決が可能だとする批判がある。

(4) 我が国への示唆

ABGB1014条の歴史的沿革や理論的根拠，およびこれの類推適用をめぐるオーストリアの法状況は上記の通りである。また，ドイツ法およびスイス法については別稿ですでに論じた。

我が国では，民法650条3項が委任者の無過失損害賠償責任を明文で規定するが，オーストリアの判例と同様に，これを「他人のためにする行為のリスク責任」の観点から理解することが考えられて良い。これによって，有償委任への適用や同条の適用要件の明確化，さらに同条の雇用・労働契約や事務管理への類推適用の基礎づけなどに資することができよう。これの詳細は今後の検討に委ねざるを得ないが，一部の法領域では，すでに「他人のためにする行為のリスク責任」が我が国でも実質的に認められていることを指摘しておきたい。

すなわち，危険責任や報償責任は本来的には第三者に対する無過失損害賠償責任を基礎づけるものであるが，近時，これが使用者の労働者に対する求償権の制限根拠として援用されている[106]。そうすると，これは使用者と労働者の間

(106) 近時の下級審判例としては，エーディーディー事件に関する京都地判平成23年10

第 3 章　オーストリア一般民法 1014 条の歴史的沿革とその適用範囲

において，「他人のためにする行為のリスク責任」論と同じく利益思想と危険設定思想に基づき使用者のリスク責任を肯定するものと評価しうるからである。

月 31 日労旬 1762 号 71 頁，控訴審の大阪高判平成 24 年 7 月 27 日労判 1062 号 63 頁や，仙台地判平成 24 年 11 月 9 日 TKC【文献番号】25445389 などがある。学説については，加藤（一）編『注釈民法(19)債権(10)』有斐閣・1965 年［森島昭夫］267 頁以下および297 頁以下参照。

第4章　スイス債務法におけるリスク責任
── 委任・事務管理および労働契約を中心として──

は じ め に

　労働者が労務を給付するに際しては，労働者の生命や身体の侵害など労働者自身が損害を被る場合（労働者被害の類型）だけでなく，労働者が使用者や第三者に対して損害を与える場合（労働者加害の類型）も考えられる。このような労働過程で生じた損害は労働者と使用者の内部関係においてどのように処理されるべきであろうか。これが営業内部の損害補償（innerbetrieblicher Schadensausgleich）として論じられてきた問題である。この点について，最高裁昭和51年7月8日判決（民集30巻7号689頁）は，「使用者が，その事業の執行につきなされた被用者の加害行為により，直接損害を被りまたは使用者としての損害賠償責任を負担したことに基づき損害を被った場合には，使用者は，その事業の性格，規模，施設の状況，被用者の業務の内容，労働条件，勤務態度，加害行為の態様，加害行為の予防若しくは損失の分散について使用者の配慮の程度その他諸般の事情に照らし，損害の公平な分担という見地から信義則上相当と認められる限度において，被用者に対し右損害の賠償または求償の請求をすることができる」と判示した。これは労働者加害の類型において労働者の責任を軽減し，この限度で労働過程で生じた損失を使用者に負担させるものである。しかし，これと異なり，労働者被害の類型においては，判例は過失責任の原則を貫徹し，使用者は過失がない限り，労働者の損害を賠償する必要はないとする。通説もこれを支持する。

　このように判例・通説によれば，労働者被害の類型と労働者加害の類型は全く異なって取扱われる。しかし，労働者加害の類型だけでなく，労働者被害の類型についても，使用者と労働者間の「損害の公平な分担」という同じ見地から賠償責任の問題は処理されるべきであろう。これは，労働者被害の類型では，部分的にせよ使用者の無過失損害賠償責任を認めることに他ならないが，このような使用者の無過失責任を信義則で基礎づけることは難しいように思われる。

第 4 章　スイス債務法におけるリスク責任

　そこで，労働者加害の類型および労働者被害の類型に共通して，労働過程で
生じた損失の負担を求める請求権を労働者に認め，これを基礎として両者の
「損害の公平な分担」を実現することが考えられてよい。このような労働者の
請求権は法理論的には「他人のためにする行為のリスク責任」，形式的には
650 条 3 項の類推適用に根拠を求めることができる。つまり，同条による委任
者の無過失賠償責任は「他人のためにする行為のリスク責任」に基づくもので
あり，このような責任法理が妥当する法領域では，同条の類推適用を肯定しよ
うとするものである。

　ドイツでは，労働者加害の類型に関してはいわゆる危険労働法理が判例法上
確立され，これに基づいて労働者の賠償責任の制限が行われている。また，労
働者被害の類型では，原則的には労働者の人的損害は保険によってカバーされ，
使用者は労働者に対する賠償義務を免れるが，そうでない物的損害に関しては，
判例は委任者の費用賠償義務を定める 670 条を類推適用して使用者の無過失賠
償責任を肯定する。このようにドイツでは法的構成は異なるが，いずれの類型
でも労働過程で生じた損害は使用者に帰せられる。オーストリアでも結論的に
は同様である。ABGB1014 条は委任者の無過失損害賠償責任を定めるが，最
高裁はこの規定を労働者の物的損害に類推適用した。また，労働者加害の類型
では，被用者賠償責任法（Dienstnehmerhaftpflichtgesetz）が労働者の不法行為
責任を使用者との内部関係において制限している。しかし，最高裁はこれとは
別に ABGB1014 条の類推適用による労働者の責任制限を認めた。上記の私見
はドイツにおける安全配慮義務と保護義務を検討する中で着想を得たのである
が，結果的にオーストリアの最高裁の立場と軌を一にする[1]。

　近時，我が国では，委任者の無過失賠償責任に関して，歴史的・比較法的見
地からする詳細な研究が公にされた[2]。この中で，ドイツ・オーストリアにお

---

[1]　ドイツ法・オーストリア法および私見については，拙著『安全配慮義務と契約責任
　　の拡張』173 頁以下（1993 年）参照。なお，650 条 3 項の類推適用を初めて主張したの
　　は 1985 年 10 月 12 日の私法学会での個別報告においてである（私法 48 号 209 頁（215
　　頁）（1986 年）参照）。
　　　オーストリアにおけるその後の判例・学説の展開については，拙稿「オーストリア法
　　における使用者のリスク責任論の展開(1)(2)」法学志林 104 巻 2 号 33 頁以下（2006 年），
　　104 巻 3 号 101 頁以下（2007 年）参照。
[2]　野田龍一「委任者の損害填補義務──民法 650 条 3 項の史的系譜」福岡大学法学論叢

けるのとは異なって，フランス・スイスでは，判例は委任規定の雇用への類推適用に否定的であるが，それは何故なのか，「相手方のために引受けた好意は何人にとっても損害とはならない」という委任者の無過失賠償責任の理由はひとしく無償を原則とした委任および寄託にのみ妥当するなどの指摘がなされた[3]。これはもちろん委任の規定を雇用・労働関係に類推適用しようとする「現代的傾向」に向けられたものである。

　そこで，本章では，この問題提起を受けて，スイス法に関して，とりわけリスク責任を中心に検討することにしたい。その際，スイス法の特殊性から，労働契約だけでなく委任契約・事務管理も考察対象に含めることにする。また，事務処理者（労働者・受任者・事務管理者）の過失や報酬との関連にも留意したい。

　論述の順序としては，まず第1に，債務法の歴史的な展開を概観した上で，事務管理における本人の責任について考察する。その上で，判例によるこの規定の拡張適用およびこれに関する学説を検討し，最後に，労働契約における賠償責任についてみることにする。

1　旧債務法と新債務法

⑴　旧債務法の成立とその改正

1）　旧債務法の編纂

　1848年にスイス連邦憲法が制定され，これによって近代国家スイスの基礎が築かれた。しかし，この憲法は訴訟法や刑法と同じように，私法の領域に関しても連邦の立法権限を認めなかったが，連邦国家の創設後間もなく，法の分散は維持できないものと感じられ，まず最初に各州間の協定に基づく共通の商法典の導入が検討された[4]。この作業はベルン大学のムンツィンガー

　36巻1・2・3号51頁（1991年），一木孝之「委任者の経済的不利益等に対する委任者の塡補責任⑴⑵──民法650条および『無過失損害賠償責任』に関する一試論──」國學院法学45巻2号1頁（2007年），46巻1号1頁（2008年）。

⑶　野田龍一「民法650条3項の適用範囲について──比較法制史的考察──」福岡大学法学論叢37巻2・3・4号363頁（401頁以下）（1993年）。

⑷　債務法の歴史的な展開の概要については，vgl., Eugen Bucher, Schweizerisches Oblgationenrecht, AT, 1979, §3, S.15 f. ; Heinrich Honsell, Schweizerisches

第4章　スイス債務法におけるリスク責任

（Munzinger）に委託されたが，彼は1863年に商法典の草案を提出した。

　1866年にドイツで債務法に関するドレスデン草案が公表されたが，主として これの影響を受けて，1868年，各州は商法の統一だけではなくて，債務法 全体を統一することに賛成する意向を表明した[5]。

　ムンツィンガーは1871年に新たに債務法の草案を提出した。これはドレス デン草案の影響を強く受けたものであった。1873年，ムンツィンガーが逝去。 これ以降，立法の準備作業はチューリッヒ大学のフィック（Fick）に引き継が れた。また，1874年に連邦憲法の全面的な改正が行われ，その際，すでに行 われている債務法の準備作業に合わせて，商法や手形法を含む債務法に関する 立法権限が連邦に委譲された[6]。そして，さらに数年の検討作業を経て編纂さ れた「債務法に関する連邦法」（旧債務法）が1881年6月14日に可決成立し， 1883年1月1日から施行された[7]。

2）　民法典と新債務法の成立

　1888年，ドイツでは民法典の草案が公表されたが，これに刺激されて，ス イスでも統一的な民法典の作成が議論されるようになった。この際，債務法を 民法典（ZGB）の中へ組み入れるか，あるいは特別法として存続させるべきか が問題とされ，チューリッヒやジュネーブなどの州および連邦裁判所は前者の 方法に賛成した[8]。また，連邦政府（Bundesrat）は1896年11月28日の連邦議

Obligationenrecht, BT, 6. Aufl., 2001, §1, S.3 ff..

(5)　1867年12月13日に開かれた商法典の導入に関する会議で，ベルン州の代議士は， 商法典だけでなく，一般的なスイス債務法も作成することを提案した。1868年2月3日， 連邦政府は5月の終わりまでにこれにつき回答することを各州に要請した。Vgl., Aus den Verhandlungen des schweiz. Bundesrates, BBl (Schweizerisches Bundesblatt) 1868 Ⅰ 143 (S.144).

　なお，BBl については，http://www.amtsdruckschriften.bar.admin.ch/setLanguage. do?lang=DE&currWebPage=searchHome から入手できる。

(6)　1874年の連邦憲法64条は次のように規定する。「次の事柄に関する立法は連邦の権 限に属する。すなわち，人的な行為能力に関して。商業や不動産取引に関するすべての 法律関係（商法や手形法を含む債務法）」。Vgl., Bundesbeschluß betreffemd Ergänzung des Artikels 64 der Bundesverfassung vom 29. Mai 1874, BBl 1887 Ⅱ 572.

(7)　Bundesgesetz über das Obligationenrecht, BBl 1881 Ⅲ 109. 条文については， Bundesgesetz über das Obligationenrecht, Amtliche Ausgabe, 1881 も参照。

(8)　Vgl., Botschaft des Bundesrates an die Bundesversammlung zu einem Gesetzesentwurf betreffend die Ergänzung des Entwurfes eines schweizerischen

会（Bundesversammlung）への教書（Botschaft）において，スイスにおける民法典の統一化の必要性を強調した(9)。そして，1898 年 6 月 30 日に連邦憲法が改正され，債務法だけでなく民法のその他の領域に関しても立法権限が連邦に認められた(10)。

民法典については，1900 年に司法省草案（Departementalentwurf），1904 年に法律草案がそれぞれ公表され(11)，1907 年 12 月 10 日に民法典が成立した(12)。司法省は民法草案の準備作業の終了後，債務法の民法への適合化の問題に取り組み，連邦政府の債務法改正草案が 1905 年 3 月 3 日に公表された(13)。

しかし，民法典の審議が優先され，債務法の改正については，民法典と同時に施行できるように，専門家委員会（Kommission von Experten）の作業を進めることとされた。1909 年 6 月 1 日に委員会草案が提出され，連邦議会における審議が同年 9 月から翌年の 11 月まで行われた。しかし，民法典と同時に施行するために，この審議の途中の 1910 年の夏に編纂委員会（Redakotionskommission）が招集された(14)。そして，1911 年 3 月 30 日に新債務法が「スイス民法典の補充に関する連邦法（第 5 編 債務法）」として成立した(15)。これの施行日は民法典と共に 1912 年 1 月 1 日である。民法典の制定および債務法の改正に関しては，ベルン大学のオイゲン・フーバー（Eugen

---

Zivilgesetzbuches durch Anfügung des Obligationenrechtes und der Einführungsbestimmungen, BBl 1905 II 1 (S.2).

(9) Botschaft des Bundesrates an die Bundesversammlung, betreffend die Revision der Bundesverfassung zur Einführung der Rechtseinheit, BBl 1896 IV 733.

(10) 連邦憲法 64 条に 2 項が追加され，「連邦は民法のその他の領域においても立法権限を有する」ものとされた。Vgl., Bundesbeschluss betreffend Revision des Artikels 64 der Bundesverfassung, BBl 1898 IV 13.

(11) 法律草案およびここに至るまでの経過については，vgl., Botschaft des Bundesrates an die Bundesversammlung, zu einem Gesetzesentwurf enthaltend das Schweizerische Zivilgesetzbuch, BBl 1904 IV 1.

(12) Schweizerisches Zivilgesetzbuch vom 10. Dez. 1907, BBl 1907 VI 589.

(13) BBl 1905 II 1.

(14) ここに至るまでの経過については，編纂委員会が連邦議会に提出した報告書を参照。Bericht der Redaktionskommission des Obligationenrechtes an die Bundesversammlung, BBl 1911 I 845.

(15) Bundesgesetz betreffend die Ergänzung des schweizerischen Zivilgesetzbuches (Fünfter Teil : Obligationenrecht), BBl 1911 II 355.

第4章　スイス債務法におけるリスク責任

Huber）が主導的な役割を果たした。

　民法典は導入編と4つの編（第1編 人法，第2編 家族法，第3編 相続法，第4編 物権法）からなるが，債務法は単独の法律ではあるものの，民法典の第5編を構成するものである。

　債務法の改正は特に時代的な理由から旧債務法の第1章ないし第23章に対象が限定された。改正されない第24章から第33章（552条ないし880条）は従来の条文数のままで新債務法に付け加えられた[16]。

　この新債務法は現在でも基本的に維持されている。もちろん，1936年に初めての部分改正が第3章から第5章（会社法，商業登記簿，有価証券法）に関して行われ，その後においても保証，不当競争，消費者保護などと関連して幾つかの改正がなされている[17]。とりわけ，1971年には，雇用契約法が全面的に改正されて，表題も雇用契約（Dienstvertrag）から労働契約（Arbeitsvertrag）に変更されたが，これは本稿との関連では特に重要な意味を有する。しかし，委任と事務管理に関しては，これまでのところ当事者の基本的な権利関係の変更は行われていない。この領域では，新債務法と旧債務法の差異に着目することが有益だと思われる。

(2)　委任と事務管理

1)　旧債務法の規定

　旧債務法においては，まず第1に，委任者の責任は次のように規定された。すなわち，「委任者は委任の実行中になした受任者の金銭の支出（Auslage）や物の消費（Verwendung）につき利息を付して賠償し，受任者の引き受けた債務から免責すべき義務を負う」（400条1項）。また，「委任者は，委任から生じた損害に関して，この損害が委任者側のすべての過失なくして生じたことを証明できない限りで，これを受任者に賠償すべき責任を負う」（同条2項）。

　これらの委任者の義務は，委任の有償・無償を問わず，受任者が委任者のためにする行為によって財産的損失を被るべきではないという思想に基づく[18]。

---

(16)　Eugen Bucher, a.a.O.(Fn.4), §3, S.17. もっとも，第28章 社団（716条ないし719条）は民法典の64条以下に規定が置かれたために削除された。

(17)　Vgl., Heinrich Honsell, a.a.O.(Fn.4), §1, S.4 f..

(18)　Walter Fellmann, Berner Kommentar（Kommentar zum Schweizerischen

委任者がこのような義務を負う点で，無償委任は単なる贈与類似の債務とは異なる。

1項については，ムンツィンガーの草案480条において定められていたが，これは基本的にチューリッヒ私法典（Privatrechtlichen Gesetzbuch）1177条の規定を継受しつつ，利息を付すべき点はドレスデン草案703条に依拠したものである。これに対して，2項に相当する規定はムンツィンガーの草案では存在しなかった。これは1879年7月のスイス法務・警察省草案（Entwurf des eidgenöss. Justiz- und Polizei-Departmentes, EJPD）407条[19]に由来する[20]。

ここで注目すべきは400条2項の規定である。これは過失についての挙証責任の転換を規定したものであるが，これは委任者の損害賠償義務が過失責任に服することを当然の前提とする。これによって，スイスの立法者は，普通法上争われていた委任者の無過失損害賠償責任を否定することを明らかにした[21]。

次に，事務管理についてみると，「事務処理の引受が本人の利益によって必要とされていた場合には，本人は，必要または有益で，かつ，この関係に適切であったすべての費用をこれに利息を付して事務管理者に賠償し，同じ範囲で引き受けられた債務から免責すべき義務を負う」（472条1項）。また，「正当な注意をもって行為した事務管理者は，意図した結果が生じない場合でも，この請求権を有する」（同条2項）。「費用が事務管理者に賠償されない場合は，事務管理者は74条2項の意味での除去権（Recht der Wegnahme）を有する」（同

Privatrecht), Bd. Ⅵ / 2 / 4, 1992., Art. 402, N10, S.696.

(19)　EJPD 草案 407 条の原文は次の通りである。「1. Der Auftraggeber ist schuldig, dem Beauftragten die Auslagen und Verwendungen, welche dieser um des Auftrages willen gemacht hat, sammt Zinsen zu ersetzen und denselben von den eingegangenen Verbindlichkeiten zu befreien.

　　　2. Er haftet dem Beauftragten für den aus dem Auftrage erwachsenen Schaden, soweit er nicht zu beweisen vermag, dass der Schaden ohne alles Verschulden von seiner Seite entstanden sei.」

(20)　Vgl., Walter Fellmann, a.a.O.(Fn.18), Art.402 N 4 ff., S.694 f..

(21)　受任者の偶然損害に関するローマ法上の論争およびその後の展開については，vgl., Heinrich Honsell, Die Risikohaftung des Geschäftsherrn, Festgabe für Ulrich von Lübtow zum 80. Geburtstag, 1980, S. 485 ff.. 最近の邦文文献としては，前掲注(2)(3)に引用したものなどがある。なお，各国の法制については，後述するブルックハルト（Burckhardt）の紹介を参照。

第4章　スイス債務法におけるリスク責任

条3項)。

　このように事務管理では，費用に関して委任と同様の義務を本人に課しているが，損害賠償義務については何ら規定されていない点が注目される。

2)　新債務法の規定

　(a)　委任に関しては，新債務法は旧債務法の規定を原則的にそのまま承継した。費用賠償や免責義務に関する旧債務法 400 条 1 項は，「委任を実行して（in Ausführung des Auftrages)」という表現を「委任を正当に実行して（in richtiger Ausführung des Auftrages)」に置き換えた点を除いて，そのままの形で 402 条 1 項に引き継がれた。また，委任者の損害賠償義務に関する旧債務法 400 条 2 項は何ら変更されることなく 402 条 2 項となった。

　しかし，委任者の損害賠償義務を過失責任の原則に服させる点については，すでに新法制定前の段階において有力な反対意見が表明されていた。バーゼル大学のブルックハルト（Burckhardt）の見解がそうである。彼は 1903 年 9 月 21 日にローザンヌで開催されたスイス法曹協会の年次総会で「損害賠償法に関するスイス債務法の改正」と題する講演を行い，次のように主張した[22]。

　まず初めに，問題を検討する基本的なスタンスとして，損害賠償請求権の要件を統一的に把握することは生活の多様性に鑑みると困難であり，その必要もない。過失責任や因果責任（Kausalhaftung）という単に 1 つの要件によるのではなくて，どのような場合にどの責任要件が妥当し，あるいは融合的に形成された要件により行われるべきかが問題とされるべきであるとする。

　このような視点から契約の領域をみると，そこでは，過失責任の原則が支配しており，不法行為の領域におけるよりも安定した地位を享受している。結果責任（Erfolgshaftung）を一般的に認めるべきだという主張はここでは存在しない。しかし，ある一定の領域においては，このような結果責任（因果責任）が問題となりうる。

　たとえば，委任の領域では，受任者の被った損害について，比較的古い普通法上の理論はアフリカヌスの過失の伸張（Culpastreckung）を放棄して偶然損

---

(22)　C. Chr. Burckhardt, Die Revision des Schweizerischen Obligationenrechtes in Hinsicht auf das Schadensersatzrecht, Zeitschrift für Schweizerisches Recht, Bd.22 (Neue Folge), 1903, S.469 ff. (S.506 ff..).

270

害の賠償を肯定した。しかし，19世紀に歴史法学派の下で過失原則が支配的
となったが，これはパウルスが望んだ以上にそうである。これに対して，
イェーリングが初めて反撃を開始し，モムゼンやウンガー，アイゼレ（Eisele）
なども過失原則に反対した。

　各国の立法をみると，制定された時代的特徴を反映している。フランス民法
2000条は受任者の被った損害すべてに関して因果責任を肯定するが，これは
注釈（die Glosse）を基礎とする。オーストリア民法典1014条・1015条はアフ
リカヌスの見解を基礎として，委任の履行によって生じた一般的に賠償される
べき損害と，単に委任の機会に生じ，委任者の過失の場合にのみ賠償されるべ
き損害を区別している。スイス(旧)債務法は過失の単独支配の最終段階で成立
したが，これは委任者が自己に過失がないことを証明できない場合にのみ賠償
責任を肯定した（挙証責任の転換を伴った過失責任）（400条）。これはパウルス
の見解を基礎としたものである。

　ここでは費用と損害の区別が困難であることが懸念される。過失責任の反対
者はこれに乗じて，費用概念の拡張を試みる。ドイツでも，一部の見解はこれ
を主張するが，しかし，他の多くの著者はこれに反対しており，そこでは，賠
償されるべき損害に関する古い議論は未解決のままである。これに対して，ス
イスでは，これの解決は本来的には反対の意味で試みられてきた。因果責任を
認める場合にはどうしても責任の限界付けが必要であるが，この限界付けの困
難性が正当な請求権を顧慮しないままである今日のシステムを修正することに
対する無愛想さを惹起したのかも知れない。というのは，修正に賛成する比較
的新しい学説は無制限的な偶然損害の賠償は認められないという消極的な点で
は一致するものの，その積極的な限界付けに関しては見解が分かれていたから
である。イェーリングやウンガーのように，「ex causa mandati（委任の原因か
ら）」と「ex occasione mandati（委任に際して）」の区別によるべきか，それと
も，モムゼンのように，損害の原因が委任の一定の内容の中にあるか否かによ
るべきか，あるいは，アイゼレのように，実行の方法が通常であった事例を排
除すべきであろうか。

　この点については，ブリュックマン（Brückmann）の見解に依拠して，委任
の実行の目的のために，非難の余地なしに，これに役立つものと考えられる，
損害の発生を促進するような増大した危険を伴う行為が受任者によって行われ

第4章　スイス債務法におけるリスク責任

た限りでのみ，この賠償を裁判官の裁量により彼に認めるべきである。すなわち，通常のリスク（gewöhnliche Risiken）は受任者に生ずるが，これに対して，これの引受が所与の事実状態のところでは注意深い受任者によって委任の成功のために必要と考えられたであろう場合には，増大したリスク（erhöhte Risiken）は委任者に課すことができる。

　ブルックハルトはこのように主張して，委任者の因果責任を400条の中に追加することを提案した(23)。これによって，裁判官は衡平に基づいて事実状態を評価することもできるし，無償委任・有償委任という重大でなくはない事情も考慮することが可能になるという。ブルックハルトのこの提案は改正法には取り入れられなかったが，しかし，後に見るように，彼の見解は多くの判例において引用されており，その後の判例法理の展開に大きな影響を与えた。とりわけ，リスクに着目して責任の範囲を限定した点は高く評価されるべきであろう。

　(b)　次に，事務管理についてみると，旧債務法472条は新債務法では422条となったが，費用賠償義務と免責義務については改正されずに，そのまま新債務法に承継された。しかし，委任法とは異なって，事務管理者の被った損害に関しては，極めて注目すべき改正がなされた。すなわち，422条1項の中に「（本人は）他の損害に関しても事務管理者に裁判官の裁量によりこれを賠償すべき義務を負う」という文言が新たに加えられた。これによって，本人の過失に依存しない損害賠償責任が明文化されるに至ったのである。

　このような本人の厳格な責任は，すでに旧債務法の時代にいくつかの判例によって肯定されていたようである(24)。また，ブルックハルトはすでに紹介した1903年の講演の中で，委任者と同様の因果責任を本人に課すべきことを提案

---

(23)　具体的には，「委任者は，委任から生じた損害に関しては，この損害が彼の側の過失なしに生じたことを証明できない限りで，受任者に対して責任を負う」という規定の後に，次のような規定を追加すべきだとする。「委任者がこの証明をする場合でも，裁判官の裁量により，委任の遂行の目的で受任者の行った，非難の余地なしに目的に役立つと考えられた危険な行為によって惹起された損害の全部または一部の賠償を委任者に課すことができる。」C. Chr. Burckhardt, a.a.O. (Fn.22), S.469 ff. (S. 583).

(24)　Vgl., Jörg Schmid, Zürcher Kommentar (Kommentar zum Schweizerischen Zivilgesetzbuch), Bd.V／3a, 3. Aufl., 1993, Art.422 N 53 S.97.; ders., Die Geschäftsführung ohne Auftrag, 1992, S.170, Fn.590.

272

　　　　　　　　　　　　　　　　　　　　　　1　旧債務法と新債務法

した[25]。事務管理を委任よりも不利に取り扱うべき理由は存在しないし，「自
己の利益のためにではなく，利他的に（altruistisch）引き受けた義務の履行は
その者の損にはならない」というのが衡平に合致するからである。また，事務
管理者については，事務管理が本人の意思に反する場合には，客観的な賠償責
任が彼に課されていることも指摘する（旧債務法470条2項，現債務法420条3
項）。

　1904年のオイゲン・フーバーの草案でも，このような本人の賠償責任の規
定が含まれていた。1905年，連邦政府は「事務管理に関する章も実体的には
変更されないままである」というコメントを伴ってこれを承認した[26]。そして，
1908年10月19日の専門家委員会では，担当官は「確かに普通法の理論と矛
盾するが[27]，しかし，衡平に合致するような，事務管理者の請求権の拡張を導
入する」つもりであるとし[28]，審議の中では，このような偶然的に成立した損
害に関する本人の責任は自然の法感情に適合することが指摘された[29]。1909年
の国民議会（Nationalrat）の審議でも，報告者はこの規制内容の正当性を主張
した[30]。

　このような過程を経て本人の因果責任（Kausalhaftung）の規定が導入された
のである。ブルックハルトの提案がこれにどのような影響を与えたのかは明ら
かではないが，いずれにせよ委任と事務管理をこの点では同一に取り扱うべき

---

(25)　C. Chr. Burckhardt, a.a.O.(Fn.22), S.509 f., S.585.
　　　彼は，472条の中に次の規定を追加すべきだとする。「この事務処理に基づく他の損害
　　に関しては，この損害が事務処理の目的のために行われた，非難の余地なしに目的に役
　　立つものと考えられた危険な行為によって惹起された場合には，裁判官の裁量によりそ
　　の損害の全部または一部の賠償が事務管理者に認められる。」
(26)　BBl 1905 II 1（S.42 und S.216［Art.1523］）.
(27)　このような見解とは異なり，ガウチィーは無償委任でも事務管理でも，事務執行者
　　の財産は減少されるべきではないというのがローマ・普通法上の事務処理法の原則であ
　　るという。Georg Gautschi, Berner Kommentar, Bd. VI／2／5, 2. Aufl., 1964, Art.422 N
　　10a, S.489.
(28)　この点については，vgl., BG Urteil vom 13. 12. 1922, BGE 48 II 487（S.491）.
(29)　Vgl., Richard Suter, Echte und unechte Geschäftsführung ohne Auftrag nach
　　schweizerischem Obligationenrecht, Diss., Bern, 1933, S.103. ズーターは，また，この規
　　定を経済的な不利益を衡平の観点により分配しようと努力する見解の好ましい結果であ
　　ると評価し，ブルックハルトの見解を引用している（S.103）。
(30)　Vgl., Jörg Schmid, Zürcher Kommentar, a.a.O.(Fn.24), Art.422 N 53, S.97.

273

第4章　スイス債務法におけるリスク責任

だという彼の主張は顧慮されなかった。

(3)　事務管理における本人の因果責任
1)　債務法422条1項の適用要件と賠償の範囲
(a)　適用要件

(ア)　422条1項による損害賠償請求権の要件としては，真正でかつ正当な事務管理であることがあげられる（422条1項，423条）[31]。この賠償請求権は結果の発生とは無関係に認められ（結果非依存性），事務管理によって意図された結果が生じなかった場合にも肯定される（422条2項）。また，本人の過失の存在も必要ではない。この点は法文上明らかであって，学説上も争いは存在しない。判例・学説によれば，このような本人の損害賠償義務は因果責任（Kausalhaftung）として把握される[32]。

真正な事務管理（echte Geschäftsführung ohne Auftrag）とは，事務管理者が委託なくして他人の事務を本人のために処理する場合を意味する。他人の事務の処理という客観的な要件だけでなく，他人のために行為するという意思（事務処理意思）をも必要とする（主観的要件）。この意思が欠ける場合には，不真正な事務管理（unechte GoA）として423条の適用を受ける。

また，正当な事務管理（berechtigte GoA）とは，この事務処理が本人の利益によって「必要とされており（geboten sein）」（422条1項），かつ，これが本人の有効な干渉禁止に違反しない場合をいう（420条3項）。これらの要件を満た

---

(31)　Jörg Schmid, Die Geschäftsführung, a.a.O.(Fn.24), N 169ff., S.58ff., N 319ff., S. 104ff.; Heinrich Honsell, Schweizerisches Obligationenrecht, BT, 8. Aufl., 2006, §24 II, S.330f..

(32)　BG Urteil vom 13. 12. 1922, BGE 48 II 487 (S. 491)；Jörg Schmid, Die Geschäftsführung, a.a.O.(Fn.24), N 510, S. 169 f. usw..

フェルマンが無償委任における受任者の損害賠償請求権について論じているところを事務管理に当てはめると，422条1項による事務管理者の損害賠償請求権は本人の過失，それで契約違反も必要としないから，この要件は損害の存在およびこの損害と事務管理の遂行の間の因果関係の存在に縮減される。このような責任を因果責任（Kausalhaftung）という。この（厳格な）因果責任は注意義務（Sorgfaltpflicht）の存在を前提とせず，本人の義務違反（Pflichtverletzung）と無関係に認められる点で（緩和された）通常の無過失責任（gewöhnliche Kausalhaftung）とは異なる。Walter Fellmann, a.a.O.(Fn.18), Art. 402, N 180, 187, 192, S. 737 f., 739 f..

なお，因果責任については，後掲注(123)および使用者責任に関する3(2)2)も参照。

さない場合が正当でない事務管理（unberechtigte GoA）であり，この場合には，事務管理者は不当利得に基づく請求権（62条）を有するに過ぎない。

ここでの必要性（Gebotenheit）というのは，不可避性（Notwendigkeit）と単なる有益性（Nützlichkeit）の中間に位置する。たとえば本人と連絡が取れないか，あるいはこれを自分で行う能力が本人にないために，干渉がどうしても必要であった場合には，事務管理の必要性はもちろん肯定されるが，これに限られる訳ではない。また，有益でない事務管理は必要性の要件を満たさないが，他方で，有益な事務管理のすべてがこの要件を満たす訳でもない[33]。

このような必要性は誠実かつ正しく行為する者が当該事情の下で信義則上必要なものと考えることが許されるかどうかを規準として判断される（客観説）。事務管理者がこの必要性につき誤って判断したが，これが本人の責めに帰すべき事情に基づくときは，事務管理は有効に成立する。休暇中のスキー客がホテルに何も告げずに外出し夜遅くなっても帰らないような場合がそうである[34]。

(イ)　事務管理者に過失があった場合には，422条の損害賠償請求権は成立しないのだろうか。422条2項は「事務管理者が正当な注意（gehörige Sorgfalt）を用いて行為した場合には，意図された結果が生じないときでも，事務管理者はこの請求権を有する」と定めており，これとの関連が問題となる。

たとえば，ガウチィー（Gautschi）は，事務管理者の損害賠償請求権の要件として，①本人の利益において，かつ本人の認識可能なまたは推定的な意思を考慮して着手・実行されたこと，②事務処理における注意（Sorgfalt in der Ausführung）に違反しないこと，③事務処理と損害の間に相当因果関係が存在すること，の3つをあげる[35]。①の要件は，引受過失（Übernahmeverschulden）およびこれと同視される誠実違反（Treueverletzung）による引受や事務の処理が存在しないことを意味する。420条3項は本人の明示的または認識可能な意思に反する場合のみを規定するが，ガウチィーは，さらに本人の利益に反するような事務管理の着手や実行もこれと同一に扱われるべきだとする。これらの場合には（悪意の事務管理・bösgläubige Geschäftsbesorgung），事務管理者は

---

(33)　Jörg Schmid, Zürcher Kommentar, a.a.O.(Fn.24), Art. 422 N 11 ff., S.88 ff.；Josef Hofstetter, Schweizerisches Privatrecht, Bd. 7／6, 2. Aufl., 2000, §34, S. 260 f..

(34)　Gerichtpräsident von Biel Urteil vom 20. 4. 1948, SJZ 1950, 208 ff..

(35)　Georg Gautschi, a.a.O.(Fn.27), Art. 422 N 10 b, S.490.

第4章　スイス債務法におけるリスク責任

420条3項に基づいて本人の偶然損害に関しても賠償すべき責任を負う。ここでは，事務管理者の反対訴権すなわち損害賠償請求権などの成立は否定される。これに対して，善意の事務管理（gutgläubige Geschäftsbesorgung）すなわち本人の意思や利益に適合する事務管理の場合には，結果が発生しなくとも422条1項の反対訴権が事務管理者に認められる（422条2項）[36]。

　②についてみると，事務管理者は本人の利益と推定的な意図に適合するように事務を処理すべき義務を負う（419条）。これは事務管理者の誠実義務から生ずる注意義務であり，狭義での事務管理の実施，情報義務（Informationspflicht），真実に合致してかつ完全に決済すべき義務（Abrechnungspflicht）などがこれに属する。事務管理者がこれに違反する場合には，420条1項または2項により事務管理者の損害賠償義務が基礎づけられるが，反対に，422条1項による事務管理者の反対訴権は「正当な注意」を欠くが故に認められない。もっとも，事務管理者が420条1項または2項による損害賠償義務を履行したときは，事務管理者に過失がある場合にも，422条1項の反対訴権の成立は認められるべきである。この限度で，「正当な注意」の要件を一般化することはできない[37]。

　ガウチィーによれば，責任原因は事務処理の危険性であり，事務管理者の損害が彼の自己過失（Selbstverschulden）に基づくときは，この責任原因は脱落する[38]。この結果，本人の損害賠償義務は生じないことになるが，これは要件③の相当因果関係の不存在と解することもできよう。

　また，シュミット（Schmid）は過失と事務管理の結果不発生の関連に着目して，2つの場合に分けて考察する[39]。

----

(36)　Georg Gautschi, a.a.O.(Fn.27), Art. 420 N 4a, 5d, 7a, 9a, Art. 422 N 2. S. 428 ff. und S. 475 f.,

(37)　Georg Gautschi, a.a.O.(Fn.27), Art. 420 N 7c, Art. 422 N 5a und b, S. 438 f. und S.481 f..

(38)　Georg Gautschi, a.a.O.(Fn.27), Art. 422 N 10b, S.490.

(39)　Jörg Schmid, Die Geschäftsführung, a.a.O.(Fn.24), N 544 ff., S.182 f.. ; ders., Zürcher Kommentar, a.a.O.(Fn.24), Art. 422 N 74 f., S.101.
　　なお，ガウホはシュミットの見解を引用していないが，これと同旨である。Peter Gauch, Bauernhilfe : Drei Fälle und wie das Bundesgericht dazu kam, die Schadensersatzregel des Art. 422 Abs.1 OR auf den Auftrag und die Gefälligkeit anzuwenden, in Recht des ländlichen Raums, Festgabe für Paul Richli zum 60. Geburtstag, 2006, S.191（S.206).

1　旧債務法と新債務法

　まず第1に，事務管理者が事務処理に際して注意義務に違反し，これが得ようと努められた結果の不発生の相当な原因である場合には，事務管理者の賠償請求権は認められない。422条2項に含まれる制限はこのような場合にのみ妥当する。

　第2に，注意義務違反が結果不発生の原因でないような場合には，事務管理者は自己過失の存在にも拘わらず422条1項による賠償請求権を取得する。もっとも，事務管理者はこの賠償請求権と共に，420条1項・2項による損害賠償義務を負う。両者の債権は120条以下の規定に従って相殺することができる。

　このように事務管理者が注意義務に違反する場合には，ガウチィーの見解では全面的に，シュミットの見解では結果不発生の原因である場合に限り，事務管理者の損害賠償請求権は排除される。しかし，他方では，ガウチィーもシュミットも事務管理者の過失は事務管理者の損害賠償請求権の減額事由であるとする[40]。通説も同様である[41]。ここでは，損害賠償請求権の成立要件としての「正当な注意」と損害賠償の減額事由としての事務管理者の過失とは区別されている。とりわけ，ガウチィーはこの点について次のように述べる。すなわち，「事務処理における注意違反（Sorgfaltverletzung in der Ausführung）」と事務管理者の「損害と因果関係に立つ過失（schadenkausales Verschulden）」は異なる。前者は本人に損害を与えるが，事務管理者には損害を与えない。換言すると，

----

(40)　Georg Gautschi, a.a.O.(Fn.27), Art.422 N 10 b, c, S.490 f..; Jörg Schmid, Die Geschäftsführung, a.a.O.(Fn.24), N 515, S.172. ; ders., Zürcher Kommentar, a.a.O.(Fn.24), Art. 422 N 57., S.98.

(41)　Rolf. H. Weber, Basler Kommentar, Obligationenrecht I（Art.1-520 OR）, 4. Aufl., 2007, Art. 422 N 11, S.2580. ; Urs Lischer, Die Geschäftsführung ohne Auftrag im schweizerischen Recht, Diss, Basel, 1990, S.90.; H. Becker, Berner Kommentar, Bd.Ⅵ/2, 1934, Art. 422 N 9, S.611. usw., ヴェーバーは，事務管理者のありうる自己過失（Selbstverschulden）は損害賠償請求権を排除しないが，裁判官の衡平判断に従い賠償給付の削減に導き得るとする。また，リッシャーは，事務管理者の自己過失はこの損害賠償請求権を必然的に除去しない。とりわけ，単に有益なのではなくて，必要不可欠（notwendig）であるような事務管理の場合には，自己過失にも拘わらず，請求権は肯定されるべきだとする。これに対して，ベッカー（Becker）は，事務管理者に過失が生ずる場合には，一般的には損害賠償を認めるべきではないと主張するが，これは裁判官の裁量の在り方として述べたものである。

277

第4章 スイス債務法におけるリスク責任

これは事務管理者に生じた損害と因果関係に立つ過失ではない。これに対して，後者は損害賠償請求権を排除するのではなくて，裁判官の裁量による減額事由となるに過ぎない[42]。これは委任における説明であるが，受任者と事務管理者の反対訴権を統一的に把握しようとするガウチィーの見解によれば，これは当然に事務管理にも妥当しよう。

　これに対して，ズーター（Suter）は事務管理者に過失があるときは損害賠償請求権は認められないとする[43]。当該状況における通常の注意を事務管理者に期待することができるとともに，他の事例では自分で負担しなければならないような不注意の結果を事務管理者は相手方に転嫁することはできないというのがその理由である。しかし，ベッカーの見解が引用されていることからすると，これは裁判官の裁量判断の結果を表現したに過ぎず，損害賠償請求権の成立自体を否定するものではないと理解するのが妥当であると思われる。

(b)　賠償の範囲

　これらの要件を満たすと，事務管理者は本人に対して損害の賠償を請求することができる。しかし，ここでの損害賠償は完全な範囲に及ぶのではなくて，裁判官の裁量によって決定される（422条1項）。裁判官は裁量の結果として損害賠償義務それ自体を否定することもできる。

　裁判官の裁量は個々の事例の重要なすべての事情を考慮して「法と衡平（Recht und Billigkeit）」に基づいて行われなければならない（ZGB4条）。重要な事情としては，たとえば，①差し迫った危険の大きさ，②危機に瀕している財貨の価値，③関与者の財産状態，④危険と認識可能なリスクの関係などがあげられる[44]。さらに，⑤事務管理者を他人のための行為に動かした動機や⑥彼が他人の仕事を自己の利益でも処理したかどうかなども，これに含まれる[45]。また，事務管理者に過失がある場合にもこの賠償請求権の成立の余地を認める通説的見解によれば，事務管理者の過失もここで考慮されるべき事情に属することはいうまでもない。

---

(42)　Georg Gautschi, Berner Kommentar, Bd.Ⅵ / 2 / 4, 2. Aufl., 1960, Art. 402 N 22 c, N 24 b, S.590 und S. 592.

(43)　Richard Suter, a.a.O.(Fn.29), S. 105 f..

(44)　Jörg Schmid, Zürcher Kommentar, a.a.O.(Fn.24), Art. 422 N 56 f., S.97 f..

(45)　Peter Gauch, a.a.O.(Fn.39), S.201.

2) 因果責任の理論的基礎の展開

(a) すでに述べたように，立法者は直接的には「衡平」や「自然の法感情」との合致を厳格な責任の根拠とするが，これは実質的には事務管理の利他性にあることは明らかである。その後の学説においても，これと同様に，利他的かつ他人のために行為する者はこれによって損失を被るべきではないが故に，事務管理者は本人の過失を要件とすることなく，事務管理に際して被った損害を本人に転嫁することができると説明されてきた[46]。

しかし，他方では，前述のブルックハルトが利他性と並んで強調していたように[47]，これの責任根拠として事務処理の危険性（Gefahr der Geschäftsbesorgung）に着目する見解もみられる。たとえば，ガウチィーは，無償の契約上の事務処理と契約のない事務処理に基づく事務執行者の損害賠償請求権の要件は同じであり，また，その責任根拠は事務処理の危険性にあるとして，受任者の損害賠償請求権に関する説明を参照指示している[48]。これは危険責任の観点から受任者の損害賠償請求権を含めて統一的に把握しようとするものである。レースラー（Rösler）やリッシャー（Lischer）も，同様に，事務管理者の損害賠償請求権の責任根拠を事務処理自体の危険性に求める[49]。

このような事務処理の危険性に責任根拠を求める見解によれば，本人の因果責任はリスク責任として把握されることになろう。近時，危険責任は物の危険性に基づく場合を意味し，ここでのように「行為の危険性」が問題となっているときは，これと区別して「リスク責任」あるいは「他人のためにする行為のリスク責任」と呼ぶことが一般化している。この用語法に従えば，事務処理の危険に基づく本人の賠償責任は「リスク責任」として表されるからである。

---

(46)　Jörg Schmid, Die Geschäftsführung, a.a.O.(Fn.24), N 510, S.169 f..

(47)　ブルックハルトの他に，両者を挙げるものとしては次のものがある。Rolf H. Weber, Basler Kommentar, OR I, 1. Aufl., 1992, Art. 422 N 11, S.2118. ; BG Urteil vom 13.12. 1922, BGE 48 II 487（S. 491 f.）。

(48)　Georg Gautschi, a.a.O.(Fn.27), Art. 422 N 10 b, S. 490. もっとも，後述するように，ガウチィーは有償委任についても事務処理の危険性に根拠を求める。この点については，本章2(1)2)参照。

(49)　Jörg H. Rösler, Haftpflicht für Schäden aus Hilfeleistung, Diss., Bern, 1981, S. 62 ff.; Urs Lischer, a.a.O.(Fn.41), S. 90.

第 4 章　スイス債務法におけるリスク責任

(b)　チューリッヒ大学のホンセルはこのようなリスク責任を詳細に論じ，委任の場合だけでなく，雇用・労働契約，さらに事務管理の場合にも無過失損害賠償責任が本人（委任者，使用者を含む）に課されるべきことを主張した[50]。これは直接的にはドイツ法を検討の対象としたものであるが，しかし，自著の教科書で引用していることからも明らかなように[51]，ドイツ法にとどまらずスイス法にも妥当するものである。委任や雇用・労働契約については，本章では独立した項目で扱う予定であるが，便宜上，これらも含めてホンセルの見解をここで見ておくことにしよう。

ホンセルによれば，過失原則の絶対的支配は，長い間，不法行為法だけでなく契約法においても，過失と並んで別の責任基準が存在するという認識を曖昧なままにさせた。しかし，今日では，たとえば，物や営業の危険性と所有者によるこの危険の支配（Risikoprinzip），さらに，これと密接に関連して，利益を享受する者は不利益も負担すべきであるという思想（Interesseprinzip）は「損害賠償法の基本要素（Elemente des Schadensrechts）」であると考えられている。この議論は，契約法の中では，すでにローマ法上のいわゆる功利原則（Utilitätsprinzip）に見いだされる。しかし，これの詳細な具体化については争いがあったし，これから導かれる不明確性は今日まで影響が残っている。

そこで，ホンセルはまず始めに受任者の偶然損害をめぐるパウルスとユーリアンの見解の対立を検討する。そして，これに続いて，ヨーロッパ諸国の法規制を紹介した後，ドイツ法上の問題を考察する。

すなわち，ドイツ民法典は費用償還請求権のみを規定し（BGB670 条），受任者の損害賠償請求権については規定しなかった。これは事例の多様性や概念的な区別の困難性を理由に判例や学説に委ねることが合目的的であると考えたからである。

そこで，BGB670 条を損害賠償に類推適用しうるかが問題となるが，判例は当初これを消極的に解した。しかし，その後肯定説に転じ，これが判例法理として確立した。また，この損害賠償請求権には完全賠償主義は適用されず，初めから適切な賠償を求める請求権として成立するものとされる。

---

(50)　Heinrich Honsell, a.a.O.(Fn.21), S.495 ff..

(51)　Heinrich Honsell, a.a.O.(Fn.4), §23 V 3, S.312.

　　　　　　　　　　　　　　　　　　　　1　旧債務法と新債務法

　学説では，圧倒的にこのような判例が支持されている。ただし，理由付けについては，表面的なものであるとか，任意性のメルクマールは擬制に過ぎないなどの批判がみられる。また，このような損害賠償請求権の根拠を「他人のためにする行為のリスク責任（Risikohaftung bei Tätigkeit in fremdem Interesse）」の原則に求める見解もある。この原則の中には，利益と損失の一致という格言（利益の帰する者がその損失を負担する）やいわゆる功利原則（Utilitätsprinzip）すなわち責任の分配に際しては，その契約が誰の利益に至るのかが考慮されなければならず，無償契約の場合のように，その契約が相手方の利益でのみ締結された場合には（寄託，使用貸借，委任），一方当事者の責任緩和または他方当事者の責任の厳格化が認められるという原則が差し込まれている。また，無償性の代わりに，他人の利益（fremdes Interesse）が基準とされており，利益－損失の考え方（Vorteil-Nachteil-Gedanke）の重要性が正当に強調されている。

　利益と損失の一致という原則は比較的抽象的であり，それ故，多種多様に適用可能である。これは被害者が報酬を得る場合，たとえば有償の事務処理（entgeltliche Geschäftsbesorgung）の場合（BGB675条）や労働者の危険労働の場合にも弱められた形式で妥当しうる。また，危険労働の場合の責任緩和と労働者の被った損害の賠償は同じ原則から由来する。いずれの場合も過失責任の原則は制限され，前者（労働者加害の類型）では過失のすべてに関して労働者は責任を負う必要はないし，後者（労働者被害の類型）では，無過失の賠償責任が使用者に課される。労働法では危険労働における労働者の賠償責任の制限がずっと前から認められているが，連邦労働裁判所は，賠償責任と自己損害の相違を強調して，リスクを孕んだ行為により被った労働者の偶然損害の賠償を否定する。確かに賠償責任の制限がリスク責任の承認に必然的に導くわけではないが，しかし，この責任制限はリスク責任をも含んでおり，また，両者の事例は決定的な点で非常に類似しているから，両者をパラレルに解決することが望ましい。

　さらに，事務管理の場合にもリスク責任は肯定される。もちろん誘因（Veranlassung）の欠缺を無視することはできないし，特に他人の事務への干渉や契約関係の不存在はリスク責任の制限に導きうる。しかし，人命救助の事例では，救助すべき道徳上の義務または法律上の義務が存在するから，契約上の義務の不存在はもはや問題とならない。また，物的損害の回避の事例では，

第4章　スイス債務法におけるリスク責任

危険行為の利他主義的な引受が帰責基準として十分であるかという問題が明確な形で現れる。一方では，契約の観点をこれとの関連で過大評価することは許されないし，他方では，BGB683条は本人の利益と推定的な意思が客観的に守られることを要件としていることから，ここでもリスク責任を肯定することができる。

　この損害賠償請求権は衡平に基づいて認められるものであるから，損害の賠償額についても同様に衡平が問題となる。最高の平等性（summa aequitas）が不平等に転換することは許されない。ここでは，完全賠償の原則は適用されず，賠償額は危険の程度，獲得された利益の大きさ，報酬の問題，さらに当事者の財産関係も考慮して決定される。

　これがホンセルの主張である。この見解によれば，スイス債務法422条1項の損害賠償請求権は「他人のためにする行為のリスク責任」に理論的根拠を有することになろう。ホンセルは，債務法の教科書の中で，422条1項により請求しうる損害は事務執行の機会に（bei Gelegenheit der Geschäftsführung）生じただけではなくて，これと内部的に関連して（たとえば，危険な活動に際して）生じなければならないとするが[52]，これは上記のようなことを前提として初めて理解することができる。

3）　事務管理者の報酬請求権

　事務管理者の報酬請求権については，明文上の規定はない。立法者によれば，他人の事務を行う者は自己の損失の補償を得ることはできるが，しかし，この利他的な行為からいかなる利益も取得すべきではないからである。しかし，事務管理者の使用した物（自動車，電話，部屋など）については補償されるが，自分自身の費やした時間や労働力に関しては補償されないということは首尾一貫しない。また，一定の謝礼（報酬）を認めることによって，正当な事務管理を促進することは法政策的に望ましいともいえる。

　そこで，学説の大多数は422条1項の「費用（Verwendung）」概念を拡張して，これを認める[53]。しかし，この中でも，どのような場合にこれを認めるか，

---

(52)　Heinrich Honsell, a.a.O.(Fn.4), §24 Ⅲ, S.329.

(53)　これに対して，ホンセルは解釈上これを変更することはできないとして，報酬請求権を否定する。ただし，救助の事例では，黙示的に締結された委任が認められるとする。Heinrich Honsell, a.a.O.(Fn.4), S.329.

282

あるいは賠償の対象となる報酬とは何かについては見解が分かれる。たとえば，当該事務管理者が事務管理の間に被った収入減が対象だと解する見解，事務管理者が報酬を支払って他の労働者を用いることができたような労務を自分で行った場合だとする見解，さらに，その給付された活動にとっては報酬が支払われるのが通常（üblich）であるような場合にこれを認める見解などがみられる[54]。

もっとも，第1の見解に対しては，ここでの報酬は損害（逸失利益）の賠償としての機能を有するが，このような損害賠償の問題は「費用」概念の拡張という迂回路によって解決されるべきではない。また，この場合，事務管理者は自己の逸失利益を具体的に証明しなければならないが，これは不可能なことが多いと批判される。第2の見解については，損害の証明が不要な点で便宜であるが，計算の基礎とされた費用と事務管理者の実際の報酬とは必ずしも一致しないし，このような計算上の第3の費用（Drittkosten）を本人に転嫁するにはさらなる理由付けが必要だという疑問が提起される。さらに，第3の見解は，委任の場合の報酬の取扱い，すなわち報酬は合意がある場合だけでなく，これが通常（üblich）である場合にも認められるというスイス法の取扱いを（394条3項），事務管理の場合に用いるものである。ここでは，損害賠償法的な考えは放棄され，真の報酬請求権（echter Vergütungsanspruch）を認めるものといってよい。

いずれにせよ，このように事務管理者に報酬請求権を認める場合には，事務管理の無償性や，さらには，後述するような422条1項の類推適用を無償委任に限定する判例・通説の見解も再検討を迫られることになろう。また，無償性と利他性は必ずしも一致しないことを示唆する点でも注目される。

2　債務法422条1項の類推適用と理論的基礎の変遷

委任法においては，事務管理に関する422条1項に相当する規定は存在しない。しかし，とりわけ無償委任においては，利他的に他人の事務を処理する点

---

(54)　各学説およびその評価については，Vgl., Jörg Schmid, Die Geschäftsführung, a.a.O.(Fn.24), N 531 ff., S.177 ff.; ders., Zürcher Kommentar, a.a.O.(Fn.24), Art. 422 N 65 ff., S. 99 ff..

第 4 章　スイス債務法におけるリスク責任

では事務管理と共通する。両者は単に委託があったか否かの点で異なるに過ぎない。そこで，このような委任関係に 422 条 1 項を類推適用して，委任者に無過失損害賠償責任を認めることができないのかどうかが問題となる。さらに，法的拘束力を有しない好意関係もこれらと類似するから，これに 422 条 1 項を類推適用することも考えられてよい。

(1)　委任関係への類推適用

1)　無償委任における行為の利他性と立法者の過誤

　スイスの連邦裁判所は，次の 2 つの判決において，422 条 1 項を無償委任契約に類推適用することを肯定した。これによって，委任者の過失責任の原則を定める 402 条 2 項は無償委任に関しては適用されず，委任者は事務管理の場合と同様に因果責任を負うことになった。これは旧債務法の立法者によって拒否された原則の復活であるといってよい。問題となった事実関係と判旨の概要は次の通りである[55]。

　(a)　連邦裁判所 1922 年 12 月 13 日判決［BGE 48 II 487］（泥棒追跡事件）

　［事実関係］　原告は被告のところで牛の乳搾りとして雇われていた。ある夜，被告は自分の森から木材が盗まれたことに気づき，泥棒を捜すために，一緒に森の中に来るように原告に指示した。彼らは 3 人の泥棒と出くわしたが，その 1 人がナイフで原告の左目を刺した。左目は直ちに摘出され，義眼がはめ込まれた。原告はこれによる損害の賠償を求めて訴えを提起。

　一審は，雇用契約に基づいて泥棒の追跡を手伝う義務を負うとし，雇主である被告は十分な保護措置を行わなかった点に過失があるとして，339 条（現行法 328 条以下）に基づいて被告の賠償責任を認めた。これに対して，控訴審は，このような雇主としての過失は存在しないとして，原告の請求を棄却した。そこで，原告が上告。

　なお，保険会社も共同被告とされているが，ここでは割愛する（いずれも，保険会社に対する訴えは認容）。

　［判旨］　上告認容　　①農業の雇用契約の場合であっても，従者（Knecht）は家屋敷以外の所有物を監視・防衛するのを手伝うべき義務を負わない。森の

---

(55)　これについては，野田龍一・前掲注(3)385 頁以下にすでに紹介がある。

木の泥棒の追跡を手伝うことは雇用契約上の義務の履行ではなくて，雇用関係とは関係しない特別の委任を引き受けたのであって，原告と被告の間には別個の委任関係が存在する。

　②本件事例では，被告に過失はないから，402条による賠償責任は認められない。

　③債務法の改正において，事務管理については，衡平の理由から因果責任が認められたが，これによって，事務管理者は受任者よりももっと良い地位に置かれた。委任者の過失責任は有償委任が問題となっているところでは正当である。事務を報酬と引き換えに行う者は，これによって事務と必然的に結びついたリスクをも引き受けているからである。しかし，この委任が純粋に利他的な事務（ein rein altruistisches Geschäft）に関連している場合には，少なくとも事務管理の場合と同様に，委任者がこのリスクを全部または一部負担すべきである。けだし，利他的に引き受けた義務の履行は決してこの者に損失を与えないということが衡平だからである（C. Chr. Burckhardt, Die Revision des Schweiz. OR in Hinsicht auf das Schadensersatzrecht, ZSR 44, S.409）。それ故，事務管理の場合に本人の因果責任を衡平を理由に規定しながら，純粋に利他的な委任関係の場合に同様の因果責任を規定していないのは，法律の過誤（Versehen des Gesetzes）に他ならず，民法1条によりこれを修正することは裁判官の義務である。したがって，委任者は，受任者に対して，事務管理の本人と類似して，裁判官の裁量に基づいて，無償で純粋に利他的に引き受けた委任の実行の際に被った損害に関して賠償すべき責任を負う。

（b）　連邦裁判所1935年4月2日判決［BGE 61 II 95］（梨の木揺さぶり事件）
　［事実関係］　原告と被告は農業を営む隣人同士であった。ある日，梨を収穫するために，被告は原告に梨の木に登って枝を揺さぶることを依頼した。被告自身は目眩のためにもはや木に登ることができなかったからである。原告はこれに応じて，木に登って枝を揺すったが，その際，彼が立っていた大きな枝が折れて転落し重症を負った。そこで，これによって被った損害の賠償を被告に請求した。

　一審および二審はいずれも請求を棄却。雇用であれ委任であれ，過失がある場合にのみ被告の責任は問題となるが，被告には過失はないというのがこの理

第 4 章　スイス債務法におけるリスク責任

由である。

　［判旨］　破棄差戻し　　①被告の過失は明らかに否定される。したがって，41 条以下に基づく不法行為責任および 339 条に基づく雇主としての賠償責任は成立しない。また，原告と被告の間に雇用契約が成立したということもできない。これに絶対に必要な時間的要素が欠けているからである。

　②木を揺するという作業の委託は，本件のすべての事情によれば，委任（394条以下）と考えられる。もっとも，原告が良き隣人関係に基づいて引き受けた，1 回限りの限定的な委託が問題となっている。

　③402 条の規定は，すでに連邦裁判所が 1922 年判決（48 II 487, S. 490 ff.）で判断したように，有償委任の事例にのみ適用される。これと異なり，無償委任の場合には，422 条 1 項が事務管理に関して規定しているように，委任者は受任者の損害を裁判所の裁量により賠償しなければならない。無償委任の受任者が事務管理者よりも悪い地位に置かれているが，しかし，衡平に基づく損害賠償請求権が事務管理者に認められる内部的理由が無償委任にも当てはまる場合には，これは立法者の過誤（Versehen des Gesetzgebers）に起因するものであって，民法 1 条に基づいて裁判官によって修正されるべきだからである。事務管理と無償の委任では，いずれも純粋な利他的な事務の引受（Übernahme eines rein altruistischen Geschäftes）が問題となっている。

　④それ故，本件事例では原告が対価を求める請求権を有しない限りで，被告の賠償義務は原則的に肯定される。しかし，有償・無償という決定的な問題についてもっと解明する必要がある。原告は雇用契約から出発しているが，この構成は事実関係からすると全く問題となり得ないと共に，報酬が本来的にどの点に存在するのかも証拠からは明らかではない。したがって，事件は原審に差し戻されるべきである。

　被告は原告への馬の引渡を報酬として考えているが，このような被告の給付はこの取引をまだ有償なものとしない。隣人が場合によっては反対権（Gegenrecht）を期待して給付したことが証明されるとしても，これによって行為の利他的な性質を否定することはできないし，本質的には無償の友好的な隣人の援助給付が問題となっている。

　このように連邦裁判所は，事務管理において本人の無過失損害賠償責任を導

2　債務法422条1項の類推適用と理論的基礎の変遷

入したにも拘わらず，委任者について同様の責任を定めなかったことは立法者
の過誤であると断じた。そして，これを修正するために，無償委任に422条1
項を類推適用して，委任者の因果責任を肯定した[56][57]。この結果，委任者の賠
償責任に関しては有償委任の場合と無償委任の場合とで取り扱いを全く異にし，
前者では402条2項の過失責任の原則が適用され，後者の場合には422条1項
の類推適用による因果責任に服することになった。

　これの理論的な基礎についてみると，無償委任の「純粋に利他的な事務性」
および「利他的に引き受けた義務の履行は決してこの者に損失を与えるべきで
はない」という衡平性にその根拠が求められている。とりわけ前者の判決では，
これと関連して，すでに紹介したブルックハルトの論文を引用し，また，衡平
と並んで「リスクの引受け」にも言及している点が注目される。

---

(56)　これに関する下級審判決としては，ベルン控訴院1961年10月20日判決（ZBJV
　（Zeitschfift des Bernischen Juristenvereins）1963, 143 ff.）がある。
　　［事実関係］　原告は当時25歳の農業従事者である。彼は義兄である被告の求めに応
　じて，被告が収穫した穀物の脱穀する作業を手伝った。彼は脱穀機の中に穀物を入れる
　際に，脱穀機の金属歯の間に右手を巻き込まれて，腕の肘から切断する重症を負った。
　そこで，原告は被告に対して損害の賠償を請求した（放牧地組合（Alpgenossenschaft）
　に対する訴えについてはここでは省略）。
　　なお，この手伝いに関して，原告は賃金を得ていない。しかし，被告から賄いを受け，
　時々の手伝いの反対給付として馬を自己の小作地で使用することが許された。
　　［判旨］　①賄いや時々の馬の自由使用は給付された労務の対価を意味しないから
　（BGE 61 II 93, 98 f.），原告の手伝いは無償委任に基づく。
　　②被告には原告の事故につき過失は認められない。しかし，無償委任の場合には，
　422条を類推して，被告は原告に裁判官の裁量により損害を賠償しなければならない
　（vgl., BGE 61 II 93, 95 ff.）。
　　③原告には事故につき重大な過失が存在するが，しかし，事故の唯一の原因であると
　思われるほどには重大ではない。これは44条1項により，損害賠償の削減に導く。また，
　被告の経済的な給付能力の少なさも賠償義務の削減へと導く（44条2項）。原告の全損
　害額は50000フランに達するが，本件のすべての事情を考慮して，支払われるべき金額
　は5000フランであると認定した。
(57)　もっとも，ガウホによれば，いずれの事件でも（法的拘束意思のない）好意関係が
　存在していたのであり，委任契約の承認は《虚構》であるように思われる。また，仮に
　契約が存在していたとすれば，ここでは一定の結果につき義務を負うが故に，これらの
　契約は請負契約，無報酬のときは請負契約類似の無名契約として理解される。そして，
　422条1項は無償委任だけでなく，無償の労務給付を目的とする他の契約類型にも妥当
　するという。Peter Gauch, a.a.O.(Fn.39), S. 206 f., S. 209 f.。

第4章　スイス債務法におけるリスク責任

　また，後者の判例は委任者から何らかの給付がなされたとしても無償委任に該当する場合があるとする。これは報酬や対価の認定に係わるものであるが，しかし，見方を変えると，報酬の存在を制限的に解することによって一部の有償委任に因果責任を押し広げる余地を残したと評価することもできよう。

2）　学説上の理論的根拠と有償委任

　(a)　422条1項を無償委任に類推適用することは学説でも圧倒的に支持されている。これの根拠については，判例と同様に，無償委任の利他性を根拠とする見解もあるが[58]，さらに，無償性と利他性を区別して，無償性を根拠とする見解もある。これはガウホ（Gauch）の見解である[59]。判例は委任の無償の引受けを行為の利他的な引受けと理解しているが，契約上の給付の無償性は単に給付義務者が反対給付請求権を有しないということを意味するに過ぎない。無償で引受けた義務を自己の利益のためにも行うことはあり得る（相関的な利他性，reziproken Altruismus）。この場合でも，422条1項の類推適用は妨げられない。給付が他人のためになされるという事情は給付受領者の因果責任を基礎づけるには十分ではない。むしろ無償性が要件として必要であるという。

　しかし，他方では，このような無償性や利他性ではなくて，リスクの要素に着目する見解も有力である。

　たとえば，ホンセルは，債務法の教科書の中で，過失のない損害に関しては原則として受任者は賠償請求することはできないとした上で，無償委任に関して422条1項を類推適用した判例を紹介し，これは無償で利他的な一定のリスクを伴う活動（Tätigkeit）を事態に適して考慮したものであると評価する。しかし，ここではリスク責任についてこれ以上の言及はなされず，すでに紹介したリスク責任に関する自己の論文を参照指示するに留まる[60]。

　フェルマン（Fellmann）も，無償委任の場合には，ドイツで670条に基づい

---

(58)　Eugen Bucher, Obligationenrecht, BT, 3. Aufl., 1988, §12 VII 3, S. 233.; Bruno von Büren, Schweizerisches Obligationenrecht, BT 1972, §4 B IV S.139, Fn.57.

(59)　Peter Gauch, a.a.O.(Fn.39), S.207 ff..

(60)　Heinrich Honsell, a.a.O.(Fn.4), §23 V 3, S.312. もっとも，参照指示された論文では（本章1(3)2)参照），被害者が報酬を得る場合にも，「他人のためのするリスク責任」は弱められた形式で妥当するというのであるから，422条1項の類推適用を無償委任に限定することには疑問の余地があろう。

288

2 債務法 422 条 1 項の類推適用と理論的基礎の変遷

て展開された委任者の責任の場合のように，「他人のためにする行為のリスク責任（Haftung für die Risiken einer Tätigkeit, die in fremdem Interesse erfolgt.)」が問題となっている。これはある行為と結びついた特別な損害危険はこのリスクのある行為を自己の利益のためにさせた者に帰せられるという原則に基づく。この責任の法政策的な動機（rechtspolitisches Motiv）もこの点にある。このことからこの委任者の賠償責任は契約外の損害賠償法の危険責任（Gefährdungshaftung）に近づくという[61]。

また，ホーフシュテッター（Hofstetter）は，無償委任における委任者の因果責任は契約違反に依存するのではなくて，受任者から委任者への損害の移転（Schadensverlagerung）に基づくとし，これの正当化は受任者が無償でかつ専ら委任者の利益を確保する義務を負っている点にあるとする[62]。これは無償委任の利他性を直接的な根拠とするものであるが，しかし，賠償の対象については委任に典型的に内在するリスクに限ると解しており，この点にリスク責任の思想を見いだすことができよう。

このようにリスク責任によって基礎づける見解においても，有償委任の場合には，委任者の因果責任は妥当せず，402 条 2 項が適用される。したがって，受任者に対する委任者の容態義務（保護義務）違反がある場合に限り，委任者は損害の賠償責任を負うことになるが，このようなリスク分配は事態に適しているという。委任を報酬によって引き受けた者はいわゆる職業リスク（risque professionnel）を負担すべきだからであり[63]，あるいは，受任者は委任者よりもこの危険を良く知っており，予防措置を行い，あるいは加害に対して付保し，場合によっては異なる危険分配（abweichende Risikoverteilung）を委任者と合意できる状態にあることから，いわゆる職業リスク（Berufsrisiken）は受任者が負うべきだというのがその理由である[64]。

もっとも，注意すべきことは，これらの見解において無償委任と有償委任における差別的な取扱いが必ずしも貫徹されていないという点である。たとえば，フェルマンによれば，リスクを仕方なく背負い込むことが委任の実行にとって

---

(61) Walter Fellmann, a.a.O.(Fn.18), Art. 402 N 181, 190, 192, S. 738 ff..

(62) Josef Hofstetter, a.a.O.(Fn.33), §7 IV, S.90.

(63) Walter Fellmann, a.a.O.(Fn.18), Art. 402 N 152, S. 730.

(64) Josef Hofstetter, a.a.O.(Fn.33), §7 IV, S.89.

第4章　スイス債務法におけるリスク責任

不可避的であるか，あるいは少なくとも有益でかつこの関係に適する場合には，委任者はこの損失を過失とは無関係に費用のように（wie eine Verwendung）賠償すべき責任を負う[65]。これは費用概念の拡張によって402条2項の適用を否定し，この限度において実質的に委任者の無過失責任を肯定するものといってよい。また，ホーフシュテッターは報酬の基準が絶対的な妥当性を有するわけではないとして，職業的な受任者が無償で事務を処理する場合でも，彼が職業リスク（risque professionnel）を負うことに変わりはないし，職業的でない受任者に報酬が約束された場合でもこれのリスクを引き受けたことを意味しないという[66]。ここでは，有償・無償の区別ではなくて，職業リスクに重点が置かれている。

　(b)　ヴェーバー（Weber）は無償委任・有償委任ではなくて，①過失ある場合の損害賠償と②過失のない損害賠償に分けて論ずる。前者はもちろん402条2項の適用領域に属する。後者の場合，判例と同様に422条1項の類推適用を認めるが，その際，報酬を決定的な規準とすべきかは疑問であり，この事柄についての職業的な熟知（berufliches Vertrautsein）という規準，すなわち職業リスクの領域（Berufsrisikosphäre）の観点にもっと重点を置くべきだと主張する[67]。

　この見解によれば，職業的な熟知・職業リスクが存在しない場合には，有償委任についても422条1項の類推適用が認められるとともに，無償委任でも職業的な熟知・職業リスクが存在するときは，委任者に過失がある場合（402条

───────────

(65)　Walter Fellmann, a.a.O.(Fn.18), Art. 402 N 147, S. 728. もっとも，「費用のように」という表現は不明確ではあるが，ドイツの文献が引用されていることから費用概念を拡張するものと解される。ガウホもフェルマンの見解をこのように理解する。Peter Gauch, a.a.O.(Fn.39), S.214.

　　なお，無償委任の場合でも，委任者の契約上の義務違反によって損害が生じたときは，有償委任の場合と同一の原則（ただし，無過失の立証を除く）に服するという（N 182, S.738）。これによれば，422条1項による裁判官の裁量判断が排除されることになるが，このような解決には法律上の根拠がないというガウホの批判がある。Peter Gauch, a.a.O.(Fn.39), S.211, Fn.36.

(66)　Josef Hofstetter, a.a.O.(Fn.33), §7. IV, S.89.

(67)　Rolf H. Weber, a.a.O.(Fn.47), Art. 402, N 11, S.2012 f., und N 14, S. 2013.

　　もっとも，事務管理における422条1項との関連では，このような職業的リスクの観点は強調されていない。Rolf H. Weber, a.a.O.(Fn.41), Art. 422, N 11 , S. 2580.

290

2 債務法 422 条 1 項の類推適用と理論的基礎の変遷

2 項) を除いて, 受任者が原則的に損害を負担することになると思われる。つまり, 受任者の職業的な熟知・職業リスクが問題とならないときは, 有償委任・無償委任を問うことなく, 422 条 1 項の類推適用が認められることになろう。

（c) 時代的には前後するが, 学説では, さらに, 402 条 2 項による損害賠償責任を含めて, 危険責任 (Gefährdungshaftung) として理解する見解がある。これはガウティーの見解であるが, 彼は, 有償委任の場合には 402 条 2 項の適用, 無償委任の場合には 422 条 1 項の類推適用がなされるが[68], いずれの場合も (事務管理の場合を含めて), 責任原因は委任遂行の危険性 (Gefahr der Auftragsausführung) である[69]。無償の事務処理の場合には, 損害に至るすべての危険がそうであり, 有償の場合には, 委任者が知っているにも拘わらず, これを受任者に黙っていた特別な危険がそうである。危険責任の構想 (Konzeption der Gefährdungshaftung) は現代の損害賠償法では良く知られている。402 条 2 項の場合も含めて, これらは契約違反に基づく責任ではないが故に, 不法行為に関する 41 条以下の規定がこれに適用されるべきである。たとえば, 時効については, 60 条の 1 年の時効に服すると主張する。

この見解の特徴は, 有償委任に関する 402 条 2 項の賠償責任は委任者の契約違反に基づく責任ではないとする点にみられる。ガウティーは, 通説的見解と同じく, ①使用者の保護義務は債務法 328 条 2 項で規定されているが, 委任者は受任者に対してこのような義務を負わない。しかし, ②委任者は自己のみが知っている委任の特別な危険については, これを受任者に注意すべき義務 (保護義務) が委任者に課されるとする[70]。ここまでは通説的見解と同じであるが, この委任者の保護義務の法的性質の理解が通説とは異なる。すなわち, 通説的見解によれば, これは契約法上の従たる義務であり, この違反は債務不履行 (積極的債権侵害) による責任を惹起する[71]。これに対して, ガウティーは

---

(68)　Georg Gautschi, a.a.O.(Fn.42), Art. 402 N 22 a ff., S. 588 ff., und N 23 a ff., S. 590 f..

(69)　Georg Gautschi, a.a.O.(Fn.42), Art. 402 N 24 a ff., S. 591 f.. ; ders., a.a.O.(Fn.27), Art. 422 N 10 b, S.490.

(70)　Georg Gautschi, a.a.O.(Fn.42), Art. 402 N 22 b, S.589.

(71)　Walter Fellmann, a.a.O.(Fn.18), Art. 402 N 153ff., S.730 f.. ; Josef Hofstetter, a.a.O.(Fn.33), §7 IV, S.88.

第4章　スイス債務法におけるリスク責任

これを一般的な法的義務の流出物（Emanation einer allgemeinen Rechtspflicht）に他ならないとする[72]。したがって，委任者の保護義務違反は債務不履行とはならず，このような義務違反を基礎とする402条2項は「契約の履行に基づくが，契約違反に基づかない損害（Schaden aus Vertragserfüllung, nicht aus Vertragsverletzung）」を把握していることになる[73]。また，有償委任では，受任者は事務処理の一般的な危険を任意で引き受けている。したがって，委任者は委任処理の一般的な危険（allgemeine Gefahren der Auftragsausführung）に関しては責任を負わず，これの特別な危険（besondere Gefahren）に関してのみ責任を負えば足りるとする点も注目される。

　(d)　このように学説では，無償委任における委任者の因果責任をリスク責任の観点から基礎づける見解，職業リスクの観点から有償委任の場合にも因果責任の余地を肯定する見解，さらに，402条2項を含めて危険責任として事務執行のリスクから基礎づける見解などがみられる。そして，ここでは，無償委任・有償委任による法的処理の区分は貫徹されず，有償委任の領域への因果責任の進出を看取することができる。

3）　有償委任における委任者の責任の厳格化
　委任者の賠償責任について，立法者は過失責任主義を採用した（402条2項）。しかし，上述したように，422条1項の無償委任への類推適用によって，過失責任主義は有償委任に限定されることになった。しかし，ここでも402条2項における過失を厳格に解すると，委任者の賠償責任は過失責任主義から離れて，

　　なお，この点に関して，ヴェーバーは当初，402条2項では委任者の契約違反に基づく損害は把握されていないとしていた（Rolf H. Weber, a.a.O.(Fn.47), Art. 402, N 11, S.2012 f.）。しかし，その後，委任者の契約上の容態義務の違反によって生じた損害が把握されており，ドグマ的には，挙証責任の転換を伴った過失責任が問題となっているという見解に変わった（ders., Basler Kommentar, OR I, 2. Aufl., 1996, Art. 402, N 11, S.2159 f.）。

(72)　Georg Gautschi, a.a.O.(Fn.42), Art. 402 N 22 b, S.589. この点では，前述のブルックハルトの見解と同じである。

(73)　なお，ホーフシュテッターはこのような（法律上の）危険責任（Gefährdungshaftung）の構想は誤っていると批判する。委任の場合には，受任者は決して特別な危険にさらされる必要はないから，危険の観点は一般的に正当ではないというのがこの理由である。Josef Hofstetter, a.a.O.(Fn.33), §7 IV, S.89, Fn.53.

実質的には無過失責任あるいは因果責任に近くなろう。そこで，402条2項の過失とは何を意味するかが問題となる。

これに関しては，次のような指導的な判決がある。

連邦裁判所 1925 年 3 月 10 日判決 ［BGE 51 II 183］

［事実関係］　1923 年 7 月 3 日，エドワード・ヴィレミン（Edoward Willemin）の依頼により，原告銀行は自己を振出人，被告銀行を支払人とする額面 34000 フランの小切手を振り出して彼に交付した。原告銀行はその際ナンバー7004 と記載された自己の小切手用紙を用いた。同日，原告銀行は被告銀行に 35000 フランを送金し，小切手の現金化の要請を伴う書面による通知を行った。7 月 10 日に，ヴィレミンは原告銀行にこの小切手を返還した。同日，原告銀行は被告銀行に小切手の無効宣言を書面で通知し，送金した金額の返還を要請した。原告銀行の無効宣言の通知は 7 月 14 日に被告銀行に到達したが，すでに 7 月 10 日に偽造されたナンバー7004 の小切手が被告銀行に呈示され，これに基づいてすでに支払いがなされていたために，被告銀行はこれの返還を拒否した。被告銀行は，窓口に現れたエレガントな紳士が旅券および小切手や領収書になされた署名によってヴィレミンであることを正当に確認したと主張。そこで，原告は送金額の返還を求めて訴えを提起。下級審ではいずれも請求は棄却された[74]。

［判旨］　上告棄却　　①原告銀行と被告銀行の間には，小切手法上の関係と並んで，民法上の委任関係が存在する。7 月 3 日の原告銀行の書面は小切手の現金化の委任を含んでいる。

②402 条 1 項の費用は「委任の正しい履行において（in richtiger Ausführung des Auftrages）」支出されたものに限られるが，「正しい履行」か否かは主観的な考察方法ではなくて客観的な考察方法による。したがって，偽造小切手の支

(74)　なお，本件は小切手法の改正前の事件であり，今日では実定法上解決されている。すなわち，債務法 1132 条によれば，偽造または変造された小切手の現金化から生じた損害は，この小切手の振出人（Aussteller）に過失，特に彼に委ねられた小切手用紙の保管における過失がない限りで，支払人（Bezogene）がこれを負担すべきものとされる。これは 1936 年 12 月 18 日の「債務法 24 章から 33 章の改正に関する連邦法」（BBl 1936 III 605）によって新たに導入された。Vgl., Hugo Oser / Wilhelm Schönenberger, Zürcher Kommentar, Bd.V / 2, 2. Aufl., 1936, Art. 402, N 11, S. 1498. もっとも，ここでは，債務法の改正草案 1140 条について言及されている。

第4章　スイス債務法におけるリスク責任

払は被告銀行が単に主観的に誤って委任の実行であると思ってなされたに過ぎないから，これは費用に該当しない。この支払いにつき被告銀行に過失がない場合でもそうである。

③このように被告銀行が過失なしに誤って費用と考えたもの（偽造小切手の支払）は，402条2項の損害の典型的な例に属する。ここでは，この損害の賠償義務者たる原告銀行が免責立証をしたかどうかが問題となるが，2項ただし書の過失は「最軽過失（culpa levissima）」を意味し，委任者は最軽過失という厳格な規準によっても過失がないときに初めて免責されると解すべきである。というのは，単なる因果責任に賛成する見解（Burckhardt, Die Revision des Schweiz. OR in Hinsicht auf das Schadensersatzrecht, Z.f.schw.R. n.F.Bd.22., S.507 bis 509.）が主張されていたにも拘わらず，立法者は過失責任に賛成し，新しい債務法においてこれに固執したから，法の適用に際しては過失の最小限で満足する契機が存在する。また，委任者の容態がこのような厳格な規準により測定して，完全に非の打ちどころがなくはない場合に，委任者が責任を負うべきことは衡平の要求である。このことは，取引の性質によれば，99条の規制にも合致する。

④被告銀行からの返答を待つことなく小切手を買戻す場合には，原告銀行はこれによって損害が惹起される危険を覚悟しなければならず，この点につき原告銀行には過失がある。

このように判例は委任者の責任を基礎づけるには最軽過失で足りるとする。学説もこれを支持する[75]。これによって，委任者の責任は通常の過失責任よりも厳格化され，「無過失の証明」の実際的な困難性をも考慮すると，委任者の責任は客観的な責任すなわち因果責任に極めて近いと評価することができよう[76]。

ここではもちろん無償委任の場合のような「立法者の過誤」は問題とならないが，しかし，判例が債務法改正時の反対学説の存在を理由に最軽過失で足りるとして委任者の責任を厳格化したことは大変興味深い。有償委任の場合をも

---

(75)　Walter Fellmann, a.a.O.(Fn.18), Art. 402 N 162, S. 733. ; Rolf H. Weber, a.a.O.(Fn.41), Art. 402 N 13, S. 2434.

(76)　Vgl., Josef Hofstetter, a.a.O.(Fn.33), §7 IV, S.88.

含めて，委任者の無過失損害賠償責任へのこだわりを強く感じとることができる。また，このような解決が裁判官の衡平感覚に合致することの証左でもあるといえよう。

4）　受任者の不完全履行と委任者の賠償責任

受任者が契約や指図に従って委任事務を処理せず，または不誠実ないし不注意な事務処理を行った場合（不完全履行）[77]，このような受任者もこの際に被った自己の損害を委任者に対して賠償請求することができるか。402条2項および422条1項では，この点は明確ではない。また，これと関連して，損害と因果関係に立つ過失が受任者にある場合についても，ここで見ることにしたい。

(a)　有償委任の場合

(ア)　まず第1に，不完全履行した場合における受任者の賠償請求権に関してであるが，学説では，全面的に否定する見解と，相当因果関係の有無に分けて考察する見解が対立している。

ガウティーは402条2項の適用を全面的に否定し，受任者の賠償請求権を認めない[78]。

彼は委任や事務管理を含む事務処理法（Geschäftsführungsrecht）においては，事務処理者の過失なしに被った損害は利益享受者によって引き受けられるのが衡平に合致するとし，利益享受者の因果責任の根拠を事務処理の利益と危険（Nutzen und Gefahr der Geschäftsführung）の本人への帰属に求める。そして，このような事務処理者，とりわけ受任者の損害賠償請求権の一般的な要件として，①委任事務処理と損害の間の相当因果関係の存在，②正当な委任事務処理（richtige Auftragsausführung）の存在（402条1項参照），③受任者の無過失（Schuldlosigkeit）という3つの要件を導く。有償委任の場合には，本来的にはこの原則は妥当しないが，スイス債務法は中間的な解決を行い，委任者が損害と因果関係に立つ自己の過失の不存在を立証したときはこの責任を免れるもの

---

(77)　398条1項によれば，受任者は労働者と同じ注意に関して責任を負うものとされる。したがって，受任者は321e条の定める労働者の軽減された注意義務と同一の注意義務を負えば足りることになる。しかし，学説ではこれは立法者の誤りであるとして，委任者の注意義務の軽減を否定するのが一般的である。Vgl., Heinrich Honsell, a.a.O.(Fn.4), §23 IV 2, S.305 f..

(78)　Georg Gautschi, a.a.O.(Fn.42), Art.402 N 20 d, N 21f., S.586 ff..

第 4 章　スイス債務法におけるリスク責任

とした。したがって，有償委任においては，委任者がこのような立証に失敗したことが特別な要件となる。

　ガウチィーによれば，契約や指図に反する事務処理や不誠実または不注意な委任事務の処理は②または③の要件を満たさないから，402 条 2 項による賠償請求権は認められない。このような委任事務の処理は本人の利益に属さず，利益享受者（委任者）に賠償責任を課す基礎を欠くからである。なお，事務管理のところで述べたように，ガウチィーは「事務処理における過失」と「損害と因果関係に立つ過失」を区別するが，ここでいう「受任者の無過失」または「過失なしに」というのは前者の「事務処理における過失」の不存在を意味することに注意する必要があろう。

　これに対して，フェルマンは[79]，①損害の存在，②委任者の契約違反の存在，③損害と契約違反の間の因果関係，④委任者の過失の 4 つを 402 条 2 項の適用要件として挙げる。そして，受任者の不完全履行については，これと損害との因果関係に着目して，次の 3 つの類型に分けて考察する。

　(i)　受任者の損害が契約ないし指図に違反する事務処理の結果として生じた場合。このような受任者の不完全履行は委任者の責任を排除しない。委任者に契約違反がない故に，402 条 2 項の要件を満たさず，それ故，受任者の賠償責任が結果的に問題とならないに過ぎない。

　(ii)　損害が確かに受任者の不完全履行の結果として生じたが，しかし，委任者にも損害回避のための保護義務違反の非難がなされる場合。ここでは，委任者の保護義務違反が存在するから，402 条 2 項による損害賠償請求権が成立する。しかし，受任者の共同過失が存在するから，これにより賠償額は減額される。この共同過失が免責事由の強度さに至るときは，受任者の損害賠償請求権は排除される。

　(iii)　受任者の契約ないし指図の違反や誠実義務の違反が存在するが，しかし，これらが被った損害と因果関係に立たず，単に委任者の契約違反に帰すべき場合。このような場合には，委任者はこの損害を完全に賠償しなければならない。受任者の不完全履行は損害賠償の減額事由とはならない。これとは別に，受任者の契約違反によって委任者に損害が生じたときは，委任者は受任者に対して

---

(79)　Walter Fellmann, a.a.O.(Fn.18), Art. 402 N 145, S.728, und N 166 ff., S.734 f..

賠償請求することができるし，これと受任者の損害賠償請求権を相殺することもできる。

また，ホーフシュテッターは，「受任者が契約や指図に従って行為せず，この結果として損害を被った場合には賠償義務は生じない」と簡単に述べているが[80]，これは上記の第1類型に該当するものであり，この限りでフェルマンの見解と一致する。

(イ) 次に，受任者に共同過失（Mitverschulden）がある場合についてみると，このような受任者の共同過失は損害賠償の減額または免責事由とされる点に争いはない。402条2項の損害賠償請求権を委任者の保護義務違反による契約法上の賠償責任だと理解する場合には，損害賠償の算定は99条の総則規定に従う。受任者の共同過失は99条3項による44条1項の準用に基づいて，損害賠償の減額または免責に導く。また，これを危険責任だと理解する場合にも，ガウティーは41条以下の規定に服するとするから，44条1項が直接的に適用されることになる[81]。ここでは，もちろん受任者の損害と因果関係に立つ過失が問題となっていることは当然のことである。

(b) 無償委任の場合

(ア) ここでは，422条1項が類推適用されるが，ガウティーによれば，前述の3つの要件は無償委任を含む受任者の損害賠償請求権の一般的要件であるから，有償委任の場合と同様に，受任者の不完全履行があるときは，受任者の損害賠償請求権は否定される（なお，事務管理におけるシュミットの見解も参照）。

これに対して，フェルマンは[82]，同条の類推適用の要件として，①損害の存在と②この損害と委任事務処理の間の因果関係の存在を挙げる。受任者の被った損害は委任と結びついた危険から生じたものでなければならず，一般的な生活リスクの現実化はこれに含まれない。

このような要件論を前提とすると，受任者の不完全履行の場合にも，同条の類推適用による損害賠償請求権は排除されない。これによる損害賠償は裁判官の裁量に服する（422条1項）。この際，裁判官は衡平を規準として，当該事例

---

(80)　Josef Hofstetter, a.a.O.(Fn.33), §7 IV, S.90.

(81)　Georg Gautschi, a.a.O.(Fn.42), Art. 402 N 22c, S.590 und N 24 c, S.592f..

(82)　Walter Fellmann, a.a.O.(Fn.18), Art. 402, N 180, S.737 f. und N 191, S.740 f..

第4章　スイス債務法におけるリスク責任

のすべての事情を考慮して請求権の存否および賠償額を決定することになるが，受任者の不完全履行もこの中で考慮される。

フェルマンは[83]，不可全履行の場合の損害賠償という表題の下で，さらに①受任者の事故が彼の不完全履行に基づく場合と，②受任者の損害が彼の契約違反と関連せず，むしろこの契約違反が委任と結びついた受任者の特別な危険に帰すべき場合の2つに分け，前者では，この事情は裁判官の裁量において考慮されるが，通常は委任者の責任は否定される。後者では，損害賠償請求権を初めから排除することは許されないが，しかし，裁判官の裁量に広い余地が認められると述べる。このフェルマンの説明は単に上記の裁判官による裁量を具体的に述べたに過ぎない。

(イ)　また，受任者に自己過失（Selbstverschulden）がある場合には，これは損害賠償算定における裁判官の裁量の中で考慮される。この点は，いずれの見解でも同じである[84]。

(2)　好意関係への類推適用

1)　判例によるリスク責任論の採用と同条の類推適用

1922年に連邦裁判所の判決が出されて以降，無償委任における422条1項類推適用論は判例・学説上確固たる地位を形成した。その後，これ以外の領域において同条の類推適用を認める判例は明らかにされてこなかった。しかし，近時，連邦裁判所は好意関係が問題とされた事例において，422条1項の類推適用を肯定した。これは連邦裁判所の初めての判断であり，422条1項類推適用論は新たな領域を獲得するに至った。

連邦裁判所2002年10月21日判決［BGE 129 Ⅲ 181］（丸太チェーン掛け事件）

［事実関係］　Aは場合によってはこれを譲り受けるつもりで，Bの農場に子牛を見に行った。その際，AはBから建物の正面に立て掛けてある重い丸太の移動を手伝うことを依頼された。Aはハシゴを登って，Bの操縦するパワー

---

(83)　Walter Fellmann, a.a.O.(Fn.18), Art. 402, N 205 f., S.744.

(84)　Georg Gautschi, a.a.O.(Fn.42), Art. 402 N 24 b, S.592.；Walter Fellmann, a.a.O.(Fn.18), Art. 402, N 197, S.742.

ショベルに固定されたチェーンをその丸太に掛けようとしたが，その前にハシゴから転落して重症を負った。そこで，AはBに対して損害賠償請求の訴えを提起した。

一審・二審とも請求棄却。二審判決は，当事者間に契約は存在せず，また，被告の行為は原告の転落や怪我の原因ではないとして，被告の契約上の責任および契約外の責任を否定した。これに対して，原告が上告。

［判旨］　破棄差戻し　①連邦裁判所 1990 年 9 月 20 日判決（BGE 116 II 695）によれば，労務給付の領域でも，契約上の債務を生じさせず，特に不履行や不完全履行の場合に給付者の契約責任に導かないような非拘束的な好意（unverbindliche Gefälligkeiten）が存在しうる。契約が存在するか，あるいは，単なる好意関係（Gefälligkeit）にとどまるかは，個々の事例の事情により判断され，特に給付の種類，これの根拠や目的，法的・経済的意義，これがなされた事情，当事者の既存の利益状態により判断される。提供された援助についての給付者自身の法的・経済的な利益や，専門的な助言や援助を受ける被援助者の認識可能な利益は契約意思に賛成する。州裁判所はこの原則を正しく適用して，当事者の法的拘束意思（Rechtsbindungswillen）を否定した。したがって，本件では，単なる好意関係が存在するに過ぎない。

②原告の援用する連邦裁判所 1935 年判決（BGE 61 II 95）は，連邦裁判所 1922 年 12 月 13 日判決（BGE 48 II 487）を維持して，422 条 1 項の無償委任への適用を認めた。この 1922 年の判決では，無償委任の法律上の規制に関して，裁判官によって修正されるべき立法者の過誤が存在すること，同じ利益状態は同じ法的な取扱いを必要とすること，422 条 1 項は自己の利益のためにではなく利他的な引き受けた義務の履行によって損失を被るべきではないという原則を基礎とすることが指摘されている。そうだとすると，この原則は法的拘束意思のない好意関係の判断に際しても妥当すべきことは，法律上の同一扱いの原則（Gründen rechtlicher Gleichbehandlung）から直ちに明らかとなる。

③422 条 1 項による損害賠償請求権に関して，学説や判例では，他人の利益での行為だけが責任原因（Haftungsgrund）を構成するのではなくて，場合によっては，事務管理者が危険な状態に入るという事情も責任原因を構成するこ

第4章　スイス債務法におけるリスク責任

とが指摘されている[85]。この意味で 422 条 1 項はリスク責任（Risikohaftung）の要素も含んでいる。このリスク責任は，損害傾向のある危険な活動がその者のために行われた本人によってこの危険な活動のリスクが負担されるべきであるという契約上も契約外でも有効な原則に基づく[86]。この限りで，422 条 1 項を法的拘束意思のない好意行為（Gefälligkeitshandlungen ohne Rechtsbindungswillen）の事例に類推適用することも正当化される。けれども，この責任は危険な活動に内在するリスクが現実化した場合のみを把握している。いわゆる偶然損害（Zufallsschäden）はこれによって把握されない。それ故，特別な行為リスク（besonderes Tätigkeitsrisiko）ではなくて，一般的な生活リスク（allgemeines Lebensrisiko）が現実化する場合には，この責任は否定されるべきである。

　原審はこのような損害賠償請求権について論じておらず，また，これの判断に必要な事実関係も認定されていないから，原判決を破棄し，事件は原審に差し戻される。

　④なお，損害賠償とは異なり，同条の費用賠償や債務からの解放は法的拘束意思のない好意行為の場合には適用されない。贈与意思を伴った事務管理の場合と同様に，寛大さの意図（Liberalitätsabsicht）がこれらの請求権を排除する。

　この事例では，丸太の移動の手伝いが問題となっているが，これは収穫のための梨の木の揺さぶりと類似する。それにも拘わらず，連邦裁判所はここでは無償の委任契約ではなくて，単なる好意関係が存在するに過ぎないと認定し，その上で，このような好意関係についても 422 条 1 項の類推適用は認められると判示した。連邦裁判所判決の意義はまず第 1 にこの点に求められる。

　また，類推適用の理論的根拠として，行為の利他性という無償委任で挙示されたもの以外に，さらに 422 条 1 項による損害賠償責任をリスク責任すなわち「他人のためにする行為のリスク責任」から基礎づけ，これは契約上でも契約

---

(85)　ここでは，次のような文献が引用されている。Rolf H. Weber, Basler Kommentar, OR I, 2. Aufl., 1996, Art. 422 N 11, S.2263 f. ; Urs Lischer, a.a.O.(Fn.41), S. 90. ; Jörg H. Rösler, a.a.O.(Fn.49), S. 63. ; BGE 48 II 487, E. 3, S. 491 f..

(86)　ここでは，次のような文献が引用されている。Heinrich Honsell, a.a.O.(Fn.21), S. 485 ff., S. 496 ff.; Canaris, Risikohaftung bei schadensgeneigter Tätigkeit in fremdem Interesse, RdA 1966, S. 41 ff., insbes. S. 43

外でも有効な原則だとすることによって，好意関係への類推適用を導いた。このようにリスク責任論を前面に打ち出したのはこの判決が初めてであり，この点に判決の第2の意義がある。

2) 学説による評価

学説では，この2002年判決に言及するものはまだ少ないが，これまでに次のような評価と問題点の指摘がなされている[87]。好意関係への類推適用に関するものとリスク責任論に関するものに分けて見ることにしよう。

(a) 好意関係への類推適用

(ア) ガウホはこの事例において好意関係の存在を認定したことは正当であるとし，また，この好意関係に422条1項を類推適用したことにも全面的に賛成する[88]。これは従来の判例法理を首尾一貫的に展開したものに過ぎない。契約上の拘束意思の欠缺はこれに関して無償委任と異なって判断することを正当化しない。これは「裁判官の同一取扱いの原則」から明らかであり，また，422条1項の本来的な適用場面である事務管理が契約関係に属しないことからも理解できるとする。

彼によれば，法律上の拘束意思が欠けているにも拘らず，好意行為は——契約上の給付義務の履行のように——関与者の相互的な了解の下に行われる。これによって，関与者間の給付に関連した関係は，1つの契約類似の給付関係になるとする[89]。このような好意関係の理解が彼の評価の基礎となっていると

---

(87) 後述する学説の他に，本判決の評釈として，V. Aepli, Baurecht 4/2003, S.173がある。しかし，判例の事実関係と判旨の紹介が大半であり，「本件事件は確かに建築法と殆ど関係しないが，契約上の債務の外での援助給付という類似の状態は建築現場においても一般的に考えられる」という一文が添えられているだけである。

また，ホンセルは2003年に出版された教科書においてこの判例をいち早く取り上げ，これを支持した。Heinrich Honsell, Schweizerisches Obligationenrecht, BT, 7. Aufl., 2003, §23 V, S.320.

(88) Peter Gauch, a.a.O. (Fn.39), S.191 (S.215).

なお，ガウホは，連邦裁判所1922年判決および1935年判決の事例についても，同様に好意関係として考えるべきであり，契約が存在するとすれば，委任ではなくて請負契約またはこれと類似する無名契約であるとする (S. 206 f.)。

(89) Peter Gauch, a.a.O. (Fn.39), S.216. このような理解から，逆に，好意者の不完全履行によって給付受領者に生じた結果損害（好意者の不完全履行に基づく身体侵害）や付随損害（好意行為の際に生じた損害）に関して，好意者は不法行為の規準だけでなく，契

301

第4章　スイス債務法におけるリスク責任

いってよい。

　もっとも，判決そのものについては若干の疑問点を指摘する。まず第1に，判旨が好意関係の当事者には給付義務は生じないと述べながら，「利他的な義務の履行は誰にも不利益を与えない」という原則を好意関係にも援用することは不正確であると批判する[90]。しかし，このような無償委任に合わせて作られた命題の決まり文句的な再利用は，これによって以前の判例と関連づけたに過ぎず，また，給付の無償性が422条1項の類推適用に導くことを確認したものであるとして，判例の不正確さに一定の理解を示している。

　第2に，422条2項との関連である[91]。事務処理によって意図された結果が事務管理者の「正当な注意をもって処理」しなかったが故に生じなかった場合には，同条1項による責任はなくなる。チェーンを丸太に掛ける前にハシゴから転落し，意図された結果は生じなかった。したがって，422条2項の適用の有無が問題となるが，判例はこの点に関して何も述べていない。同様のことは1935年判決にも妥当する。

　(イ)　このようなガウホの見解と異なり，ヴィーガント（Wiegand）は好意関係への類推適用に懐疑的である[92]。

　まず第1に，これは単なる類推ではなくて，質的な飛躍（qualitative Sprung）が問題となっている。無償で他人の委任事務を行う者は委託なしにこれを行う者よりも不利な立場に置かれるべきではないという理由付けは，好意関係への類推適用を基礎づけない。好意関係の場合とは異なり，無償の受任者は有効な契約関係に立っているからである。また，「利他的に，かつ自己の利益のために引き受けられたのではない義務の履行は決してその者の不利益になるべきではない」という原則は，事務管理のような法律上の債務関係あるいは無償委任のような契約上の法律関係が存在する限りでのみ正当である。

　第2に，判例の見解を首尾一貫すると，日常的な好意関係が法化

　　約法によっても責任を負わなければならないということも導かれる（S.216 f.）。

(90)　Peter Gauch, a.a.O.(Fn.39), S.215 f.

(91)　Peter Gauch, a.a.O.(Fn.39), S.222 f.

(92)　Wolfgang Wiegand, Die privatrechtliche Rechtsprechung des Bundesgeirchts im Jahre 2003, ZBJV (Zeitschrift des Bernischen Juristenverein) Bd.140 (2004), S.861 (S.864 f.).

（Verrechtlichung）され[93]，好意を要請した者に社会的な現実（soziale Gegebenheiten）にも当事者の観念にも合致しないようなリスクを背負い込ませることになる。また，本人が因果責任を負うとすると，これの相関概念（Korrelat）として，結局，好意者についても不法行為責任以外の責任を認めざるを得なくなるという。

(b) リスク責任論の採用

(ア) リスク責任論の採用に関して，ヴィーガントはこれに言及していない。また，ヴェーバーは，この判例によって422条1項の適用範囲を広く拡張しただけでなく，特別な行為リスクと一般的な生活リスクの区別を導入したことを指摘するが，これについての主観的な評価は述べていない[94]。

(イ) これに対して，ガウホは，前述の類推適用とは異なり，リスク責任論についてはこれを厳しく批判する。

まず第1に，リスク責任論一般についてであるが，裁判所の見解によれば，本人の責任は「危険行為に内在するリクス」が現実化した損害に制限され，「特別な行為危険ではなくて，被害者の一般的な生活危険」が現実化した場合には，本人の責任は否定される。

このように「一般的な生活リスク」は消極的な帰責要素として用いられ，それで責任限定の要素とされるが，このことは疑わしい[95]。①この「一般的な生活リスク」に属するリスクのグループはドイツでもまだ明確にされていない。この概念は利用可能な輪郭を欠いている。これを明らかにすることなしに，このような不明確な概念に連邦裁判所のような意義をスイス法において付与することは大胆な企てだというべきである。②「特別な行為リスク」を補完的概念として用いても，この点は何ら変わらない。「一般的な生活リスク」の範囲が明らかになって初めて，何が「特別な行為リスク」であるかも明確となるから

---

(93) 我が国でも，いわゆる隣人訴訟において同様のことが問題とされた。事案は，好意で預った近所の幼児が溜池に落ちて水死し，幼児の両親がこれを預った近所の夫婦に対して損害賠償を請求したというものである。ここでは，好意者の被った損害ではなくて，好意の要請者側の損害が問題となっている点で異なるが，津地判昭和58年2月25日（判時1083号125頁，判タ495号64頁）は契約関係の存在を否定した上で，709条による賠償責任を肯定した。

(94) Rolf H. Weber, a.a.O.(Fn.41), Art. 402 N 14, S. 2434 f., und Art. 422 N 11, S.2580.

(95) Peter Gauch, a.a.O.(Fn.39), S.201 ff..

第4章　スイス債務法におけるリスク責任

である。③また，何故「一般的な生活リスク」が被害者自身によって負担されるべきかの客観的な理由付けもなされていない。

第2に，スイス法との関連であるが，①このような「一般的な生活リスク」に依拠する必要性はスイス法では存在しない。422条1項による本人のリスク責任は事務処理と損害の間の相当因果関係の存在を要件とする。この相当因果関係が存在しないときは，責任は否定されるが，この結果を基礎づけるために「一般的な生活リスク」に依拠する必要はない。また，当該損害が事務処理の特別な危険に基づくかどうかなどは422条1項の裁判官の裁量判断において考慮される。しかし，ここでも，「一般的な生活リスク」の概念は不要である。②「一般的な生活リスク」は422条1項の責任領域から排除されるという一般的な留保は，具体的な事例においてこのようなリスクがいつ，どのようにして現実化したかはまさに当該事務処理に基づくという事実を無視している。また，このような一般的な留保は個別的事例における最大限の正当性を獲得するために立法者が認めた裁判官の裁量を制限するものであり，このような制限は法文からも立法資料からも取り出すことはできない。立法者はいろいろなリスクを区別することなしに，すべてを裁判官の裁量に委ねることによって，開かれた解決を意識的に選択したのであり，「特別なリスク」に賠償を制限することはスイスの立法者の意思と合致しない。また，③「損害傾向のある危険な行為がその者のために行われた本人によってこの危険な行為のリスクが負担されるべきである」という命題は，無償の労務給付への制限を無視するものであり，余りにも広く一般化している[96]。

第3の問題点は「偶然損害（Zufallsschäden）」の用語法に関してである[97]。1922年判決（BGE 48 II 487, S.492）では，422条1項は「偶然的な損害結果に関する」責任を規定していると述べ，そこでは，「偶然」というのは本人の有責な容態に基づかない損害の出来事に関して用いられている。これに対して，ここでは逆に，422条1項の責任領域から排除するつもりである損害を「偶然損害」として表し，「偶然」という用語は「一般的な生活リスク」から生ずるような損害に関して用いられている。このように理解された「偶然損害」とい

---

(96)　Peter Gauch, a.a.O. (Fn.39), S.203 ff., S.218 f..

(97)　Peter Gauch, a.a.O. (Fn.39), S.218.

う文言によって，リスク責任に関するドイツの学説の表現を継受した。

第4に，実際的な事例における適用についても問題がある[98]。仮に連邦裁判所の見解によるときは，ハシゴからの転落は「一般的な生活リスク」に算入されるべきかどうかが考察されるべきであった。このような事故はハシゴを使うときはいつでも生じうるものだからである。

このように述べて，ガウホは，422条1項の損害賠償義務は「裁判官の裁量を伴うリスク責任」であり，裁判官は衡平的な裁量により，リスクを区別することなく，すべての事情を考慮して，賠償義務の存否および給付される賠償額を判断しなければならない。このようなスイス法の下では，「特別な行為のリスク」と「一般的な生活リスク」を区別するリスク責任論は不要であり，立法者の意思にも適合しないと主張する。

3　労働契約とリスク責任

(1)　労働者被害の類型

1)　使用者の配慮義務

(a)　立法の変遷

使用者が労働者に対して損害を与えた場合には，使用者は不法行為に基づいて賠償すべき責任を負う（41条）。また，使用者は労働者に対する配慮義務ないし保護義務の違反を理由に債務不履行による損害賠償責任も負う（97条）。

この使用者の配慮義務についてみると，旧債務法では，家庭共同体（häusliche Gemeinschaft）の中で一緒に生活している労働者が過失なしに一時的な病気にかかったときは，使用者は自己の費用で食事の世話をし，医者の治療を受けさせるべき義務を負う旨が規定されているだけであった（旧341条2項）。

しかし，新債務法では，この規定は家庭共同体（Hausgemeinschaft）と題する344条の第2項に引き継がれたが，さらに，「個々の雇用関係や労務給付の性質を考慮して正当に期待される限りで，営業危険（Betriebsgefahren）に対して十分な保護規制を行い，適切で健全な労働場所，および家庭共同体が存在する場合には，健全な寝室を用意」すべき義務が使用者に課された（339条）。

---

(98)　Peter Gauch, a.a.O.(Fn.39), S.220 ff..

第4章　スイス債務法におけるリスク責任

その後，1971 年 6 月 25 日の法改正（BBl 1971 I 1421）によって，新債務法の雇用契約（Dienstvertrag）に関する第 10 章は「労働契約（Der Arbeitsvertrag）」という新たな表題の下で全面的に書き改められた（1972 年 1 月 1 日施行）[99]。この改正法では，使用者の保護義務については，労働者の人格保護というタイトルの中で，328 条と 328a 条がこれを定める。後者は家族共同体の中で使用者と一緒に生活している労働者に関する特別規定である。そこで，一般規定である 328 条をみると，使用者は次のような義務を負うものとされる。

すなわち，「使用者は労働関係においては労働者の人格（Persönlichkeit）を尊重かつこれを保護し，また，労働者の健康に相応な配慮をなし，公序良俗の保持に努めなければならない」（328 条 1 項）。また，「使用者は，個々の労働関係や労務給付の性質を考慮して正当に期待できる限りで，労働者の生命や健康を保護するために，経験によれば必要不可欠であって，技術水準によれば適用可能であり，かつ，営業状態や財政状況にふさわしいような措置を講じなければならない」（328 条 2 項）。

さらに，1995 年 3 月 24 日の男女平等化法（Gleichstellungsgesetz）により[100]，この 1 項に第 2 文として「使用者は，特に，女性労働者と男性労働者がセクハラを受けないように，また，これの被害者にさらなる不利益が生じないように努めなければならない」という規定が追加され，第 2 項には，保護対象として「個人的な道徳的完全性（persönliche Integrität）」を追加して，「労働者の生命，健康および個人的な道徳的完全性を保護するために」と改められた。また，1992 年 6 月 19 日の情報保護法（Datenschutzgesetz）により，328b 条が追加さ

---

(99)　この「雇用契約（Dienstvertrag）」の章の全面的な改正は公法上の労働保護を定めた労働法の編纂作業がこれの契機を与えた。専門家委員会の作業はヒューク（Prof. Hug）の指導の下で 1957 年から 1963 年まで行われ，1963 年 9 月 30 日に準備草案（Vorentwurf）としてまとめられた。そして，1967 年 8 月 25 日に改正法案が国会に提出され，国会の審議は 1971 年に終了した。Vgl., Alfred Koller, in Guhl, Das Schweizerische Obligationenrecht, 9. Aufl., 2000, §46 N 2, S.468, ; Botschaft des Bundesrates an die Bundesversammlung zum Entwurf eines Bundesgesetzes über die Revision des Zehnten Titels und des Zehnten Titelsbis des Obligationenrechts（Der Arbeitsvertrag), BBl 1967 II 241（S.257 ff.).

(100)　正式名称は，Bundesgesetz über die Gleichstellung von Frau und Mann である（BBl 1995 II 382）。これは，男女の実際的な平等化を促進することを目的として制定された（同法 1 条）。

306

3　労働契約とリスク責任

れた（BBl 1992 Ⅲ 959（S.973））。これによれば，使用者が労働者の個人情報を利用できるのは，労働関係への労働者の適性に係わるか，または労働契約の実行ために必要な場合に制限される。

　このように家庭共同体の中に受け入れられた労働者に関する配慮義務から労働者の生命・身体などを保護すべき義務，さらに労働者の人格を保護すべき義務へと，配慮義務の範囲は拡張されてきた。しかし，一般的な配慮義務（allgemeine Fürsorgepflicht），すなわち労働関係において労働者に保護と配慮を与え，労働者の正当な利益を誠実に守るべき使用者の一般的な義務を規定するまでには至っていない。

　しかし，学説の通説的見解はこのような包括的な性質を有する一般的な配慮義務を解釈上肯定する[101]。使用者の一般的な配慮義務は労働者の忠実義務に対応するものであり，労働者と使用者の間の共同体関係ではなくて，個別的労働契約の人的な性質，さらに労働者の人格権や信義則から生ずるものと解する。このような立場からすると，一般的配慮義務に関する規定を有しない現行債務法をどのように評価するかが問題となるが，この点は肯定的といえる。使用者の義務に関する他の規定をも総合的に考慮すると，現行債務法はすでに一般的な配慮義務に属する多くの重要な部分につき規定を有するからである[102]。

(b)　労働者の人格の保護

　328 条 1 項により保護される労働者の人格的利益としては，とりわけ生命と健康，身体的・精神的な完全性，個人的・職業的な名誉，営業内での地位や評判，秘密領域（Geheimsphäre），個人的見解を表明する自由，労働組合を組織する自由などがあげられる。これらの人格保護は民法 28 条で規定されているが，328 条 1 項は労働関係においてこれを具体化したものである。

　このような労働者の人格保護の下で，労働者の生命・健康の保護以外に，①

―――――――――――――

(101)　Manfred Rehbinder / Wolfgang Portmann, Basler Kommentar, OR I, 3. Aufl., 2003, Art. 328, N 1, S. 1741. ; Adrian Staehelin, Zürcher Kommentar, Bd.V / 2c, 4. Aufl., 2006, Art. 328, N 2, S. 373. ; Manfred Rehbinder, Schweizerisches Arbeitsrecht, 13. Aufl., 1997, §9 B Ⅰ, S. 89 f..

(102)　債務法 328 条から 329c 条までは労働者の人格保護に関する規定であり，327 条から 327c 条および 330 条は労働者の財産の保護，330a 条は労働者の経済的な生計の促進のための規定である。Vgl., Manfred Rehbinder / Wolfgang Portmann, a.a.O.(Fn.101), Art. 328, N 3, S. 1742..

307

第4章　スイス債務法におけるリスク責任

村八分（Mobbing）からの保護，②就労させる義務（Beschäftigungspflicht），③
同一取扱いの原則（Gleichbehandlungsgrundsatz），④両性の平等（Gleichheit
der Geschlechter），⑤遺伝的な検査などが議論されている[103]。

(c)　労働者の生命・健康に関する特別な保護義務（besondere Schutzpflicht）

(ア)　328条2項は労働者の生命や健康，個人的な道徳的完全性を保護すべき
義務を定める。これは同条1項の労働者の人格保護を具体化したに過ぎず，使
用者の配慮義務の拡張を意図したものではない[104]。

このような保護義務に基づいて，具体的には，使用者は次のようなことをな
す必要がある[105]。まず第1に，労働場所に関してであるが，使用者は労働者の
生命や健康が保護されるようにこれを整備・維持しなければならない。また，
作業器具や機械設備については，作業が危険なしに行われるように危険防止装
置を取り付けるべきであり，必要な場合には，保護マスクや保護メガネなどを
労働者に使用させなければならない。

このような物的設備の安全性だけでなく，労働者の生命・健康を保護するた
めに適切な服務規則の作成や指図をなすべき義務も使用者に課される。危険が
直ちには労働者に認識可能でないような場合には，使用者は労働者にこれを警
告し説明しなければならない。具体的には，書面や口頭による指導，警告信号
や警告板の設置などの方法が考えられる。また，労務遂行の方法や保護装置の
使用などについて必要な指図を行い，労働者がこれを遵守しているかどうかを
十分に監視・監督しなければならない。

さらに，労働者の生命や健康を害しないように，使用者は営業や一般的な労
働経過，具体的な作業工程を組織すべき義務を負う[106]。勤務時間の合目的的で
ない規制や過労をもたらすような異常な要求，さらに，不適切な労働者に当該
作業を行わせたり，補助者を付けなかった場合には，このような組織義務の違

---

(103)　Vgl., Manfred Rehbinder / Wolfgang Portmann, a.a.O.(Fn.101), Art. 328, N 4 ff., S.
　　　1742 ff. ; Adrian Staehelin, a.a.O.(Fn.101), Art. 328, N 3 ff., S.373 ff..

(104)　Vgl., Adrian Staehelin, a.a.O.(Fn.101), Art. 328, N 16, S.382.

(105)　Vgl., Adrian Staehelin / Frank Vischer, Zürcher Kommentar, Bd. V / 2c, 3. Aufl.,
　　　1996, Art. 328, N 16 ff., S.304 ff. ; H, Becker, a.a.O.(Fn.41), (alte) Art. 339, N 2 ff., S. 383
　　　ff..

(106)　BG Urteil vom 16. 5. 1934, BGE 60 II 112 (S.118); Bernischer Appellationshof
　　　vom 29.10.1940, ZBJV Bd.78, 78 (S.84).

308

反が存在する。

(イ) 328条2項は使用者に保護義務を課すだけではなくて，これの制限について規定する[107]。使用者の保護義務はもちろん無制限ではあり得ないが，スイス債務法はこれの制限基準を明示的に規定する点で特徴的である。具体的には，次のような制限に服する。

① 経験に基づく必要性による制限　保護対策が経験によれば必要である限りでのみ，保護義務は成立する。当該営業の中で得られた知識だけでなく，他の営業や専門雑誌，労働官庁やスイス事故保険協会（SUVA）の実務から得られた一般的な経験も基準となる。当該使用者が保護対策を実際に認識していたかどうかは何の役割も演じない。

② 技術水準による制限　平均的な専門家にとって明白であり，実際的かつ一般的に認められた技術の法則が規準とされる。技術の進歩が計算に入れられるべきであり，従来通例であったというだけでは十分でない。

③ 適切性による制限　保護対策は営業または使用者の財政との関係で適切なものでなければならない。中小企業には大企業と同程度の保護対策を要求することはできない。もっとも，生命に重大な危険をもたらす場合には，経済的な理由による使用者の免責は認められない。

④ 労働関係の種類や労務給付の性質による制限　労働関係の種類や労務給付の性質によれば正当に使用者に要求できる限りで，使用者は保護義務を負う。成人した経験豊かな労働者と比べると，徒弟や青少年，経験が無く精神的に未成熟な労働者などに対しては，より注意深く危険について教え，より多くの管理・監督を必要とする。

(ウ) 使用者の保護義務に関しては，債務法だけでなく，公法上の労働保護法もこれを規定する。たとえば，労働法6条や事故保険法（UVG）82条1項，これに関連する政令などがそうである[108]。そこで，このような公法上規定され

---

(107) Vgl., Adrian Staehelin, a.a.O.(Fn.101), Art. 328, N 18 ff., S.383 ff.

(108) 政令としては，たとえば，労働者の健康保護に関して Verordnung 3 zum Arbeitsgesetz (Gesundheitsvorsorge, ArGV 3)，事故や職業病の防止に関して Verordnung über die Verhütung von Unfällen und Berufskrankheiten (Verordnung über die Unfallverhütung, VUV)，化学物質などの危険な素材からの保護に関して Verordnung über den Schutz vor gefährlichen Stoffen und Zubereitungen (Chemikalienverordnung, ChemV) などがある。

第 4 章　スイス債務法におけるリスク責任

た保護義務も 328 条 2 項の制限基準に服するのかどうかが問題となる。

　このような公法上の義務が個別労働契約の内容となりうる場合には，342 条 2 項により，民法上の履行請求権が労働者に認められるが，この規定は絶対的な強行規定とされる（361 条 1 項）。したがって，公法上規定された保護義務については，328 条 2 項の制限は適用されないことになろう。この意味では，公法上の保護義務は使用者の保護義務の最低限度であり，これを下回ることはないといってよい。同条の制限が適用されるのは，公法上の保護義務が存在しない場合に限られる。この点については，学説上争いはない。

　それでは，逆に，公法上の保護義務が使用者にとって義務づけられる上限となるのであろうか。これは公法上の保護義務の絶対的強行法規性と並んで，保護義務に関する 328 条が片面的強行規定とされていることとの関連で問題となる。一部の見解はこれを肯定し，それ故，328 条 2 項の実際的な重要性は僅かであるという[109]。これに対して，反対説によれば，私法上の保護義務と公法上の保護義務が一致する必要はない。公法上許されることは，必然的に私法上の保護義務の観点の下でも許されるとする必要はない。また，保護義務に関する 328 条は片面的な強行規定であるから（362 条 1 項），342 条 2 項が絶対的な強行規定であるとしても，もっと厳格な保護義務を合意することは当事者の自由裁量に委ねられたままであると主張する[110]。

　このように見解の対立がみられるが，反対説を支持すべきものと思われる。その理由を敷衍すると，342 条 2 項は公法上の規定に民法上の効力を付与したものであり，361 条はこのような民法上の効力（履行請求権）を剥奪する合意を禁止しているに過ぎない。したがって，特約がある場合にも，公法上の規定は当然に使用者の保護義務を構成することになるが，しかし，この保護義務の具体的な内容や程度については，もっぱら 328 条 2 項によって判断される。これは片面的強行規定であって，労働者に不利な解釈は禁止されるから，この場

---

(109)　Manfred Rehbinder, Basler Kommentar, OR I, 1. Aufl., 1992, Art.328 N 10, S.1634. ; ders., a.a.O.(Fn.101), §9 B II 2, S. 93 f.. ; Manfred Rehbinder / Wolfgang Portmann, a.a.O.(Fn.101), Art. 328 N 10, S.1743 f.. ; Wolfgang Portmann, Basler Kommentar, OR I, 4. Aufl., 2007, Art.328 N 11, S.1862.

(110)　Adrian Staehelin, a.a.O.(Fn.101), Art. 328 N 17., S.382 f.. なお，Adrian Staehelin / Frank Vischer, a.a.O.(Fn.105), Art. 328 N 52, S.325 も同旨を述べるが，強行規定との関連には言及していない。

合の具体的な内容や程度を公法上の規定よりも下回って判断することはもちろん許されないが，しかし，逆に，この内容を拡張しあるいは程度を厳格化することは可能であろう。同様に，使用者の責任を厳格化する合意も許される。

(d) 労働者の財産を保護すべき義務

使用者の配慮義務は労働者の財産を保護することにも及ぶ。たとえば，民法に規定するものとしては，労働者が使用者の同意を得て自分で労務を行うために機具や材料を用立てた場合における使用者の賠償義務（327条2項），および，労務遂行によって不可避的に生ずる費用の賠償義務（327a条1項），使用者または自分の自動車を使用する場合における稼働費用や維持費用の支払い義務（327b条1項）などがその例である。さらに，一般的な配慮義務から直接に導かれるものとして，①労働者の物の安全な保管手段を提供すべき義務や②企業に関する社会給付や保険給付などに関して労働者に情報提供すべき義務などが挙げられる。さらに，③労働者が労務の遂行中に第三者に損害を与えまたは自己に損害を惹起した場合には，労働者が使用者との関係で免責されるであろう限りで，これを賠償すべき義務もこの例の1つとする見解もある[111]。

(e) 配慮義務違反の効果

使用者が配慮義務に違反する場合には，労働者の生命・健康等に関する保護義務の違反を含めて，次のような法的救済手段が労働者に認められる。すなわち，①労務給付の拒絶，②履行請求訴訟，③損害賠償請求，④解約告知の4つである。この中で損害賠償の請求が実際上最も重要なものである。

このような契約上の損害賠償義務が使用者に生ずるためには，①配慮義務ないし保護義務の違反，②使用者の過失，③労働者の損害，④相当因果関係の存在を必要とする。使用者の責任は過失責任の原則に服する。しかし，通常の債務不履行の場合と同様に，債務者である使用者の過失は推定されるから，自己に過失のないことを証明しない限り，使用者は損害を賠償しなければならない（97条1項）。

もっとも，保護義務違反が問題とされるところでは，連邦裁判所は過度の注意や予見を要求することによって，すべての職業リスク（Berufsrisiko）に関し

---

(111)　Vgl., Wolfgang Portmann / Jean-Fritz Stöckli, Schweizerisches Arbeitsrecht, 2. Aufl., 2007, Nr. 527, S. 144.

第4章　スイス債務法におけるリスク責任

て使用者に責任を課す傾向にあるとされる。とりわけ機械への危険防止装置に関してはそうである。たとえば，使用者は労働者の不注意の結果としてはじめて現実化するような危険に対しても，この労働者の不注意が通常の予見可能性の外にない限りで，労働者を保護しなければならない[112]。また，他の労働者によって怪我させられることを防止するために必要な予防措置を行うべきであり，これに違反するときは，使用者は賠償責任を負うというように，使用者の保護義務に過度の要求を課している[113]。このような保護義務の厳格化・拡張化によって，広範囲に因果責任と同様の結果がもたらされている。

学説ではこのような判例の傾向は正当なものであるとして支持されている[114]。さらに，近時では，営業リスクの観点から，使用者は過失とは無関係に労働者の損害を賠償すべきだとする見解が主張されている[115]。これは労働者の加害の類型を含めて統一的に理解しようとするものである。この見解については，労働者加害の類型の中でまとめて見ることにしたい。

2)　使用者の賠償責任と社会保険法

(a)　スイスで働く労働者が職業事故（Berufsunfall）や職業病（Berufskrankheit）により損害を被った場合には，事故保険法などによる保険給付を受けることができる。これに関しては，1911 年 6 月 13 日に制定された疾病・事故保険法（Bundesgesetz über die Kranken- und Unfallversicherung, KUVG）が規定していた。

---

(112)　BG Urteil vom 11. 3. 1969, BGE 95 II 132, S.141 f.. なお，使用者の保護義務に関する判例を要約的に紹介するものとしては，Adrian Staehelin / Frank Vischer, a.a.O. (Fn.105), Art. 328 N 31 ff., S.310 ff. がある。

(113)　BG Urteil vom 24. 6. 1986, BGE 112 II 138, S. 141 ff..

(114)　Adrian Staehelin / Frank Vischer, a.a.O.(Fn.105), Art. 328 N 28, S.310.

(115)　Wolfgang Portmann, a.a.O.(Fn.109), Art. 321 e, N 24, S.1795. : Manfred Rehbinder, Basler Kommentar, OR I, 2. Aufl., 1996, Art. 321 e, N 5, S.1728. ; ders., Arbeitsrecht, a.a.O.(Fn.101), §8 C II 1, S.66. なお，これらは労働者の財産保護について述べているから，ここでの損害は労働者の物的損害に限られる。しかし，後述するように，2000 年の社会保険法の通則法によって使用者の免責特権が廃止された現在では，労働者の人的損害もこれに含まれることになろう。また，労務遂行中に生じた第三者損害や労働者の損害を賠償すべき使用者の義務を一般的な配慮義務の1つとして認める場合には，使用者の賠償は配慮義務の履行そのものであって，配慮義務違反の効果として使用者に賠償義務が課されるわけではない。

その後，1981年3月20日に事故保険法（Bundesgesetz über die Unfallversicherung, UVG）が新たに制定された（1984年1月1日施行）。これは職業事故だけでなく職業病にも適用される（6条1項，9条3項）。したがって，労災事故に関しては，これは従来のKUVGに代わるものである[116]。

また，2000年10月6日には，社会保険法の通則法（Bundesgesetz über den Allgemeinen Teil des Sozialversicherungsrechts, ATSG）が制定された（2003年1月1日施行）。これに伴い，事故保険法や疾病保険法（KVG）など関連する16の連邦法が改正された。

(b) これが労災に関する社会保険法の変遷であるが，このような保険給付と使用者の労働者に対する賠償義務とはどのような関係に立つのだろうか。この点については，すでに1911年のKUVGにおいて，使用者の免責特権が規定されていた。すなわち，使用者が保険の掛け金を支払っているときは，使用者は事故を故意または重過失で惹起した場合にのみこの事故に関して責任を負えば足りる（129条2項）。

このような使用者の軽過失免責は新たに制定されたUVGにおいても引き継がれた。同法44条2項によれば，職業事故に基づく使用者に対する被保険者の損害賠償請求権（Haftpflichtanspruch）は，使用者がこれを故意または重過失で惹起した場合にのみ成立するものとされた。

このような使用者の免責はUVG43条の意味での保険給付によって全部または一部カバーされる同種の損害（gleichartiger Schaden）に関してのみ妥当する。したがって，保険給付と同じ種類でない損害に関しては，免責の対象とはならないから，労働者はこれの賠償を請求することができる。たとえば，労働者の物的損害や慰謝料などがそうである。また，労働者が死亡した場合には，遺族は不法行為を理由に扶養損害の賠償を請求できる[117]。

---

(116) なお，UVGの制定によって，従来のKUVGは疾病保険法（Bundesgesetz über die Karankenversicherung, KVG）という名称に改められた（BBl 1981 I 743, (S.781)）。そして，1994年3月18日に旧法を廃止して同名の法律が新たに制定された（BBl 1994 II 236, und S.271. 1996年1月1日施行）。これは事故保険が問題とならないような事故にも適用される（1条2項b号）。

(117) Adrian Staehelin / Frank Vischer, a.a.O.(Fn.105), Art. 328 N 36., S.316 f. ; Adrian von Kaenel, in Thomas Geiser / Peter Münch, Schaden - Haftung - Versicherung (Handbücher für die Anwaltspraxis, Bd.5), 1999, §12 N 38, S.608 f..

第4章　スイス債務法におけるリスク責任

　しかし，このような使用者の免責特権に関して，2000年のATSGは注目すべき改正を行った。そこでは，上記のUVG44条2項は削除され，「職業事故（Berufsunfall）に基づく使用者に対する保険者の償還請求権（Rückgriffsanspruch）は，使用者がこれを故意または重過失で惹起した場合にのみ成立する」という規定に置き換えられた（75条2項）。これは保険者からの使用者に対する償還請求権を制限するものであり，使用者の免責特権（Haftungsprivileg）から使用者の償還特権（Regressprivileg）への変更を意味する。職業病の場合については明文規定を欠くが，これと同様のことが妥当しよう。職業病は原則として職業事故と同一に取り扱われるからである（UVG9条3項）。

　このような法改正がなされた理由は，一方では，使用者が職業事故保険に関して保険者に掛金を支払っているが故に，使用者に対する保険者の償還請求は認められるべきではないが，他方では，被害者の補填されていない損害については，被害者は使用者に損害賠償を請求しうるべきだという点にある[118]。

　このような現行法によれば，従来とは異なり，①使用者の軽過失の場合にも，労働者は使用者に賠償請求することができるとともに，②保険給付と同種の損害であるか否かを問うことなく，保険給付で補填されない損害すべてを賠償請求できることになった。これによって人的損害に関する賠償の欠缺が閉じられた[119]。

　このような新法の下では，使用者に対する損害賠償請求訴訟が旧法下よりもさらに増加することが予想されるが，リスク責任論などによる使用者の賠償責任の厳格化は単に理論上にとどまらず現実的・実践的な意義を獲得したといえる[120]。

---

(118)　Vgl., Bericht der Kommission des Nationalrates für soziale Sicherheit und Gesundheit , BBl 1999 V 4523（S.4659）.

(119)　Vgl.,Brunner／Bühler／Waeber／Bruchez, Kommentar zum Arbeitsvertragsrecht, 3. Aufl., 2005, Art.328 N 16, S.126 f.；Frank Vischer, Schweizerisches Privatrecht, Bd.7／4, 3. Aufl., 2005, §18, S.193.；Wolfgang Portmann, a.a.O.（Fn.109）, Art. 328 N 56, S.1874.

(120)　なお，ドイツでは，使用者の免責規定は現在でも維持されている。これまでRVO636条がこれを規定していたが，1996年に新たに制定された社会法典第7編（Siebtes Buch Sozialgesetzbuch, SGB 7）でも，使用者の免責特権は継承されている

(2) 労働者加害の類型

1) 労働者の賠償責任と債務法上の一般原則

労働者加害の類型についてみると，まず第1に，労働者が使用者に損害を与えた場合には，労働者は不法行為責任とともに，債務不履行責任を負う（321e条1項）。労働者は彼に任された作業を注意深く行うべき義務に違反したからである（321a条1項）。ここでも97条の一般原則が適用されるから，労働者の過失は推定される。したがって，労働者が責任を免れるためには，故意・過失の不存在につき立証しなければならない。

第2に，労働者が第三者を加害した場合には，労働者は不法行為に基づく賠償責任を負う（41条1項）。さらに，使用者も，この損害が雇用上または業務上の仕事の実施につき惹起されたときは，この第三者に対して損害を賠償しなければならない。ただし，①損害を防止するために事情に応じて要求されるすべての注意（Sorgfalt）[121]を用いたこと，または②この注意を用いても損害が生じたであろうことを使用者が立証したときは，使用者は賠償責任を免れることができる（55条1項，旧債務法62条1項）。

使用者が被害者たる第三者に賠償したときは，加害者たる労働者自身が損害賠償義務を負う限りで，使用者は労働者に求償することができる（55条2項）[122]。また，労働者の第三者に対する加害が労働契約上の注意義務違反に該当する場合には，321e条に基づいて，使用者は労働者にこれの賠償を請求することもできる。

労働者加害の類型に関する債務法上の規定はこのようなものである。この限

（104条）。また，ドイツでは，重過失の場合も免責の対象に含まれる点でスイス法と異なる。

(121)　ここでの注意（Sorgfalt）は過失（Fahrlässigkeit）の反対物ではなく，また，義務に適した意思活動（pflichtgemäße Willensbetätigung）でもなく，客観的に要求される措置の総体を意味する。Vgl., BG Urteil vom 17.9.1930, BGE 56 II 283 (S.287).; Andreas von Tuhr, Allgemeiner Teil des Schweizerischen Obligationenrechts, Hb.1, 2. Aufl., 1942, S. 382.

(122)　異なる法的原因に基づく複数の賠償義務者間の求償については，51条2項が一般的に規定しており，55条2項は内容的にこれと異ならない。したがって，55条2項の規定は不要であると解されている。Vgl., Heinz Rey, Ausservertragliches Haftpflichtrecht, 2. Aufl., 1998, §8 N 963, S.211.; Max Keller / Sonja Gabi-Bolliger, Das Schweizerische Schuldrecht, Bd.II, 1985, S.164.

第4章　スイス債務法におけるリスク責任

りでは我が国の民法典と大きな差異はないが，ここで特に注目すべきは損害賠償に関する一般原則および労働者の責任軽減を明文で規定した321e条2項の存在である。また，使用者責任の法的性質についても興味深い理解がなされている。労働者の責任軽減とは直接的に関連するものではないが，これから先に見ておくことにしよう。

2）　使用者責任の法的性質

使用者責任の法的性質について，判例・通説は，家長（Familienhaupt）の責任と同じく（旧債務法61条，民法333条1項），緩和された因果責任（milde Kausalhaftung）[123]として把握する。つまり，違法な加害行為，損害，両者の間の因果関係という客観的な事実が存在すれば足り，労働者や使用者の過失などの主観的要件は不要であると解されている。

このような見解は，すでに旧債務法の時代にブルックハルトやツゥルッセル（Trüssel）などによって主張されていた[124]。彼らは，まず第1に，労働者の過失が使用者責任の要件を構成するかどうかに関して，これを否定する。法は労

---

(123)　スイス法では，通常，責任の種類は過失責任（Verschuldenshaftung）と因果責任（Kausalhaftung）の2つに大別される。因果責任は賠償義務者の過失なくして課される責任であって，過失責任の例外を構成する。この因果責任は，さらに，通常の因果責任（gewöhnliche Kausalhaftung）と危険責任（Gefährdungshaftung）に分けられる。後者の危険責任は機械や装置などの特別な危険性と結びついた責任であり，そうでないものが通常の因果責任である。通常の因果責任に属するものとしては，たとえば，使用者責任（55条），動物保有者の責任（56条），家長の責任（民法333条），判断能力のない者の賠償責任（54条），工作物所有者責任（58条）や土地所有者の責任（民法679条）などが挙げられる。前3者については，注意証明（Sorgfaltsbeweis）による免責可能性が法律上認められているが，これを緩和された因果責任（milde Kausalhaftung），そうでないものを厳格な因果責任（strenge, scharfe Kausalhaftung）という。Vgl., Heinrich Honsell, Schweizerisches Haftpflichtrecht, 4. Aufl., 2005, §1, N 8ff., S. 3ff.; Heinz Rey, a.a.O.(Fn.122), §3 N 77 ff., S.17 ff., §8 N 884 ff., S.197 f..

　　　なお，レイ（Rey）によれば，因果責任という表現はとりわけ損害と責任を基礎づける事実との間の因果関係の——証明法上の——意味に由来する。比較的古い文献では，これに代わって，惹起責任（Verursachungshaftung），結果責任（Erfolgshaftung）あるいは客観的責任（objektive Haftung）などの表現が用いられている。Vgl., Heinz Rey, a.a.O.(Fn.122), §3 N 64, S.15.

(124)　C. Ch. Burckhardt, a.a.O.(Fn.22), S. 533 ff. ; Fritz Trüssel, Die Möglichkeit der Entlastung des Familienhauptes, Geschäftsherrn und Tierhalters, ZBJV Bd.45 (1909), S. 113 (S.114 ff.). 本文の記述は主として後者に拠った。

働者によって惹起された損害と規定している。この法の文言によれば，違法行為と損害の間に因果関係が存在することだけが要件とされており，これ以外のことは必要ではない。これは不法行為法の章の中で遵守されている用語法と一致する。また，求償権は労働者が賠償義務を負う限りで認められる旨が規定されているが（旧債務法63条，新債務法55条2項），これによって法は帰責可能でない労働者の加害行為に関しても使用者に責任を負わせることを想定しているからである。このように労働者の過失は要件ではないから，使用者責任は「他人の過失に関する責任」ではない。これは純粋に客観的な要件の存在に基づく責任に他ならない。

　第2に，使用者の過失に関してであるが，ここでは使用者の免責立証に関する規定（旧債務法62条1項，新債務法55条1項）をどのように理解するかが問題となる。

　反対説によれば，使用者責任は使用者自身の過失に基づく責任であり，ここでは過失の挙証責任が転換されているに過ぎないとされる。しかし，原告がこれの証明につき困難な状況にあるか否かとは無関係に，このように証明責任を一般的に被告に課すときは，過失がなくとも責任を負わされる危険に人はさらされることになる。さらに，最も重要なことは，免責証明についての理解である。これを単なる挙証責任の転換だと解する場合には，被告は生じた損害と因果関係にあるすべての過失の欠缺を証明することが必要となろう。しかし，法文によればそうではない。そこでは，消極的な事実の証明は被告に課されていない。むしろ，被告が積極的なこと，すなわち法文に規定された注意を用いたことの証明を要求している[125]。したがって，これは「無過失の証明（Exculpationsbeweis）」ではなくて，「抗弁の証明（Exceptionsbeweis）」であると主張した。

　このような学説の影響を受けて，判例は過失責任説[126]（挙証責任の転換）から緩和された因果責任説へと見解を変更した[127]。この立場は現在でも維持され

---

(125)　BG Urteil vom 27. 11. 1919, BGE 45 II 638（S.647）も，過失の欠缺の証明によってではなくて，55条1項で規定された積極的な行為（positive Handlungen）を行ったことの証明によって免責されるという。

(126)　BG Urteil vom 2. 7. 1903, BGE 29 II 485（S. 489）.

(127)　BG Urteil vom 4. 3. 1919, BGE 45 II 85（S.86）（responsabilité causale）; BG Urteil

第4章　スイス債務法におけるリスク責任

ており，通説もこれを支持する[128]。このように解することが規定の文言や趣旨に適合するというのが判例の挙げる理由であるが[129]，学説では，さらに，このような使用者の厳格な責任の理由として，使用者は自己の利益のために労働者を第三者を加害しうるような作業のために用いたこと，使用者は職業リスク（risque professionnel）として，このような労働力の使用に内在するリスクを負担すべきことなどが指摘されている[130]。

このような因果関係説によれば，①労働者については，その加害行為が違法であれば足り，過失の存在は必要でない。したがって，労働者に判断能力が欠けている場合にも，使用者責任は認められる。また，労働者に故意または重過失が存在する場合でも，使用者は責任を免れることはできない[131][132]。また，

---

vom 27. 11. 1919, BGE 45 II 638（S.647）（gemilderte Verursachung）; BG Urteil vom 29. 9. 1921, BGE 47 II 408（S.412）（gemilderte Zufallshaftung）; BG Urteil vom 13. 3. 1923, BGE 49 II 89（S.94）（gemilderte Verursachungs- oder Zufallshaftung）; BG Urteil vom 4. 6. 1946, BGE 72 II 255（S.261）（Kausalhaftung）; BG Urteil vom 6.7.1971, BGE 97 II 221（S.223）（Kausalhaftung）usw..

　なお，家長の責任（民法333条）を因果責任と理解する比較的新しい判例としては，BG Urteil vom 10. 3. 1977, BGE 103 II 24（S. 26 f.）や BG Urteil vom 14. 6. 2007, BGE 133 III 556（S. 556 f.）などがある。

(128)　Anton K. Schnyder, Basler Kommentar, OR I, 3. Aufl., 2003, Art. 55 N 1, S. 398. ; Max Keller / Sonja Gabi-Bolliger, a.a.O.（Fn.122）, S.157 ff..; Karl Oftinger, Schweizerisches Haftpflichtrecht, Bd.2 / 1, 3. Aufl., 1970, §18, S.96 ff. ; Karl Oftinger / Emil W. Stark, Schweizerisches Haftpflichtrecht, Bd.2 / 1, 4. Aufl., 1987, §20 N 1 ff., S. 264 ff.. ; Heinz Rey, a.a.O.（Fn.122）, §8 N 885, S.198. ; Alfred Keller, Haftpflicht im Privatrecht, Bd.1, 6. Aufl., 2002, S. 170 f.. ; Christophe Gross, Grundzüge des Haftpflichtrechts, 1. Aufl., 1991, S.33.

　これに対して，ホンセルやシュベンツァーは使用者責任を挙証責任の転換を伴った過失責任であるとする。Heinrich Honsell, a.a.O.（Fn.123）, §13 N 4, S.130 f. ; Ingeborg Schwenzer, Schweizerisches Obligationenrecht, AT, 2. Aufl., 2000, N 23.13 und N 49.80 ff., S.126, S.289 f..

(129)　BG Urteil vom 17.9.1930, BGE 56 II 283（S.285）.

(130)　H. Becker, Berner Kommentar, Bd. VI / 1, 1941, Art.55 Nr 5, S.298. ; Heinz Rey, a.a.O.（Fn.122）, §3 Nr.84, S.18.

(131)　BG Urteil vom 17.9.1930, BGE 56 II 283（S.285）.

(132)　なお，被害者たる第三者は加害労働者を具体的に特定する必要はなく，加害者が当該企業の労働者であったこと，換言すると，損害原因が請求された者の活動領域の中にあることを証明すれば足りるとする見解が主張されている。Karl Oftinger, a.a.O.（Fn.128）, §18, S.142. ; Karl Oftinger / Emil W. Stark, a.a.O.（Fn.128）, §20 N 83,

3 労働契約とリスク責任

使用者の過失も不要とされるから，過失責任の場合とは異なって，過失を意味しないようなごく僅かな義務違反のみが彼に非難される場合や，使用者が加害の時点で判断能力がなかった場合，使用者自身には全く不注意はないが，彼に従属する幹部に不注意がある場合でも，使用者の責任は肯定される[133]。これらの点で，使用者責任が認められる範囲は他の見解よりも広い。

なお，使用者の免責立証（55条1項）について，ここで若干付言すると，第1の免責事由は使用者が損害を防止するために事情に応じて要求されるすべての注意を用いたことであるが，このような使用者の注意義務ないし予防措置として，従来，①被用者の選択における注意（cura in eligendo），②指図における注意（cura in instrendo），③監視における注意（cura in custodiendo）が問題とされてきた[134]。

しかし，今日では，さらに，④適切な工作器具や材料の使用における注意[135]，⑤営業の合目的的な組織化（zweckmässige Organisation des Betriebs）における注意[136]，⑥製造物の最終チェック（Endkontrolle）に関する注意[137]もこ

S.314.; Heinz Rey, a.a.O.(Fn.122), §8 N 898, S.199 f.

(133) Max Keller / Sonja Gabi-Bolliger, a.a.O.(Fn.122), S.157.; Karl Oftinger / Emil W. Stark, Schweizerisches a.a.O.(Fn.128), §20 N 3, S.267 f..; Karl Oftinger, a.a.O.(Fn.128), §18, S.99.

(134) BG Urteil vom 4.6.1946, BGE 72 II 255 (S.261).

(135) BG Urteil vom 25.5.1938, BGE 64 II 254 (261 f.). なお，学説については，前掲注(133)に引用のものを参照。

(136) BG Urteil vom 16.3.1964, BGE 90 II 86 (S.90).
　　　組織義務の具体的な内容としては，たとえば，従業員間の明確な権限の限定，十分な数の補助員（Hilftskräfte）の配置，製造物に瑕疵がないことを監視するための必要な対策の指示，危険な状況に対する必要な安全対策の指示などがあげられる。Vgl., Karl Oftinger / Emil W. Stark, a.a.O.(Fn.128), §20 N 114, S.329.; Heinz Rey, a.a.O.(Fn.122), §8 N 939 ff., S.207 f.

(137) BG Urteil vom 9. 10. 1984, BGE 110 II 456 (S.463 f.). コンクリート製の建築資材（Schachtrahmen）の欠陥による事故で負傷した労働者が55条に基づいてこれの製造会社に対して賠償請求した事案において，裁判所は，使用者（被告会社）は製造上の瑕疵を防止し，あるいは，瑕疵ある製造物が売却されることを不可能にするために，必要かつ期待可能なすべての処置を行うべき義務を負うとし，製造物の瑕疵が製造過程の組織変更によって回避できない場合には，最終チェックがどうしても必要であると判示した。そして，このような最終チェックが可能でないか，期待できない場合には，製造上の欠陥を高度の蓋然性をもって排除するような設計方法（Konstruktionsart）を選択しなけ

第 4 章　スイス債務法におけるリスク責任

れに属するとされる。

　このような注意義務ないし予防措置の内容的な拡大・充実化によって，免責立証の余地は狭められ，使用者責任は実際的には「緩和された因果責任」ではなくて「厳格な因果責任」に近づく。

　次に，免責立証の第 2 の方法すなわち「この注意を用いても損害が生じたであろうこと」の証明についてであるが，この規定は特別な意味を有しないと解されている。使用者の不注意と生じた損害の間に因果関係が存在しなければ責任が生じないことは自明のことだからである。

3)　労働者の賠償責任の軽減

(a)　損害賠償の範囲に関する一般原則による責任軽減

　スイス債務法では，債務不履行による損害賠償の範囲に関しては，不法行為責任に関する規定が準用される（99 条 3 項）。したがって，両者は同一の原則に服する。唯一異なるのは，債務不履行の場合には，特にこの取引が債務者の如何なる利益をも目的としないときは，責任の範囲が減額的に判断されるという点だけである（99 条 2 項）。

　損害賠償の仕方と大きさについては，裁判官が当該諸事情と過失の程度を考慮して決定すべきものとされる（43 条 1 項）。また，被害者（債権者）が加害行為を承諾した場合，または，被害者の責任を負うべき事情が損害の発生や拡大に影響を与えたか，あるいは賠償義務者の立場を困難にした場合には，裁判官は賠償義務を軽減または全部免責することができる（44 条 1 項）。賠償義務者がこの賠償によって窮地に置かれる場合にも，この損害を故意または重過失で惹起したのではないときは，裁判官は賠償義務を減額することができる（44 条 2 項）。

　このような一般原則は労働者の賠償義務についても妥当する。したがって，労働者が使用者または第三者に損害を与えた場合において，このような一般的な減額事由が存在するときは，この限度で労働者の責任は軽減される。また，労働者の使用者に対する債務不履行責任に関しても，同様のことがいえる。

　ればならないとして，これの違反を理由に被告会社の責任を肯定した。なお，この訴訟が 41 条に基づいても認められるかどうかについて判断する必要はないとする。

(b)　321e 条による特別な責任軽減

　このような一般原則による責任軽減の他に，スイス債務法は労働者の債務不履行責任に関して特別に規定する。321e 条がそうである。これはドイツ・オーストリアおよび我が国の民法典には見られないものであって[138]，スイス債務法の注目すべき特徴の１つといってよい。

　321e 条は，まず初めに，通常の債務不履行の場合と同様に（99 条１項），過失責任の原則に基づいて，労働者は故意・過失により使用者に加えた損害を賠償すべきことを明らかにする（同条１項）。その上で，「労働者が責任を負うべき注意の程度（Mass der Sorgfalt）は，その個々の労働関係に従って，職業リスク（Berufsrisiko）やこの仕事に必要な職業教育の程度や専門的知識，使用者が知りまたは知ることができた労働者の能力や性格（Fähigkeiten und Eigenschaften）を考慮して決定される」と規定する（同条２項）。

　これによれば，労働者の能力や性格という主観的な事情が使用者の認識可能性の存在という制限付きではあるが，労働者の注意義務の程度を決定する際の考慮要素とされる。これは注意義務を主観的に書き換えたものであって[139]，制限付きの主観的過失[140]を意味する。この点で，労働者の過失の否定すなわち労働者の債務不履行責任の否定という結論が他の契約関係よりも多く導かれることになる（職業リスクについては後述）。

　さらに，この規定は裁判官による損害賠償額の決定に際しても第１次的な規範として機能するものと考えられている[141]。したがって，労働者が債務不履行責任を負う場合でも，職業リスク，労働者の教育の程度・専門的知識，労働者の能力や性質を考慮して，債務不履行による賠償額は減額されることになる。もちろん，ここでも，すでに述べた一般的な減額事由が存在するときは，賠償額は補充的ないし追加的に減額される。

　なお，321e 条は片面的強行規定とされるから（362 条１項），労働者に不利な

(138)　もっとも，オーストリアでは，被用者賠償責任法（DHG）という特別法が労働者の責任軽減を規定するが，これは労働者の不法行為責任に関するものである。

(139)　Alfred Koller, a.a.O.(Fn.99), §46 Arbeitsvertrag, V 6, N 67, S.484.

(140)　Manfred Rehbinder, a.a.O.(Fn.115), Art. 321 e N 5, S.1728.; ders., a.a.O.(Fn.101), §8 C II 1, S.65.

(141)　Manfred Rehbinder / Wolfgang Portmann, a.a.O.(Fn.101), Art. 321 e N 3 und N 4, S.1701 f.; Wolfgang Portmann, a.a.O.(Fn.109), Art. 321 e N 3 und N 5, S.1791 f..

第4章　スイス債務法におけるリスク責任

合意は無効となる。

(3)　債務法 321e 条の沿革と同条の類推適用による統一的処理

1)　歴史的な沿革

　歴史的に見ると，1881 年の旧債務法では，労働者の責任軽減に関する規定は存在しなかった。そこでは，労働者の自己遂行義務（339 条）を労働者の義務として定めていたに過ぎない。

　このような労働者の責任軽減を初めて規定したのは 1911 年の新債務法である。すなわち，328 条は注意深く労務を遂行すべき義務（1 項）および労働者の過失責任の一般原則（2 項）を明らかにした上で，労働者の注意義務の程度の決定に際して考慮すべき事情を職業リクスを除いて現行法と同様に規定した（3 項）。

　このような 3 項の規定が新設された理由は，連邦政府の説明によると，労働者にはあらゆる注意を用いることが要求されるが，しかし，この注意の実際的な程度は個々の事例に応じて非常に変化する。そこで，これの評価に際して考慮されるべき要素を 328 条 3 項が強調することによって，法律が必要な明確性を付与することが望ましいという点にある[142]。ここでは，労働者の責任軽減を図るというような積極的な意図は見いだされない。しかし，労働者の責任について債務不履行の一般原則からの相反を意図しないのであれば，このような規定を特におく必要はない。また，すでに述べたように，制限的な主観的過失を採用したのであるから，起草者の意図がどうであれ，労働者の責任軽減に導くことは明らかである。

　1971 年に雇用契約法が全面的に改正されたが[143]，そこでは，従来の 328 条 2 項および 3 項は 321e 条の 1 項および 2 項にそれぞれ引き継がれた。しかし，その際，「職業リスク（Berufsrisiko)」という新しい考慮要素が同条 2 項の中に追加された。

　もっとも，1967 年に議会に提出された連邦政府の法案では，職業リスクの文言は存在せず，321e 条はその当時の 328 条 2 項・3 項の文言と全く同じで

---

(142)　BBl 1905 II 1 (S.37).

(143)　Bundesgesetz über die Revision des Zehnten Titels und des Zehnten Titelsbis des Obligationenrechts (Der Arbeitsvertrag), BBl 1971 I 1421.

あった[144]。職業リスクという要素が追加されたのは，国民議会の委員会におい
てである。そこでは労働者の軽過失免責を主張するグループと法案の立場を支
持するグループが激しく対立していたが，両者の妥協の結果として，職業リス
クを労働者の責任において考慮すべきものとされた。全州議会（Ständerat）の
委員会はこの点の議論なくして国民議会の提案に賛成した[145]。このようにして
職業リスクを新たに追加した321e条2項が成立するに至ったのである。

2) 職業リスクと危険労働理論

このような職業リスクという要素の導入は，いわゆる危険労働理論を明文化
したものと一般的に解されている。すなわち，経験的に使用者への加害の増大
した危険を伴うような職業活動，いわゆる危険労働（schadensgeneigte oder
gefahrengeneigte Arbeit）の場合には，この営業リスク（Betriebsrisiko）を企業
者リスク（Unternehmerrisiko）の一部として取扱い，この損害の全部または一
部を使用者に転嫁することが正当である。それ故に，増大した職業リスクは労
働者の損害賠償義務の削減または脱落に導くとされる[146]。

具体的には，ドイツの判例・通説と同じく，過失を3つに分けて，①最軽過
失（leichte Fahrlässigkeit）の場合には，労働者の全部免責，②中間の過失
（mittlere Fahrlässigkeit）の場合には，両者間での損害の分割（一部免責），③重
過失（grobe Fahrlässigkeit）の場合には，労働者の全部責任（免責の全部否定）

---

(144) BBl 1967 II 241（S.430）の Art. 321 e を参照。このことは，法案は現行法（Art.
328 Abs. 2 und Abs.3）から変更なく（unverändert）労働者の賠償責任の規定を継受し
たという連邦政府の説明と符合する（aaO., S.310 ff.）。なお，ここでは，さらに，労働
者の責任に関して，片面的強行規定とすることによって，欠損損害に関する契約条項を
制限的に解釈する判例法理を取り入れたこと，および，労働団体からの軽過失免責の要
望を拒絶してこれを法文化しなかったことが説明されている。

(145) この点については，Vgl., Kurt Meier, Die Berücksichtigung des Berufsrisikos bei
der Haftung des Arbeitnehmers, 1978, S. 16.

(146) Adrian Staehelin / Frank Vischer, a.a.O.(Fn.105), Art.321 e, N 23, S.124.
マイエルはより端的にこれを指摘し，職業リスクを321e条の中に受け入れるに際
しては，いわゆる危険労働の場合の労働者の責任に関するドイツの判例・学説に基づ
いて大部分の方針が決定されたことは立法資料から明確であり，これによって危険労
働の場合の労働者の責任制限が実定法上定められたという。Kurt Meier, a.a.O.(Fn.145),
S. 17, S.34.

第4章　スイス債務法におけるリスク責任

を認めるのが通説である[147]。

　これ に 対 して，軽 過 失 (leichte Fahrlässigkeit) と 重 過 失 (grobe Fahrlässigkeit) の2分類を前提として，1つには，軽過失の場合には，職業リスクは損害賠償義務の重大な削減 (erhebliche Reduktion) または全部の脱落 (ganzer Wegfall) に導く。とりわけ損害が軽微なときは，全部免責の余地があるとし，重過失の場合にも減額は可能だとする見解[148]，他の1つには，軽過失の場合には減額ではなくて全部免責，重過失の場合には減額のみ可能とする見解などがある[149]。

　このように免責の範囲については見解は分かれるが，いずれも職業リスクをドイツにおける危険労働法理と同視して，そこでの議論をそのまま援用する点では共通する。しかし，スイス法において危険労働理論を持ち出す際には，いくつかの点に注意する必要があろう。

　まず第1に，危険労働の位置づけに関してである。ドイツでは，従来，危険労働性は労働者の責任軽減法理の適用要件として位置づけられてきた。したがって，たとえ労働者が軽過失または最軽過失であったとしても，危険労働でないときは労働者の責任軽減は認められない[150]。しかし，その後，危険労働でない場合にも労働者の責任軽減の必要性が認識されるようになり，1994年，連邦労働裁判所 (BAG) は従来の判例法理を変更する旨の決定をした[151]。すなわち，労働者の責任軽減法理はたとえ危険なものでなくとも，企業 (Betrieb) によって指示されかつ労働関係に基づいて給付されるすべての労働に適用され

---

(147)　Manfred Rehbinder, a.a.O.(Fn.115), Art. 321 e, N 5, S.1728. ; Manfred Rehbinder / Wolfgang Portmann, a.a.O.(Fn.101), Art. 321 e, N 5, S.1702. ; Wolfgang Portmann, a.a.O.(Fn.109), Art. 321 e, N 6, S.1792.

　　　なお，エグー (Egu) は重過失の場合にも中間の過失の場合と同様に責任の減額を認める。Hans-Peter Egu, in Jolanta Kren Kostkievicz usw., Handkommentar zum Schweizerischen Obligationenrecht, 2002, Art. 321 e, S.361.

(148)　Adrian Staehelin / Frank Vischer, a.a.O.(Fn.105), Art.321e, N 19 und N 23 f., S.122 und 124 f..

(149)　Brunner / Bühler / Waeber / Bruchez, a.a.O.(Fn.119), Art. 321 e, S. 54.

(150)　危険労働法理の展開およびこれの要件に関する問題については，拙著・前掲注(1) 224 頁以下，235 頁以下参照。

(151)　BAG Großer Senat Beschluss vom 27.9.1994, BAGE 78, 56. これの詳細については，本書第1章4(3)参照。

るべきものであり，危険労働性は BGB254 条による損害分割に際して考慮される べき事情の１つに過ぎないとされた。

　上記に挙げたスイスの学説の論述によれば，危険労働は労働者の責任軽減のための要件であるかのように誤解される恐れがあろう。スイス債務法 321e 条２項では，すでに明らかなように，職業リスクすなわち危険労働性は労働者の教育の程度や専門知識，労働者の能力や性質などと並ぶ注意義務の考慮要素および賠償責任の減額事由の１つに過ぎないのだから，ドイツ法におけるような問題は当初から全く存在しない。この点を明確に認識した上で，職業リスクを論ずることが必要だと思われる。

　第２に，職業リスクと労働者の過失との関連である。労働者の責任制限の理論的な基礎に関しては，債務不履行自体の否定，あるいは違法性や有責性を否定するなど，種々の方法が考えられる。この点について，321e 条２項の法文によれば，職業リスクの要素も注意義務の程度の判定に際して考慮すべき要素とされる。このことから，一部の学説は，スイスの立法者は職業リスクを過失の領域において考慮することを明確にしたのだから，理論的基礎づけに関する争いは意味がないとする(152)。これに対して，有力説はこれを誤解的な公式化であると批判し，職業リスクの要素は労働者の注意義務自体を減少させるわけではない。つまり，職業リスクは労働者の加害行為を合法化するのでも，過失の非難から労働者を免れさせるのではなくて，単に損害賠償義務の一部または全部の免責に導くに過ぎないと主張する(153)。

　この点については，321e 条２項が単に注意義務の程度に関してだけでなく，損害賠償の範囲に関しても適用されるという点をも考慮すると，職業リスクは２つの領域にまたがって機能するものというべきではなかろうか。

　第３に，労働者の過失の程度と責任軽減の範囲との関連である。学説は危険労働の場合に両者を結合させて，労働者の過失の程度に応じて賠償責任の範囲を決定する。しかし，スイス債務法では，このような硬直的な解決方法はとられていない。確かに，一般的な原則によれば，過失の程度を考慮して裁判官は

（152）　Kurt Meier, a.a.O.(Fn.145), S.34 f. und S.36 f.
（153）　Adrian Staehelin / Frank Vischer, a.a.O.(Fn.105), Art.321e, N 24, S.124. ; Adrian
　　　 Staehelin, a.a.O.(Fn.101), Art.321e, N 24, S.146. ; Hans-Peter Egu, a.a.O.(Fn.147), Art.
　　　 321 e, S.361.

第4章　スイス債務法におけるリスク責任

損害賠償の範囲を決定すべきものとされるが，そこでも，過失の程度だけではなくて，これ以外の諸事情も考慮される。また，321e条2項は損害賠償の範囲を定める際にも適用されるから，労働者の教育の程度や専門的知識，労働者の能力や性格なども賠償の範囲に影響する。したがって，このような柔軟性を有する法制度の下では，職業リスクが存在する場合でも，過失の程度と責任軽減の範囲を直線的に結びつけることは妥当ではないように思われる。

　スイス法上の議論にはこれらの点で若干疑問があるが，いずれにせよ，危険労働法理（労働者の責任軽減法理）はスイス法では321e条2項に明確な実定法上の根拠を有する。これに対して，ドイツでは，危険労働法理を立法化する試みが何度となく繰り返されているが，未だ実現されるには至っていない[154]。このようなドイツの法状況に鑑みると，スイス法がすでに1971年の段階でこれを債務法の中に取り込み，職業リスクの要素を労働者の責任軽減のための1つの事由としたことは高く評価されるべきであろう。

3)　債務法321e条2項の類推適用による統一的処理

　321e条2項は直接的には労働者の使用者に対する債務不履行責任を規律対象とする。しかし，使用者が不法行為に基づいて賠償請求するときでも，請求権競合の観点から，これも同条の制限に服することになろう。

　問題となるのは，このような使用者に対する加害の場合だけでなく，第三者

---

(154)　立法化の試みの主なものとしては，たとえば，連邦政府によって設置された労働法典委員会（Arbeitsgesetzbuchkommission）が1977年に労働法草案を公表，1989年および1993年，1995年にドイツ社会民主党（SPD）が「労働者責任の規制に関する法律案（Gesetzentwurf zur Regelung der Arbeitnehmerhaftung）」を連邦議会に提出，同じ1995年にザクセン自由都市が労働契約法の草案を連邦参議院に提出，1996年にはブランデンブルク州が「労働法の修正のための法律案（Entwurf eines Gesetzes zur Bereinigung des Arbeitsrechts）」を連邦参議院に提出したことなどが挙げられる。この点については，拙著・前掲注(1)254頁，Hansjörg Otto / Roland Schwarze, Die Haftung des Arbeitnehmers, 3. Aufl., 1998, N 421 ff., S. 260 ff. 参照。

　　なお，1992年1月29日に連邦労働裁判所大部の裁判長から連邦労働・社会秩序省に対して，近いうちに労働者責任法の規制についての発議を期待することができるか否かの照会がなされたが，これに対する回答はなされなかった（Vgl., BAG GS Vorlagebeschluss vom 12. 6. 1992, BAGE 70, 337,S.340 f.）。また，1994年の連邦労働裁判所大部は，即刻に立法化されることを期待して裁判所による法創造を一時見合わせるようなことはできないと述べている（BAG GS Beschluss vom 27.9.1994, BAGE 78, 56, S.63.）。これは立法の遅れに対する裁判所の苛立ちと解することもできよう。

に対する加害の場合，さらに，労働者自らが損害を被った場合（労働者被害の類型）にも，同様のことが妥当しないのかどうかである。321e条2項の「職業リスク」が危険労働を意味し，これによる労働者の責任軽減が使用者の営業リスクや企業者リスクの思想を基礎とするものだとすると，これらの場合を使用者に対する加害の場合と異なって処理すべき理由は存在しない。いずれの場合も，労働過程で生じた損害（損失）が問題となっており，使用者と労働者の内部関係における損害の帰属（損失負担）のあり方が問われている点で同じだからである。使用者または第三者に対する損害賠償義務や使用者からの求償に応ずべき義務，あるいは，このような法的義務を媒介としない直接的に被った自己の損害というように，単に損害の表現形式が異なるに過ぎず，これらの差異は使用者と労働者の内部関係における損害の帰属という問題の評価に影響を及ぼすものではない[155]。

　このように考えると，321e条2項を他の類型に類推適用して，労働過程で生じた損害を統一的に処理することが検討されなければならない。学説の中には，このような方向を指向するものがみられる。

　(a)　たとえば，第三者に対する加害の類型に関してであるが，マイエル（Meier）は次のように主張する[156]。

　(ア)　使用者が第三者に賠償し，これを労働者に求償する場合には，過失ある者（労働者）に対する求償を定めた51条2項（有責な行為者による損害負担の原則）の適用はここでは否定されるべきである。職業リスクを考慮しないで使用者は労働者に求償しうるとすると，使用者はすべての職業リスクを労働者に転嫁できることになり，衡平に反するからである。したがって，使用者の求償については裁判官の裁量に委ねられることになるが（51条1項・50条2項），この際，裁判官は321e条2項に依拠して求償の可否および範囲を決定しなければならない。使用者の労働者に対する求償を労働者による使用者の直接的な加害と異なる規制に服させる理由は存在しないからである。

　これは不真正な連帯債務が成立する場合の求償に関してであるが，他の理由に基づく求償に関しても同様のことが妥当する。

---

(155)　拙著・前掲注(1)305頁以下参照。
(156)　Kurt Meier, a.a.O.(Fn.145), S. 61f., S. 63f., S. 66.

第4章　スイス債務法におけるリスク責任

　また，(イ)　被害者たる第三者が労働者に賠償請求する場合には，労働者の使用者に対する免責請求権（Freistellungsanapruch）（ここでは逆求償を含む——筆者注）が問題となる。危険労働のときは，(ア)の場合と同様に51条2項の適用は否定されるべきだから，労働者は51条2項で準用された50条2項により使用者に求償することができる。求償の可否および範囲は裁判官の裁量によるが，使用者を直接的に加害したとすれば321e条2項により労働者が免責される限度で，労働者の使用者に対する求償は認められなければならない。

　もっとも，使用者が101条（履行補助者責任）または55条（使用者責任）に基づく責任を負わないときは，このような51条1項・50条2項の適用の余地は存在せず，上記のことは妥当しない。しかし，321e条2項という特別規定を定めた時に，立法者は第三者に対する加害の事例についても規定を設けるべきだったのにこれを怠ったのだから，ここでは法の欠缺が存在する。裁判官は321e条2項を類推してこの欠缺を閉じることが妥当である。

　このように第三者に対する加害の場合の内部的な求償関係について，マイエルは321e条2項に依拠して処理すべきことを主張する。彼は労働者被害の類型について言及していないが，これは彼が考察対象を労働者の賠償責任に限定しているからに他ならない。

　(b)　さらに，第三者に対する加害の場合だけでなく，労働者被害の類型をも含めて，321e条の類推適用による統一的な処理を主張する見解もある。

　レービンダー（Rehbinder）は営業リスク（Betriebsrisiko）の観点からこれを論ずる[157]。使用者は自己の過失とは無関係に，第三者の損害賠償請求権から労働者を免責しなければならない（いわゆる営業内部の損害補償）。また，職業事故（Berufsunfall）による人的損害のような免責的な保険給付が規定されていない限りで[158]，労働者固有の損害についても使用者は自己の過失とは無関係に賠償しなければならないと主張する。前者は労働者の第三者に対する加害の類型，後者は労働者被害の類型に該当するが，いずれの場合も321e条2項の類推適用に根拠を求める。

---

(157)　Manfred Rehbinder, a.a.O.(Fn.115), Art. 321 e, N 5, S.1728.; ders., a.a.O.(Fn.101), §8 C II 1, S.66.

(158)　すでに本文で言及したように，2000年の法改正により，このような使用者の免責は廃止されたから，このような限定は現在では無意味である。

3　労働契約とリスク責任

ポールトマン（Portmann）も，労働者が労働契約上の仕事を行う際に使用者ではなくて，自分自身または第三者に損害を惹起した場合には，321e 条 2 項が類推適用されるべきだとする[159]。具体的には，使用者は営業リスクに基づいて場合によっては労働者の損害を全額負担しなければならない。また，労働契約上の義務の履行中に第三者に損害を与え，労働者がこの第三者に対して賠償責任を負う場合には，労働者が使用者との関係で 321e 条 2 項により免責される限りで，使用者は労働者を第三者に対する責任から免れさせなければならない。求償に関しても，321e 条 2 項が顧慮されるべきであり，同条は 50 条・51 条の特別法（lex specialis）[160]である。

このようにレービンダーやポールトマンは，労働過程で生じた損害については，使用者の過失とは無関係に営業リスクの観点から統一的に使用者にこの損失を帰属させようとする。労働者の使用者に対する加害の場合には 321e 条 2 項の適用，その他の場合には同条の類推適用にこの実定法上の根拠を求める点で両者は一致する。レービンダーは使用者の求償権の制限について言及していない点でポールトマンと異なるが，この求償権につき 321e 条 2 項の類推適用を否定する趣旨であると解すべきではなかろう。

また，ホンセルは，労働者加害の類型と労働者被害の類型は決定的な点で類似するから両者をパラレルに判断すべきであるとし，リスク責任すなわち他人のためにする行為のリスク責任に基づいて解決すべきことを主張する[161]。スイス法との関連は明らかではないが，前述した見解と同様に，条文上の根拠としては 321e 条 2 項の類推適用によることになると思われる。

これらの学説によれば，労働過程で生じた損害は，労働者加害の類型であるか，労働者被害の類型であるかを問うことなく，統一的に使用者に帰属することになる。そして，すでに指摘したように，2000 年の社会保険法の通則法（ATSG）の下では，これらの理論は極めて重要な現実的意味を獲得した。

4）　小　　括
本章では，事務管理・委任および労働契約を中心として，事務処理者の被っ

---

(159)　Wolfgang Portmann, a.a.O.(Fn.109), Art. 321 e, N 24, S.1795.
(160)　さらに，使用者の求償権を定めた 55 条 2 項もここに挙げることが便宜であろう。
(161)　Heinrich Honsell, a.a.O.(Fn.21), S.485 ff.（S.498）.

329

第4章　スイス債務法におけるリスク責任

た損害に関する本人の責任について見てきた。要約的にみると，事務管理の領域では，422条1項は本人の無過失損害賠償を定めるが，判例および学説はすでに古くから無償委任への類推適用を認めてきた。また，近時，判例は好意関係にも同条の類推適用を肯定するに至り，これの範囲はさらに拡張された。

このような本人の厳格な責任は一般的には「利他的かつ他人のために行為する者はこれによって損失を被るべきではない」という原則にその基礎が求められる。しかし，行為の危険性に着目する有力な見解もみられる。2002年の連邦裁判所の判決は422条1項の責任をリスク責任の要素を含むものと判示し，「特別な行為リスク」「一般的な生活リスク」の概念を用いることによって，いわゆる「他人のためにする行為のリスク責任」論を採用することを明らかにした。これは単に好意関係にとどまらず，上記のすべての領域に妥当するものである。今後の実務では，このようなリスク責任論を基礎として，事案の解決が図られることになろう。この意味において，この判決はリスク責任論の展開にとって画期的な意義を有する。

また，労働契約の領域では，321e条2項が労働者の賠償責任の軽減を定めるが（労働者加害の類型），学説では労働者被害の類型にもこれを類推適用すべきだとする見解が主張されている。これによれば，労働過程で生じた損害はいずれの類型かを問うことなく統一的に使用者に帰せられることになるが，これの基礎はリスク責任に求められる。

このようにリスク責任論はスイス債務法において次第に確固たる地位を占めつつある。すでに古くから責任原因の多様性が主張され，過失責任以外にも信頼責任や危険責任などが存在することが指摘されてきた。リスク責任は「行為の危険性」に着目した危険責任に他ならないから，これを責任原因の1つとすることにそれほど大きな問題はないように思われる。このような責任の存否よりも，これを前提とした上で，より詳細な責任要件や責任限定のための基準を明らかにすることが今後取組むべき課題であると言わなければならない。

もちろん有償委任においては，422条1項の類推適用は否定されているが，これはスイス債務法には過失責任の原則を採用した402条2項という明文規定が存在することに起因する（法解釈の限界性）。したがって，これを理由にリスク責任が民法上の責任原因の1つであることを否定することはできない。判例が同条項の過失を委任者の「最軽過失」で足りるとして，実質的に委任者の厳

330

格な責任を実現していることも，これとの関連では注意する必要があろう。

む　す　び

　スイス債務法におけるリスク責任の観点から，委任・事務管理および労働契約を中心として見てきたが，我が国の民法650条3項を雇用・労働契約に類推適用して，使用者の無過失損害賠償責任を肯定すべきであるとする私見との関連では，とりわけ次のような点が重要であると思われる。

　まず第1に，スイスの立法者は受任者の被った損害に関する委任者の賠償責任について，他の立法例とは異なり，明示的に過失責任の原則を採用した（402条2項）。これに対して，事務管理では，本人の無過失損害賠償責任が1911年の新債務法において明文で規定された（422条1項）。このような法状況はオーストリアや我が国の民法典とは全く正反対である。これらの民法典には，委任者の無過失損害賠償責任に関する規定は存在するが，事務管理ではこれに対応する規定を有しない。

　このような立法上の相違から，オーストリアや我が国では，委任の規定を事務管理に類推適用しうるかが問題とされるのに対して，スイス法では，逆に事務管理の規定を委任契約へ類推適用することが問題とされる。

　スイスの判例は，422条1項を無償委任契約に類推適用して，委任者の無過失賠償責任を肯定した。また，近時，好意関係についてもこれを肯定し，422条1項の類推適用の範囲はさらに拡張された。オーストリアでも，判例は，委任に関する1014条の規定を雇用・労働契約に類推適用するだけでなく，同じく委任の1015条を緊急事務管理に類推適用することを認めた[162]。ここでは，無過失責任に関する規定であることを理由に，これの類推適用を消極的に解するというような法解釈は採用されていない。

　また，422条1項の無償委任への類推適用によって，過失責任の原則を採用した402条2項の適用は有償委任の場合に限定された。しかし，そこでも，判

（162）　OGH Urteil vom 24. 8. 1995, DRdA 1996, 27. なお，この判例は1014条の類推適用を否定するが，その理由は，事務管理の場合には，本人が事務管理者を意図的にこの事務の典型的な危険にさらしたのではないし，また，事務管理者が損害回避のために介入するかどうか，どのように介入するかにつき本人は影響を与えないという点にある。

第4章　スイス債務法におけるリスク責任

例によれば，ここでの過失は最軽過失で足りるから，委任者の責任は通常の過失責任よりも広く認められる。また，学説では，有償の場合でも，一定の要件の下で422条1項の類推適用を肯定する見解も有力である。このように有償委任でも過失責任の原則が全面的に適用されているわけではなく，立法者によって排斥された委任者の無過失責任の実質的な復活であると評価することもできる。我が国では，委任者の無過失賠償責任を定めた650条3項を無償委任に適用を制限し，有償委任では過失責任の原則によるとする見解が有力なようであるが，これはスイスの判例・学説の動向とは大きく異なる。また，スイスでは，事務管理者や受任者に過失がある場合でも，本人や委任者は無過失損害賠償責任を免れることはできない。事務管理者や受任者の過失は賠償額を定める際の考慮事由の1つと解されている。この点の議論も我が国の解釈論にとって有益な示唆を与えるものと思われる。

　第2に，労働契約に関してみると，スイス債務法は労働者の債務不履行責任を制限する独自の規定を有する（321e条2項）。これは，労働者加害の類型に関して，使用者との内部関係における労働者の責任軽減を定めたものである。これはスイス債務法の注目すべき特徴の1つといえる。

　これに対して，労働者被害の類型に関しては，特別規定は存在しない。しかし，労働者の人的損害については，保険法上の給付が使用者の過失の有無を問わずなされ，他方で，使用者に免責特権が付与され，使用者は労働者に賠償すべき直接的な責任を負わない。このような法制度の下では，主に労働者の物的損害が問題として残るが，学説の中では，「職業リスク」の観点から321e条2項を類推適用して，労働者加害の場合と統一的に処理すべきだとする見解が有力である。近時，新たに社会保険法の通則法が制定されたが，これによって，使用者の免責特権が廃止されて使用者の償還特権へと変更された。この現行法の下では，労働者加害との統一的処理すなわち321e条2項類推適用論は大きな現実的意味を獲得したといえよう。

　判例は委任規定の雇用への類推適用に否定的であるが，それは何故なのかという野田教授の冒頭で引用した疑問に対しては，このような321e条2項という特別規定の存在を指摘することで答えることができよう。ドイツ・オーストリアおよび我が国では，このような規定は存在しない。そこで，ドイツでは，労働者加害の類型については危険労働法理を適用し，労働者被害の類型では，使

332

むすび

用者の免責特権が適用されない物的損害については 670 条の類推適用がなされる。また，オーストリアでは，被用者賠償責任法（Dienstnehmerhaftpflichtgesetz）という特別法が労働者の不法行為責任の軽減を定めるが，これとは別に，判例はいずれの類型にも 1014 条の類推適用を認める。

　これらの法実態に鑑みると，我が国においても，労働者加害の類型や労働者被害の類型を問わず，650 条 3 項を雇用・労働契約に類推適用し，労働過程で生じた損失を統一的に使用者に帰するという方向に進むべきだと思われる。

　第 3 に，無過失損害賠償責任の理論的基礎に関してであるが，判例は，事務管理における 422 条 1 項を「他人のためにする行為のリクス責任」の原則に基づくものと理解した。この他人のためにする行為のリスク責任論はカナーリスが提唱したものであるが，彼は，ある活動と結びついた特別な危険はこれから生ずる利益を享受する者が負担すべきであるという客観的要素（利益思想）と，賠償義務者がその危険源を設定し，これの支配可能性を有するという主観的要素（危険設定思想）が存在するときは，これまで認められてきた物の危険責任と同様に，利益の享受者たる本人がこのリスクを負担するという原則が認められる。そして，この原則を委任・事務管理および雇用・労働契約に適用して，利益の享受者たる委任者や本人・使用者はいずれもこれによる損失（リスク）を負担すべき義務を負うと主張した。

　ホンセルはこのようなリスク責任論を全面的に支持し，このような立場から好意関係に 422 条 1 項を類推適用した判例に賛同する。ホンセルはこのリスク責任論は労働関係にも適用されるとするが，321e 条 2 項との関連は明らかではない。しかし，彼の基本的立場からすると，同条の基礎もリスク責任論に求めることが首尾一貫すると思われる。また，一部の学説は同条への「職業リスク」の導入を危険労働法理を採用したものと解するが，同条においては「職業リスク」は他の要素と並ぶ労働者の責任軽減のための 1 要素に過ぎないのだから，これを危険労働法理として把握することは適切ではない。321e 条 2 項は全体として「他人のためにする行為のリスク責任」の原則を表したものと解すべきであろう。このことは，422 条 1 項に関連してであるが，このリスク責任を「契約上も契約外でも有効な原則」とした 2002 年判決にも適合するように思われる。

　この「他人のためにする行為のリスク責任」は，オーストリアでは，1983

333

第 4 章　スイス債務法におけるリスク責任

年の判決によって採用された（OGH Urteil vom 31.5.1983, SZ56, Nr.86, S.384）。また，ドイツでも，近時，労働者所有の自動車に生じた事故損害が問題となった事件において，BGB670 条の類推適用という従来の判例法理を維持した上で，BGB670 条を「受任者の損害」に類推適用する根拠は「他人のためにする行為のリスク責任」の原則にあるとする判例が公にされた（BAG Urteil vom 23. 11. 2006, NJW 2007, 1486）。

　このように「他人のためにする行為のリスク責任」論は，問題領域をそれぞれ異にするが，オーストリア，スイス，さらにドイツにおいて判例法上採用された。これによって，リスク責任論は確たる地位を獲得したといってよい。確かに委任者の無過失損害賠償責任はローマ法を起源とする長い歴史を有するものである。しかし，他方で，現代法において，危険責任が過失責任や信頼責任などと並ぶ責任事由の 1 つであることに異論は見られない。従来の危険責任は物の危険性に基づく損害に関して論じられてきたが，リスク責任論は行為の危険性に着目し，物の危険性の場合と同様の要件が存在するときは「行為の危険性に基づく損害」を利益享受者に帰属させようとするものに他ならない。委任や事務管理における委任者や本人の無過失損害賠償責任，および労働者の賠償責任の軽減を定める規定をこの原則の表現と把握し，これらの法領域をリスク責任の観点から考察することは十分に合理性を有するように思われる。

　本章におけるスイス債務法の検討からは，リスク責任論を理論的基礎として，650 条 3 項を雇用・労働契約に類推適用すべきだという主張はなお維持すべきものと考えられる。

　なお，現在，我が国では民法の改正作業が進行中であるが，本稿の立場からすると，次のようなことを提案したい。すなわち，①使用者の安全配慮義務に関する規定を置くこと，②委任者の無過失損害賠償責任を無償委任に限定すべきでないこと，③事務管理および雇用契約の中で，本人および使用者の無過失損害賠償責任，さらに労働者の賠償責任の軽減規定を置くことの 3 点である。これらを実現することによって，新しい民法典がより良いものとなることを期待したい。（その後，民法の改正法が成立したが，残念ながら上記のような方向での改正はなされなかった。）

第5章　雇傭・労働契約への民法650条3項の類推適用

は じ め に

　事業の執行につき労働者が第三者に与えた損害を使用者が賠償した場合には，使用者は労働者に対して求償することができる。これは715条3項が規定するところである。しかし，使用者は，危険性のある労働あるいは損害を引き起こしやすい労働を労働者に委任し，それから生ずる利益を取得しておきながら，生じた損害をことごとく労働者に転嫁することは不当であろう。また，労働者は，労働の危険性・疲労・仕事の単調さなどの事故の原因となる圧力状態を，従属労働のゆえに除去したり回避したりすることができない。これに対して，使用者は，経営から生ずる定型的危険について保険あるいは価格機構を通じて損失を分散できる立場にある。これらのことから考えると，使用者の労働者に対する全面的な求償は認められるべきではない。使用者の求償権は何らかの形で制限されるべきであろう。判例・通説はこのような制限を肯定する。また，労働者が使用者に直接損害を与えた場合にも，使用者の709条による損害賠償請求権は同様に制限されるとするのが判例・通説である。

　これに対して，労働過程で損害が労働者自身に生じた場合には，使用者は過失がない限り賠償責任を負わない。このことは，単に不法行為責任だけでなく，安全配慮義務違反による契約責任に関しても妥当する。これが従来の判例・通説の見解である。しかし，このように過失責任の原則を貫徹することは，労働過程で労働者が第三者または使用者を加害した場合（労働者加害の類型）における判例・通説の見解とは調和しないように思われる。労働者加害の類型において，労働者の求償義務および賠償義務を制限することは，労働過程で生じた損失を最終的に使用者に帰属させることを意味する。これに対して，労働者被害の類型で，過失責任の原則を貫徹することは，その損失を労働者に帰属させることになるからである。したがって，この労働者被害の類型でも，労働者加害の類型と同様に，労働過程で生じた損失（＝労働者の損害）を使用者に帰属

335

させることが追求されなければならない。

通説が労働者加害の類型において責任制限の根拠として指摘する点は，労働者被害の類型に関しても同様に妥当する。また，労働者被害の類型と第三者に対する加害の類型とは，いずれも労働者の損害である点では同じであり，直接の損害か第三者に対する損害賠償義務の負担かというように損害の発現形態が異なるにすぎない。さらに，労働者加害の類型では，労働者の過失の存在が当然の前提とされており，このような労働者の過失にもかかわらず，その損失は使用者の負担に帰すべきものとされる。これに対して，労働者被害の類型では，原則的には労働者の過失に基づかない損害が問題となっている。これらのことからすると，労働者加害の類型においてその損害を使用者の負担に帰す場合には，労働者被害の類型ではますますその損害は使用者に帰属させるべきことになろう。

このように，いずれの類型においても使用者が終局的に損失を負担すべきであるから，両者は「労働過程で生じた損害の使用者への帰属」という観点から統一的に把握することができよう。労働者加害の類型では使用者の求償権や賠償請求権が制限されるが，労働者被害の類型では，無過失損害賠償責任が使用者に課されなければならない。いずれの場合も，その理論的根拠は報償責任ないしは「他人のためにする行為のリスク責任」に，また，法的根拠は 650 条 3 項の類推適用に求めることができると考える[1]。

本章は，このような観点から，労働過程で生じた損害に関する問題について検討しようとするものである。

1　労働者の損害と使用者の無過失損害賠償責任

(1)　労働者の損害と使用者の責任

1)　労働者が労務給付過程で損害を被った場合，労働者は不法行為に基づいて使用者に対して損害賠償を請求することができる。さらに，現在では，労働者は使用者の安全配慮義務違反を理由として請求することも認められる。最

---

[1]　拙稿「雇用・労働契約における安全配慮義務——給付義務構成への 1 つの試み」法学研究（明治学院大学）36 号（1986 年）160 頁以下，同「安全配慮義務と保護義務」私法 48 号（1986 年）209 頁以下参照。

高裁昭和50年判決[2]は，自衛隊員（公務員）が車両整備中に轢死したという事件において，使用者の安全配慮義務を初めて肯定し，「国は，公務員に対し，国が公務遂行のために設置すべき場所，施設もしくは器具等の設置管理又は公務員が国もしくは上司の指示のもとに遂行する公務の管理にあたって，公務員の生命及び健康等を危険から保護するよう配慮すべき義務を負っている」とした。このような使用者の安全配慮義務は，その後の判例・通説が一般的に認めるところである。

安全配慮義務は契約法上の義務であり，その違反は債務不履行として理解される。しかし，義務内容が契約相手方の生命・健康等の保護すなわち保持利益を目的としている点，および当事者の合意ではなくて信義則が義務の成立根拠とされる点で，安全配慮義務は本来的な契約上の義務とは異なるとともに，不法行為法上の義務と一面では類似する。そこで，安全配慮義務違反による損害賠償請求権について，契約法規範がそのまま適用されるべきかが問題となる。とりわけ，挙証責任の分配，消滅時効期間とその起算点，履行補助者法理の適用，遺族固有の慰謝料請求権，付遅滞の時期などについて見解が対立する。概括的にいえば，最高裁は全面的に契約法規範により処理する傾向にあるが，学説では，原則として契約法規範を適用するが，契約責任のほうが不法行為責任に比べて被害者に不利である場合には何らかの修正を施して具体的妥当性を確保しようとするのが通説的見解といえよう[3]。

帰責事由に関してみると，判例・通説は，安全配慮義務違反の場合には，帰責事由に関する挙証責任は転換されるが，過失責任の原則に服する点では不法行為責任と異ならないとする。したがって，労働者の被った損害が労務給付の過程でいわば必然的に生ずるようなものであっても，使用者は過失がない限り賠償責任を負う必要はない。

2) これに対して，一部の学説は，厳格な使用者の責任を認める。たとえば，岡村説によれば[4]，使用者の安全配慮義務の内容は，個々の労働者の不注意を

---

(2) 最判昭和50年2月25日民集29巻2号143頁。

(3) これの詳細については，拙著『安全配慮義務と契約責任の拡張』（1993年）176頁以下参照。

(4) 岡村親宣「労災責任の規範的論理構造」日本労働法学会誌43号（1974年）64頁以下，同「労災における企業責任論の課題」労旬839号（1973年）11頁以下。

第5章　雇傭・労働契約への民法650条3項の類推適用

も予測して，不可抗力以外の労災死傷事故を防止する万全の措置を講ずべき義務であり，それは万全の措置によって労働災害という結果を発生させないという債務（結果債務）だとされる。さらに，水野説[5]は，不可抗力の場合をも含めて使用者は責任を負うべきだとする。すなわち，安全配慮義務とは，資本制生産関係に規定された労働関係に特有の危険原因を除去し，労働者の生命・身体の安全と健康との確保に万全の配慮をするとともに，予見を超える災害の現実化の場合を含めて，その危険の負担を保証する債務である。したがって，災害の原因が，資本制生産関係に規定された労働関係に特有な危険である限り，不可抗力の場合を含めて，使用者は安全配慮義務としての保証責任を負うべきだとする。この場合，労働者は，災害が労働関係に特有な危険に基づくことを推認させるに足る事実を主張・立証すればよい。

　これらは，いずれも労働法学説に属するものであるが，民法学説でも同様に使用者の厳格な責任を主張する見解がみられる。すでに古くから，我妻説[6]は，労務者が労務の給付に関連して被った損害については使用者は無過失責任を負うと解すべきであるという見解を明らかにしていた。このような使用者の厳格な責任の根拠は，使用者は自分の指揮命令によって労務を実現させ，一定の報酬を払うだけで労務の結果をすべて収得するものだという，無過失責任における報償責任の原理にあるとされた。また，近時の学説としては，國井説[7]があげられる。これによれば，安全配慮義務は，義務者が相当な防止措置を講ずれば足りる通常の安全配慮義務と相手方の安全確保そのものを義務内容とし，義務者は万全の事故防止措置を講じなければならない絶対的な安全配慮義務とに二分できる。前者は，無過失の立証で義務者は免責されるのに対して，後者では，不可抗力もしくはこれに準ずる事由の立証が必要であるが，使用者の安全配慮義務は，後者の絶対的な安全配慮義務に属するとされる。

　下森説[8]は，無過失責任そのものとは解しないが，国家賠償法や自賠法3条

(5)　水野勝「安全配慮義務の再検討──主として主張・立証責任を中心として」労判432号（1984年）6頁以下。

(6)　我妻栄『債権各論　中巻2』（1962年）587頁。同旨，幾代通『注釈民法⑯』（1967年）46頁。

(7)　國井和郎「『安全配慮義務』についての覚書（下）」判タ364号（1978年）72頁および74頁，同「契約責任論の体系的素描」Law School 30号（1981年）71頁。

(8)　下森定「殉職自衛官遺族の国に対する損害賠償請求権と消滅時効」法セ1975年7月

338

1 労働者の損害と使用者の無過失損害賠償責任

による責任と同程度のものだとする。使用者の安全配慮義務は，特殊＝労働契約に付随した，労働法原理に立脚した，契約法上の使用者の義務であり，このような特殊性からすると，無過失責任の程度まで至らないとしても，少なくとも国家賠償法や自賠法3条の使用者責任を下回るべきではないと考えるからである。

このように有力学説は，使用者の無過失責任ないしはこれと類似の責任を主張するのであるが，これによれば，労働者が被った損害は，過失の有無を問わないで，使用者に帰せられる。我妻説が指摘するように，報償責任の原理が使用者と労働者の間では機能する。労働者は使用者のために行為し，使用者はこれから生ずる利益をすべて取得するのであるから，この行為から生ずる損害についても使用者に帰すべきである。また，715条3項の求償権の制限に関して援用される労働者の圧力状態や使用者の危険分散の可能性の観点も，同じようにここでも妥当しよう。労働過程では労働者の不注意による損害惹起だけでなく労働者が損害を被ることも必然的に生ずることであり，使用者がこれを計算に入れるべきは当然だともいえる。使用者は他人を利用することによって，自分が行なえば負担しなければならない損害の危険を免れることはできない。これらのことから，労働者が被った損害は使用者に帰せられるべきだとする有力学説の基本的方向を支持したい。そして，その法的構成としては，650条3項の類推適用にその根拠を求めてはどうかと考える。これによって，使用者の無過失責任の範囲も適切に限定することが可能となろう。

(2) 労働者被害の類型と民法650条3項

委任に関する650条3項を雇傭・労働契約に類推適用しうるか否かを検討するに際しては，まずはじめに，同条の根拠，適用要件やその範囲などについてみておくことが有益であると思われる。そこで，これらについて考察し，それから雇傭・労働契約への類推適用可能性について検討することにしたい。

1) 民法650条3項の適用範囲

(a) 650条3項が規定する委任者の損害賠償責任が無過失責任であることについては異論はみられない。委任者の賠償義務の要件として，同条は，「委任

号18頁，同「労働契約上の安全配慮義務の法的性質」法セ1983年5月号124頁。

第 5 章　雇傭・労働契約への民法 650 条 3 項の類推適用

事務を処理するため」に被った損害であること，および受任者に過失がないことのみを規定し，委任者の過失を問題としないからである。

このような厳格な責任が委任者に課されたのは，元来委任者は自己の事務処理のため他人を利用して利益を受けるものであるから，その処理のために他人が被った損害に対して絶対的に責任を負うことは当然であるという報償責任の考えに基づくとするのが一般的である[9]。たしかにこの責任が報償責任の考えを基礎とすることは疑いのないところだと思われるが，これを仔細にみると，単に他人の行為から利益を受けているという利益享受の要素だけでなく，自己の目的実現のために他人に一定の行為をさせたという危険設定の要素も存在する。つまり，ある者が，自分で行なう代わりに，他の者にある行為を自分のために行なわせた場合には，彼は，その行為から利益を受けると同じように，それと結びついた危険をも負担すべきものとされる。このような利益享受と危険設定という要素から考えると，委任者の責任は，従来，危険な物から生じた損害に関して認められてきた危険責任と類似する。危険責任においても，危険な営業や施設，物を設定・支配し，それから利益を受けているがゆえに，これらの物の所有者や保有者に責任が課されるのである。危険責任と委任者の無過失責任とは，「危険から利益を得ている受益者への損害リスクの帰属（Die Zurechnung eines bestimmten Schadensrisiko an den Nutznießer dieses Risikos）」という同一の責任原則に基づくものといえる[10]。

しかし，委任者の無過失責任は，危険責任とは次のような点で異なる。まず第 1 に，危険責任は危険な営業や施設の所有者の責任に関係するが，委任者の無過失責任ではこれは問題とならない。また，危険責任は，法秩序によって許された危険に第三者がさらされるということを前提としており，この危険からの侵害に対する賠償に他ならない。これに対して，委任の場合には，受任者に

---

(9)　末弘厳太郎『債権各論』（第 5 版・1920 年）760 頁，末川博『契約法（下）』（1975 年）211 頁など。我妻栄・前掲注(6) 685 頁は，受任者に委任事務を処理することによって何らの経済的負担をかけまいとする委任の趣旨を根拠とするが，これも同趣旨であろう。その他の責任の根拠については，岡松参太郎『無過失損害賠償責任論』（1953 年）597 頁以下参照。

(10)　Vgl., Canaris, Risikohaftung bei schadensgeneigter Tätigkeit in fremdem Interesse, RdA 1966, 41ff., Larenz, Die Prinzipien der Schadenszurechnung, JuS 1965, 347ff..

1　労働者の損害と使用者の無過失損害賠償責任

とって甘受しなければならないような危険すなわち許された危険は存在しない。受任者は任意で委任を引き受け，これによって自分の利益を損害の危険の中に置いた。

　さらに，危険責任では，危険の受益者の目的実現の副次的結果として生じた他の者の危殆化に関する責任が問題とされるが，委任の場合には，危険の受益者の目的実現自体を妨げるような危険，すなわち委任事務を委任者が自分で行なう場合には，受任者の代わりに委任者自身に生ずるような危険から導かれる損害が問題となっている。つまり，任意での事務処理の引き受けによって，委任者のためにその目的追求を行なう主体となったがゆえに，受任者に損害の危険が生ずる[11]。

　これらの差異からすると，委任者の無過失責任に関して危険責任という用語を用いることは妥当ではない。そこで，委任者の無過失責任は「他人のためにする行為のリスク責任（Risikohaftung bei Tätigkeit in fremdem Interesses）」[12]と呼ばれる。

　(b)　次に，その要件について個別的にみると，まず第 1 の「委任事務を処理するため」という要件は，起草者が提出した当初の案では，「委任事務ヲ処理スルニ當リ」と規定されていた。しかし，法典調査会で，これでは広すぎるという意見がだされ，「処理スルニ當リ」が「処理スル為メ」と改められた。これによって，ある場所に使いに行ったがために山賊にあったとか，委任事務の処理に必要な旅行の際に汽車や汽船が衝突した場合などは，賠償請求しうる例から除外されると考えられた。他の用でその所に行けばやはり同じことが起こったのだから，委任事務を処理するために生じたものではないからである[13]。これに対して，受任者が委任履行のため金銭の必要があって自己の商業の資本たる金銭を使用し，そのために商業上の利益を減殺した場合，日雇いが委任事務処理のため日雇稼ぎができなかった場合，喧嘩の仲裁を依頼されたが，

---

(11)　Vgl., Huber, Die Haftung des Geschäftsherrn für schuldlos erlittene Schäden des Geschäftsführers beim Auftrag und bei der berechtigten Geschäftsführung ohne Auftrag, 1965, 40ff..

(12)　Vgl., Canaris. a.a.O.(Fn.10), S.41ff.

(13)　『法典調査会民法議事速記録 4』（日本近代立法資料叢書 4・1984 年）645 頁（富井発言）。

第5章　雇傭・労働契約への民法 650 条 3 項の類推適用

相手が乱暴者で，仲裁に際して殴られてけがをした場合などが肯定例にあたるとされる[14]。

　この要件について，学説では次のような見解が対立する。多数説は，委任事務を行なうについて，あるいは委任事務の処理に関連して生じた損害をいうとする[15]。これによれば，委任事務の処理のために旅行した場合に，汽車が転覆して負傷し，あるいは強盗のために財物を奪取されたことによる損害がこれに該当する。これに対して，我妻説[16]は，委任事務を引き受けなかったなら生じなかったであろうと考えられるすべての損害が含まれると解する。その例として，委任事務処理のために必要な旅行の際に怪我をしたまたは盗難にあった損害をあげる。この点では多数説の例と同じであるが，一般的基準としては，多数説よりも広いといえよう。逆に，多数説よりも限定的に考える見解もある。たとえば，末弘説[17]は，委任事務の性質上これを処理したる直接の結果として被った損害だとする。また，四宮説[18]は，当該事務処理に類型的に付着する偶然損害（受任者の意思に基づかないで被った損害）はこれに含まれるが，危険類型的でない偶然の損害は賠償の対象とならないとする。山小屋で急病にかかった者のために麓まで医薬品を取りに行く途中，突然濃霧におそわれたがあえて下山して行き，岩につまづいて負傷した場合の損害は，前者の例であり，事務処理のため旅行し，交通機関の事故で負傷した場合の損害が後者の例である。前者のような損害については，委任者としては，その発生を当然予定しなければならない。これに対して，後者については，誰でもが社会生活上出会いうる事故がたまたま事務処理の際に起こったにすぎず，そのような事故による

(14)　『法典調査会民法議事速記録 4』前掲注(13) 634 頁以下，645 頁（梅発言），梅謙次郎『民法要義巻の 3』（債権編・1984 年復刻版）748 頁以下。

(15)　鳩山秀夫『増訂日本債権法各論』（下巻・1924 年）624 頁，岡村玄治『債権法各論』（1929 年）447 頁，末川博・前掲注(9) 211 頁など。

(16)　我妻栄・前掲注(6) 685 頁。

(17)　末弘厳太郎・前掲注(9) 760 頁。なお，明石三郎『新版注釈民法(16)』（1989 年）277 頁は，我妻説では広すぎると批判し，購入土地検分のため旅行して現場の土砂崩れで負傷したとか疲労のため病気したときは賠償を請求し得るが，旅行中の盗難までも含まないと解すべきだとする。この例からすると，単に事務処理につき被った損害ではなくて，事務の性質上これの処理の直接の結果として生じた損害に限るものであり，末弘説を支持するものといえよう。

(18)　四宮和夫「委任と事務管理」『民法論集』（1990 年）所収 138 頁以下。

１　労働者の損害と使用者の無過失損害賠償責任

損害は受任者個人が甘受すべきだからである。

「他人のためにする行為のリスク責任」の観点からすると，基本的には，四宮説が支持されるべきであろう。他人の行為からの利益の取得という責任の根拠は，利益の裏面であるような当該事務処理の特別な危険に関する委任者の無過失責任を正当化するが，受任者の一般的な生活危険に属するような損害，すなわち受任者が委任事務以外の行為をする場合にも生ずるような偶然損害については妥当しないからである。

次に，受任者の無過失という第２の要件に関してみると，法典調査会ではこの点はあまり議論されていない[19]。委任者に無過失責任を認める以上，その範囲は厳格に限定されなければならず，また，受任者は善良な管理者の注意を用いて委任事務を処理する義務を負うことから，この要件は当然のことだとされたのであろう。

学説でも，この要件に疑問を抱くものは少ない。しかし，受任者に過失があるときでも場合によっては委任者の責任を肯定し得るとする見解がある。たとえば，明石説[20]は，損害が委任者と受任者の両者の過失によって生じたときは，双方の過失の程度を斟酌しで決すべきであるが，疑わしいときは委任者に負担せしめるのが妥当だとする。委任事務処理に関しては，委任者においてその結果を引き受けるのが相当だからというのがその理由である。

もっとも，このように委任者に過失がある場合には，不法行為または債務不履行責任が委任者に生ずるから，委任者の責任の根拠を650条３項に求める必要はない。第２の要件との関連で問題となるのは，受任者に過失があるときは，委任者は自己に過失がない限り全く責任を負わなくてよいのかどうかである。報償責任ないし「他人のためにする行為のリスク責任」の観点，さらに，委任者においてその結果を引き受けるのが相当だという明石説の理由などから考えると，委任者の責任を全面的に否定するのではなくて，これを肯定したうえで過失相殺の法理によって賠償額が減額されると解することが妥当であろう。

---

(19)　ただ，梅謙次郎が，「『自己ニ過失ナクシテ』ト云フコトハ漠トシテ居ルト云フコトデ……私ハ実ハ今日『避クヘカラサル』ト云フ案ヲ出サウカト思ツタ位デアリマス……私獨リハ即『自己ノ過失ナクシテ』ト云フノヲ『避クヘカラサル』ト云フコトニシテモ宜シイ」と述べるにとどまる。『法典調査会民法議事速記録４』前掲注(13)652頁参照。

(20)　明石三郎・前掲注(17)276頁，吾孫子勝『委任契約論』（1917年）80頁。

343

第 5 章　雇傭・労働契約への民法 650 条 3 項の類推適用

(c)　このような委任者の無過失責任は無償委任に限られない。有償委任の場合にも，この規定は適用される。起草者もこれを認めており，無償委任に限定する意図はなかった。このことは，法典調査会における次のような質疑から明らかである(21)。すなわち，長谷川委員が有償委任の場合には適用がないという限定を加えないと，起草者の説明によれば，雇傭との関係が明瞭とはならないのではないかと質した。これに対して，富井政章および梅謙次郎は，委任の場合には，報酬をとっても第 1 には他人のために用をなす，報酬は主ではない。雇傭は，当事者双方が自己の利益を目的としており，雇人からすると報酬が主である。この点で，有償委任と雇傭とは異なると答え，有償委任に限定することには賛同しなかった。

これに対して，一部の学説(22)は，有償委任においては，損害賠償の範囲は無償委任の場合よりも減縮せられるべきだとする。報酬の中に危険の代償が含まれているというのがその理由である。さらに，650 条 3 項の適用を無償委任に限定する見解(23)もみられる。

2)　労働者被害の類型への類推適用

650 条 3 項をめぐる法状況はこのようなものであるが，この規定は雇傭・労働契約に類推適用することができると思われる。650 条 3 項は「他人のためにする行為のリスク責任」の原則を規定したものであり，この原則の基礎とされる要素は雇傭・労働契約の場合にもすべて存在するからである。すなわち，使用者は労働者の活動から利益を取得し（利益享受の要素），自己の目的実現のために労働者に一定の労働をさせる（危険設定の要素）。したがって，使用者は労働者が労務遂行中に被った損害に関して無過失責任を負うものと考えられる。

このように雇傭と委任とは，他人に一定の行為を自己のためにさせ，それからの利益を取得するという点では異ならないにもかかわらず，雇傭契約に関しては，なぜ 650 条 3 項に対応する規定が置かれなかったのであろうか。この点について，法典調査会での議論をみると，一部の委員は委任と雇傭との権衡を問題として，起草者を追及した(24)。土方委員は，雇傭の場合も，委任の場合も，

---

(21)　『法典調査会民法議事速記録 4』前掲注(13)649 頁以下参照。
(22)　明石三郎・前掲注(17)277 頁，戒能通孝『債権各論』（改訂版・1946 年）317 頁以下。
(23)　来栖三郎『契約法』（1974 年）529 頁。
(24)　『法典調査会民法議事速記録 4』前掲注(13)634 頁および 642 頁（土方発言），644 頁

1 労働者の損害と使用者の無過失損害賠償責任

人に雇われて仕事をする。雇傭の場合に，これに対応する規定が要らないというのであれば，委任の場合にも要らないと主張した。高木委員も，虎列刺病のために雇われた看護婦が感染した場合には，雇傭契約であるから賠償する必要はなく，友誼上親類中に病人がいてこれを厚意で看護していて感染したら，委任だから賠償請求できるというのは普通の事情に反していると批判した。これらは，雇傭との権衡から，委任者の無過失責任の規定の削除を要求するものである。これとは逆に，長谷川委員は，委任と雇傭との権衡を理由に，雇傭の場合にも同様の規定を置くべきことを主張した。すなわち，委任者の無過失責任の規定は，官吏がその職務を行なうために疾病にかかったときは恩給をもらえるというのと同じである。その精神がこのところに存するならば，雇傭のほうにも置かねばならない。なぜなら，通常，雇傭の場合には，雇主という者は富んでおり，雇人は貧者である。それが不可抗力によって損害を受けたということであれば，雇主から償ってやるのが至当だからである。

このような委員の追及に対して，起草者は，すでに述べた委任と雇傭との差異，前者は厚意でなすが，後者は報酬が主であるという差異を根拠に，厚意でなす受任者に気の毒であるから，雇傭の場合には規定がなくとも，委任の場合にはこういう規定はぜひ必要であると述べて，削除論に対抗した[25]。

また，起草者は，雇傭契約規定必要説に対しても，委任と雇傭との差異を理由として反論した[26]。つまり，雇傭の場合，危ない所で仕事をしなければならないということであれば，それだけ賃金を余計に取る。つまり，それだけの危険を眼中に置いて契約をする。純粋の法律論からすると，そういう危ないところに行けばこれだけの危険がいつ生ずるかも知れないということを踏んでかかったものであって，損害の賠償請求ができなくても仕方がないという。

このように起草者は，雇傭の場合には，使用者の無過失責任を規定する必要はないと考えていた。学説の中には，このことを理由として，650条3項の雇傭・労働契約への類推適用に反対する見解もみられる[27]。しかし，起草者の説

（高木発言），649頁（長谷川発言）。

(25)　『法典調査会民法議事速記録4』前掲注(13)644頁（梅発言）。

(26)　『法典調査会民法議事速記録4』前掲注(13)649頁（富井発言）。

(27)　下森定「国の安全配慮義務」『国家補償法大系2』（1987年）所収259頁以下，同・判タ669号（1988年）56頁。

第5章　雇傭・労働契約への民法650条3項の類推適用

明は雇傭契約規定必要説に対する有効な反論とはなっていない。報酬の多寡については有償委任にも妥当するし，また，危険の計算は，雇傭契約だけでなく，委任契約を含む他のすべての契約，さらに契約に基づかなくとも任意で行為をする場合（事務管理）には常に行なわれているといえるからである。したがって，これらの点では委任と雇傭とは異ならない。起草者自身も説得力が弱いことは自覚していたように思われる。そうであるがゆえに，「雇傭の場合でも，同様の規定が必要ということであれば，なお考えてみましょう」と答えざるを得なかったのである[28]。

さらに考えてみると，委任と雇傭の本質的な差異は，厚意でなすか，報酬が主かという点ではなくて，事務処理者に対する指揮命令権の有無にある。雇傭の場合には，被用者は雇主の指揮命令に服して労務を給付するのに対して，委任の場合，受任者は自己の裁量に基づいて委任事務を処理する。このような差異からすると，事務処理のために被った受任者の損害について委任者に厳格な責任が認められる場合には，ますます使用者に厳格な責任が課されるべきことになろう。

また，賃金は労働力の利用に対する対価であるから，その額は基本的には給付される労働力の質や量に対応する。作業が困難性や危険性を伴う場合には，賃金は高くなる。しかし，このことは，この作業の危険性に基因して損害が発生した場合には労働者がこれを負担すべきことを意味しない。賃金の割増は，これに伴う精神的緊張，肉体的疲労の増大に対するものである。このような賃金の割増が生じた損害の労働者の負担を導くものだとすると，賃金は予想される損害額に比例したものでなければならず，その額は極めて大きなものとなろう。また，困難や危険を伴う作業であっても，当事者は損害が発生しないことを前提として雇傭・労働契約を締結するのが通常であって，損害が生じたときは労働者が負担するという意思まであるとは考えられない。同様のことは，危険手当の支払についても妥当する。

労働者は賃金に相応しない損害の危険を伴う作業を行なうのであるから，その限度において，労働者は使用者のために行為するものと評価できる。使用者が危険な作業を自分で行なうとすれば，損害の危険は自分で負担しなければな

───────────────
（28）　『法典調査会民法議事速記録4』前掲注(13)651頁（梅発言）参照。

らない。したがって，使用者が自分の利益のために労働者に当該作業をさせるときも，委任の場合と同様に，その損害危険は使用者の負担に帰すべきことになる。

　以上のことから，650条3項は雇傭・労働契約に類推適用しうるものと考える。同条の類推適用によって，使用者は無過失損害賠償責任を負う。このような使用者の責任の範囲は，労働者に任された労務と結びついた類型的な危険に基づく損害に限られる。一般的な生活危険に属するものは含まれない。したがって，安全配慮義務の領域がすべて無過失責任となるのではないし，安全配慮義務の存否と使用者の無過失責任の範囲とは関連しない。問題となるのは，労働者に過失がある場合である。既に述べたように，委任では，損害を被るについて受任者に過失がある場合には，過失相殺法理によって，賠償額が減額される。しかし，雇傭の場合には，労働者は従属的関係に立っているから，受任者と同様に扱うことはできない。この点では使用者の責任はさらに厳格化され，労働者が重過失である場合にはじめて過失相殺法理により減額されるが，軽過失のときは，使用者は全額の賠償責任を負うものと解される。

2　使用者の求償権および損害賠償請求権の制限

　労務遂行過程で労働者が他人に損害を与えた場合，その法律関係は原則的には次のように処理される。まず第1に，労働者が第三者に損害を与えた場合には，労働者は，被害者たる第三者に対して709条による損害賠償責任を負う。さらに，被害者は，使用者に対して715条に基づいて損害の賠償を請求できる。使用者が被害者に賠償したときは，使用者は労働者に求償することができる（715条3項）。第2に，労働者が使用者に損害を与えた場合には，709条による損害賠償責任が労働者に課される。

　このような民法典の原則的処理によれば，労働過程で生じた損害はいずれにせよ最終的にはすべて直接の不法行為者である労働者の負担となる。しかし，使用者は労働者の労務から生ずる利益をことごとく取得しておきながら，これに伴って損害が生じたときはその損失を労働者にのみ負担させるということは報償責任ないしは「他人のためにする行為のリスク責任」の観点から許されない。そこで，使用者の労働者に対する求償権や損害賠償請求権を制限すること

第5章　雇傭・労働契約への民法 650 条 3 項の類推適用

が問題となる。従来の判例・学説では，使用者の求償権の制限が主に論じられてきたが，近時，使用者の損害賠償請求権の制限も問題とされるようになり，本質的には求償権の制限と異ならないものとされる。

　もっとも，715 条に関しては，このような求償権の制限だけではなくて，使用者責任の成立要件との関連でも多くの問題がある[29]。すなわち，判例・通説は使用者責任の前提として労働者の不法行為責任の成立を必要と解する。したがって，被害者たる第三者は，加害労働者を特定し，その者に故意・過失および責任能力があることを証明しなければならない。しかし，場合によっては，加害者を特定し，さらにその者の過失を立証することが容易でないこともある。また，使用者責任によって被害者を救済するためには，労働者に高度の注意義務が要求されるが，このことはその後の求償を考えると労働者に酷であり，事実上その賠償責任を労働者の負担としかねない危険がある。労働者の過失の立証を必要とする点では，被害者にとっては使用者責任は過失責任に他ならないともいえる。また，労働者が責任無能力であるときは，使用者は免責されることになるが，これを回避するためには，責任無能力の認定を厳格にせざるを得ない。しかし，そうすると，715 条と 714 条との間で差異が生ずることになる。

　使用者責任はこのように多くの問題を有する。学説では，これに関して様々な主張がなされており，極めて錯綜した状態にあるといえよう。そこで，まずはじめに，715 条の適用範囲や適用要件に関する学説を概観してから，求償権や損害賠償請求権の制限について考察することにしたい。

(1)　使用者責任の適用範囲

　715 条の使用者責任に関する学説について，その基本的方向は次の 2 つの類型に集約できるように思われる。1 つは，715 条の適用要件の修正を試みるものであり，他のものは，企業責任の観点を強調して企業に固有の責任を肯定しようとする。後者については，さらに，709 条と 715 条の関連に関して見解が分かれる。

---

[29]　田上富信「被用者有責性と民法 715 条（その 1）」鹿大法学論集 8 巻 2 号（1973 年）62 頁以下，加藤雅信『現代不法行為法学の展開』（1991 年）42 頁以下，森島昭夫『不法行為法講義』（1988 年）25 頁以下など参照。

348

2　使用者の求償権および損害賠償請求権の制限

1）　715条の適用要件の修正を主張する見解は，715条の枠内において問題を処理しようとするものである。有責性不要説と適用要件区別説がその代表的なものであるが，「被用者ナルコト立証セラレタル限リ被用者中ノ何人ナルカヲ具体的ニ指摘シ且之ヲ証明スルコトヲ要セズ」として主張・立証責任を軽減する見解[30]も適用要件そのものの修正ではないが，ここに属するといえよう。

（a）　有責性不要説[31]は，使用者責任の要件としては労働者の加害行為が客観的に違法であれば足り，それ以上に労働者に故意・過失などの有責性が備わっている必要はないとする。これは，服部説[32]の主張であるが，その理由として，自己の行為についての責任の場合に，行為者の故意・過失を問うのは充分理由のあることといえるかも知れないが，他人の行為に対する責任においては，その責任自体が既に客観化されているのであるから，行為者の故意・過失を問題とすることは，他人の行為に対して責任を認めた根本の趣旨に反する。また，それは無過失責任思想の現状にも適合しないという。

田上説[33]は，服部説を基本的に支持するが，次の点で若干補強する。まず第1に，使用者責任の根拠は報償責任あるいは危険責任に求められる。これは，1項但書が定める使用者側の免責立証を封ずることができる点で有益である。第2に，使用者は，違法性阻却事由の一環として，労働者の行為が職務上要求される相当な行為であったことを主張・立証すれば免責されるとする。このように構成するのは，有責性不要説が「手放しの被害者保護論」になりはしないかという批判を克服するためである。

このような有責性不要説の効用は，田上説によれば，次のような点にある。

---

(30)　末弘厳太郎・前掲注(9)1088頁以下，宗宮信次『債権各論』（再版・1958年）419頁。

(31)　有責性不要説に属する学説としては，以下に述べる服部説や田上説の他に，川添清吉「使用者責任における求償権」青山法学論集8巻3号（1966年）134頁以下および西原道雄「社員の自家用車と企業の運行供用者責任」企業法研究155号（1968年）6頁などがある。前者は，使用者責任は報償的ないし危険的の責任であるから，被用者自身が別途に賠償責任を負う場合であることを前提とする理由は少しもない。事業の経営上通常伴うものであるならば，またその事業の経営に当然包蔵される危険であるならば，被用者に不法行為上の責任のあると否とに関せず，使用者は賠償責任を負うべき理由があるとする。後者は，簡単に結論のみを述べる。

(32)　服部栄三「法人の不法行為能力」『損害賠償責任の研究(中)』（我妻還暦記念・1958年）534頁。

(33)　田上富信・前掲注(29)91頁以下。

第 5 章　雇傭・労働契約への民法 650 条 3 項の類推適用

責任の性質論のレベルでは，労働者が究極の・1 次的責任者とする代位責任の考え方から使用者を本来的責任者とする自己責任の考え方へと発想の転換を促し，要件論のレベルでは，労働者の故意・過失の立証を不要にし，さらに加害労働者が不特定であっても企業の責任を無理なく導きだせること，責任能力がない労働者の加害行為についても 715 条から直截に使用者の責任を導くことが可能になる(34)。

　これに対して，加藤(雅)説(35)は，使用者責任全体をみると，715 条をめぐる問題状況やその取扱いのあり方は必ずしも同じではないとして，使用者責任を類型化し，各類型ごとにその適用要件を考察すべき必要があるとする。これを他の類型論とは区別して，適用要件区別説と呼ぶことにする。この見解では，使用者責任は非営利的使用者責任類型と営利的使用者責任類型，危険業務使用者責任類型の 3 つに類型化される。非営利的使用者責任の類型では，使用者は一般よりも特に重い形で不法行為による損害賠償責任を負う必要はないから，選任・監督について過失がなければ免責されるとともに，労働者の故意・過失を要件としても差し支えない。これと異なり，営利的使用者責任類型では，報償責任の観点から，危険業務使用者責任類型では，危険責任の観点から，使用者は無過失責任を負い，選任・監督に過失がないことを立証して責任を免れることはできないし，労働者の故意・過失も要件とせずに使用者は責任を負う。労働者の責任能力は，いずれの類型を問わず，一般的に使用者責任の要件からはずすべきであるとされる（さらに，求償権の制限および逆求償権についても，それぞれの類型ごとに考察されているが，この点は後述する）。

　(b)　有責性不要説は，715 条の適用要件として一般的に労働者の有責性を不要とするのに対して，適用要件区別説は営利的使用者責任類型および危険業務使用者責任類型に関して有責性を不要とする。このような主張は，「被用者が……第三者に加えた損害」と規定する 715 条 1 項の文言との関連では問題はない。また，鳩山説や我妻説でも，このように解する余地は残されていたといえる。というのは，鳩山説や我妻説が労働者の故意・過失を要件としたのは，労働者の無過失の行為についても使用者の責任を認めるときは使用者の責任は重

---

(34)　田上富信「使用者責任」『民法講座 6』（1985 年）503 頁。

(35)　加藤雅信・前掲注(29)44 頁以下，および座談会「民法を語るシリーズ③使用者責任をめぐって(上)」Law School 18 号（1980 年）88 頁以下における発言。

350

きに過ぎ自ら事業執行をなしたる場合に比して著しく権衡を失する結果となるという考慮に基づく[36]。そうすると，使用者の責任を不当に加重しない場合には，有責性を不要と解することもできよう。とりわけ，加藤（雅）説では，営利的使用者責任類型および危険業務使用者責任類型で労働者の有責性を不要としても，報償責任や危険責任の観点から，このような責任を使用者に課しても不当に使用者の責任を重くしないという考慮が背後にあるとすると，鳩山説や我妻説とも接合することになろう。

しかし，問題は，このような重い使用者の責任を導くために715条が機能すべきかどうかであろう。715条は被害者保護という政策的考慮から賠償責任の主体を拡張し，報償責任の観点から使用者を賠償責任の主体の中に取り込んだものである。被害者保護というのは，労働者の無資力によって被害者の賠償請求権が有名無実化する恐れから保護することを意味する。つまり，不法行為の一般原則により認められる賠償請求権の弁済可能性の確保によって被害者を救済することであって，業務執行につき労働者によって加害された者を一般の不法行為の場合よりも広く賠償請求権を認めて保護することではない。したがって，労働者の有責性は必要と解すべきであろう。反対説は企業責任の厳格化による被害者の救済という方向を目指すものであるが，このような使用者の責任は労働者の行為を媒介としない固有の責任として構成されるべきである。

また，田上説は，違法性阻却事由として，使用者が労働者の行為が職務上要求される相当な行為であったことを主張・立証すべきものとする。しかし，一般の不法行為の場合と異なって，違法性の挙証責任が使用者に転換される解釈上の根拠は明らかではない。もし，解釈上労働者の行為についての違法性の立証責任が使用者側に転換できないというのであれば，被害者が加害労働者を特定し，その過失を立証しなければならないという通説の欠点は是正できないことになる[37]。

(c)　適用要件区別説と同様に，使用者責任の類型化を試みるものとして，石田（穣）説があげられる[38]。これによれば，使用者の営む事業の有する危険性お

---

(36)　鳩山秀夫・前掲注(15) 915 頁，我妻栄『事務管理・不当利得・不法行為』（復刻版・1980 年）173 頁。

(37)　森島昭夫「使用者責任」法学教室 14 号 39 頁以下，同・前掲注(29) 31 頁参照。

(38)　石田穣『損害賠償法の再構成』（1977 年）63 頁以下。

第5章　雇傭・労働契約への民法650条3項の類推適用

および使用者の資力・損害の転嫁の可能性を考慮して，次のように処理される。個人的使用者は，意思責任的不法行為責任＝使用者が労働者の選任・監督につき個人的に払うべき注意をしない責任を負う。中小企業的使用者は，客観責任的不法行為責任＝使用者が労働者の責任・監督につき客観的に要求される相当な行為をしない責任を負い，大企業的使用者には結果責任的不法行為責任＝使用者が労働者の選任・監督につき相当な行為をしても負う責任が課される。また，事業が危険を有するものであるときは，個人的使用者は，その危険性の度合いに応じて，客観責任的不法行為責任または結果責任的不法行為責任を，中小企業的使用者は，結果責任的不法行為責任を負う。715条が予想するのは，個人的使用者の意思責任的不法行為であり，その他の場合については民法の規定の欠缺が存在し，これは条理上右のように処理される。

この見解は，使用者が個人であり，また，「個人的に」払うべき注意をしないことなどを要件とする点で，715条の従来の適用要件を修正するものである。有責性不要説と適用要件区別説は要件の緩和により715条の適用範囲を拡張するのに対して，この見解は，逆にこれを限定する方向で要件を修正する。

石田（穣）説の根底には，立法者意思によって法の適用範囲を画定し，これ以外は法の欠缺として慣習法，条理，判例によって補充されるべきだとする法解釈の方法論がある。しかし，立法者の意思を唯一の基準とし，立法者が予想していたものでなければ適用範囲に含まれないとすることは，かなり硬直的な解釈論であると言わざるを得ない。また，大企業だから常に結果責任を負うべきだとすることも，その基準の曖昧さとともに，過失責任の原則を採用する民法体系と調和するかが問題となろう。

2）　使用者責任をめぐる問題を解決するための第2の方法は，使用者の責任を労働者の加害行為を媒介としないで直接的に基礎づけ，これによって715条の適用を回避することである。このことがとりわけ問題となるのは，使用者が企業の場合である。717条の類推適用によって企業に固有の責任を認めようとする見解がすでに古くから存在する。また，企業自身の不法行為を肯定し，企業に709条の責任を肯定する見解が近時有力となっている。

(a)　717条の類推適用を主張する見解としては，清水説および我妻説があげ

られる。清水説によれば[39]，現時使用者が労働者の行為により責任を負う場合は大部分あるいはほとんどすべてが，諸種の工場・交通運輸事業などの大企業において発生する。このような企業では，労働者は，機械器具などの物的要素と相並んで企業における人的要素として企業組織の一部分を形成し，事実上両者は結合して一体となっている。企業の人的要素と物的要素は相互に密接に結合して一体をなし，この結合体が完全に作用して初めて企業経営が可能となる。このような企業組織の一部分としての労働者の不法行為は，715条ではなくて，717条の類推適用により解決されるべき問題である。つまり，使用者は，工作物と同一取扱いを受くべき者の行為により生ずる損害に対し，工作物所有者として企業責任または危殆責任を負うとする。清水説は，これによって，労働者の責任を第1次的なものとし使用者に求償権を認めるという通説の不都合性を除去できるとする。しかし，これだけにとどまらず，715条をめぐる問題はこの見解ではすべて生じない。なお，715条の適用領域としては，未だ企業組織の一部分となっていない家事被用者等の不法行為の場合に限られる。

我妻説[40]は，労働者の故意・過失を715条の適用要件とすることから出発して，企業に使用せられる者の故意・過失なき行為については，企業者は715条による責任を負わないが，その責任は717条に依拠して認めることができるとする。これは，直接の行為者の責任を不問にして企業自体の絶対的責任を認めるために717条を（類推）適用する点では，清水説と同じである。しかし，企業の責任一般ではなくて，715条の適用要件が充たされない場合にはじめて717条を類推適用しようとする点で異なる。もっとも，我妻説は，企業に従事する者の普通に過失と考えられることも，近代の企業に従事して過度の機械的労務を給付する事情に即してみるときは，ある程度までこれを行為者の過失にあらずとなすことが至当であるとするから[41]，717条の適用範囲はかなり拡大され，両者の差異は縮まる。

しかし，このように活動の主体が「企業」であるということから，717条を類推適用して企業に無過失責任を認めることが，過失責任を原則とする現行不

---

(39)　清水金二郎「使用者賠償責任の基礎」法学論叢（京都大学）38巻5号（1938年）982頁以下。

(40)　我妻栄・前掲注(36)173頁。

(41)　我妻栄・前掲注(36)181頁以下。

第5章　雇傭・労働契約への民法650条3項の類推適用

法行為法体系と整合するかは疑問であろう[42]。

　また，717条の責任は過失責任だとする近時の学説の動向を前提とすると，あえて717条の文言を拡張解釈しあるいは類推適用しなければならない必要性は全くなく，717条類推適用説はその存在意義を失うことになるのではないかという指摘もある[43]。

　(b)　709条適用説は，企業も自然人と同じく709条に基づく責任を負うとする。このように企業に709条を適用するに際して問題となるのは，企業の故意・過失をどのように基礎づけるかという点である。法人たる企業そのものは，精神能力を有しないからである。そこで，1つの方法は，企業労働者の過失を企業の過失と同視することである。たとえば，戒能説[44]は，企業的な統一体が，企業的な統一体として外部に向かって活動する場合には，企業の主人も被用者も一体であり，両者を分離して考える必要はない。企業使用人が自己の正当なる職務権限としてなした行為に対しては，企業主は当然自己の行為として責任を負うべきだとする。しかし，この見解では，代表機関の過失を基礎として企業の過失が観念されると同様の平面において，あくまで企業労働者の過失の存在が基礎とされており，企業の責任を追及する場合には，企業労働者の過失を立証しなければならない。そうすると，被害者にとっては，715条に基づいて責任を追及するのと大差ないことになる[45]。

　そこで，このような具体的な企業労働者の過失を離れて，企業自体の過失を問題とすべきだとするのが，神田説である。「故意」は一定の心理状態であるから，それ自体は「意思」を有しない企業そのものに関して，「故意」を問題とすることはできない。しかし，「過失」については，近時，その本質は損害回避義務違反ないし防止義務違反であるとされている。そうだとすると，企業を構成する自然人の過失を媒介とすることなく，企業そのものに対し過失の存否を問題とすることは決して背理ではない。このように企業そのものを不法行

---

(42)　幾代通『不法行為』（現代法学全集20－Ⅱ・1977年）206頁。

(43)　神田孝夫「企業の不法行為責任について」北大法学論集21巻3号（1970年）459頁以下。

(44)　戒能通孝・前掲注(22)476頁以下および480頁。

(45)　神田孝夫・前掲注(43)465頁。その他の批判については，森島昭夫『注釈民法(19)』（1965年）265頁参照。

為主体として把握し，直截に企業に対し不法行為責任を導出する場合には，労働者の有責性を立証する必要はなくなるから，被害者の救済は容易になる[46]。また，このように解することは，いうまでもなく，対外的な関係においても労働者に過大の不利益を課すべきではないという要請にも十分応えうるものである。つまり，労働者の対外的責任はこの場合には否定されるから，紛糾している求償制限論に一応の終止符を打つことになろう。もっとも，このことは使用者からの求償の可能性が全くなくなることを意味しない[47]。

企業について固有の過失を観念できるという神田説の主張は正当であるように思われる。近時の学説では，このような企業の709条に基づく責任を明示的に否定する見解は見当たらないといってよい[48]。また，下級審判例でも，この責任を企業に認めたものがある[49]。

そうすると，使用者（企業）の責任を基礎づける法条としては，労働者の加害行為を前提とする715条の他に，709条が存在することになる。このように715条と709条がともに適用可能だと考える場合には，それぞれの適用領域はどのように画定されるのか，両者は競合的に適用し得るのかが問題となってこよう。

3）709条と715条との関連については，競合否定説と競合肯定説，さらに折衷説が対立する。

---

(46)　神田孝夫・前掲注(43)467頁以下。

(47)　神田孝夫「使用者責任における求償権について」民事研修168号（1971年）40頁以下および44頁。

(48)　学説としては，次に論ずるものの他に，たとえば，加藤一郎「企業責任の法理」ジュリ578号（1975年）44頁以下，德本鎮「企業責任」法学教室（第2期）8号（1975年）48頁などがある。

(49)　たとえば，新潟水俣病事件（新潟地判昭和46年9月29日判時642号30頁）や四日市ぜんそく事件（津地裁四日市支判昭和47年7月24日判時672号30頁），熊本水俣病事件（熊本地判昭和48年3月20日判時696号15頁），カネミ油症事件（判時866号21頁）などがそうである。もっとも，クロロキン薬害訴訟に関する東京地判昭和57年2月1日判時1044号19頁（239頁）・判タ458号187頁（265頁），東京地判昭和62年5月18日判時1231号3頁（79頁）・判タ642号100頁（127頁）および東京高判昭和63年3月11日訟務月報34巻21号2561頁（2775頁以下）などは，企業に直接に709条による不法行為責任を認めることを否定した。したがって，下級審判例の動向は明らかではなくなった。

第 5 章　雇傭・労働契約への民法 650 条 3 項の類推適用

　(a)　競合否定説は，709 条と 715 条はそれぞれ固有の適用領域を有し，その領域は明確に二分され，両者は競合することはないとする。この見解の根底には，労働者の不法行為が企業の不法行為に全面的に吸収され，労働者自身の不法行為として法的に評価されない場合が存在するという理解がある(50)。労働者の不法行為が企業の不法行為に吸収される場合に，企業はそれを自己の不法行為として 709 条に基づいて責任を負う。この場合，労働者には独自の法的評価の対象である不法行為は存在しないから，労働者には 709 条の責任は成立せず，労働者は免責される。これに対して，労働者の不法行為が企業の不法行為に吸収されず，独自の意義を有する場合には，労働者は被害者に対して 709 条による賠償責任を負うとともに，この労働者の不法行為を前提として，企業には 715 条による責任が成立することになる。

　この見解では，709 条と 715 条の適用領域の区分，換言すると，いかなる場合に企業自身の不法行為が認められて，709 条による責任が企業に成立するのかが重要な問題となる。この点については，次のような見解が存在する。

　戒能説(51)は，企業的統一体が企業的な統一体として外部に向かって活動する場合か否かを基準とする。具体的には，たとえば，企業使用人が自己の正当なる職務権限としてなした行為については，709 条が適用される。これと異なり，企業のような 1 つの組織体をなす場合でなく，そのほかの使用関係に由来する使用者の責任や，あるいは権限濫用の場合には，715 条が適用される。

　前田説では(52)，法人活動全体としての不法行為と考えられるか否か，換言すると，労働者の行為が企業活動に埋没しているかどうかが基準とされる。これは，戒能説と類似するといえよう。

　これに対して，神田説は，次のような諸事情をすべて考慮することによって，企業が 715 条の責任を負う場合と 709 条の責任を負う場合とを区別すればよいとする(53)。すなわち，(イ)労働者が自己に与えられた職務を使用者のために遂行する過程で生ぜしめた加害か否か，(ロ)労働者の相当する職務が，何びとが担当するとしても，換言すれば，その職務の性質上，第三者に損害を及ぼす危険を

---

　(50)　たとえば，神田孝夫・前掲注(43)470 頁参照。
　(51)　戒能通孝・前掲注(22)476 頁以下および 480 頁。
　(52)　前田達明『民法Ⅵ 2』(現代法律学講座 14・1980 年) 23 頁および 151 頁。
　(53)　神田孝夫・前掲注(43)471 頁以下。

356

2 使用者の求償権および損害賠償請求権の制限

内蔵しているか否か，(ハ)具体的な労働者の加害の契機となっているとしても，損害発生が広範囲にわたり，全損害額が巨額となった原因として，人的・物的諸要素からなる企業組織自体が媒介となっていないかどうか，である。

このように709条と715条の適用領域の画定基準は同じではないが，これが具体的にどのような結論的な差異を導くかは必ずしも明らかではない。いかなる場合に企業に709条による責任を課すべきかは結局政策的な判断にならざるを得ない[54]とすれば，結論は変わらないともいえよう。

(b) これに対して，競合肯定説は，709条と715条による責任が企業に競合的に成立することを認める。これは森島説の見解[55]である。この競合肯定説では，企業自身の不法行為を観念しうる場合であっても，これによって労働者自身の不法行為はなくならず，したがって，労働者は709条による責任を免れないとされる。労働者に過失が存在するときは，労働者は709条の責任を負うべきであって，組織の背後に隠れて，もし組織内にいなければ負うべき責任を免責されてしまうというのはおかしい[56]。この点で，労働者の免責を認める競合否定説は妥当でないと考えるからである。

このように労働者の不法行為が独自に存在するのであるから，企業が709条による責任を負う場合にも，労働者の不法行為に基づく715条の責任が同時に競合的に企業に成立することになる。つまり，被害者は，同一事件について，もし企業自体の不法行為を観念できるような事情の存在を立証できる場合には，企業の709条責任を追及できるし，同時に，もし労働者を特定し，労働者の個人としての過失を立証できるならば，労働者個人の責任を追及し，さらに，それを前提として，使用者の715条の責任を追及することもできる。したがって，競合否定説のように，709条と715条の適用区分について問題とする必要はない。

(c) このように競合否定説と競合肯定説は，企業の不法行為が成立する場合

---

(54) 神田孝夫・前掲注(43)471頁。

(55) 森島昭夫「使用者責任」前掲注(37)40頁，同・前掲注(29)32頁以下。

(56) 森島昭夫「使用者責任」前掲注(37)40頁，同・前掲注(29)32頁以下。同旨，福地俊雄「法人の不法行為責任に関する2・3の問題」南山法学5巻1＝2号（1981年）10頁，相本宏「法人論」『民法講座1』（1984年）169頁以下。なお，田上富信「使用者責任」前掲注(34)506頁以下は，企業が709条責任を負う場合に，被用者は免責されるとすることは解釈論的に無理だと批判する。

第5章　雇傭・労働契約への民法650条3項の類推適用

の労働者の不法行為の評価をめぐって対立し、前者はこのような評価の余地を全く認めないが、後者はこれを全面的に肯定する。これに対して、企業の不法行為が成立する場合において、労働者の不法行為を観念できる場合とそうでない場合がありうるとする見解がある。これは、競合否定説と競合肯定説の中間をいくものであるから、折衷説と呼ぶことができよう。

　たとえば、幾代説は、企業が715条責任を負う場面と、709条責任を負う場面とは、おのずと領域が分かれるであろうが、両者が同時に成立する場合もあるとされる。そして、両者が同時に成立する場合は、責任原因の一種の競合であって、被害者としては、どちらの理由づけを選択してもよいとする[57]。

　これに対して、企業の不法行為と労働者の不法行為がともに認められる場合には、709条と715条の競合的な適用ではなくて、719条を適用すべきだとする見解がある。

　これを明確に主張するのは、四宮説である。四宮説は、企業の不法行為責任を認めるべき場合の中には、構成員個人の加害行為の色彩の強い場合と反対に特定個人の行為を識別し得ない場合との中間に、企業自体の行為を観念しうるけれども同時に個人の行為も識別しうるという場合もあるはずであり、かような場合に個人の責任を問うことまで否定する必要はないとする[58]。そして、これに対応して、次の3つの場合に類型化しその適用法条を考察する。すなわち、㋑法人・企業がひとつの組織に組み込まれた多数の人と設備・機械を用いて一定の目的を追求し、その全体的活動によって他人に損害を生ぜしめた場合には、企業自体が709条によって責任を負う。㋺構成員個人の不法行為としての要素が強い場合には、715条が適用される。㋩企業自体の行為を観念しうるけれども、同時に個人の行為も識別することができる場合には、719条が適用される[59]。

　國井説[60]は、時期的には四宮説よりも早く、719条の適用を主張した。他人を使用する者への帰責をめぐる法的構成を多元的に捉えようとする観点から問

---

(57)　幾代通・前掲注(42)208頁。なお、企業と被用者とは、一種の広義の共同不法行為者の関係に立ち、内部的な分担と求償の問題になるとする。

(58)　四宮和夫『事務管理・不当利得・不法行為　中巻』(1983年) 297頁。

(59)　四宮和夫『事務管理・不当利得・不法行為　下巻』(1985年) 708頁。

(60)　國井和郎「使用者責任とその周辺問題」法時48巻12号 (1976年) 47頁以下。

2　使用者の求償権および損害賠償請求権の制限

題を考察する。そして，適用法条としては，709条，715条および719条が考えられるが，各法条の適用領域は截然と分けられる。使用者と労働者および加害行為との関係の分析を通して，労働者の過失が認定できないかないしは認定することが不都合であり，使用者に過失がある場合には，709条が，労働者に過失があり，使用者に過失がない場合には，715条が，労働者および使用者ともに過失がある場合には，719条が適用される。

　これはほぼ四宮説に対応するが，次のような点で異なる。すなわち，労働者の不法行為性が企業の不法行為性に吸収されるか，またはこれとは別個に識別されるかという観点ではなくて，労働者の過失の有無を基準とする点で，國井説は特色を有する。また，719条が適用される場合以外に，709条と715条がともに成立する場合があることを肯定する。そして，この場合には，715条が適用されるが，使用者の免責が許されず，求償が否定されることもあり，715条の原則的な処理は修正されるとする。この点にも，國井説の特色が見いだされる。

　企業と労働者の双方に過失がある場合には，719条を適用すべきだとすることは，企業と労働者がともに不法行為性を有していることを正当に評価したものといえる。しかし，このことから直ちに719条だけを適用すべきことにはならない。719条の責任を追及する場合には，被害者は企業と労働者を相手として訴えを提起しなければならない。しかし，被害者が企業の責任のみを追及すれば充分だと考える場合には，企業のみを相手とすることも許されるべきである。この場合には，企業の過失を主張・立証して709条の責任を追及することも，労働者の過失を主張・立証して企業の715条の責任を追及することも可能であろう。企業と労働者の双方の責任を同時に追及する場合に，719条が適用されることになる。このように709条，715条および719条がいわば競合的に成立しているのであって，被害者はいずれを選択することも可能であると考えるべきであろう。

　719条適用説は，715条では終局的には加害労働者に責任を収斂させる結果になり，使用者の無責任化を招来させるから，715条を排斥すべきだとする。また，共同行為者の全部責任と共同行為者間の求償を719条の適用の効用とし

359

第 5 章　雇傭・労働契約への民法 650 条 3 項の類推適用

てあげる[61]。しかし，共同行為者の全部責任を追及するかどうかは被害者の判断に任されるべきであり，その他の点は，求償権の制限や逆求償を認めることによって解決できると思われる。

(2)　求償権および損害賠償請求権の制限理論

715 条 3 項は，使用者の労働者に対する求償権を規定する。立法者は，このような求償権は諸外国でも認められており「至極適当」のことであるとした[62]。学説も，当初は，使用者の求償権に疑いをもたなかった。たとえば，鳩山説[63]は，使用者が責任を負担することによって労働者自身の不法行為責任は軽減されないとして，労働者に対する求償権の行使を全面的に肯定する。

しかし，その後，すでに冒頭で言及したような，報償責任ないし「他人のためにする行為のリスク責任」，従属労働性，および保険や価格機構による損失分散の可能性などから，使用者の求償権の制限を主張する学説が支配的となった。判例もこれを認める。さらに，このような第三者に対する加害の場合だけでなく，使用者自身が加害された場合も同様に問題となる。この場合には，使用者の損害賠償請求権の制限によって，その損失は最終的に使用者に帰せられることになる。

以下においては，このような労働者加害の類型における損失の最終的な負担についてみることにしよう。もっとも，これまで，求償権の制限が主として議論されているから，使用者の損害賠償請求権の制限については，必要な限度で言及するにとどめる。

求償権の制限理論は多岐に分かれるが，求償権の根拠との関連では次のように分類することができる。

1)　まず第 1 の類型は，使用者の求償権を使用者責任の代位責任性から当然だと理解するものである。これを前提として，具体的妥当性を確保するために，特別な法理によって求償権を制限しようとする。

---

(61)　國井和郎・前掲注(60) 49 頁。
(62)　『法典調査会民法議事速記録 5』（日本近代立法資料叢書 5・1984 年）342 頁（穂積発言）。
(63)　鳩山秀夫・前掲注(15) 922 頁以下。

2 使用者の求償権および損害賠償請求権の制限

権利濫用説[64]は，危険なる企業により多大の利益を収めている使用者が労働者に求償をなすことは信義の原則に反し，権利の苛酷なる行使として一般的に権利濫用になるとする。また，過失相殺説[65]は，賃金の低廉なること，労務の過度なること，企業施設の不十分なることや規律の乱れていることなどが加害行為の原因となったこと，その他諸般の事情を根拠として，過失相殺の理論の適用により使用者の求償権は制限されるという。これは我妻説の見解であるが，選任・監督に関する過失が非常に大にして被用者の行為とその間に相当因果関係がある場合には，例外的に求償権を制限すべきであるとする勝本説[66]も，これに属するものと評価できよう。

このように使用者の求償権の制限を肯定する場合には，労働者が第三者に賠償したときは，労働者に使用者に対する求償（逆求償）が認められなければならない。そうでなければ，使用者が賠償した場合と労働者が賠償した場合との間に不均衡が生ずることになるからである。しかし，権利濫用や過失相殺によっては，使用者の求償権を制限することは可能であるとしても，このような労働者の逆求償権を基礎づけることはできない。

そこで，加藤（一）説[67]は，この不均衡を回避するために，労働者と使用者の行為が共同不法行為になるかどうかを問題とすべきだと主張する（共同不法行為説）。共同不法行為が成立する場合には，共同不法行為者間の負担部分に応じて，使用者は求償し，労働者は逆求償することができる。なお，求償権の根拠については，本来の責任者が労働者であるという715条の構造からすれば当然であるとして，代位責任性に求めるが，さらに，労働者の債務不履行による責任でもあるとする。

共同不法行為説が労働者の逆求償を考慮したことは高く評価できる。しかし，この説が自ら認めているように，共同不法行為ということになると，その成立する場合は極めて限られており，求償の制限を事実上断念する結果になろ

---

(64)　石田文次郎『債権各論』（1947 年）273 頁および 277 頁。この見解では，3 項が求償権を規定することから使用者責任は他人の行為に対する責任であると結論せざるを得ないとされる。

(65)　我妻栄・前掲注(36)178 頁。

(66)　勝本正晃『債権法概論（各論）』（1949 年）325 頁以下。

(67)　加藤一郎『不法行為』（増補版・1974 年）190 頁以下。同旨，高梨公之「不真正連帯債務」『判例演習債権法Ⅰ』（1963 年）102 頁。

第 5 章　雇傭・労働契約への民法 650 条 3 項の類推適用

う[68]。また，これは，使用者の損害賠償請求権の制限に関しては妥当しない。

　2）　次に，使用者の求償権の根拠を不真正連帯債務に求める見解がある。使用者が 715 条の責任を負う場合にも，労働者は不法行為責任を免れることはできない。715 条による使用者の責任と 709 条による労働者の責任とは，連帯債務ではなくて不真正連帯の関係に立つとするのが判例・通説である。連帯債務において必要とされる主観的共同関係が使用者と労働者との間には不法行為に関して存在しないこと，実際上も不真正連帯債務のほうが被害者保護に厚くなることが，その理由である。

　ところで，不真正連帯債務では当然に求償関係が認められるわけではなく，不真正連帯債務者間のそれぞれの法律関係にまかされるというのが通説である。これに対して，椿説は，不真正連帯債務の属性として求償関係を肯定する[69]。この見解によれば，715 条 3 項は不真正連帯債務の求償関係中に位置づけられるべき一規定とされる。つまり，使用者の求償権は不真正連帯債務者間の求償関係であり，使用者は労働者に対して負担部分の割合に応じて求償しうることになる。使用者責任を含む不真正連帯債務者間の負担部分は，過失の割合だけでなく結果発生に対する加功度ないし原因力をも考慮して決定されるが，認定の基礎となる具体的諸事情は，上記の我妻説が掲げるものを取り込んでけばよいとされる。また，労働者が賠償したときは，この基準に従って，使用者に対して分担請求（逆求償）できる。

　この見解は，同教授が指摘するように，不真正連帯債務者間に求償関係を認める点では，於保説[70]と基本的方向を同じくする。しかし，於保説では，負担割合は各債務者の過失割合により決定され，その結果，労働者が全部負担するとされるのに対して，過失割合だけでなく結果発生に対する加功度ないし原因力をも考慮し，その結果，使用者に過失がなくともその負担部分はゼロとはならないとする点に，椿説は特徴を有する。また，不真正連帯債務者間の求償とする点では，加藤（一）説と近似する。しかし，加藤説は，共同不法行為の成立を前提として，この共同不法行為者の 719 条の責任を不真正連帯債務と解す

---

(68)　浅野直人『新版判例演習民法 4』（1984 年）311 頁参照。

(69)　椿寿夫・判時 525 号（1968 年）121 頁以下。

(70)　於保不二雄『債権総論』（新版・1972 年）249 頁以下。

362

る[71]。これに対して，椿説は，被害者に対する使用者の715条責任と労働者の709条責任とが不真正連帯債務の関係にあるとする。したがって，椿説では，共同不法行為の成立は必要ではないから，使用者の求償権の制限は広く認められることになる。また，そもそも使用者と労働者の責任分担が考えられている点は，使用者責任の代位責任的構成から離れたものといえよう。

この見解に対しては，次のような批判がある[72]。まず第1に，715条3項の規定が不真正連帯債務者相互間の求償を定めたものと解するなら，労働者から使用者に対する求償も認められることになり，規定の仕方もそうすべきであるが，同条3項は使用者からの求償だけを定める片面規定である。第2に，不真正連帯債務の求償構成だと，求償権制限の対象となる使用者の損害は使用者が被害第三者に支払った賠償額に限定されることになる。したがって，使用者自身が直接に被った損害の賠償請求権はこれによって制限することはできない。

3）　求償権制限の第3の見解は，使用者の求償権の法的性質を労働者の債務不履行または不法行為による損害賠償責任として理解するものである。これは，さらに，(a)どのような場合に債務不履行責任または不法行為責任が労働者に課されるかという観点から考察し，損害賠償責任の成否およびその責任の範囲を問題とするものと，(b)これを不真正連帯債務者間の求償関係として，両者の負担割合の決定を問題とするものとに分けられる。

(a)　前者に属するものとしては，以下の学説があげられる。

(ア)　中元説[73]は，使用者と労働者の間に雇傭契約が存在する場合には，求償権は債務不履行に基づく損害賠償請求権と構成される。このような請求権を認めるべきか否かの判断にあたっては，労働者が「債務ノ本旨ニ従ヒテ」履行したかどうかという点が重要になるとする。具体的には，労務の内容がどの程度の注意・技能・素養を要するか，労働者がどの程度誠実に労務に服していたか，労働者が当該行為の際使用者の指揮命令にどの程度従っていたか，さらに，

---

(71)　加藤一郎・前掲注(67)205頁以下および212頁参照。

(72)　田上富信「自動車事故と民法715条3項による求償権の制限」民法の判例（第3版・1979年）190頁。

(73)　中元紘一郎「被用者に対する求償」ジュリスト総合特集・交通事故——実態と法理（1977年）133頁以下，同・交通事故判例百選（1968年）14頁，同・交通事故判例百選（第2版・1975年）148頁。

第5章　雇傭・労働契約への民法650条3項の類推適用

賃金の低廉，労務の過度，企業施設ないし車両整備の不十分，規律の乱れ，任意保険不加入などの事情が考慮されるべきである。また，法的構成としては，一般的には信義則を，具体的場合に応じて，過失相殺，権利濫用等を弾力的に用いて損害の公平な分担が図られる。また，両者の間に契約関係がない場合には，内部関係を不法行為と構成し，損害の公平な分担は信義則，過失相殺等を用いてなされる。

　淡路説[74]も，基本的にはこれと同じ観点から，次のように述べる。まず第1に，両者の間に雇傭契約関係がある場合についてであるが，ここでは，使用者・被用者間の雇傭契約における被用者の「債務ノ本旨」とはなにかが問題となる。被用者が職務執行の範囲内において第三者に損害を与えた場合には，被用者に故意・重過失があるときは「債務ノ本旨」に従った履行とはいえず，使用者は求償しうる。これに対して，被用者が軽過失のときは，使用者は求償できない。これは使用者にとって当該事業に通常不可避的に伴なう危険と考えられるからである。職務執行の範囲を逸脱した行為により第三者に損害を与えた場合，たとえば，無断私用運転や権限濫用の取引的不法行為のような場合には，軽過失の場合でも，被用者の債務不履行が存在し，使用者は求償することができる。第2に，使用者と被用者の間に契約関係がない場合には，不法行為の原則に従って，被用者は軽過失についても求償義務を負う。ただし，雇傭関係におけると同様な事実上の指揮監督関係にある場合には，雇傭に準じた処理がなされるという。

　中元説と淡路説は，「債務ノ本旨」との関連で考える点では同じである。しかし，これを判断するに際して考慮される事情は，淡路説では主として労働者の故意・過失であるが，中元説ではこれだけにとどまらない。この点に，両者の差異が見いだされる。

　(イ)　これに対して，労働者の過失を相対的に認定し，被害者に対する関係では過失があっても，使用者に対する関係では過失がないとして，労働者の債務不履行を否定する見解がある。

　たとえば，舟本説[75]は，使用者が労働者に対して請求できるためには，事

---

(74)　淡路剛久『連帯債務の研究』（1975年）291頁以下。

(75)　舟本信光『自動車事故民事責任の構造』（1970年）106頁以下。

2 使用者の求償権および損害賠償請求権の制限

故発生の際の運転者の運転行為が事故被害者に向けられた過失であるばかりでなく，それがただちに使用者に向けられた労務契約違反または故意・過失として評価できる場合でなければならないとする。そして，通常軽過失の危険は業務のシステム自体の危険として吸収されている。また，無断運転などは使用者に対する違法性の典型であろうが，この場合も，使用者側の素質的寄与としての過失相殺による制限は考慮される。無免許運転・酒気運転などは，事故被害者との関連では重大な過失として評価されるが，それが使用者の慫慂・許容によるものであれば，使用者に向けられた過失としては評価されなくなるとする。

川井説[76]は，結論的に，労働者に故意・重過失があるときにのみ使用者は求償することができ，労働者に軽過失があるにとどまるときは，使用者の求償権の行使は許されないとする。求償権は労働者の債務不履行ないし不法行為を根拠とするから，民法の一般原則によれば，労働者に軽過失があれば，使用者の求償権は認められることになる。しかし，使用者責任においては，企業責任の思想を重視し，労働者の軽過失は通常使用者が予測してそれより生ずる危険の分散措置を講ずることが可能であり，またそれが要請されることから，この一般原則が修正される。その理論構成は，労働者の過失を相対的にとらえ，労働者には対外的には過失があるとしても，使用者との関係では過失があるとはいえないということに求められる。

このように労働者が軽過失のときは，労働者の使用者に対する債務不履行は成立しないとすると，労働者を免責するためには，軽過失の存在を認定すれば足り，労働条件の劣悪，設備の不備，任意保険への不加入などの事実を認定する必要はないことになる。また，これらの見解では，淡路説も含めて，原則的には，軽過失＝全部免責，故意・重過失＝全部責任という結果になる。したがって，責任の一部を肯定または免除するというような中間的な解決が妥当だと考える場合には，さらに他の法理を付加する必要がある。さらに，これらの理論によって，使用者の求償権＝損害賠償請求権を制限することができても，労働者の逆求償権を基礎づけることはできないであろう。川井説はこれを肯定するが，その根拠は示されていない[77]。淡路説は，使用者と労働者との間に一

---

(76)　川井健「使用者の求償権」『現代不法行為法研究』（1978年）102頁以下。同旨，能見善久・法協95巻3号（1978年）603頁。

(77)　川井健・前掲注(76)104頁。

第 5 章　雇傭・労働契約への民法 650 条 3 項の類推適用

種の共同不法行為的な関係が成り立つ場合にのみ，共同不法行為者間の負担部分の考えによって逆求償権が認められるとする[78]。しかし，使用者の求償権の制限はこのような共同不法行為的な関係が存在する場合に限定されないのに，逆求償については，なぜこのような関係が成立する場合に限って認められるべきなのかは明らかではない。また，この見解では，共同不法行為的な関係が認められないときは，使用者が賠償した場合と労働者が賠償した場合との間に不均衡が残ることになろう。

　(ウ)　これに対して，田上説[79]は，労働者の賠償責任をオールオアナッシングではなくて，変数的なものとして把握する。すなわち，求償の範囲＝労働者の賠償額は，労働者の有責性の程度を一般的基準とし，圧力状態および使用者の過失相殺事由をその修正要素として決定されるとする。具体的には，賠償額は，故意・重過失・軽過失というように，その非難性の大小によって差がつけられる。また，一般に，圧力状態が存在する場合には，労働者が軽過失のときは責任を完全に免除する方向性を確立すべきであるが，圧力状態が強度である場合には，重過失の場合でも完全に免責される場合がある。このような責任制限の根拠は，使用者の経営危険に求められる。つまり，労働者が危険性のあるあるいは圧力状態にある労働を遂行する上での過ちは，経営領域（支配）内で生じたものである限り，あたかも機械が故障したときの損害と同じように，使用者によって負担されるべきだという考えが基礎とされる。

　田上説の特徴は，労働者の債務不履行ないし不法行為の成立要件を否定するのではなくて，その賠償額が経営危険を理由に制限されるとする点にある。このような経営危険の考えに基づいて，使用者責任の求償権だけでなく，使用者自身が直接に被った損害の賠償請求権も同様に制限することができる。前者は第三者にいったん賠償額を支払う点で損害の発生態様に特殊性があるだけであり，法律構成のうえでとりたてて後者と区別する実益はないからである。

　また，田上説によれば，労働者は第三者に対する損害賠償義務を一定限度で

---

(78)　淡路剛久・前掲注(74)301 頁。

(79)　田上富信「被用者の有責性と民法 715 条（その 2）」鹿大法学論集 9 巻 2 号（1974 年）57 頁以下，69 頁以下，同「使用者責任と使用者の求償」『民法学 6』（1975 年）112 頁以下。

2 使用者の求償権および損害賠償請求権の制限

免れることができる[80]。国家賠償法1条の解釈として，公権力を行使する公務員が少なくとも軽過失の場合には対外的責任を免れるとするのが判例・通説であり，そこで免責の根拠としてあげられていることは，ここでも妥当する。また，使用者に対する逆求償という形で損害賠償請求がなされることは，企業平和の観点から好ましくないからである。労働者の対外的責任の割合は，労働者の有責性の程度による責任を一般的基準として，圧力状態の強弱をその修正要素として決定される。さらに，被害第三者が労働者以外の責任主体からどの程度賠償が得られる可能性があるかという事情も，考慮される。たとえば，法人成りした経営主に資力が十分でなく，あるいは零細な個人企業などの場合には，労働者の対外的責任の軽減または免除は認められない。この場合，第三者に賠償した労働者は，使用者に対して逆求償することができる。このように労働者の第三者に対する責任制限は，使用者に対するそれと免責範囲が必ずしも一致しない。

このように労働者の対外的責任を否定することに対しては，一般に被害者保護の強化に努めてきた不法行為法理論の方向に逆行することになるという批判がある[81]。また，業務中の事故であることを知らずに最初に労働者を訴えたような場合には，被害者は賠償金を完全に取り損なってしまう可能性がある[82]。同様のことは，使用者の賠償能力が不十分だと誤って認識して労働者を訴えた場合にも妥当する。また，使用者の賠償資力が乏しいときは，労働者は全部賠償する責任を負うのであるから，結局，労働者の対外的責任が否定されるのではなくて，労働者に従たる債務[83]ないし保証債務的な賠償責任を認めるものといえよう。しかし，労働者の賠償義務をこのように解すべき法的根拠は明らかではない。

(b) 求償権の根拠を債務不履行に求めつつ，不真正連帯債務との関連で考察するものとしては，武久説および幾代説があげられる。

まずはじめに武久説からみると，不真正連帯債務者間に特別の法律関係が存

---

(80) 田上富信「被用者の有責性と民法715条（その2）」前掲注(79)77頁以下，同「使用者責任と使用者の求償」前掲注(79)118頁以下。

(81) 森島昭夫・前掲注(29)31頁。

(82) 座談会「使用者責任をめぐって（下）」Law School 19号（1980年）72頁（加藤発言）。

(83) 座談会「使用者責任をめぐって（下）」前掲注(82)70頁（加藤発言）。

第 5 章　雇傭・労働契約への民法 650 条 3 項の類推適用

在するときは，これに基づいて求償関係が生ずるとする通説的立場を出発点として，内部求償の根拠を使用者・労働者間に存する契約ないし契約が存在しないときは擬制された「事実上の契約関係」に求める[84]。この場合，使用者においては，労働者が業務を執行するについて諸事故が生じないように善良なる管理者の注意をもって事前措置を講ずる契約上の義務を負う。他方，労働者は，使用者の指揮・監督の下に，合理的注意を払って業務を遂行する義務を負う。使用者と労働者の求償の割合＝負担部分については，かかる契約義務の違反を比較衡量することにより，裁判官が正当かつ公平にこれを決する。ただし，判断の対象となる義務違反は，当該違法行為と広い意味で原因関係にあるものに限られ，具体的には，我妻・椿・中元説があげるような要素が考慮される。また，企業の報償性や危険性あるいは国賠法 1 条 2 項等を考慮し，労働者の軽過失の場合には求償を否定するのが妥当だとする。

幾代説によれば[85]，使用者の求償または求償権の制限の問題は，使用者・労働者間の契約関係の中で，労働者がその契約上の義務の履行に関連して使用者に損失を与えた場合に，労働者はどのような要件の下で，またどのような範囲内で使用者に対して債務不履行による損害賠償義務または損失填補義務を負うか，という問題の一環を形成する。求償権が制限される場合には，労働者の使用者に対する債務不履行責任の量自体が，使用者の容態に応じて，一種の客観化された過失相殺ともいうべき事情によって，合理的に限縮されており，こうした両者間の損失分担割合が，外部の不法行為被害者に対する不真正連帯債務における両者の負担部分の割合であるとされる。

これらの見解は，不真正連帯債務の負担部分を考える点では，すでに述べた椿説に類似する。両者の差異は，これらの見解が不真正連帯債務には求償権は原則的に認められないという見解を前提として，使用者の求償権＝不真正連帯債務の負担部分の基礎を労働者の使用者に対する債務不履行責任に求める点にある。

しかし，このように労働者の使用者に対する責任の根拠を労働者の債務不履

---

(84)　武久征治「被用者に対する求償の制限」『現代損害賠償法講座(6)』(1974 年) 105 頁以下，同「会社の従業員に対する求償権の行使と権利濫用の法理」法時 46 巻 2 号 (1974 年) 145 頁。

(85)　幾代通・前掲注(42)200 頁。

368

行にのみ求め，その責任の制限だけを問題とすることは不十分であろう。使用者と労働者の間には常に契約関係が存在するとはいえないし，契約関係がある場合でも両者間に不法行為責任は成立するからである。

　なお，並木説[86]は，715条3項は正に不真正連帯債務者たる使用者・労働者間の求償関係を同条1項に吻合させて使用者側から規定したものと解する。そして，使用者責任には，使用者が固有に負担すべき結果責任的部分が存在するが，使用者と労働者の負担部分は，結局，使用者責任のうちに結果責任を導入する縁由となった報償責任，企業責任ないし危険責任の趣旨にのっとり公平の見地から定められることになろうとされる。この見解では，使用者の求償権を不真正連帯債務の属性として認めるのか，または債務不履行を根拠とするのかは明らかではないが，一応，ここであげておきたい。

　4)　さらに，使用者の求償権を原則として否定する見解がある。

　たとえば，川添説[87]は，使用者の責任と労働者の責任とは不真正連帯債務であり，相互間の内部関係においては，そのいずれが賠償の責任を負うべきかによって求償権の成否が決せられる。しかし，内部関係においては，労働者は自己の不法行為によって生ぜしめた損害については自ら賠償の責任を負うべきであって，使用者に対してその負担を要求しうべき筋合いでないのと同様に，使用者も報償的ないし危険的責任制度によって自ら賠償の責任を負うべき範囲においては，労働者に対しその負担を要求しうべき筋合いではないといわなければならない。つまり，使用者責任と労働者の負担する責任とは，内部的にも外部的にも独立であって，そのいずれが被害者に対し賠償の責任を果たしても求償権は成立しないものである。もっとも，労働者に故意・重過失のあったときは，その損害は労働者が負担すべきものであって，使用者に求償権が成立するものとすることが最も事理の当を得たものということになるであろうとされる。

　しかし，使用者責任と労働者の責任の独立性を強調して求償関係を否定しながら，故意・重過失の場合には求償権が認められることを論理的に説明しうる

---

(86)　並木茂「求償権」判タ268号（1971年）117頁。

(87)　川添清吉・前掲注(31)139頁以下。

第 5 章　雇傭・労働契約への民法 650 条 3 項の類推適用

かは疑問である[88]。また，労働者に軽過失がある場合にはその損害は必ずしも労働者の負担すべきものではないとして，使用者の求償権を否定するが，そうだとすると，労働者が賠償したときは，使用者に対する求償が認められるべきことになろう。

　使用者の求償権を否定する見解としては，さらに，伊藤説があげられる[89]。これによれば，労働者の加害行為が，外形上職務遂行行為とみられるとき，その加害は企業の人的組織の瑕疵によるものとみて，これに関する規定である715 条を適用して，企業自体の不法行為責任を認めるのが妥当である。つまり，715 条によって企業が不法行為責任を負うのは企業自身の責任としてであるから，企業が 715 条の不法行為責任を負担したとしても，求償の問題は生じない。ただし，労働者の行為が，企業との関係で一般的不法行為を成立させるときは，この結果として企業は被害者に支払った損害額を労働者に損害賠償として請求していくことができる。具体的には，労働者の過失——軽過失・重過失とも——による場合は，その加害行為は企業活動に当然内在するものとみて，企業に対する不法行為は成立しない。事実行為における故意の場合は企業の支配から逸脱して企業に損害を及ぼしたことから企業に対する不法行為の成立を認める。取引行為における場合は，職権濫用の場合にいたってはじめて企業の支配から逸脱したということで不法行為の成立を認めるのが妥当だとする。

　これは，企業自身の不法行為責任という観点を強調する点に特徴があるが，労働者に対する求償に関しては，これを債務不履行または不法行為による損害賠償だとする第 3 の類型の学説とそれほど異ならないように思われる。つまり，使用者に対する債務不履行または不法行為による損害賠償を，第 3 類型の学説では，使用者の求償権として理解するのに対して，伊藤説は，使用者固有の責任の観点から使用者の求償権を否定し，労働者の不法行為責任を求償権とは無関係な独自の責任とするものだからである。

　5)　最後に，使用者責任の類型論を主張する見解がある。これは，前述した加藤（雅）説である[90]。これによれば，使用者責任は，非営利的使用者責任類

---

(88)　淡路剛久・前掲注(74) 284 頁参照。

(89)　伊藤進『不法行為法の現代的課題』(1980 年) 127 頁，130 頁以下。

(90)　加藤雅信・前掲注(29) 46 頁以下。

370

型，営利的使用者責任類型および危険業務使用者責任類型に分けられ，これに応じて使用者責任の成立要件を区別する。そして，求償についてもこれを区別し，非営利的および営利的使用者責任類型では，労働者の故意・過失を，危険業務使用者責任類型では，労働者の故意・重過失を要件とする。この要件を満たすと，使用者の求償権が成立するが，この場合でも，使用者と労働者の間に一種の負担割合が観念されると考える。この内部的な負担割合を超えて労働者が被害者に賠償したときは，使用者に逆求償することができる。

　この見解は，使用者責任の根拠との関連で類型化する点で興味深いものがあるが，しかし，その主張は極めて概括的である。求償権との関連では，内部的な負担割合の決定基準，負担割合の法的性質などについて明らかにする必要があると思われる。

(3)　求償権および損害賠償請求権の制限に関する判例

　1)　使用者の求償権および損害賠償請求権の制限について，これまでに主として21件の判例が存在する。この中で，求償権の制限のみが問題となっているものが9件，使用者の損害賠償請求権のみに関するものが3件，使用者の求償権と損害賠償請求権がともに問題とされているものが9件[91]である。両者が問題とされた判例では，一般的には，求償権と損害賠償請求権は区別されず，同一の理論によって制限されている。とりわけ，東京地判昭和45年3月25日（下民集21巻3＝4号469頁，判時688号30頁，判タ246号177頁）は，使用者が労働者に対して有する求償権は，715条3項を請求権発生の根拠規定とする特殊な請求権ではなく，債務不履行もしくは不法行為に基づく損害賠償請求権に他ならず，その意味では，両者を区別して取り扱う必要はないと明示的に述べる。また，使用者の損害賠償請求権だけが問題とされた事例でも，求償権の制限と同じような認定事実を基礎としてこれを制限する。これらのことからすると，判例では，求償権の制限と損害賠償請求権の制限とは同一レベルの問題として扱われているといえる（もっとも，長崎地裁佐世保支判昭和49年8月

---

(91)　最判昭和51年7月8日（民集30巻7号689頁）は，これに属する。したがって，この事件の一審判決である水戸地判昭和48年3月27日（判タ302号258頁）も，この類型に含まれる。このことは判例の掲載誌では明確でないが，民集30巻7号697頁から明らかである。

第 5 章 雇傭・労働契約への民法 650 条 3 項の類推適用

7 日（交民集 7 巻 4 号 1111 頁）は，求償権については労働者の責任軽減を認めるが，使用者の損害賠償請求については全額責任を肯定する）。したがって，両者は区別しないで考察することができよう。（なお，その後，労働者からの逆求償が争われた事案が出現し，鳥栖簡判平成 27 年 4 月 9 日・控訴審の佐賀地判平成 27 年 9 月 11 日判時 2293 号 112 頁・労判 1172 号 81 頁はこれを肯定した。これについては，第 6 章 3 ⑵ 3）参照。）

　まず第 1 に，判例の多くは，何らかの労働者の責任制限を認めるが，労働者の責任を制限しないで使用者の権利行使を全額肯定したものも 3 件存在する。東京地判昭和 44 年 10 月 22 日（判タ 242 号 275 頁）および大阪高判昭和 45 年 4 月 15 日（下民集 21 巻 3 ＝ 4 号 587 頁，判タ 251 号 309 頁）では，会社の車を無断で運転中の事故による損害が問題とされており，いずれも全額の権利行使が肯定された。これに対して，東京高判昭和 49 年 6 月 26 日（交民集 7 巻 3 号 651 頁）では，会社の業務として自動車で商品を出張販売している途中，運転手の過失によって惹起された自動車事故による損害が問題とされているにもかかわらず，使用者の損害賠償請求および求償を全額肯定した。これは，使用者が小企業であることを重視した結果であるように思われるが，具体的な事実関係からしても労働者の責任軽減を認めることが妥当な事案であったといえよう。

　第 2 に，責任制限を認める判例ではどのような法理がとられているかであるが，その 1 つとして，(a)信義則・権利濫用があげられる。①東京地判昭和 48 年 3 月 15 日（判時 715 号 82 頁）は権利濫用を，②水戸地判昭和 48 年 3 月 27 日（判タ 302 号 258 頁）は信義則および権利濫用を根拠とする。③最判昭和 51 年 7 月 8 日（民集 30 巻 7 号 689 頁）は，信義則に求め，「使用者は，その事業の性格，規模，施設の状況，労働者の業務の内容，労働条件，勤務態度，加害行為の態様，加害行為の予防若しくは損失の分散についての使用者の配慮の程度その他諸般の事情に照らし，損害の公平な分担という見地から信義則上相当と認められる限度において，労働者に対し右損害の賠償又は求償の請求をすることができる」と判示した。名古屋地判昭和 59 年 2 月 24 日（判時 1118 号 195 頁）および福岡高判昭和 59 年 6 月 6 日（判時 1139 号 121 頁）は，これに従う。

　次に，(b)条理や公平を根拠とするものがある。たとえば，①東京地判昭和 46 年 9 月 7 日（下民集 22 巻 9 ＝ 10 号 928 頁，判タ 270 号 281 頁）は，(ⅰ)事故の発生に備えてしかるべき額の自動車損害賠償責任保険（任意保険）に加入して損

害をカバーする措置をとるべきなのに，使用者がこれを怠り，(ii)当該労働者のような運転の初心者に，その担当の職務でないのにかかわらず臨時に会社の自動車の運転を命じ，その結果初心者にありがちな過失によって損害が生じたときは，その損害を自ら負担するのが社会の条理というべきであるとして，使用者の求償を否定した。また，②福島地裁いわき支判昭和49年7月22日（交民集7巻4号1087頁）は，自己の事業活動の一環として労働者を自動車運転の業務に従事させ，これによって産み出されるところの収益を収めるものは，自動車の運行が他人の生命・身体あるいは財産等を侵害する危険性を常に伴うものである以上，その危険性をあらかじめ計算したうえで事業を営み，事故が発生してその危険性が現実化した場合には，それが収益を収めるべき事業活動にいわば必然的に随伴するものと考えるべき範囲に属するものである限り，自らその責任を負担すべきであると考えるのが社会の条理であるとして，同様に使用者の求償を否定した。

　これに対して，③大阪高判昭和53年3月30日（下民集29巻1-4号184頁，判時908号54頁）は，使用者の求償を全面的に否定するのではなくて，労働者の賠償額を条理に基づいて制限し，損害額の約5割の限度で使用者の賠償請求を認めた。また，④東京地判昭和45年3月25日（前掲）は，公平の原則から，使用者が賠償を求め得る割合を制限した。事案は，タクシー会社の運転手が1年2カ月の間に4回の自動車事故を起こしたというものである。最初の3回に関しては，その請求権の行使は信義則上許されず，権利濫用とされた。これは，労使間の話し合いでいったん不問に付されたにもかかわらず，請求権を行使することが信義則違反・権利濫用とされたのであるから，ここでの問題とは関連しない。4回目の事故に関して，裁判所は，タクシー会社が運転手を事故発生の危険性が極めて高い車両運行の業務に従事させ，これにより企業収益をあげていることから，タクシーの水揚げに対して占める運転手の給与部分を超えて運転手に損害を負担させることは公平の原則上妥当でないとした。そして，保険加入等の事前の措置を怠っていたことから，運転者の負担すべき危険の半分をさらにタクシー会社に負担させるのが公平であるとして，結局，18%の限度で労働者の責任を認めた。

　また，⑤名古屋地判昭和62年7月27日（判時1250号8頁）は，労働過程上の軽過失に基づく事故については，労働関係における公平の原則に照らして，

第5章　雇傭・労働契約への民法650条3項の類推適用

損害賠償請求権を行使することができないものと解するのが相当であるとして，軽過失免責を肯定する。さらに，労働者が責任を負う場合にも，雇傭関係における信義則および公平の見地から，その賠償額は当該事件に現われた一切の事情を斟酌して具体的に定められるべきだとする。この立場から，勤務中の居眠りにより高価な機械を損傷した事例において，居眠りを重過失と認定したが，具体的事情を考慮して，4分の1の限度で賠償義務を認めた。

　この判例は，全部免責→賠償額の制限というように，2段構えで労働者の責任を軽減しようとするものであるが，⑥青森地判昭和44年11月20日（判時576号77頁）も，理論的根拠は異なるが，同様の構成をとる。すなわち，賃金の低廉，労務の程度，企業施設の不十分，規律のみだれ等が当該労働者の加害行為の原因となっており，かつ当該労働者の行為が軽過失による場合においては，信義則上使用者による求償権の行使は権利濫用として制限される。これに該当しない場合でも，損害分担の公平上，使用者が労働者に求償しうるのは，損害賠償として相当な範囲に限られるとする。

　(c)不真正連帯債務説によるものとしては，①大阪地裁岸和田支判昭和51年6月9日（判時842号102頁）および②神戸地判昭和48年2月21日（前掲）がある。これらは，715条3項を被害者に対して相互に責任を負う者の不真正連帯債務内部における雇傭契約等の特別の関係の存在に基づく求償を規定したものと理解し，その負担部分は相互の契約義務違反の程度を比較衡量しまたは当該事件の一切の事情を考慮して決すべきものとする。

　③京都地判昭和38年11月30日（下民集14巻11号2389頁，判時364号40頁）は，共同不法行為に基づく不真正連帯債務者間の負担部分を根拠とする。しかし，これは，使用者が当該労働者を運転手として選任することが適当でないことを知りながらあえてこれを運転手として勤務せしめ，これが事故の発生の一因でもあったという特殊な事案に関するものであるから，一般化することはできない。

　(d)この他に，松江地裁浜田支判昭和42年11月21日（下民集18巻11＝12号1122頁，判時517号79頁）および福岡高判昭和47年8月17日（高民集25巻4号287頁，交民集5巻4号919頁）は過失相殺説を採用し，長崎地裁佐世保支判昭和49年8月7日（前掲）は，報償責任の原理に基づいて求償権の制限を認める。大阪地判昭和46年7月30日（交民集4巻4号1099頁，判タ270号340

374

頁）は，特に理論的根拠を示すことなく，諸般の事情を総合的に考慮して労働者の責任を制限した。

2）　このように責任制限法理は異なるが，具体的判断に際して考慮されるべき事情については，判例の多くは，当該事例の諸般の事情を総合的に判断して，責任軽減の割合を決定すべきだとする。考慮すべき具体的事情は，最高裁昭和51年判決によってほぼ網羅的にあげられているから，これを参照すれば足りよう。

注目すべきことは，まず第1に，労働者の過失の程度に関してである。多くの事例では，労働者の軽過失が問題となっている。しかし，労働者に重過失が認められた事例でも，全額の責任が労働者に課されているわけではない。大阪地判昭和46年7月30日（前掲）は，業務中飲酒の上ジグザグ運転するという重過失によって惹起された交通事故による損害について，7割の限度で労働者の責任を肯定した。また，名古屋地判昭和62年7月27日（前掲）では，勤務中の居眠りにより高価な機械を損傷したことは重過失に基づくものと認定されたが，労働者の責任は損害額の4分の1の限度とされた。また，判例の中には，軽過失全部免責の立場を主張するものがある。京都地判昭和38年11月30日（前掲）および福島地裁いわき支判昭和49年7月22日（前掲），名古屋地判昭和62年7月27日（前掲）がそうである。前二者は，労働者の軽過失を認定して，結果的に全部の免責を肯定するが，後者は，前述したように，重過失の事例であるため，これを適用できなかった。

第2に，賃金の低廉および使用者が任意保険に加入するなどの事前措置を講じていないという2つの事情が，他の事柄に比べて，多くの判例で考慮されている。これらは，たしかに，損害の公平な分担の観点からすると，労働者の責任を軽減し，使用者に損失を負担させるための理由となり得る。しかし，このことから，もし逆の事情が存在する場合には，労働者が責任を負担しなければならないという結論を導き出すことはできないであろう。このような全部の責任負担を正当化できるほど労働者の賃金が高額であることは一般的には考えられない。また，任意保険の加入という事情は，任意保険に加入していれば，使用者と労働者間で紛争が生じなかったであろうということを意味するにすぎない。保険が締結されていても，損害額が保険によってカバーできないような場

第 5 章　雇傭・労働契約への民法 650 条 3 項の類推適用

合，その損害額は労働者が当然に負担すべきだということにはならない（大阪
地裁岸和田支判昭和 51 年 6 月 9 日（前掲）参照）。

　第 3 に，責任軽減の割合が 75% から全部の免責に至る範囲に属する判例が
圧倒的に多い（75%－4 件，80% 代－5 件，全部免責－6 件）。その他には，5 割の
軽減を認めたものが 2 件，3 割の軽減を認めたものが 1 件あるにすぎない。3
割の軽減は労働者が重過失の事例であるから，無断使用による交通事故を除い
て，通常の場合には，少なくとも 50%，多くの事例では，75% 以上の軽減が
認められるといえよう。

　労働者の責任額と 1 カ月の給与額の関連についてみると，これを明確に意識
して論じているのは，東京地判昭和 45 年 3 月 25 日（前掲）である。ここでは，
タクシー運転手の交通事故について，現実化した危険を水揚げ（約 14 万円）に
対して占める運転者の給与部分（約 5 万円）を超えて運転者に負担させること
は公平の原則上妥当でないとされた。つまり，労働者の責任額は損害額の 14
分の 5，保険加入の事前措置を講じていないことを理由にさらにその半分とし
た。これほど明確ではないが，大阪高判昭和 53 年 3 月 30 日（前掲）は「損害
額の約 5 割であって年収の 2 倍半に相当する」額とする。これらを除いて，判
例では，賃金の低廉が考慮すべき一事情とされているにもかかわらず，両者の
関連はあまり意識されていないようである。実際的には，計算可能な限りでは，
1 カ月の給与の約 14 カ月分以内が大半である[92]。30 カ月分に相当する額を課
した右の大阪高裁昭和 53 年判決は極めて異例に属する（なお，大阪地判昭和 46
年 7 月 30 日（前掲）では，258 万円の賠償責任が労働者に課された。1 カ月の給与
額は明らかではないが，恐らくこれが最高の倍率であろう）。

---

(92)　ドイツでは，たとえば，連邦労働・社会省の 1970 年の法案では，労働者の損害賠
　　償義務は 3 カ月の賃金を超えることは許されないものとされ，また，ドイツ労働組合連
　　盟（Deutscher Gewerkschaftsbund）の 1968 年や 1977 年の案では，1 カ月の賃金を，
　　特別な場合には，3 カ月の賃金を超えることはできないとされている。Vgl., Dütz,
　　Gefahrengeneigte Arbeit, NJW 1986, 1779 (1785).

376

3 労働者加害の類型と民法 650 条 3 項

⑴ 民法 650 条 3 項と受任者の加害

1) 使用者は，労働者に損害の危険を伴う労働を行なわせ，この労働から
生ずる利益を全面的に取得する。労働者にその仕事を任せないで，使用者が自
分でなす場合には，当然にその労働の危険性に基づく損害は使用者が負担しな
ければならなかった。したがって，労働者が労務給付に際して不注意で第三者
や使用者を加害した場合には，利益を取得すると同じように，使用者はその損
害を負担しなければならない。つまり，使用者の労働者に対する求償権および
損害賠償請求権は制限されるべきである。この法的根拠は，労働者被害の類型
と同じく，650 条 3 項の類推適用に求めることができよう。

しかし，労働者加害の類型への類推適用を主張する場合には，まず第 1 に，
650 条 3 項がこのような損害賠償義務の負担をも含むか否かが検討されなけれ
ばならない。650 条 3 項の適用範囲については，すでに検討したところである
が，起草者や学説によって考察の対象とされたのはすべて受任者自身の身体や
健康，財産に直接生じた損害についてであった。たとえば，喧嘩仲裁に際して
殴られて怪我をしたとか，事務処理に必要な旅行に際して盗難にあった，ある
いは交通機関の事故により怪我をしたというような例である。したがって，起
草者および従来の学説は，650 条 3 項には受任者の損害賠償義務の負担は含ま
れないと考えていたといえよう。このことは，同条の適用要件との関連でも明
らかなように思われる。すなわち，650 条 3 項は，受任者が「自己に過失な
く」損害を受けたことを要件とする。これに対して，受任者が第三者または委
任者に対して損害賠償義務を負担するということは，受任者に過失があること
を当然の前提とするからである。

2) しかし，650 条 3 項と関連してではないが，受任者の加害の場合にも，
受任者の責任の軽減を認める見解がある。たとえば，我妻説[93]は，無償委任
の場合には，少なくとも，受任者が自己の事務を処理すると同程度の注意を
もって事に当たるものであることを，両当事者が黙示に諒解している場合が多
いのではないか。さらに，有償委任でも，事務を委託するほうが企業者であっ

---

(93) 我妻栄・前掲注(6) 672 頁以下。

第5章　雇傭・労働契約への民法650条3項の類推適用

て，事務の委託が企業運営の一部である場合には，受任者の注意義務——いいかえれば，委任者が受任者に対して問い得る責任の程度——は，委託事務の性質はもとより，委任者のそれによって得る利益，受任者の受ける報酬その他一切の事情を考慮し，信義則によって適当な範囲に限定されると解すべきではなかろうかと主張する。

　これは，注意義務の軽減によって受任者の負担を少なくしようとするものである。この観点から，我妻説は，生命保険会社の嘱託医が加入申込者の比較的容易に診断し得たはずの肺疾患を発見せずに健康体と報告して，会社に多額の保険金を支払わせたので，会社が医師に対して損害の全額の賠償を請求した事件で，大審院はその請求を認めたのであるが，その当否はすこぶる疑わしいと批判する。

　また，広中説[94]は，無償委任ないし報酬過少な委任においては，注意義務の軽減の特約が黙示的になされたと認められる場合が少なくない。また，無償委任ないし報酬過少な委任において，特にその事務が営利活動ないし企業活動の一環である場合には，受任者の過失による損害の一部を負担する（損害賠償額の減額）意思を有するものと解するのが信義誠実の原則に合致するという。

　このようにこれらの学説では，受任者の加害の場合にも，その損失は最終的に委任者に帰すべきものとされる。そうだとすると，少なくともこのような限度においては，損害賠償義務の負担に関して650条3項を類推適用することも考えられてよい。「他人のためにする行為のリスク責任」の観点は，受任者が損害を被った場合だけでなく，受任者の加害行為による責任についても妥当するからである。

　我妻説や広中説は注意義務の軽減を理由とするのであるが，しかし，受任者は，事務処理を引き受けた以上，善良なる管理者の注意をもって事務を処理すべきだといえよう。報酬をもらわなければ，あるいは相手方が企業者であれば，受任者は善管注意義務を尽くさなくてもよいということにはならない。そうではなくて，善管注意義務を前提として，これに違反する場合にも，その損害が当該事務処理と結びついた特別な危険の実現と考えられるようなものであれば，委任者はその損失を負担しなければならないというべきである。自分で処理す

（94）　広中俊雄『債権各論講義』（1979年）252頁。

3 労働者加害の類型と民法650条3項

るときは当然に負担する損害の危険を，他人を用いることによって免れること
はできないからである。

　要するに，650条3項は，本来的には，受任者自身が被った損害に関する規
定ではあるが，上記に述べたように，受任者の加害の類型にも類推適用しうる
ものと解される。つまり，受任者自身の被った損害の類型では，受任者が無過
失であれば，事務処理に特別な危険による損害の全額について，委任者は過失
がなくとも受任者に賠償すべき責任を負う。これに対して，受任者の加害の類
型では，受任者が通常の過失であれば，委任者は，事務処理に特別な危険によ
る損害の全額についてその損失を負担する。つまり，委任者の受任者に対する
損害賠償請求権および求償権は制限され，被害者たる第三者に賠償した受任者
は委任者に求償することができる。故意・重過失の場合には，この規定は適用
されない。

(2)　労働者加害の類型への民法650条3項の類推適用

　1)　すでに検討したように，650条3項は雇傭・労働契約に類推適用しうる。
そして，受任者加害の類型については同条が類推適用されるから，労働者加害
の類型もこれと同じように同条の類推適用によって処理される。具体的には，
次のようにいうことができよう。

　まず第1に，労働者が通常の過失で加害した場合には，同条項の類推適用に
より，その損失は使用者が全額負担しなければならない。また，労働者に重過
失がある場合でも，報償責任の原理からみて公平である限りでは，使用者はそ
の損失の一部を負担すべきである。

　このような使用者の損失負担が正当化されるのは，報償責任の観点，さらに
は「他人のためにする行為のリスク責任」の観点からである。したがって，使
用者に損失が帰せられるのは，労働者に任された事業活動が有する危険の実現
と考えられるような損害に限られる。事業活動の危険性と関連しない，いわゆ
る一般的な生活危険に属するものは，これに含まれない。また，故意による加
害行為や権限の濫用・逸脱の場合にも適用されない。なお，労働者に重過失が
ある場合にも，この原則の適用は全面的に排除されず，過失相殺の法理に準じ
て損害の一部についてのみ労働者に責任が課されるにすぎない。この点で，委
任の場合よりも広くその損失は使用者に帰せられることになる。雇傭・労働契

379

第 5 章　雇傭・労働契約への民法 650 条 3 項の類推適用

約では，支配従属関係が存在するからである。

　労働者の責任制限に際しては，労働者に任された事業活動の危険性および労働者の過失の程度が考慮されるべきである。判例では，損害の公平な分担という観点から，これ以外の多くの事情も考慮の対象とされるが，必ずしも納得的なものではない。

　第 2 に，労働者加害の類型の問題を個別的にみると，労働者が第三者を加害し，これに賠償したときは，労働者は，650 条 3 項を類推適用して，使用者に対してその賠償した額を請求することができる。このような労働者の逆求償権に関しては，学説では，既にみたように，不真正連帯債務説，共同不法行為説などがあるが，その根拠は 650 条 3 項の類推適用に求められるべきであろう。このような労働者の責任軽減は，使用者と労働者の間において認められるものであり，労働者は第三者に対しては独自の不法行為性が認められる限り完全な責任を負う。雇傭・労働契約への同条の類推適用によって，労働者の責任軽減が認められるのだから，それは当然に契約当事者間に限られることになる。学説の中には，労働者の対外的責任を否定する見解[95]もあるが，使用者の無資力の危険を被害者たる第三者が負担することになり，賛成し得ない。

　なお，650 条 3 項類推適用論によれば，第三者に対して賠償する前の段階において，労働者は，使用者に対して，第三者に賠償して自分を免責させることを請求することができる。労働者の第三者に対する損害賠償義務の負担が 650 条 3 項の「損害」と考えられるからである。

　使用者が第三者に賠償した場合，使用者は労働者に対して 715 条 3 項による求償権を有する。この求償権は，650 条 3 項の類推適用により使用者が負担すべき損害の範囲で制限される。すなわち，労働者が軽過失のときは，使用者は求償できず，重過失の場合でも，全額の求償が必ずしも認められるわけではない。

　次に，労働者が使用者自身に対して損害を与えた場合であるが，使用者の賠償請求権は，同条の類推適用に基づいて使用者が負担すべき損害の範囲で制限される。ここでは，使用者の 709 条による損害賠償請求権と労働者の 650 条 3

---

(95)　田上富信「被用者の有責性と民法 715 条（その 2）」前掲注(79) 79 頁，同「労働者の責任制限についての一考察」私法 36 号（1974 年）113 頁。

380

項の類推適用に基づく損害賠償請求権が同一当事者間において対立する点に特色を有する。この場合には，使用者の賠償請求権は，当初から右の範囲を超える限度においてのみ成立すると考えるか，または，両債権の相殺により，使用者の損害賠償請求権は減額されるということもできる。論理的には後者であろうが，技巧的にすぎる。前者と解したい。

2）　ところで，四宮説によれば，650条3項や信託法36条，家審16条（現在の家事事件手続法124条など——筆者注）は「利益の属する者に危険も属する」という原則を明らかにした法律上の例であるが，この原則は事務処理に一般的に妥当する。したがって，事務管理の場合には，事務管理者が事務を処理するため自己に過失なくして被った損害については，本人に対してその賠償を請求することができる[96]。このような事務処理関係における「結果の移転」としてのリスク転嫁の原則は，さらに，雇傭・労働契約にも妥当するとされる[97]。

すなわち，労働者が第三者を加害した場合，この加害行為が使用者の事業活動および事業に関連する活動のはらむ危険の実現とみられるものである限り，使用者・労働者の内部関係では，使用者に対して従属的立場にある者が使用者のために事務処理したことによるリスクとして，使用者が負担すべきである。これによって，使用者の労働者に対する求償権は制限される。つまり，その行為が使用者の事業活動および事業に関連する活動のはらむ危険の実現とみられるものであれば，それは使用者の負担となる。これに属しない範囲においては，賠償した使用者は労働者に対して不当利得として求償できる。労働者からの使用者に対する求償権も，この原則に根拠を有する。もっとも，このような逆求償権を認めてもその実益はさほど大きくはないし，かえって弊害があることも指摘されているとして，逆求償権を確定的に肯定することは留保される。

また，労働者が使用者を加害した場合の，使用者の損害賠償請求権も実質的には求償権の制限と同一の問題であり，上記の場合と同様のリスク配分が行なわれる。

このような四宮説の主張は，報償責任ないしはリスク転嫁の観点から，事務

---

(96)　四宮和夫『事務管理・不当利得・不法行為　上巻』（現代法律学全集10・1981年）33頁以下。

(97)　四宮和夫・前掲注(59)710頁以下，713頁以下。

第5章　雇傭・労働契約への民法650条3項の類推適用

処理の類型すなわち委任，事務管理，雇傭の類型を統一的に把握しようとするものであり，私見の基本的方向と一致する。しかし，委任や事務管理では，事務処理者が被った損害のみが問題とされ，この者が加害行為によって負担する損害賠償義務については言及されていない。逆に，雇傭・労働契約の場合には，問題とされるのは労働者の加害行為の類型に限られる。しかしながら，このような基本的な観点からすると，両者の場合が統一的に理解されなければならない。とりわけ，労働者が労働過程でその労務の危険性の実現として被った損害に関しては，使用者へのリスク転嫁つまり使用者の無過失損害賠償責任が認められるべきであろう。また，法的根拠については，できるだけ実定法上の規定に求めることがその説得力の点からも有用であるように思われる。したがって，報償責任ないしは「他人のためにする行為のリスク責任」という一般的な法理論的根拠と並んで，これを表現した650条3項の類推適用に実定法上の根拠を求めるべきであろう。

む　す　び

　他人のために事務を処理する場合は，その事務処理から生ずる利益が本人に帰属すると同じように，それから生ずる損失も本人に転嫁されるべきである。650条3項は，委任に関して，このような報償責任ないしは「他人のためにする行為のリスク責任」の法理を明らかにした。しかし，これは，事務処理関係に内在する本質的要求であって，委任の場合だけでなく，事務管理や雇傭関係などの事務処理類型についても妥当しなければならない。

　これを雇傭・労働契約に関してみると，労働過程で生じた損害については，使用者にその損失が帰せられるべきである。すなわち，労働者が労働過程で損害を被ったときは（労働者被害の類型），使用者は自己の過失の有無を問わずこれを労働者に賠償しなければならない。また，労働者が労働過程で過失により第三者に損害を与えた場合にも（労働者加害の類型），使用者と労働者の内部関係においては，その損失は使用者に帰せられる。このことは，使用者の第三者に対する責任の根拠がいかなる法条に基づくかを問わずに妥当する。具体的には，使用者の労働者に対する求償権は原則的に否定され，使用者に対する逆求償権が労働者に認められる。また，労働者が使用者に直接損害を与えた場合に

む　す　び

は，使用者の損害賠償請求権は否定される。

　これらの根拠は，法理論的には報償責任または「他人のためにする行為のリスク責任」に基づくが，実定法上は 650 条 3 項の類推適用に求められる。これによって，労働者被害の類型と労働者加害の類型を統一的に根拠づけることができるとともに，使用者に帰せられる損失の範囲も適切に限定することが可能となろう。すなわち，使用者に帰せられる損害は当該労働者に任された労務の危険の実現と考えられるような損害に限られる。労働者の一般的な生活危険に属するような損害については，労働者が負担すべきである。このように使用者が負うべき損失の範囲に関しては，労務の危険の実現という観点が重要であって，最判昭和 51 年 7 月 8 回（民集 30 巻 7 号 687 頁）が指摘するような事情をすべて考慮することは必ずしも必要ではない。

　労働過程で生じた損害について，たとえば，ドイツやオーストリアの法状況をみると，そこでも，その損失は使用者に帰せられている[98]。ドイツでは，労働者加害の類型に関しては，判例・通説は，危険労働法理（現在では，信義則）によって労働者の責任を軽減しようとする。労働者被害の類型については，人的損害であるか物的損害であるかによって取扱いを異にする。人的損害の場合，ライヒ保険法（現在では社会法典第 7 編）が適用され，労働者は使用者の過失の有無にかかわらず，また自己の過失の有無を問わないで，災害保険から給付を受けることができる。物的損害の場合には，BGB670 条 3 項の類推適用により，使用者は無過失損害賠償責任を負うとするのが判例・通説である。また，オーストリアでは，労働者の加害類型に関しては，被用者賠償責任法（Dienstnehmerhaftpflichtgesetz）という 1965 年に制定された特別法により，労働者の責任は軽減される。この法律は 1983 年に一部改正され，労働者の責任軽減の範囲はさらに拡張された。また，労働者被害の類型では，人的損害に関しては普通社会保険法（Allgemeines Sozialversicherungsgesetz）がドイツとほぼ同様に規定する。物的損害については，最高裁は，近時，委任に関する ABGB1014 条の類推適用によって使用者の無過失賠償責任を肯定した[99]。この判決は極めて注目すべきものである。通説もこれに従う。

（98）　これの詳細については，前掲注(3) 221 頁以下，本書第 1 章および第 2 章参照。

（99）　OGH Urteil vom 31. 5. 1983, SZ 56, Nr. 86（S. 384ff.），ÖJZ 1983, 572ff.

第 5 章　雇傭・労働契約への民法 650 条 3 項の類推適用

　これらと対比すると，我が国の法状況は，労働者加害の類型についてはほぼ同レベルに達しているが，労働者被害の類型ではそうではないと評価できよう。判例・通説は，過失責任の原則に固執し，使用者に過失がない限り損害賠償責任を負わないとするからである。雇傭・労働契約に 650 条 3 項を類推適用することは，労働者被害の類型についても労働者保護をドイツやオーストリアなどと同一の水準にまで高めることになろう。

第6章　我が国における事務処理に際して生じた損害の帰属とリスク責任

は じ め に

　他人の事務を処理するに際して，事務処理者が損害を被る場合があるとともに，本人や第三者に対して損害を与える場合もありうる。このような損害を事務処理者に全面的に負担させることは必ずしも妥当ではない。報償責任やリスク責任の観点からすると，事務処理に際して生じた損害は被害類型や加害類型を問わず本人に帰属させることが衡平に適すると考えられるからである。このことは単に委任だけでなく，事務管理や雇用・労働契約についても同様に妥当する。

　これを比較法的にみると，たとえば，オーストリア法では[1]，ABGB1014条は委任者の無過失損害賠償責任を規定するが，判例はこの規定を雇用・労働契約に類推適用し，使用者の無過失損害賠償責任を認める。労働者加害の類型においても，被用者賠償責任法（DHG）という労働者の責任軽減を定めた特別法が存在するにも関わらず，判例はこれとは別に同条の類推適用を肯定する。さらに，事務管理においても，通説は同条を類推適用すべきことを主張していた。これに対して，近時，OGH は無償委任に特有の無過失責任を定める ABGB1015 条などを基礎として「適切な賠償」を認めた。いずれも本人が無過失賠償責任を負う点では異ならない。

　また，スイス法では[2]，委任に関しては挙証責任の転換を伴う過失責任が明文で規定されており（OR402条2項），委任者の無過失損害賠償責任を定める

---

[1]　拙稿「オーストリア一般民法 1014 条の歴史的沿革とその適用範囲について」法学志林 113 巻 1 号 1 頁以下（2015 年），同「オーストリア法における使用者のリスク責任論の展開(1)(2)」法学志林 104 巻 2 号 33 頁以下（2006 年）・104 巻 3 号 101 頁以下（2007 年）。以下，前者を「歴史的沿革」，後者を「オーストリア法」と略。

[2]　拙稿「スイス債務法におけるリスク責任について──委任・事務管理および労働契約を中心として──」法学志林 107 巻 4 号 1 頁以下（2010 年）。以下，「スイス債務法」と略。

第6章　我が国における事務処理に際して生じた損害の帰属とリスク責任

規定は存在しない。しかし，逆に，事務管理に関しては，本人の無過失損害賠償責任を定める規定がある（OR422条1項）。判例はこの規定を無償委任や好意関係に類推適用して無過失損害賠償責任を肯定した。雇用・労働契約に関しては，使用者の保護義務を厳格化することによって無過失責任と同様の結果が判例上実現されている。また，労働者の加害類型については，OR321e条2項は労働者の注意義務の軽減・賠償額の制限を定める。

　これに対して，ドイツ法はこのような賠償責任に関する特別な規定を有しない。しかし，判例は一定の損害を費用と同視して費用償還請求権に関するBGB670条を受任者の被った損害に適用し，さらに受任者加害の類型についても同様の法理を用いる。緊急事務管理の場合には，BGB680条が加害類型における事務管理者の軽過失免責を定めるが，被害類型に関しては明文規定は存在しない。そこで，判例はBGB683条・670条の費用に属するとして本人の無過失賠償責任を認める。雇用・労働契約においては，連邦労働裁判所はいわゆる統一理論の立場から労働者の被った損害につきBGB670条を適用して，使用者の無過失損害賠償責任を肯定した。ここでは，当初は危険労働であることが要求されたが，その後，この要件は放棄された。労働者加害の類型では，労働者の賠償責任を制限する危険労働法理という固有の法理が確立された。近時，判例はこの危険労働の要件を放棄して，すべての労働に責任軽減法理の適用を拡大し，その基礎を過失相殺（BGB254条）の類推適用に求めた[3]。

　これらの国の法状況を比較すると，まず第1に，事務処理に際して生じた損害を受益者たる本人に帰属させるという点では結論的に一致する。このような結論は一部の問題領域につき本人の無過失責任や事務処理者の責任軽減を定める明文規定または費用償還請求の規定の類推適用によって基礎づけられる。単にドイツの労働者加害類型がこれの例外を構成するに過ぎない。第2に，このような損害帰属の理論的根拠としては，利他性や報償責任など様々なものが唱えられているが，本稿の立場からは「他人のためにする行為のリスク責任」の観点が注目される。これはカナーリスの提唱したものであるが[4]，この考え方

---

(3)　拙稿「事務処理に際して生じた損害とドイツ民法670条(1)(2)」法学志林110巻3号1頁以下（2013年）・110巻4号27頁以下（2013年）。以下，「ドイツ民法」と略。

(4)　Canaris, Risikohaftung bei schadensgeneigter Tatigkeit in fremdem Interesse, RdA 1966,41. カナーリスはいわゆる「他人のためにする危険な行為のリスク責任（Risikohaftung

は 1983 年にオーストリアの最高裁判所[5]によって，また，2002 年にスイスの連邦裁判所[6]によって受け入れられた。さらに，2006 年には，ドイツの連邦労働裁判所もこれを採用した[7]。

　我が国でもそれぞれの問題領域において結論的にはほぼ同様のことが指向されているが，その基礎付けに関しては争いがある。そこで，本章では，各領域ごとに判例・学説の状況を検討するとともに，650 条 3 項の類推適用の可能性を探ることにしたい。

1　委　任　契　約

(1)　委任者の無過失賠償責任

　民法 650 条 3 項は「受任者は，委任事務を処理するため自己に過失なく損害を受けたときは，委任者に対し，その賠償を請求することができる」と規定し，委任者の無過失賠償責任を明文で定める[8]。この規定をめぐっては，その根拠や適用範囲，賠償される損害の範囲などが解釈上争われてきた。

---

bei schadensgeneigter Tätigkeit in fremdem Interesse)」論を提唱し，委任契約および事務管理，雇用・労働契約の各領域においてこのような方向性を実現しようとする。すなわち，危険責任は伝統的には物から生ずる危険に関して認められてきたが，これは物の所有者はそれと結びついた利益を享受するから，これに応じてこれから生ずる特別な危険も負うべきだとする客観的要素（利益思想）と，賠償義務者がこの危険源を設置し，その支配可能性を有するという主観的帰責要素（危険設定思想）を基礎とする。これらの要素はここで問題とする行為についても認められるとして，行為のリスクから生じた損害の無過失賠償責任を基礎付ける。さらに，受任者等の加害類型についても，この原則を適用して賠償義務の制限などを導く。拙稿「労働過程で生じた損害の帰属と他人のためにする行為の危険責任」法学研究（明学大）47 号 321 頁以下（1991 年）参照（『安全配慮義務と契約責任の拡張』（信山社，1993 年）所収 276 頁以下。以下，『安全配慮義務』と略）。

(5)　OGH 1983.5.31 SZ56/86.

(6)　BG 2002.10.21 BGE129 Ⅲ 181.

(7)　BAG 2006.11.23 NJW2007,1486.

(8)　委任者の賠償義務に関する歴史的な沿革については，野田龍一「委任者の損害塡補義務——民法 650 条 3 項の史的系譜」福岡大学法学論叢 36 巻 1・2・3 号 51 頁以下（1991 年），一木孝之「受任者の経済的不利益等に対する委任者の塡補責任(1)(2)——民法 650 条および『無過失損害賠償責任』に関する一試論——」國學院法学 45 巻 2 号 1 頁以下（2007 年）・46 巻 1 号 1 頁以下（2008 年）に詳しい。

第6章　我が国における事務処理に際して生じた損害の帰属とリスク責任

1)　民法650条3項の根拠と適用範囲

委任者の無過失賠償責任の根拠については，報償責任説[9]や委任の本質説[10]，黙示的合意説[11]などの見解が見られる。この中で，委任の本質説は無過失賠償責任の基礎を委任事務処理が「委任者の利益のために行われる」という点に求めるが，これは多くの場合同条の適用を無償委任に限定する見解と結びつく。有償委任の場合には，受任者の利益のためにも行われており，また，報酬の中には，委任事務処理上生ずる危険の対価も含まれるというのがその理由である[12]。

しかし，委任が「委任者のために」行われるというのは，その法的効果が委任者に帰属し，これに伴いその経済的利益も委任者に帰することを意味する。この構造は有償委任の場合も何ら異ならない。また，報酬が危険の対価を含むかどうかは具体的・個別的に判断すべき事柄であって，一概にこれを含むと断定することはできない。そうだとすると，同条の適用を無償委任に制限すべき理由はないといってよい。

我が国ではドイツ法の影響を受けて委任の無償性が強調される傾向にあるが[13]，しかし，ドイツ民法は委任の規定を有償の事務処理契約に準用しており

(9)　末弘厳太郎『債権各論』(有斐閣，1920年) 767頁。これによれば，元来委任者は自己の事務処理のため他人を利用して利益を受くるものなればその処理のため他人の蒙りたる損害に対して絶対的に責任を負うは当然なりとの思想に基づくものなりと解するを正当とするという。同旨，岡松参太郎『無過失損害賠償責任論』(有斐閣，1953年) 597頁。岡松説は有償委任の場合であっても，委任がその性質上もっぱら当事者の一方の利益を目的とする利己的契約である点では変わらないとして，いずれの場合も報償責任が妥当するものと解する。

(10)　この見解は受任者に委任事務を処理することによつて何等の経済的負担をかけまいとする委任の趣旨であるとし，受任者の被った損害は委任者において負担するのが当然であるとする。我妻栄『債権各論　中巻2』(岩波書店，1962年) 681頁，684頁，吾孫子勝『委任契約論』(厳松堂書店，1917年) 79頁，稲本洋之助など『民法講義5　契約』(有斐閣大学双書) (有斐閣，1978年) 275頁［能見善久］，末川博『債権各論第2部』(岩波書店，1941年) 320頁，同『契約法　下(各論)』(岩波書店，1975年) 211頁などがそうである。

(11)　横田秀雄『債権各論』(清水書店，第5版，1914年) 640頁は，委任者が受任者に対して損害の賠償をなすべきことを黙約したために生ずる責任であるとする。

(12)　稲本洋之助など・前掲注(10)276頁［能見善久］。なお，来栖三郎『契約法』(有斐閣，1974年) 527頁以下も結果同旨。

(13)　下森定「判批」判タ669号56頁 (1988年)，同「国の安全配慮義務」下森定編『安

1 委 任 契 約

(BGB675条1項)，判例・通説によれば，明文規定だけでなく委任者の無過失賠償責任などの判例法理も含めて準用される。オーストリアでも委任者の無過失損害賠償責任に関する ABGB1014 条の規定を無償委任に制限する解釈はとられていない。

　このように 650 条 3 項は有償委任・無償委任のいずれにも適用される。ただし，当事者間で受任者のリスク負担が明示的・黙示的に特約されている場合には，任意規定である同条の適用はもちろん排除される。また，受任者が専門的な知識・経験を基礎として，素人から当該事務の委託を引き受けることを営業としているような場合にも，同条は適用されない。この場合には，受任者のリスク引受が黙示的に合意されているということもできるし，そうでないとしても，事務処理による損害は職業危険として受任者が負担すべきだと解されるからである。したがって，同条が適用されるのは主として委任者が企業者であって，事務の委託が企業運営の一部である場合などに限られることになろう（後述の加害類型参照）。

2）　賠償される損害

　賠償の対象は「委任事務を処理するために」受けた損害である（650 条 3 項）。

　(ア)　学説はこれの判断基準をより明確化しようと試みている。たとえば，「委任事務の処理と因果関係に立つ損害」とする見解（因果関係説）[14]や「事務処理を行うにつき」受けた損害とする見解[15]，「その事務の性質上これを処理した直接の結果として被った損害」とする見解（直接の結果説）[16]などがそうである。とりわけ後二者の見解は「委任事務を処理する際に」生じた損害は賠償の対象とならないと述べるが，これは因果関係説においても同様であると思われる。

　これに対して，近時，委任事務の危険性に着目する見解がみられる（委任事

　　全配慮義務法理の形成と展開』（日本評論社，1988 年）247 頁以下。

(14)　吾孫子勝・前掲注(10)81 頁以下。同旨，我妻栄・前掲注(10)685 頁。

(15)　鳩山秀夫『増訂日本債権法各論(下巻)』（岩波書店，1924 年）624 頁，岡村玄治『債権法各論』（巌松堂書店，1924 年）447 頁，石田文次郎『債権各論』（早稲田大学出版部，第 8 版，1952 年）180 頁。

(16)　末弘厳太郎・前掲注(9)767 頁。なお，岡松参太郎・前掲注(9)598 頁は，委任事務の処理に付き生じた損害すなわち委任事務の処理より直接に生ずる損害であるとし，賠償の範囲をこれに限る。

第6章　我が国における事務処理に際して生じた損害の帰属とリスク責任

務危険性説)。たとえば，「当該委任事務を処理するために，日常生活上予想される危険を超える危険が生じ，その危険の実現によって生じた損害」[17]あるいは「当該事務の性質に由来して一般生活上の水準を超える危険傾向がもたらす損害」[18]とする見解などがそうである。これによれば，一般的な生活危険や日常生活上予想される危険の実現による損害は賠償の対象から除外される。「当該事務処理に類型的に付着する事変損害」と「非類型的な事変損害」を区別する四宮説も基本的にはここに分類することができよう[19]。

　もっとも，このような委任事務の危険性への着眼はすでに一部の学説によってなされていた。上記の「直接の結果説」では「事務の性質上」被った損害とされており，また，因果関係説を主張する吾孫子説によれば，このような因果関係が肯定されるのは，委任事務の処理に「特別の事情が伴い，当然若干の危険が存し」，これがため損害の発生が委任引受の結果と認められる場合だとする。さらに言えば，起草者も「委任事務を処理するに直接の結果」か否かを基準とし，「委任事項それ自身に危険があった，それをやったがためにその危険が生じたというような損害」と解していた[20]。

　(イ)　賠償される損害の具体例として，様々なものが学説によってあげられている[21][22]。

---

(17)　稲本洋之助など・前掲注(10)275頁［能見善久］。

(18)　石外克喜『現代民法講義5　契約法』(法律文化社，改訂版，1991年) 285頁［下村正明］。

(19)　四宮和夫「委任と事務管理」『四宮和夫民法論集』(弘文堂，1990年) 所収138頁。

(20)　『日本近代立法資料叢書4　法典調査会民法議事速記録4』(商事法務研究会，1984年) 645頁［富井発言・梅発言］。

(21)　もっとも，これの裁判例は極めて少ない。たとえば，盛岡地花巻支判昭和52年10月17日判時884号98頁（簗の修理の手伝いを黙示的に依頼された者の死亡事故）および大阪高判平成12年7月31日判時1746号94頁（証券会社による盗難株券の買戻代金相当額の賠償請求）などがあるに過ぎない。

(22)　なお，ドイツでは，逮捕された犯人の監視，犯人追跡や消火活動への援助協力，狂犬病の犬の捕獲など，警察官や市長から公的な利益のために援助協力を求められ，その際の負傷が問題となった一連のライヒ裁判所の判例がある。拙稿「ドイツ民法(1)」17頁以下参照。また，スイスでは，これと類似した泥棒追跡事件の他，梨の木揺さぶり事件，さらに好意関係に関する丸太チェーン掛け事件などがある。裁判所はいずれも事務管理に関する422条1項を類推適用して無過失損害賠償責任を肯定した。拙稿「スイス債務法」24頁以下，37頁以下参照。

（a）　賠償の肯定例としては，たとえば，①乱暴な相手との喧嘩仲裁の際に殴打されて負傷した場合，②伝染病患者の看病を頼まれて，これに感染した場合，③コレラが猛威をふるっている地域での委託された事務処理に際してコレラに感染した場合，④馬賊の出没が頻繁な地域での委託された事務処理に際して馬賊の難によって損害を被った場合，⑤山小屋での急病人のために薬を取りに下山する際に濃霧のため岩に躓いて負傷した場合，⑥土地の現地検分や現況調査を依頼された者が現場の土砂崩れで負傷した場合などがあげられる。

①と②は委任事務処理の対象とされる者に，③ないし⑥では委任事務処理の地域や具体的な場所に，それぞれ危険性が存在し，これによって損害の実現に至った場合である。これらの場合には，いずれの見解においても賠償を肯定することに異論はない。

（b）　逆に，賠償の否定例として明らかなものは，①事務処理のために必要な旅行中に途中下車し名勝見物の際に自動車の衝突により負傷した場合や，②委任事務処理の際に受任者を怨む人によって殴打されて負傷した場合などである。ここでは委任事務処理との関連性は希薄である。

（c）　これに対して，委任事務処理のために旅行をした際に被った損害に関しては必ずしも見解は一致しない。たとえば，①怪我や疲労による病気，②盗難や強盗による損害，③汽車の転覆や自動車で奔走中に生じた馬車との衝突などの交通事故，④落雷による死亡などがそうである。

学説はこれらを共通の題材としてそれぞれの事例につき結論を提示しているわけではない。そのため個別的に学説を比較検討することは難しいが，一般的な傾向としては，例示した順に従ってその肯定される度合いは低くなる。

また，因果関係説や「事務処理につき」説では①②だけでなく，③もこれを認める傾向にある。しかし，委任事務危険性説のように委任事務の危険性に着眼する見解では，③については否定する見解が多い。これらは一般的な生活危険に分類されるからであろう（この点は後述）。

さらに，このような委任事務の危険性の観点からすると，②の盗難や強盗なども，旅行先がこれらの危険が高い地域であることを要求すべきであろう。また，①の怪我や疲労による病気などの場合，これが旅行中に生じたこと自体は重要な意味を有しない。ここでも当該事務処理の性質や危険性との関連が問われなければならない。

第 6 章　我が国における事務処理に際して生じた損害の帰属とリスク責任

　なお，日雇いが委任事務処理のため日雇稼ぎができなかった場合[23]や委任事務処理のための旅行中に交通機関の故障により滞在日数が増加した場合[24]を肯定例とする見解もみられる。しかし，前者は委任に対する報酬の問題であり，無償委任の場合にこれを損害として賠償請求することはできない。また，後者は損害ではなくて委任事務処理費用に属するものと考えられる。

3)　行為のリスク責任論との関連

　(ア)　「他人のためにする行為のリスク責任」論によれば，委託者の無過失賠償責任を定める 650 条 3 項の基礎は当該行為と結びついた利益の享受とこれに応じて当該行為から生ずる特別なリスクの負担という客観的要素および当該行為の委託という主観的要素に求められる。

　これによれば，賠償される損害は単なる因果関係の存在だけでなく，さらに委任事務の危険性の実現としての損害であることが必要とされる。すなわち，事務処理と結びついた典型的な危険から生じた損害に限られる。そうでないような事務処理に内在しない危険に基づく損害は一般的な生活リスクとして受任者がこれを負担しなければならない。

　この観点からみると，従来の学説の挙げる肯定例は事務処理に結びついた典型的な危険から生じた損害に該当し，否定例は一般的な生活リスクに属すると言って良い。さらに，前者の例としては，委託された泥棒の追跡に際しての銃撃侵害や番犬の教育に際しての噛み傷，消火活動に際しての火傷や衣服の損傷などが挙げられる。また，後者については，委任事務処理のための出張に際しての通常の衣服の損耗や旅行用具の損傷などがその例である。

　問題は学説の見解が分かれる事例に関してであるが，たとえば，落雷，交通事故，さらに疲労による病気などはいずれも事務処理それ自体の危険あるいは事務処理によって増大した危険ということはできない。怪我や盗難も一般的には同様に考えることができるが，しかし，事務処理を行うべき場所が特に危険なときは典型的な危険から生じた損害と評価することもできる。

　このようにリスク責任論によれば委任者への帰責の根拠から首尾一貫的にかつより明確な形での責任範囲の限定基準を導くことができる。これはリスク責

---

(23)　『日本近代立法資料叢書 4』前掲注(20)645 頁［梅発言］。
(24)　末川博『債権各論』前掲注(10)321 頁，同『契約法』前掲注(10)211 頁。

1 委 任 契 約

任論の優位性の1つといって良い。

(ｲ)　事務処理と結びついた典型的な危険から生じた損害に該当する場合にも，その損害の全額が賠償されることにはならない。リスク責任に基づく賠償責任は究極的には衡平責任であるから，具体的な賠償額は「適切な賠償」に制限されるべきであろう⁽²⁵⁾。すなわち，処理されるべき事務の危険性の大きさ，委任者によって計算されまたは保険によってカバーされた危険，報酬の有無や額，損害の種類，受任者の過失の程度などの諸事情を総合的に考慮して，その賠償の範囲を画定すべきである。

650条3項によれば，受任者の過失の不存在が損害賠償請求権の消極的な成立要件とされる。したがって，損害を生ずること自体に過失があったり，損害を生ずる機会をつくったことが委任事務の処理方法として過失があったような場合には，受任者は損害賠償請求権を有しない。通説はこれをそのまま受容する⁽²⁶⁾。

しかし，委任者の無過失賠償責任の根拠を報償責任やリスク責任，あるいは委任の本質に求めるときは，たとえ受任者に過失があったとしても，委任者への損害の帰属という結論が全面的に否定されることにはならない。受任者の過失の有無は受任者の賠償請求権の成立要件としてではなくて，単に減額のための1要素として考慮すれば足りる。つまり，受任者の無過失に関する650条3項の規定は受任者に過失がない場合における減額の否定すなわち全額賠償という典型的な結果を表現したものに過ぎない。無過失賠償責任を定める特別法でも，同様に過失相殺による減額が認められている。たとえば，鉱業法113条や水洗炭業に関する法律19条，製造物責任法6条などがそうであり，原子力損害賠償法4条の2は被害者の重過失の場合に賠償額の任意的減額を定める⁽²⁷⁾。無過失賠償責任だからといって，過失相殺による減額を排除すべき必然性は存在しない。

学説の中には，受任者と委任者の双方に過失があるときは，650条3項によ

---

(25)　拙稿「ドイツ民法(1)」37頁以下参照。

(26)　我妻栄・前掲注(10)685頁，稲本洋之助など・前掲注(10)276頁［能見善久］など。

(27)　なお，大気汚染防止法25条の3や水質汚濁防止法20条の2は天災その他の不可抗力を任意的な減免事由とし，商法594条1項は不可抗力を場屋営業者の免責事由とする。ここでは，被害者の過失による減額は認められていない。

393

第6章　我が国における事務処理に際して生じた損害の帰属とリスク責任

る賠償責任を肯定した上で，過失相殺すべきだとする見解がある[28]。これは部分的にせよ受任者の過失がある場合にも650条3項の適用を肯定する点では私見と重なる。しかし，受任者の過失の不存在を650条3項の適用要件と解しながら，双方に過失があるときは，これが減額事由に転ずる理由は明らかではない。

　(ウ)　650条3項に関しては，委任者の責任が重くなりすぎるのではないかとの懸念がありうる。しかし，このような懸念は当たらないように思われる。すでに述べたように，そもそも同条はすべての委任に適用されるわけではない。さらに，同条の適用要件および賠償の範囲に関しても解釈的に狭く制限されるからである。

(2)　受任者の賠償責任の制限
1)　善管注意義務の適用範囲

　(ア)　受任者は委任の本旨に従い，善良な管理者の注意をもって，委任事務を処理する義務を負う（644条）。受任者がこの善管注意義務に違反し，これによって委任者に損害が生じたときは，受任者はこれを賠償すべき責任を負う。これが委任法の一般原則である。

　しかし，学説では，このような受任者の善管注意義務がすべての委任関係に妥当するとは考えられていない。すでに我妻説は次のような3つの場合に分けてこれを論じている[29]。

　①無償委任の場合には，自己の事務を処理すると同程度の注意を用いることを両当事者が「黙示に諒解」している場合が多いのではないかと考えられるとして，注意義務の軽減を認める。

　②委託者が企業者であって，事務の委託が企業運営の一部である場合には，無償であることは許されず，また，不相当な対価である場合には，委任者が受任者に対して問い得る責任の程度は，委託事務の性質はもとより，委任者のそ

---

(28)　吾孫子勝・前掲注(10)80頁，潮見佳男『基本講義　債権各論Ⅰ　契約法・事務管理・不当利得』（新世社，2005年）226頁，石田穣『民法Ⅴ（契約法）』（青林書院新社，1982年）357頁，幾代通・広中俊雄編『新版注釈民法(16)　債権(7)』（有斐閣，1989年）276頁［明石三郎］など。

(29)　我妻栄・前掲注(10)672頁以下。

394

1 委 任 契 約

れによって得る利益，受任者の受ける報酬その他一切の事情を考慮し，信義則によって適当な範囲に限定されると解すべきだとする。これは善管注意義務を前提としつつ，賠償額の減縮を認めるものである。また，有償委任が念頭に置かれている点にも注目すべきであろう。

③受任者が専門的な知識・経験を基礎として，素人から当該事務の委託を引き受けることを営業としている場合には，受任者の注意義務は当該事務についての周到な専門家を標準とする高い程度となるとする。これは善管注意義務そのものに他ならないから，ここでは委任法の一般原則が適用される。

(イ) このような我妻説の3類型を前提として，個別的に学説の状況を整理しておこう。

まず第1類型の無償委任に関してであるが，学説の論争は主にこれを対象とする。無償の受任者も善管注意義務を負うとする見解も見られるが[30]，通説的見解はこれを否定して，契約上の無償義務者の一般の注意義務と同じく「自己の財産におけると同一の注意」(659条参照)に軽減されると解する(具体的過失説)[31]。あるいは，このような注意義務の軽減を無償委任一般に認めるのではなく，委任が無償で，委任者の生命・身体・財産に大きな損害が生じる恐れがない場合に限るとする見解もある[32]。このような注意義務の軽減は委任の無償性や立法者の意思，当事者間の衡平などにその根拠が求められる。この点で我妻説の「黙示の諒解」とは若干の差異が見られる。

第2類型すなわち委託者が企業者であって，事務の委託が企業運営の一部で

---

(30) 末川博『債権各論』前掲注(10)311頁，同『契約法』前掲注(10)205頁，末弘厳太郎・前掲注(9)758頁，来栖三郎・前掲注(12)522頁，幾代通・広中俊雄編・前掲注(28)222頁［中川高男］，潮見佳男・前掲注(28)218頁など。大判大10年4月23日民録27輯757頁も同旨。

(31) 於保不二雄「無償契約の特質」契約法大系刊行委員会『契約法体系I（契約総論）』(有斐閣，1962年)85頁，稲本洋之助など・前掲注(10)267頁［能見善久］，鈴木禄弥『債権法講義（4訂版）』(創文社，2001年)668頁，加藤雅信『新民法大系IV　契約法』(有斐閣，2007年)420頁，奥田昌道・池田真朗編『民法講義民法5　契約』(悠々社，2008年)280頁［橋本恭宏］など。

(32) 石田穣・前掲注(28)347頁，同『損害賠償法の再構成』(東京大学出版会，1977年)127頁以下。なお，四宮説は無償委任にも善管注意義務を認めるが，委任者の危害を避けるために危険にさらされた場合には698条を類推適用すべきだとする。四宮和夫・前掲注(19)所収130頁。

第6章　我が国における事務処理に際して生じた損害の帰属とリスク責任

ある場合に言及するものとしては，たとえば広中説が挙げられる。この見解では，無報酬ないし過少報酬で事務処理を委託する委任者は——特にその事務が営利活動ないし企業活動の一環である場合——受任者の善管注意義務違反によって生ずべき損害の一部を負担する（損害賠償額の軽減）意思を有するものと解するのが信義誠実の原則に合するとされる（賠償額減縮説）[33]。

この見解は無償委任だけでなく，過少報酬とはいえ有償委任の場合にも信義則に基づく賠償額の減額を認める点で注目される。また，営利活動や企業活動の一環である場合というのは格別の限定機能を有しない。

第3類型に関しては，委任者の責任軽減を主張する見解は見当たらない。ここでは委任の一般原則に従って受任者は善管注意義務を負うことになる。弁護士や司法書士，税理士，取締役などの受任者が善管注意義務に違反した場合のように[34]，判例において受任者に対する損害賠償請求が争われた事案は殆どこの第3類型に属する。そこでは受任者の善管注意義務を当然の前提として，具体的事案における善管注意義務の射程およびその違反の存否が問題とされている。

2)　行為のリスク責任と650条3項の類推適用

(ア)　このように受任者の責任軽減は第3類型では認められず，無償委任の場合（第1類型）および委任者が企業者である場合（第2類型）に限られる点をまず確認しておきたい。その上で，法的構成について検討すると，委任の無償性を理由として受任者の注意義務の軽減を基礎づけることは妥当でないように思われる。無償であれ委任を引き受けた以上は，受任者は善管注意義務を用いて事務処理を行うべきは当然のことである。広中説が喝破したように，無償契約と有償契約との差異が債務者の注意義務の軽重として現れるという法則は厳

---

(33)　広中俊雄『債権各論講義（第5版）』（有斐閣，1979年）252頁。同旨，幾代通・広中俊雄編・前掲注(28)223頁［中川高男］。

(34)　善管注意義務違反を認めた近時の判例としては，たとえば，弁護士に関しては，広島高判平成29年6月1日判時2350号97頁，東京地判平成24年11月27日判時2188号66頁，司法書士に関しては，東京地判平成16年8月6日判タ1196号120頁，東京地判平成3年3月25日判時1403号47頁，税理士に関しては，東京地判平成26年2月13日判タ1420号335頁，東京地判平成24年12月27日判時2185号96頁，取締役に関しては，福岡高判平成24年4月13日金判1399号24頁，福岡高判平成24年4月10日判タ1383号335頁などがある。

密には存在しない[35]。また，上記の第2類型では無償性を理由として注意義務の軽減を図る余地は全く存在しない。

そこで，受任者の善管注意義務を前提として，これの違反による賠償額の減縮とする見解（賠償額減縮説）を基本的に支持すべきである。もっとも，この賠償額の減縮の基礎は当事者の意思や信義則などではなくて，委任者の被害類型において述べたリスク責任論に求められる。委任事務の危険性の観点からすると，当該危険性の実現としての損害が受任者に生じたか，委任者に生じたかどうかは重要な意味を有しない。とりわけ第三者に対する加害類型においては，受任者の第三者に対する賠償義務は経済的には受任者自身の被った損害と評価することもできるから，受任者の被害類型との間に実質的な差異は殆ど存在しない。受任者の加害類型においても，問題の核心は事務処理に際して生じた損害の帰属にあるといってよい。

このようなことから，加害類型に関しても，被害類型と同様にリスク責任を基礎とする650条3項の類推適用の観点から考察することができる。これによれば，事務処理に際して紛れ込んだ不注意により損害賠償義務を負うという危険が当該事務処理と典型的に結びついている場合には，これの負担はリスク責任の観点から委任者に帰せられる。したがって，受任者はこれの負担を委任者に求める請求権を有する。そうでない一般的な生活リスクについては，受任者がこれを負担しなければならない。これらのことは，第三者に対する加害類型において委任者と受任者の間に事実上の指揮監督関係が存在し，委任者が715条による責任を負う場合はもちろん，そうでない場合にも同様に妥当する。

また，このような650条3項の類推適用による請求権が認められる場合でも，賠償義務を負う損害の全額を請求できるわけではない。ここでも減責の法理が適用される。すなわち，処理されるべき事務の危険性の大きさ，委任者によって計算されまたは保険によってカバーされた危険，報酬の有無や額，損害の種類，受任者の過失の程度などの諸事情を総合的に考慮して，受任者と委任者の間の責任範囲が画定される[36]。このような過失相殺的な減責は無償委任・有償委任を問わず認められる。報酬の有無およびその額は単に1つの考慮要素に過

---

(35)　広中俊雄「有償契約と無償契約との差異は債務者の注意義務についても存在するか」『契約法の理論と解釈』（創文社，1992年）所収290頁。

(36)　後述の労働者加害類型に関する最判昭和51年7月8日民集30巻7号689頁参照。

第6章　我が国における事務処理に際して生じた損害の帰属とリスク責任

ぎない。また，有力説のように「無償または低廉な報酬」の場合に限定される
訳でもない。

　(イ)　加害類型への650条3項の類推適用は具体的には次のような結果を生じ
させる。

　(a)　受任者が事務処理に際して第三者を加害した場合（第三者に対する加害
類型）において，受任者が被害者たる第三者にまだ賠償していないときは，受
任者は委任者に対して免責を求める請求権を行使することができる[37]。また，
第三者にすでに賠償した場合には，受任者は委任者にこれの求償を求めること
ができる。これらの免責請求権や求償権は650条3項の類推適用によって基礎
づけられる。

　従来の学説は第三者に対する加害類型を考慮していないようであり，また，
信義則を基礎とする賠償額の減額構成ではこのような免責請求権や求償権を積
極的に基礎づけることができない。650条3項の類推適用論はこの点に大きな
意義が見出される。

　(b)　委任者に対する加害の場合には，受任者の債務不履行または不法行為を
理由として，委任者は受任者に損害賠償請求権を行使することができる。した
がって，リスク責任に基づく委任者への損害の帰属はこの委任者の損害賠償請
求権を制限するという形で行われることになる。つまり，650条3項を類推適
用したとすれば委任者の負担となるべき額が過失相殺法理を介して減額される。
同様のことは，第三者加害の類型において事実上の指揮監督が存在し，委任者
が715条に基づいて被害者に賠償したときの受任者に対する求償についても妥
当する。

　650条3項の類推適用論を貫徹するときは，受任者の650条3項の類推適用
による損害賠償請求権と受任者の善管注意義務違反に基づく委任者の損害賠償
請求権が相互に対立し，これの相殺によって減責されることになろう。650条
3項は独自の損害賠償請求権を受任者に付与するものだからである。しかし，
相殺の意思表示を必要とすることは迂遠というべきであり，第三者加害の類型
とは異なり，受任者の独自の請求権を基礎づける必要もない。

---

(37)　この点については，自動車牽引事件（BGH 1962.10.30, NJW1963,251）やボーイスカ
　ウト事件（BGH 1983.12.5 BGHZ 89,153），登山ツアー事件（BGH 2004.12.13, NJW
　2005,981）などのドイツの判例が参考となろう。拙稿「ドイツ民法(1)」46頁以下参照。

2 事 務 管 理

このように650条3項の類推適用といっても，請求権の積極的な基礎付けが問題となる場合と民法の一般原則によって成立した請求権の制限が問題となる場合とでは，その出現形態を異にする。

2 事 務 管 理

他人の事務を管理者が他人のためにする意思をもって義務なくして管理を始めた場合には，事務管理が成立し，これによって他人の権利領域への干渉行為の違法性は阻却される（697条）。ただし，当該管理行為が本人の意思に反し，又は本人に不利であることが明らかなときは，この限りではない（700条ただし書参照）。

事務管理が成立すると，一方では，管理者には，①管理開始通知の義務（699条），②管理継続義務（700条），さらに，701条による委任規定の準用により，③報告義務（645条の準用）や④受取物の引渡義務（646条の準用），⑤金銭消費の責任（647条の準用）が課される。

他方で，本人は有益費償還義務（702条1項）[38] および有益債務代弁済義務（同条2項）を負う。ただし，事務管理が本人の意思に反してなされたときは，これらの義務は本人が現に利益を受ける限度に減縮される（同条3項）。

事務管理に関する民法の規定はこのようなものである。しかし，事務管理者の被った損害に関する本人の賠償義務や事務管理者の負うべき注意義務の程度については，民法は明文の規定を有しない。これらの問題はどのように解すべきであろうか。

---

(38) 702条1項の「有益費」は，物に関する費用に限らない点（義務履行型の場合を含む），および，必要費を含む点で，本来的な有益費よりも広い概念である。四宮和夫『事務管理・不当利得・不法行為　上巻』（現代法律学全集10）（青林書院新社，1981年）29頁。なお，判例においては，被害者に対する示談金や治療代などの立替払いや休業中の被害者たる従業員や取締役に対する報酬の支払いが問題となった事例が多く見られる。そこでは，これらの支払いは加害者のため事務管理として支出された有益な費用とされる。

399

第 6 章　我が国における事務処理に際して生じた損害の帰属とリスク責任

(1)　本人の損害賠償責任

1)　問題の所在

　費用と損害は主に次の点で異なる。まず第 1 に，費用とは自由意思に基づく出捐であるのに対して，損害とは事件により受動的に被った不利益をいう。第 2 に，費用は財貨を事実上限度とするが，損害にはこのような限界は存在しない[39]。また，過失相殺による減額は損害の賠償に関して適用されるに過ぎない。

　このような費用と損害の差異を前提として，委任法は委任者の費用償還義務 (650 条 1 項) と損害賠償義務 (同条 3 項) をそれぞれ別個・独立的に規定した。しかし，事務管理においては，上に述べたように費用償還義務に関する規定はあるが，損害賠償義務については明文規定を欠くとともに，委任の規定の準用対象ともされていない (701 条)。そこで，委任者と同様の無過失損害賠償責任が本人に認められるか否かが解釈上問題とされる。

　結論を先に述べると，学説は実質的に無過失賠償責任を認める点で一致する。事務管理を適法な行為と認める以上，管理者がこれによって損害を被ることがないようにしてやるだけの義務を本人が負担するものとするのが至当であり[40]，650 条 3 項の準用がないからといって，一義的に事務管理者の損害賠償請求を否定してしまうことは妥当ではないという実質的な考慮をその背景とする[41]。学説の争いは単に理論構成や賠償の範囲などに限られる。事務管理者の被った損害が物的損害である場合と人的損害の場合に分けて，学説の状況をみることにしよう。

2)　物的損害の賠償

(ア)　従来の学説と行為のリスク責任

(a)　通説的見解は 702 条 1 項の費用概念を拡張して，このような損害は費用に含まれるとする (費用概念拡張説)。ただし，その範囲を画定する基準は一致しない。

　たとえば，「事務の管理のために避けることを得ない損害」[42]または「当然

---

(39)　四宮和夫・前掲注(38)34 頁。拙稿「ドイツ民法(1)」8 頁も参照。

(40)　我妻栄『事務管理・不当利得・不法行為』(日本評論社，復刻版，1989 年) 17 頁。

(41)　中井美雄編『不法行為法 (事務管理・不当利得)』(法律文化社，1993 年) 312 頁，321 頁 [中井美雄]。もっとも，中井説は後述の費用概念拡張説に属する。

(42)　我妻栄・前掲注(40)17 頁。

2 事 務 管 理

予期される損害」[43],「事務管理に通常随伴すると思われる損害」[44],「事務管理にあたって発生がある程度予期されうる損害」[45], 確率的必要費すなわち「確率的に予想される損害で, なおかつその事務管理に必要な損害」[46],「事務管理にあたり損害の生ずる危険を認識したにとどまらず, その実現を覚悟し計算に入れた場合」[47]などに分かれる[48]。しかし, これらが具体的にどのような差異を結果的にもたらすかは判然としない。

(b)　これに対して, 四宮説は[49]事務処理については一般に「利益の帰する者に危険も属する」という原則が妥当するとし, その例として650条3項のほか, 信託36条, 家審16条（現在では, 家事事件手続法124条2項など――筆者注）を挙げる。これによれば, 本人は事務処理に際して生じた管理者の損害を賠償すべき義務を負うことになる。

　もっとも, 事務管理の場合には, ①本人の受動的地位や②管理者の活動の利他性という特殊性が認められるため, これを考慮して, 損害の賠償請求権は「費用」に準ずるものに限るべきだとする。この場合, 有益費用の償還に準じて, その賠償が認められる（「費用に準ずる損害」説）。

(c)　確かに本人は依頼者ではなく終始全く受動的な立場にある点で委任者とは大きく異なる。しかし, 事務処理が「他人のために」行われ, また,「本人の意思・利益への適合性」[50]という事務管理の成立要件の中に, リスク責任の客観的要素と主観的要素を見出すことができる。したがって, リスク責任の観

---

(43)　我妻栄『債権各論　下巻1』（岩波書店, 1972年）922頁。

(44)　中井美雄編・前掲注(41)312頁, 321頁［中井美雄］。

(45)　鈴木禄弥・前掲注(31)694頁。

(46)　加藤雅信『新民法大系V　事務管理・不当利得・不法行為（第2版）』（有斐閣, 2005年）20頁。

(47)　谷口知平・甲斐道太郎編『新版注釈民法(18)　債権(9)』（有斐閣, 1991年）295頁［三宅正男］。この点は, 四宮説の3つの類型のうち, ③に該当する（後述参照）。

(48)　末弘厳太郎・前掲注(9)920頁も費用概念拡張説に属する。

(49)　四宮和夫・前掲注(38)33頁以下。同・前掲注(19)138頁以下参照。

(50)　本人の意思・利益への適合性については, 判例・通説は「本人の意思・利益に反することが明らかでないこと」で足りるとする。これに対して, 本人の意思・利益への適合性を事務管理の成立要件とする見解もある。たとえば, 平田春二「事務管理の成立と不法干渉との限界」谷口知平教授還暦記念『不当利得・事務管理の研究(2)』（有斐閣, 1971年）248頁以下。

401

第6章　我が国における事務処理に際して生じた損害の帰属とリスク責任

点は事務管理においても同様に妥当し，事務管理者の賠償請求権の基礎は650条3項の類推適用に求められる。このような650条3項の類推適用論は四宮説の基本的立場と親和的ないし適合的であると評することができよう。

　(イ)　賠償の対象となる損害

　650条3項の類推適用論によれば，委任の場合と同様に，当該事務処理と結びついた典型的な危険から生じた損害が賠償されることになる。事務処理に内在しない危険に基づく損害は一般的な生活リスクとして事務処理者が負担しなければならない。

　具体的にどのような損害が賠償の対象となるか。この点に関しては，四宮説が有用な手がかりとなる。すなわち，費用に準ずる損害の例として，①管理者の営業または職業に属する活動に従事することによって失った利益，②事務管理の必然的結果として予見可能な犠牲，たとえば，救助のために河に飛び込んだ場合の衣服の汚損，燃える家屋から幼児を救出しようとして負った傷，③管理者の意思に基づかない偶然の損害ではあるが，当該事務処理に類型的に付着するものであり，そして，管理者が本人のために自らの意思に基づいてさらされた危険から生じたものでも，管理者が危険を認識し，かつ，その実現を覚悟した場合，たとえば，山小屋で急病にかかった者のため，麓まで薬を取りに行く途中，濃霧に襲われたが，あえて下山し，岩につまずいて負った傷を挙げる。

　これを650条3項類推適用論から考察すると，①の逸失利益は当該事務処理の危険性の実現としての損害とは言えない。これは損害賠償の問題というよりも，報酬請求権の問題に属する。これと異なり，②および③は賠償の対象となる損害に該当しよう。事務管理の必然的結果または類型的に付着する犠牲というのは，事務処理と結びついた典型的な危険という基準に適合するからである。

　もっとも，③における「管理者の認識と覚悟」という付加的な要件に関しては検討の余地がある。まず第1に，費用は事務処理者の意思に基づく財産的犠牲であるから，費用に準ずる説では，このような「管理者の認識と覚悟」が理論的に当然に必要となる。しかし，650条3項の類推適用説では，これは要求されない。第2に，「濃霧に襲われたが，あえて下山した」場合ではなくて，「晴天」のときの下山の場合は四宮説ではどうなるか。「管理者の認識と覚悟」がないとして賠償を否定する場合には，「類型的に付着する危険」が異なって処理されることになり不都合なように思われる。また，天候の如何に関わらず，

402

事務管理者は損害を回避できると考えているのが通常である。そうだとすると，「管理者の認識と覚悟」というのは単なる「擬制」に過ぎないということもできよう。

　㈦　損害賠償の範囲

　650条3項の損害賠償請求権は「適切な賠償」に制限されるものと解する。ここでは，オーストリアの判例[51]が挙げるような，本人の差し迫った危険と事務管理者によつて冒されたリスクの間の関係，事務管理者の損害の種類と額，危険状態の発生への寄与および経済的な負担能力など当該事案の諸事情を考慮して賠償額が決定される。さらに，事務管理における本人の受動的地位，管理者の活動の利他性，および事務管理の結果への非依存性などの要素は委任の場合よりも厳格な減額的査定に導く。

　事務管理者の過失も減額的要素の1つとして考慮される。これに対して，費用概念を拡張しあるいは費用に準ずる見解によれば，事務管理者に過失があっても，賠償額を減額することはできない。損害賠償請求権とは異なって，費用償還請求権には過失相殺の規定は適用されないからである。

3)　人的損害の賠償

　㈠　物的損害とは異なり，人的損害の賠償に関しては，学説の見解は鋭く対立する。

　まず第1に，負傷および死亡による損害の賠償を全面的に否定する見解がある（全面否定説）。たとえば，広中説は[52]，救助者の側に負傷あるいは死亡という損害は救助された者に補填させるべき筋合いのものではないという。「災害時における救助活動については，今日，公的な救助活動の仕組みが用意され，消防員や警察官がこれの第1次的担当者とされる。これらの者が職務の遂行にあたって負傷したり死亡したりしたときは，公的な災害補償が与えられる。とすれば，そうした第1次的担当者がおこなうことを一般人がおこなった場合についても同様に公的な損害補償の道が開かれているべきことは，むしろ当然でなければならず，そのような場合に負傷なり死亡なりについての損害の補填を

---

(51)　OGH 1995.8.24,SZ 68/142；DRdA 1996,27；ÖJZ 1996,265.

(52)　広中俊雄「人命救助と救助者の損害」『民法論集』（東京大学出版会，1971年）所収
　　180頁以下。

第 6 章　我が国における事務処理に際して生じた損害の帰属とリスク責任

被救助者が民法上の債務として負担しなければならないとすることは公的な救
助活動の仕組みを用意した精神からいって筋違いであるとすらいえなくもな
い」からである。このような一般人に対する公的な損害補償を定めた例として，
警察官の職務に協力援助した者の災害給付に関する法律 2 条や海上保安官に協
力援助した者等の災害給付に関する法律 2 条，消防法 36 条の 3 を挙げ，これ
らは大げさに言えば外国にも誇りうるものだと主張する。

　高木説は[53]，問題はむしろ過失なき被救助者に生命と引き換えにきわめて大
きな経済的負担を負わせるべきか，それとも，勇敢にして，道徳心厚き救助者
の遺族を路頭に迷わせてもやむを得ないという，まことに深刻な問題について
どのような決着をつけるかという点にあることを指摘した上で，このような損
害は社会全体が負担すべき筋合いのものであるとして，広中説を支持する。

　第 2 に，死亡損害については言及せずに，「怪我の治療費」[54]や「受傷につい
ての損害」[55]などの負傷損害の賠償請求を肯定する見解が古くから存在した
（負傷損害限定説）。このような損害は当然に（または，ある程度）予期される損
害であるから，事務管理の費用の一種と考えられるというのがその理由である。

　第 3 に，このような負傷損害に限らず，さらに死亡損害に関しても賠償を認
める見解もある（死亡損害肯定説）。

　たとえば，谷口説は[56]，ドイツの判例を参照しつつ，事務管理者の蒙った健
康障害や生命の喪失を「支出した費用」と解することも，本人に不法行為や債
務不履行の責任が認められない限り，衡平の要求を充たすためには已むをえぬ
解釈ではなかろうかとする。

　費用の償還ではなくて損害の賠償とする見解もある。すなわち，小池説
は[57]，少なくとも立法論としては本人に損害賠償義務を認めるのが妥当であり，

---

(53)　高木など編『民法講義 6 不法行為等』（有斐閣，1977 年）20 頁以下［高木多喜男］，
　　谷口知平・甲斐道太郎編・前掲注(47)180 頁以下［高木多喜男］。なお，高木説は公的補
　　償が金額的に満足すべきでないとしても，あくまでも，給付額の増加といった方法で解
　　決されるべきであるとして，残額の賠償も否定する。

(54)　我妻栄・前掲注(43)922 頁以下。

(55)　鈴木禄弥・前掲注(31)694 頁。

(56)　谷口知平「契約責任と事務管理・不当利得の関係」『契約法大系 I』前掲注(31)176
　　頁。

(57)　小池隆一『準契約及事務管理の研究』（慶應義塾大学法学研究会，1962 年）245 頁

2 事 務 管 理

解釈論としてもこれを積極に解すべきではないかとし，事務管理の制度が本人の利益の保護ならびにその増進を目的とするとともに，社会の福利を図るべき性質を有すること，および，当事者間の利益の衡平を図ろうとする民法の根本精神にその根拠を求める。

松坂説も[58]，本人は他人の行為によって利益を受けているのであるから，その他人の行為をなした理由が委任に基づくと否とに関係なく，当事者間の公平を図るために，損害賠償義務を認めるのが妥当だとする[59]。

第4に，負傷損害と死亡損害を明確に区別して考える見解がある（制限的肯定説）。四宮説は[60]，一方では，下山の際に岩につまずいて負った傷の賠償を認めるが，他方で，救助者が死亡した場合（またはこれに準ずる障害を受けた場合）については，死亡による莫大な損害のすべてを被救助者に転嫁するのは妥当でないとし，民法上の賠償請求権は，公的補償でカバーされない部分につき，しかも，相当の額に限って，本人に転嫁するにとどめるべきだとする。

　(イ)　行為のリスク責任と人的損害の賠償

　(a)　650条3項の類推適用論によれば，損害が当該事務処理と結びついた典型的な危険から生じた場合には，本人はこの損害を賠償しなければならない。その損害が人的損害であっても同じである。

問題は高木説の指摘するような被救助者に極めて大きな経済的負担を背負わせることが妥当かという点にある。しかし，650条3項の類推適用による損害賠償請求権はすべての損害の賠償ではなくて，当該事案の諸事情を総合的に考慮して決定される「適切な賠償」に限られる。したがって，ゼロか百かの二者択一を前提とする高木説の懸念は当てはまらない。

我妻説は立法論としてではあるが，「委任者の責任より少しく軽いものとしてこれを認めるのが適当と思われる」とし[61]，四宮説は公的補償の存在をその

以下。

(58)　松坂佐一『事務管理・不当利得（新版）』（有斐閣，1973年）6頁。

(59)　これは末弘厳太郎・前掲注(9)920頁と同旨である。もっとも，末弘説はこれを立法論として主張するにとどまる（同頁注31参照）。同じく立法論的に肯定する見解としては，我妻栄・前掲注(43)922頁，高島平蔵『債権各論』（成文堂，1988年）250頁などがある。

(60)　四宮和夫・前掲注(38)34頁。

(61)　我妻栄・前掲注(43)922頁。

405

第6章　我が国における事務処理に際して生じた損害の帰属とリスク責任

直接的な理由として，解釈論的に死亡損害につき賠償額を「相当の額」に制限する[62]。しかし，このような責任範囲の限定は人的損害の賠償に特別なことではなくて，650条3項の類推適用による損害の賠償額の一般的な制限から導かれる。

　(b)　次に，警察官の援助による災害給付法などによる公的な災害補償の存在についてであるが，このような公的な災害補償制度は民法上の法律関係の全面的な排除を企図するものではない。このことは労災補償におけると同様である。したがって，両者は併存的に成立する。公的補償の存在を強調し，公的補償でカバーされない部分について，事務管理者にすべての負担を強いることは妥当ではない[63]。

　また，これとの関連で法定代位につき特有の問題が生ずる。すなわち，当該災害が第三者の行為によって生じた場合において，国又は地方公共団体が公的な災害補償をしたときは，その価額の限度において，救助者の有する第三者に対する損害賠償請求権を取得する。これに関しては，警察官の援助による災害給付法8条3項などに明文規定がある。問題となるのは，事務管理者が本人に対して損害賠償請求権（あるいは費用償還請求権）を有する場合に，国又は地方公共団体はこれに代位しうるか否かである[64]。

　代位を肯定するときは，結果的に，災害補償は国又は地方公共団体による単に一時的な損害賠償の立替払いに過ぎないことになるが，これでは「公的な救助活動の仕組みを用意した精神からいって筋違い」である。これの代位は否定されなければならない。広中説の上記の指摘はまさにこの問題領域において妥当する。このように代位を否定するときは，この限度において，本人は実質的に救助者に対する損害賠償義務を免れる。また，救助者がまだ災害補償を受けていない場合には，公的補償を受けられる限度で，本人は救助者の賠償請求を

---

(62)　四宮和夫・前掲注(38)34頁。

(63)　なお，スイス債務法422条1項は本人の無過失賠償責任を明文で定めるが，そこでは人的損害は除外されていない。ドイツおよびオーストリアの判例も人的損害の賠償を認める。拙稿「ドイツ民法(1)」23頁以下，同「歴史的沿革」51頁以下参照。

(64)　我が国ではこの点に関する議論は見当たらないようであるが，オーストリアでは，1995年判決はこれを肯定した（拙稿「歴史的沿革」59頁）。これに対して，ドイツでは，類似の問題に関して，BGH1984年10月10日（BGHZ 92, 270）は従来の判例を変更して代位の適用を否定するに至った（拙稿「ドイツ民法(1)」34頁。

406

2 事 務 管 理

拒絶することができよう。これによって，本人と救助者間の救助リスクは結果
的に一般公衆に移転される[65]。

(2) 事務管理者の賠償責任の軽減

1) 事務管理者の注意義務

(ア) 一 般 原 則

(a) 事務管理が成立すると管理行為の違法性は阻却される。したがって，事
務管理者は損害賠償義務を負わないのが原則である[66]。しかし，事務管理者が
管理の方法を誤る場合には，事務管理者は債務不履行による損害賠償責任を負
う[67]。これは管理方法の選択を誤る場合はもちろん，管理行為を行うに際して
の不注意の場合にも妥当する。

(b) 事務の管理にあたっては，管理者は善良なる管理者の注意を用いなけれ
ばならない。民法上，他人のためにする注意は一般的に善良なる管理者の注意
とされており（400条，644条），これは事務管理者にも当然に妥当するからで
ある[68]。

697条では善管注意義務の用語は用いられていないが，起草者の見解によれ
ば，事務管理の場合には，特定物の引渡義務や委任の場合と異なって，その目

---

(65) もっとも，この公的な災害補償制度が公衆の費用負担を意図したものかどうかは立
法提案からみても分からない。たとえば，警察官の職務に協力援助した者の災害給付に
関する法律についてみると，①これらの者に対する給付は，従来，明治15年太政官達
第67号「一般人民ニシテ巡査同様ノ働ヲナシ死傷セシ者ノ弔祭扶助療治料支給方」に
よって行われてきたが，憲法の施行に伴ってその効力を失ったこと，②現在これにかわ
るべきものがなく，これについての法的な救済方法が確定していないため統一を欠いて，
とかく紛議をかもしやすく，その実効性を欠いているために，これらの者に対する公的
な救済制度を確立する必要があるというのが，その提案趣旨とされるに過ぎない。地方
行政委員会議録59号（昭和27年6月2日）3頁，衆議院会議録51号（昭和27年6月
7日）27頁。

(66) 戒能通孝『債権各論』（巌松堂書店，第4版，1950年）383頁。

(67) 我妻栄・前掲注(43)916頁，鳩山秀夫・前掲注(15)771頁。

(68) 四宮説は「委任において，無償委任の場合にまで善管注意義務を要求する妥当性は
疑わしいのに対し，事務管理で善管注意義務が要求されるのは，当然のことに属する」
という。四宮和夫・前掲注(19)所収128頁以下。また，澤井説は当然解釈と緊急事務管
理に関する698条の反対解釈から導かれるとする。澤井裕『テキストブック 事務管理・
不当利得・不法行為』（有斐閣，第3版，2001年）14頁以下。

407

第 6 章　我が国における事務処理に際して生じた損害の帰属とリスク責任

的や本人の意思が明らかでないために，善管注意といってもその意義が曖昧となる恐れがあるために，事務管理者の負うべき善管注意義務を特に詳細に定めたに過ぎない[69]。

(イ)　緊急事務管理の特則

緊急事務管理の場合，民法はこれの例外を規定する。すなわち，本人の身体，名誉又は財産に対する急迫の危害を免れさせるために事務管理を行う場合には（緊急事務管理），悪意又は重大な過失があるのでなければ，管理者はこれによって生じた損害を賠償する責任を負わない（698条）。つまり，事務管理者の軽過失免責である。

たとえば，溺れている者を救助する際に，本人の衣服を損傷し又は身体に傷害を加えた場合，あるいは，溺れている者を救助したが，すでに死亡しているものと誤信して人工呼吸を行わなかったがために重大な後遺症が残った場合[70]，雪山での遭難に際して民間の救助組織や山仲間が救助活動を行い，一旦は救助したものの進路を誤って雪庇を踏み抜き又はストレッチャーの結束が抜け落ちて滑落し，結果的に遭難者が凍死した場合[71]などにおいて，事務管理者に故意・重過失がない限り，賠償責任は生じない。

2)　緊急事務管理者の責任軽減とリスク責任

(ア)　緊急事務管理者の軽過失免責の趣旨は次のような点に求められる。すなわち，急迫な状況下での事務管理を奨励する必要性がある[72]。また，①緊急事務管理が本人にとって有益なばかりでなく必要でさえある場合にも，管理者にそのような重い責任を負わせるのは条理に反すること，②軽過失免責を認めないと，他人の急迫な危害を傍観する弊害を生じさせる恐れがある[73]。さらに，

---

(69)　梅謙次郎『民法要義　巻之三　債権編』（有斐閣，復刻版，1984年）852頁以下。

(70)　Vgl., OLG München 2006.4.6, NJW 2006, 1883. この判例の紹介として，塩原真理子「緊急事務管理者の責任軽減について」東海法学47号81頁（2013年）がある。

(71)　いわゆる積丹岳遭難死損害賠償訴訟（札幌地判平成24年11月19日判時2172号77頁，札幌高判平成27年3月26日 LEX/DB No.25506179，最判平成28年11月29日 LEX/DB No.25545136）参照。これは北海道警察山岳遭難救助隊の過失を理由とする国家賠償訴訟であり，事務管理とは直接に関係しない。

(72)　梅謙次郎・前掲注(69)853頁以下。

(73)　我妻栄編『判例コンメンタールⅥ　事務管理・不当利得・不法行為』（日本評論社，1963年）20頁〔四宮和夫〕。

このような事情が存する場合においては到底十分な注意を要求することはできないし，また，本人においても管理者に多少の不注意があってもこれを宥恕せざるを得ないことは理の当然のことだからである[74]。

これらが同条の立法趣旨として指摘されてきた。しかし，事務管理の奨励や傍観の弊害の回避などは管理者が事前に軽過失免責という法の存在を知り，その上で冷静に利害得失を計算しうることが当然の前提となるが，急迫の危害に遭遇した管理者にこの前提が備わっているとは必ずしもいえない。また，本人の宥恕する意思に根拠を求めることも十分な説得力を有しないように思われる。

ここでも，行為の特有な危険性の実現としての損害は利益の帰属者たる本人が負担するというリスク責任の観点から説明することが妥当であろう。すなわち，加害類型においては，個々の事例の諸事情がいわば総合的に考慮されて，過失相殺的な減額がなされるが，緊急事務管理の場合には，「急迫の危害」という特殊事情と事務管理者の「軽過失」という事情を過失相殺的な減額において考慮するときは，これらは免責に導くのが通常であることを示したものに他ならない。つまり，これはリスク責任論による減額的な処理の典型的な結果を表現したに過ぎない。

このような理解によれば，明文で示された判断結果を尊重しつつも，特別な事情があるときは，軽過失の場合でも損害の一部を事務管理者に負わせ，逆に，悪意・重過失の場合でも損害の一部を本人に負担させることもできる。また，「本人の身体に対する急迫の危険」と「本人の財産に対する急迫の危険」を異なって考慮することもできよう。

(イ)　緊急事務管理者が救助行為を行う際に第三者に対して損害を与えた場合はどうであろうか。従来の学説ではこの点の議論は余り見られないが，これに言及する芦野説によれば，事務管理者の賠償責任は否定される[75]。管理者が悪意または重過失でない限りは管理者にその管理行為から生じた損害の賠償責任を負わさないとするのが698条の趣旨であるのだから，第三者に対する損害についても，緊急事務管理が成立するならば違法性が阻却されるのが妥当であるというのがその理由である。

---

(74)　末弘厳太郎・前掲注(9)910頁。

(75)　芦野訓和「他人の生命の救護及び健康を維持する行為と事務管理——その3・完——」法学研究論集3号23頁（1995年）。

第 6 章　我が国における事務処理に際して生じた損害の帰属とリスク責任

　しかし，事務管理の効果としての阻却される違法性は「他人の権利圏への干渉について当然に成立する（不法行為としての）違法性」[76]であるに過ぎない。つまり，本人との間で違法性が阻却されるにとどまる。また，698 条の軽過失免責も管理者と本人の間の内部関係を規律しており，その趣旨が当然に管理者と第三者の責任関係に及ぶものと考えることはできない。緊急事務管理とはいえ，管理者の過失によって生じた損害を第三者が受忍すべき理由は存在しない。このことは正当防衛に関する 720 条 1 項の趣旨とも適合する。

　したがって，管理者は不法行為の一般原則に基づき第三者に対して損害賠償義務を負うというべきである。このことを前提として，管理者と本人の内部関係においては，事務管理者は 650 条 3 項の類推適用に基づいて求償または免責を請求することができる。もっとも，ここでも 698 条の趣旨を尊重して，管理者が重過失のときは，これらの権利行使は原則として許されず，管理者がこの損失を負担することになろう。

　(ウ)　なお，一般の事務管理の場合にも，事務管理者の賠償義務が軽減されるべきかが問題となり得る。この点は従来の学説ではほとんど言及されていない。これは 698 条を緊急事務管理に限って事務管理者の責任軽減を認めた特別規定[77]と解することによるものであろう。判例も同様に事務管理者の善管注意義務を前提とした例がある[78]。

---

(76)　四宮和夫・前掲注(38)25 頁。

(77)　たとえば，澤井裕・前掲注(68)14 頁以下はこれを前提とする。

(78)　事務管理者の善管注意義務違反による責任が認められた事例としては，たとえば鹿児島地判昭和 47 年 6 月 21 日交通事故民事裁判例集 5 巻 3 号 840 頁や仙台地判平成 27 年 3 月 26 日 LEX/DB No.25447217 がある。前者では，被害車両の修理か新車交付かで当事者間の交渉がまとまらず，長期間放置された右車両が朽廃廃棄された場合，加害者は，破損した右車両を自動車修理業者に預ける措置をとった以上，爾後事務管理者として右車両所有者に対し善管注意義務を負い，右朽廃に至らせたことは，加害者の債務不履行に該当するとして，これによる損害の賠償が認められた。後者は，高次脳機能障害を有する者が，自立訓練通所施設内で東日本大震災に遭い，上記施設を運営する法人に保護されていたが，同法人の運営する別の施設に移されて 1 人で宿泊し，夜間に外出して河川で溺死したことについて，不法行為責任が認められたが，これの前提として，①施設利用契約に基づく保護義務は消滅したが，②同人を事実上の保護下に置いていた管理者（697 条）として，原告らなど他に同人の安全に責任を負うべき者に同人を引き渡すまでは，善管注意義務（698 条）をもって同人の保護を継続すべき義務を負うとされた。控訴審である仙台高判平成 28 年 6 月 24 日 LEX/DB No.25543503 は賠償額を増額

410

しかし，たとえば，無償委任における受任者の注意義務の軽減を行為の無償性に求める見解によれば，ここでも同様の視点からの責任軽減を検討すべきことになるのではあるまいか。現にこのような理解を前提とする見解もみられる[79]。

リスク責任論の観点からこれを考えると，事務管理者の被害類型と事務管理者による加害類型はいずれも事務処理に際して生じた損害の帰属という点では同じであり，被害類型に対応して，加害類型では事務管理者の賠償義務の軽減が図られるべきことになろう。また，この場合には事務管理者の責任は「適切な範囲」に限られ，当該事例の諸事情を総合的に考慮して判断される。その際，緊急事務管理に関する698条の趣旨や本人の積極的な指図や委託の不存在，事務管理の結果達成との非依存性などの事務管理の特殊性は，事務管理者の責任制限を否定する方向で作用する。

3 雇用・労働契約

(1) 労働者の被った損害と使用者の賠償責任

1) 労災補償と労災保険給付

労働者が業務上負傷し，又は疾病にかかった場合には，労働者は労基法の定める災害補償，すなわち療養補償や休業補償，傷害補償，遺族補償などを使用者に請求することができる（労基法75条以下）。この使用者の責任は労働者の負傷や疾病が業務上生じたという関係があれば足り，使用者の故意・過失に依存しない。すなわち，使用者は無過失責任を負う。

この使用者の災害補償責任は政府管掌の労災保険によって付保されており（労災保険法1条・2条），労働者はこの保険から療養補償給付や休業補償給付，傷害補償給付，遺族補償給付などを受ける（同法12条の8）。

したほかは原判決を維持した。

(79) 鈴木禄弥・前掲注(31)668頁，693頁。鈴木(禄)説は，一方では通説と同じく事務管理者の善管注意義務を肯定するが（693頁），他方で，受任者の注意義務につき，事務管理者は「自己ノ財産ニ於ケルト同一ノ」注意義務を負うにすぎないとの理解を前提として，事務管理者との類似性を根拠に無償の受任者の注意義務の制限を主張する（668頁）。

第6章　我が国における事務処理に際して生じた損害の帰属とリスク責任

労災保険によって給付が行われるべき場合には，使用者は労災補償の責任を免れる（労基法84条1項）。また，労災補償が行われた場合には，使用者はその価額の限度において民法上の損害賠償責任を免れる（同条2項）。

第三者が労災を惹起した場合において，政府が労災保険給付をしたときは，第三者に対する労働者の賠償請求権は政府に移転する（労災保険法12条の4第1項）。第三者が労働者に損害の賠償したときは，政府はその価額の限度で保険給付をしないことができる（同条2項）。

2) 民法上の責任

このような労基法上の災害補償責任や労災保険法上の保険給付と並んで，労働者は使用者に対して民法上の賠償責任を追及することができる。この点は使用者の免責を規定するドイツなどとは大きく異なる。使用者の災害補償責任や労災保険給付は実損害とは無関係に定型的に定められるから，実損害をカバーしないときは，労働者はその差額の賠償を使用者に請求することができる。

この場合，民法709条，715条，717条などの不法行為責任，さらに使用者の安全配慮義務違反を理由に債務不履行責任を追及することもできる。この安全配慮義務は昭和50年の最高裁判例によって初めて認められたものであるが[80]，その後，平成19年の労働契約法において明文化された（労契法5条）。

不法行為責任と契約責任（債務不履行責任）を対比すると，①立証責任，②消滅時効[81]，③遺族固有の慰謝料請求，④履行補助者，⑤付遅滞の時期などの点で異なるが，帰責事由または故意・過失を必要とする点では共通する。

3) 無過失賠償責任化への取組み

(ア)　学説においては，このような使用者の賠償責任に関して，過失責任の原則を排除して無過失責任化することが試みられている。

(a)　その1つは，不法行為法における無過失責任の思想や制度の進展と相呼応して，企業内での災害等についての損失分担の準則にも変化をきたさざるを

---

(80)　最判昭和50年2月25日民集29巻2号143頁（陸上自衛隊八戸事件）。

(81)　なお，改正法では，人の生命又は身体を害する不法行為による損害賠償請求権の消滅時効は，一般不法行為とは異なり，5年とされる（724条の2）。その結果，人の生命又は身体に対する損害の賠償に関する限りでは，債権の消滅時効期間との間に差異はなくなった（166条1項1号）。

えないと述べて，労基法上の使用者の災害補償責任をその例として挙げる。そして，この趣旨は，労基法の適用を受けない雇用契約にも，解釈上当然推及されるべきだと主張する[82]。

この見解を貫徹すれば，「労基法の適用を受けない雇用契約」への拡張だけでなく，「労基法の適用を受ける雇用契約」における「差額の賠償請求」に関しても無過失責任が認められるべきことになろう。

(b) 第 2 に，安全配慮義務の内容を高度化することにより，使用者の厳格な責任を導く学説もある。たとえば，使用者の安全配慮義務の内容は，個々の労働者の不注意をも予測して，不可抗力以外の労災死傷事故を防止する万全の措置を講ずべき義務であり，それは万全の措置によって労働災害という結果を発生させないという債務（結果債務）だとする見解や[83]，安全配慮義務を通常の安全配慮義務と絶対的な安全配慮義務に二分し，使用者の安全配慮義務は後者に属するが，そこでは不可抗力もしくはこれに準ずる事由が立証されない限り免責されないとする見解などがある[84]。

このように理論的根拠は異なるにせよ，使用者の無過失損害賠償責任が学説では有力に主張されてきた。裁判実務では，後述の労働者加害類型に関して，労働者の賠償責任の軽減が図られているが，これを前提とすれば，反対類型である労働者被害の類型においても同様の結果が実現されるべきであり，これは使用者の責任の厳格化へと導く。

(イ) このような判例・学説の状況に鑑みると，リスク責任を理論的根拠とし，実定法上の根拠を 650 条 3 項の類推適用に求めることによって，使用者の無過失賠償責任を基礎づけることも考えられて良い[85]。

---

[82] 幾代通・広中俊雄編・前掲注(28)54 頁以下 ［幾代通]，広中俊雄・前掲注(33)224 頁など。

[83] 岡村親宜「労災責任の規範的論理構造」日本労働法学会誌 43 号 64 頁以下 (1974 年)，同「労災における企業責任論の課題」労旬 839 号 11 頁以下 (1973 年)。

[84] 國井和郎「『安全配慮義務』についての覚書(下)」判タ 364 号 72 頁・74 頁 (1978 年)。

[85] 拙稿「雇用・労働契約における安全配慮義務——給付義務構成への 1 つの試み」法学研究（明学大）36 号 160 頁以下 (1986 年)（『安全配慮義務』185 頁以下)，同「雇傭・労働契約への民法 650 条 3 項の類推適用」法学研究（明学大）49 号 165 頁以下 (1992 年)（以下，「類推適用」と略)（『安全配慮義務』330 頁以下）参照。同旨，橋本恭宏・前掲注(31)245 頁。

第6章　我が国における事務処理に際して生じた損害の帰属とリスク責任

　この点については，我妻説の次のような主張が大いに参考となろう[86]。すなわち，使用者は労務者が労務の給付に関連して被った損害については無過失責任を負うと解すべきである。けだし，使用者は，自分の指揮命令によって労務を実現させ，一定の報酬を払うだけで労務の結果をすべて取得するものであって，そこに無過失責任における報償責任の原理が適用されて然るべきだからである。

　この我妻説では単に他人の行為から利益を受けているという利益享受の要素（報償責任の観点）だけではなくて，自己の目的実現のために他人に一定の行為をさせたという危険設定の要素（危険責任の観点）もその背後に見出すことができる。したがって，これはリスク責任論とほぼ同義であると評価しうる。650条3項類推適用論とは単に条文上の根拠を求めるか否かという形式的な点で異なるに過ぎない。

　また，実質的に考えても，委任関係において委任者に無過失賠償責任が課される場合には，雇用・労働契約ではますますこれが妥当しなければならない。受任者は原則的には事務処理に関して裁量権を有しており，いわば委任者に対して独立的な地位を有する。これに対して，労働者は使用者の指揮命令に服して労務を給付しなければならず，また，使用者の提供する場所・施設・作業道具を用いて行わなければならない。労働者は予め定められた労働条件を回避す

　なお，労働者の物的損害の賠償に関して，ドイツでは，1961年11月10日の連邦労働裁判所大部の決定（BAGE 12,15）以来，BGB670条の適用による解決が一貫してなされている。また，オーストリアでは，1983年5月31日の最高裁判決がABGB1014条の類推適用を肯定し，その理論的根拠をリスク責任論に求めた。その後，少なくとも20件を超える判決が公にされており，ABGB1014条類推適用論は判例法理として確立された。拙稿「ドイツ民法(2)」51頁以下，同「オーストリア法(1)」39頁以下参照。

　野田龍一「民法650条3項の適用範囲について」福岡大学法学論叢37巻2・3・4号388頁，401頁（1993年）は，スイスでは，委任の無償性が重視され，委任の規定の雇傭への類推適用がみられないとして，650条3項の類推適用論を批判する。しかし，スイス法では我が国の650条3項に対応する委任者の無過失賠償責任を定めた規定は存在しないのだから，そもそも類推適用の前提を欠く。また，判例は事務管理に関するOR422条1項の規定を無償委任に類推適用するが，ここでは「委任の無償性の重視」というよりも，委任者の過失責任を定める明文規定の適用を解釈によって制限したという点が重要であり，有償委任にまで及ばないのは「類推適用」の要件の欠如ないしは法解釈の限界によるものである。

(86)　我妻栄・前掲注(10)587頁。

ることはできない。さらに，使用者はこのような指図権だけでなく，組織権限を有しており，事業体の組織や労働条件を定めることができる。たとえば，作業過程の監視の強化や安全対策の実施，保険の締結などの措置を通して，使用者は損害リスクの条件を創設し，維持し，あるいは変更することができる。このような雇用・労働契約の特殊性を考慮すれば，使用者には少なくとも委任者と同様の厳格な賠償責任が課されるべきことになろう。

これらのことから，650条3項の類推適用によって使用者の無過失賠償責任を基礎づけることが妥当であると思われる。この場合，労働者の労務は加害類型に類似して，かつてドイツで要求されたようないわゆる危険労働に限るわけではない。上記のような雇用・労働契約の特殊性からすると，すべての労働が損害の危険性を孕むものといえる。したがって，ここでは，労働者の職務遂行上の活動に際して被った損害という関係があれば足りるであろう。もちろん，労働者の一般的な生活リスクに該当するものは除外される。

(2) 労働者による加害と賠償責任の軽減

労働者が労務遂行の過程で使用者または第三者に対して損害を与える場合があり得る。この場合，労働者は民法上の一般原則に従って賠償責任を負うか，それとも何らかの責任の軽減がなされるのであろうか。この点はこれまで715条3項の求償権をめぐって激しく論じられてきたところである。ここでは，使用者に対する加害と第三者に対する加害に分けてこれを見てみよう。

1) 使用者に対する加害

労務の提供に際し，労働者は善良な管理者の注意を払わなければならない。この注意義務に違反し，過失によって使用者に損害を生ぜしめた場合には，債務不履行責任が発生する[87]。これが民法上の一般原則であるが，これの軽減を企図する学説も見られる。

まず第1に，善管注意義務を前提としつつ，これの例外を認める見解がある。たとえば，我妻説はこのような例外として，労務の内容がとくに高度の注意または特別の技能ないし素養を要する場合を挙げ，このような場合には，使用者

---

(87) 末川博『債権各論』前掲注(10)243頁，同『契約法』前掲注(10)158頁，加藤雅信・前掲注(31)379頁など。

第6章　我が国における事務処理に際して生じた損害の帰属とリスク責任

が当該労働者を雇い入れまたはその労務に配置した際に知りまたは知り得べかりし当該労務者の注意・技能の能力を考慮して，適当に軽減しなければならないと主張する。雇用は労務者において包括的な労務給付義務を負い，使用者がこれを適当に配置して実現させる権限を有するものである以上，労務者の過失としてその責任を生じさせるためには，使用者においても上述した程度の責任を分担するのが妥当だというのがその理由である[88]。

　広中説も労務者は善良なる管理者の注意を要求されるが，要求される注意の程度は，具体的な場合に応じ，目的たる労務のために要求される教育程度や専門的知識および使用者が知りまたは知り得べかりし労務者の能力や性質を顧慮して定められるべきだとする[89]。

　第2に，労働者の善管注意義務を否定する見解がある（注意義務軽減説）。たとえば，来栖説は，「同じく故意過失といっても，労務者の故意過失は委任の場合における受任者の故意過失と同じだと考えるべきでない。受任者は『善良なる管理者』としての注意義務を尽くさなければならないが，労務者は使用者の指揮命令に従って労務を給付する者としての注意義務を尽くせば足りる」とする。そして，同じく労務者でも労務の種類や地位の如何によって労務者の注意義務は異なりうるとして，ドイツのコンメンタールの解説を引用する[90]。

　第3に，労働者の軽過失免責を主張する見解もみられる。たとえば，川井説は使用者の事業の執行に従事する被用者が軽過失により使用者に損害を加えたとしても，それは雇用契約上当初から予想された損害であり，被用者に直ちに債務不履行責任があるとはいえないとして，使用者はこの場合，被用者に対し，全面的に損害賠償を請求することはできないとする[91]。また，三島説は，実際的には，協約や慣行によって，使用者または第三者に生じた損害はそれが業務上の過失に基づくものである限り，重過失の場合は別として免責することが少

---

(88)　我妻栄・前掲注(10)565頁。

(89)　広中俊雄・前掲注(33)220頁。なお，我妻説と同様に，スイス債務法328条を引用するが，同条2項および3項は1971年の法改正によって321e条1項・2項となった。この点については，拙稿「スイス債務法」60頁参照。

(90)　来栖三郎・前掲注(12)425頁。なお，立証責任に関して，一般の債務不履行の場合とは異なって，雇用の場合には，使用者に労務者の過失の立証責任があるとするのが適当だとする（424頁）。

(91)　川井健「判批」金判515号5頁（1977年）。

3　雇用・労働契約

なくないことを指摘する⁽⁹²⁾。

2）　第三者に対する加害

　労働者が過失により第三者に損害を与えた場合には，労働者の 709 条による賠償責任と並んで，使用者も同じく 715 条に基づき賠償責任を負う（使用者責任）。そして，使用者が第三者に賠償したときは，使用者は労働者に全額求償することができる（715 条 3 項）。この求償によって，最終的には労働者が損害を全部負担することになる。

　このような民法の定める帰結について，学説は古くからその不当性を指摘して，使用者の求償権を制限すべきことを主張してきた。この求償権の制限理論は多岐に分かれるが⁽⁹³⁾，使用者責任の理解に着目すると，次のように大別できる。

　まず第 1 に，通説的見解は使用者責任を代位責任と解するが，これによれば使用者の求償権は当然のことに属する。その上で，求償権を制限するための理論として，権利濫用説⁽⁹⁴⁾，過失相殺説⁽⁹⁵⁾，共同不法行為説⁽⁹⁶⁾，不真正連帯債務説⁽⁹⁷⁾などが主張される。

---

(92)　三島宗彦「労働者・使用者の権利義務」日本労働法学会編『新労働法講座 7 労働保護法(1)』（有斐閣，1966 年）136 頁。もっとも，東京地判昭和 45 年 3 月 25 日下民集 21 巻 3・4 号 469 頁・判時 588 号 30 頁では，このような事実たる慣習の存在が争われたが，裁判所はこれを否定した。

(93)　これの詳細については，拙稿「類推適用」165 頁以下（『安全配慮義務』330 頁以下）参照。

(94)　石田文次郎・前掲注(15)273 頁。危険なる企業により多大の利益を収めている使用者が被用者に求償をなすことは，信義の原則に反し，権利の過酷なる行使として一般的に権利の濫用となるという。

(95)　我妻栄・前掲注(40)178 頁。賃金の低廉なること，労務の過度なること，企業施設の不十分なることや規律の乱れていることなどが加害行為の原因となったこと，その他諸般の事情を根拠として，過失相殺の理論の適用により使用者の求償権は制限されるという。勝本説は，選任・監督に関する過失が非常に大にして被用者の行為とその間に相当因果関係がある場合には，例外的に求償権を制限すべきであるとするが，これもここに属するものと評価できる。勝本正晃『債権法概論（各論）』（有斐閣，第 18 版，1969 年）325 頁以下。

(96)　加藤一郎『不法行為（増補版）』（有斐閣，1974 年）190 頁以下。使用者と労働者の間で共同不法行為が成立する場合には，共同不法行為者間の負担部分に応じて，使用者は求償し，労働者は逆求償することができるとする。

(97)　椿寿夫「判批」判時 525 号 121 頁以下（1968 年）。715 条による使用者の責任と 709

第6章　我が国における事務処理に際して生じた損害の帰属とリスク責任

　第2に，企業責任の観点から使用者が最終的に責任を負うべきであるとする見解がある。これによれば，使用者の求償権は原則的に否定される。しかし，労働者が使用者に対して債務不履行または不法行為の責任を負う場合には，例外的に，使用者は労働者に求償（賠償請求）することができる。

　このような理論枠組みを前提として，労働者の債務不履行や不法行為の成立を厳格に解することによって労働者の責任を制限しようとするものがある。たとえば，伊藤説は，労働者の加害行為は企業活動に当然に内在するものであるとして，企業に対する労働者の不法行為は原則として成立しないとする[98]。また，「債務の本旨」の中で労務の内容や労務遂行の態様，さらに賃金の低廉などの諸事情を考慮して判断したり（債務の本旨説）[99]，あるいは，被害者に対する関係では過失があっても，使用者に対する関係では過失がないというように労働者の過失を相対的に認定する見解（相対的過失説）[100]などがここに属する。

　これに対して，賠償額の平面において労働者の責任の制限を企図するものがある。たとえば，両者の責任を不真正連帯債務と解した上で，その負担部分の基礎を労働者の使用者に対する債務不履行責任に求める見解では，一種の客観化された過失相殺によって合理的に減縮されるとし[101]，あるいは報償責任，企業責任ないし危険責任の趣旨から公平の見地から決定すべきだする見解がそうである[102]。

　また，田上説は労働者の賠償責任を変数的に把握し，求償の範囲＝労働者の賠償額は労働者の有責性の程度を一般的基準とし，圧力状態および使用者の過

　　条による労働者の責任とは不真正連帯の関係に立ち，その負担部分は過失の割合だけでなく結果発生に対する加功度ないし原因力をも考慮して決定されるとする。

(98)　伊藤進『不法行為法の現代的課題』（総合労働研究所，1980年）132頁。

(99)　中元紘一郎「被用者に対する求償」『ジュリスト総合特集・交通事故——実体と法理』（1977年）133頁，同・交通事故判例百選（第2版，1975年）148頁，淡路剛久『連帯債務の研究』（弘文堂，1975年）290頁以下。

(100)　舟本信光『自動車事故民事責任の構造』（日本評論社，1970年）106頁以下，川井健・前掲注(91)4頁以下。同旨，能見善久「判批」法協95巻3号603頁（1978年）。

(101)　幾代通『不法行為』（筑摩書房，1977年）200頁。武久説も双方の契約義務違反に過失相殺の考え方を類推適用すべきだとする。武久征治「被用者に対する求償権の制限」乾昭三編『現代損害賠償法講座6』（日本評論社，1974年）107頁以下，同「判批」法時46巻2号145頁（1974年）。

(102)　並木茂「求償権」判タ268号117頁（1971年）。

失相殺事由をその修正要素として決定されるとする[103]。

3) 判例法理の展開

(ア) 昭和51年までの段階

労働者の責任軽減に関しては，最判昭和51年7月8日（民集30巻7号689頁）は指導的な判断を明らかにしたが，これ以前の下級審判例では，様々な理論的基礎づけがなされていた。事案としては，いずれも自動車事故をめぐってであり，被害者に賠償した使用者が715条3項に基づいて労働者に求償することができるかが争われた。求償権の制限を否定したものもあるが[104]，その多くはこれを肯定する。

まず第1に，被害者に対する使用者と労働者の賠償責任を不真正連帯として把握し，求償は両者の内部関係における責任分担の問題とする見解がある。

この責任分担につき，京都地裁は労働者の故意・重過失の場合には労働者がこれを負担し，軽過失の場合には使用者が全額負担するのが正義公平に合すると判示した[105]。これは軽過失全部免責とする点で特徴的である。また，大阪地岸和田支部は公平と条理に照らして全額求償が妥当でない場合があるとし，相互の契約義務違反の程度を比較考慮して具体的な責任分担の決定を行うべきものとした[106]。

第2に，使用者責任の代位責任的理解によれば，使用者は原則として全額を労働者に求償することができる。多くの判例は明示的ではないもののこれを前提とする。

その上で，一方では，報償責任や危険責任の観点を援用しつつ，直接的には「社会の条理と衡平の観念」に基づき，①事業活動の一環としての行為であり，②当然に予期すべき範囲内の軽過失の場合には，十分な待遇などの特段の事情

---

(103) 田上富信「被用者の有責性と民法715条（その2）」鹿大法学論集9巻2号69頁以下（1974年），同「使用者責任と使用者の求償」奥田昌道など編『民法学6』（有斐閣，1975年）112頁以下。

(104) 東京地判昭和44年10月22日判タ242号275頁，大阪高判昭和45年4月15日判タ251号309頁。前者は求償権の制限に言及せず，後者は危険責任・報償責任の原則による制限の主張を立法論としてはともかく，現行法の解釈としては採用し難いとする。

(105) 京都地判昭和38年11月30日下民集14巻11号2389頁・判時364号40頁。

(106) 大阪地岸和田支判昭和51年6月9日判時842号102頁（結論として，求償権の行使を否定）。

第 6 章　我が国における事務処理に際して生じた損害の帰属とリスク責任

のない限り，求償できないとするものがある（軽過失免責・求償権否定）[107]。

　他方で，求償権の行使自体を否定するのではなく，諸事情を考慮して個別的に求償しうる範囲を決すべきだとする見解がある（求償権の制限）。「公平の原則」[108]「公平の見地」[109]がその基礎とされる[110]。単に過失相殺を類推適用する見解[111]もここに分類することができよう。

　また，求償権の否定とこれの制限を 2 段階的に構成するものもある。青森地裁は，賃金の低廉，労務の過度，企業施設の不十分，規律のみだれ等が当該被用者の加害行為の原因となっている場合には，信義則・権利濫用として求償権の行使は否定され，そうでない場合には，損害分担の公平上，求償は相当の範囲に制限されると判示した[112]。

　第 3 に，一般論に言及せずに，単に具体的な事案との関連で論ずるに過ぎないものがある。たとえば，使用者が小企業会社であって，若い従業員に対する厳しい指導監督の困難性と，かねてからの指示と自動車運転者としての一般的な注意義務に反して事故が惹起されたことから，減免を否定したものがそうである[113]。また，結論的には正反対に，求償権行使の趣旨の逸脱・社会の条理[114]，権利の濫用[115]などを理由として，当該事案における求償権の行使を全

---

(107)　福島地いわき支判 49 年 7 月 2 日交民集 7 巻 4 号 1087 頁。

(108)　東京地判昭和 45 年 3 月 25 日前掲注(92)。なお，タクシー運転手の交通事故の事案であるが，水揚げ額に対して占める運転手の給与部分の割合が運転手に負担させる最高限度額とされた。

(109)　福岡高判昭和 47 年 8 月 17 日高民集 25 巻 4 号 287 頁，神戸地判昭和 48 年 2 月 21 日判タ 302 号 257 頁（No.26 ④事件）。なお，後者は公平の見地だけでなく，過失相殺も援用する。

(110)　なお，大阪地判昭和 46 年 7 月 30 日判タ 270 号 340 頁は一般論として相互の負担割合を「妥当な範囲内に制限」するのが相当だとするが，その根拠は示されていない。なお，労働者の重過失（飲酒の上，じぐざぐ運転）による事故が問題とされたが，判例は 7 割に相当する額に制限した。

(111)　松江地浜田支判昭和 42 年 11 月 21 日下民集 18 巻 11・12 号 1122 頁・判時 517 号 79 頁。

(112)　青森地判昭和 44 年 11 月 20 日判時 576 号 77 頁。

(113)　東京高判昭和 49 年 6 月 26 日交民集 7 巻 3 号 651 頁。

(114)　東京地判昭和 46 年 9 月 7 日下民集 22 巻 9・10 号 928 頁。判旨は失費を惜しんで任意保険に加入しなかったこと，運転の初心者に，その担当の職務でないにもかかわらず臨時に自動車の運転を命じたことを指摘する。

(115)　東京地判昭和 48 年 3 月 15 日判時 715 号 82 頁。ここでは，給与の低廉さ，社命に

420

面的に否定したもの，さらに，過失の内容と報償責任の原理を根拠にして5割の減額を認めた例もみられる[116]。

このように昭和51年判決前の段階での裁判例は求償権の制限という結論ではほぼ一致するものの，その理論的根拠を異にしていた。

㈑　最高裁昭和51年判決

昭和51年判決（前掲）は同じく交通事故の事例において次のように判示した。すなわち，「使用者が，その事業の執行につきなされた被用者の加害行為により，直接損害を被り又は使用者としての損害賠償責任を負担したことに基づき損害を被った場合には，使用者は，その事業の性格，規模，施設の状況，労働者の業務の内容，労働条件，勤務態度，加害行為の態様，加害行為の予防若しくは損失の分散についての使用者の配慮の程度その他諸般の事情に照らし，損害の公平な分担という見地から信義則上相当と認められる限度において，労働者に対し右損害の賠償又は求償の請求をすることができる」。これを当該事案に適用して，4分の1の限度に制限した原審の判断を是認した。

これは損害賠償や求償の範囲を定めるに際して考慮すべき事情を包括的に挙示するとともに，その根拠を「損害の公平な分担」と「信義則」に求めた[117]。これ以降，ほぼすべての判例はこの昭和51年判決を明示的に引用しつつ，摘示された事情の存否につき個別的な判断を行っている[118]。

このように昭和51年判決は労働者の責任軽減に関する指導的な判決と位置

　　　　よる業務中の本件事故によって死亡している反面，会社は営々と営業による収益をあげ
　　　　続けていることが指摘されている。
（116）　長崎地佐世保支判昭和49年8月7日交民集7巻4号1111頁。判旨は本件事故の
　　　　主因が眠気を生じた点にあるが，これは使用者の労務管理と密接な関係にあることを指
　　　　摘する。
（117）　さらに，報償責任や危険責任と結びつけてこれを理解する裁判例もある。京都地
　　　　判平成23年10月31日労判1041号49頁・判タ1373号173頁および大阪高判平成24年
　　　　7月27日労判1062号63頁（エーディーディー事件），鳥栖簡判平成27年4月9日判時
　　　　2293号115頁・労判172号87頁，東京地判平成28年4月19日LEX/DB No.25542799
　　　　など。
（118）　もっとも，昭和51年判決を明示的に引用せずに，労働者の責任を軽減するものも
　　　　ある。那覇地判平成13年3月21日労判825号75頁およびその控訴審である福岡高那
　　　　覇支判平成13年12月6日労判825号72頁，名古屋地判平成21年9月9日交民集42
　　　　巻5号1158頁（ただし，被告が抗弁の中で援用）など。

421

第 6 章　我が国における事務処理に際して生じた損害の帰属とリスク責任

づけられるが，しかし，最高裁はすでに昭和 45 年にこれと類似する判断を明らかにしていた[119]。そこでは，「使用者が被用者に求償権を行使するに当つて，使用者の事業の性格，規模，被用者の業務の内容，加害行為の態様その他諸般の事情を考慮し，求償権の行使が被用者に対して公平の観念に反すると認められる場合には，民法 715 条 3 項に基づく求償権の行使は許されないものと解すべきものである」という一般論を展開した（ただし，当該事案では求償権の行使を認容）。

これは考慮すべき事情を具体的に挙示し[120]，「公平」を根拠とする点では昭和 51 年判決と共通する。しかし，「求償権の制限」ではなくて，「求償権の行使」自体の可否を問題としている点で硬直的に過ぎる。また，結論的に求償権の行使を容認した事案であることなどから，昭和 45 年判決はそれほどの注目を集めなかった。

　(ウ)　判例の動向

労働者の責任軽減（加害類型）に関する判例を全体としてみると，次のような点を指摘することができる。

まず第 1 に，事例類型としては，自動車事故に関連する事案が最も典型的なものであり，労働者の責任制限法理はこれを基礎に形成された。被害者に賠償した使用者がこれを労働者に求償するというのが代表的なものであるが，さらに，求償と併せて，車両修理費や逸失利益など使用者の自己損害の賠償を請求した事案がある。昭和 51 年判決はこのような事案に関するものである。この判決以降では，単に使用者の自己損害の賠償請求が問題とされた事案も見られる[121]。

---

(119)　最判昭和 45 年 10 月 13 日最高裁裁判集民事 101 号 65 頁。

(120)　この点を細かくみると，昭和 45 年年判決では，「施設の状況」や「労働条件，勤務態度」，さらに「加害行為の予防若しくは損失の分散についての使用者の配慮の程度」が挙げられていない。

(121)　大阪高判平成 13 年 4 月 11 日判時 1770 号 101 頁・労判 825 号 79 頁，名古屋地判平成 21 年 9 月 9 日前掲注(118)，大阪地判平成 23 年 1 月 31 日交民集 44 巻 1 号 156 頁，京都地判平成 23 年 12 月 6 日交民集 44 巻 6 号 1520 頁，東京地判平成 24 年 7 月 18 日 LEX/DB No.25482329，仙台地判平成 24 年 11 月 9 日 LEX/DB No.25445389，神戸地判平成 25 年 6 月 26 日交民集 46 巻 3 号 776 頁，東京地判平成 26 年 12 月 2 日 LEX/DB No.25505440，東京地判平成 28 年 10 月 31 日 LEX/DB No.25544249 など。なお，東京地判平成 28 年 4 月 19 日前掲注(117)は，労務提供過程とは無関係な事故に関するもので

3　雇用・労働契約

　さらに，昭和 51 年判決以降では，このような自動車事故に関係しない事故類型が多く現れている。類型的には，一応，次のように分けられる。

　[Ⅰ]　物の損傷や喧嘩などの事実的な加害行為　　生コンの運搬中の船の沈没による損害(122)，プレナー（平削盤）のプレナーテーブルの居眠りによる損傷(123)，同僚に暴行して傷害を負わせた場合(124)などがその例である。前二者が使用者の自己損害，後者が第三者加害の事例である。

　[Ⅱ]　取引相手方に対する説明義務違反などによる第三者加害　　証券取引(125)・ワラント取引(126)・先物取引(127)において顧客に損害を与えたような場合である。マグロの卸を営む会社の営業所長が安価なキハダマグロをメバチマグロと偽って納入したことにより，顧客に支払った和解金の求償を求めた事案(128)もこれに属する。

　[Ⅲ]　内部的なルールの遵守義務違反　　中古車の販売に際しては代金全額が入金されてから納車すると定められた基本ルール(129)や融資申込みに際しては源泉徴収票又は給与明細を必要とするなどの貸付基準(130)，一定額以上の取引

　　ある。
(122)　最判昭和 60 年 2 月 12 日交民集 18 巻 1 号 1 頁。
(123)　名古屋地判昭和 62 年 7 月 27 日労判 505 号 66 頁（大隅鐵工所事件）。
(124)　東京地判平成 27 年 12 月 21 日 LEX/DB No.25532467。
(125)　東京地判平成 11 年 12 月 24 日労経速 1753 号 3 頁（丸和證券事件）。十分な説明を行わないで日経オプション取引を開始させ，大量の取引を行わせたこと，および無断取引を行ったことにより，顧客に損害を与えた事例（約 5 割に相当する 600 万円の求償を認容）。
(126)　東京地判平成 13 年 7 月 10 日労判 834 号 64 頁およびこれの控訴審である東京高判平成 14 年 5 月 23 日労判 834 号 56 頁（つばさ証券事件）。ワラント取引における説明義務および助言義務違反により顧客に損害を与えた事例。ただし，本件では，就業規則に基づいて賠償請求がなされており，労働者の賠償義務の軽減と直接的には関連しない。一審は重過失の存在を認めて，全額の求償を認容したが，控訴審は重過失を認めず，請求を棄却した。
(127)　東京地判平成 28 年 1 月 13 日 LEX/DB No.25543288。先物取引の無断売買により，顧客に損害を与えた事例（全額の求償を認容）。
(128)　東京地判平成 18 年 2 月 15 日判時 1938 号 93 頁（全額の求償を認容）。なお，昭和 51 年判決の引用など，求償権の制限についての言及はない。
(129)　東京地判平成 15 年 12 月 12 日労判 870 号 42 頁。この取引による損害の賠償については，5 割の限度で認容。
(130)　東京地判平成 17 年 7 月 12 日労判 899 号 47 頁。損害額の 1 割（約 172 万円）の限

第 6 章　我が国における事務処理に際して生じた損害の帰属とリスク責任

につき上司の審査や決裁を受けるという職務権限規程や各取引先毎に定められた与信限度額[131]，郵便の割引制度に定められた割引率[132]などに反する取引によって，使用者に損害が生じた場合である。

　［Ⅳ］　一般的な善管注意義務違反　　明示的な定めがない場合でも，労働者は善管注意義務を用いて労務を遂行すべき義務を負う。これに反する場合には，債務不履行責任が労働者に生ずる。

　たとえば，顧客先に請求書を作成交付することを怠り[133]，あるいは，割賦販売契約を取り次ぐに当たり，車両の登録名義を信販会社に移すことを怠った場合[134]や不正な経理操作によって使用者に損害を与えた場合[135]がそうである。不適切な業務実施による売上減少やプログラミング業務のノルマ未達による損失の賠償が争われた事例[136]，さらに，金魚の卸問屋の従業員の物品の数え間違いや発注のミス等を理由とする賠償請求の事例[137]もこれに属する。

　国や都などからの交付金をめぐって生じた使用者の損害が問題とされた事案もある。たとえば，常勤医師として雇傭された者が他病院での勤務を申告しなかった結果として，都に自主返還した常勤医師配置加算金相当額の賠償[138]や介護給付費財政調整交付金算定のための国への報告に際して第 1 号被保険者の所得段階別の人数を誤ったことによる交付金の減少額の賠償[139]が争われた。

　　　度で認容。
(131)　東京地判平成 9 年 11 月 27 日判タ 1011 号 167 頁。回収不能となった 1 億 8000 万円の売掛代金の 2 割 5 分に相当する額の賠償を認容。
(132)　福岡高判平成 20 年 2 月 26 日労判 962 号 37 頁（郵便事業（特定郵便局局長）事件）。損害額の 2%に相当する 5000 万円の賠償を認容。
(133)　東京地判平成 15 年 10 月 29 日判タ 1146 号 247 頁・労判 867 号 46 頁（75％の減額）。
(134)　東京地判平成 15 年 12 月 12 日前掲注(129)（ガリバーインターナショナル事件）。この信販会社との関係での損害については，全額の賠償を認容。
(135)　東京地判平成 23 年 12 月 27 日 LEX/DB No.25490485（4 割の減額）。
(136)　京都地判平成 23 年 10 月 31 日前掲注(117)および大阪高判平成 24 年 7 月 27 日前掲注(117)（エーディーディー事件）（いずれも賠償請求を否定）。
(137)　東京地判平成 26 年 9 月 30 日 LEX/DB No.25504763（賠償請求を否定）。
(138)　東京地判平成 29 年 8 月 16 日 LEX/DB No.25548246（社会福祉法人寿栄会事件）（200 万円の賠償を認容。返還金のほぼ 1 割に相当）。
(139)　大阪高判平成 25 年 2 月 27 日 LEX/DB No.25446602（賠償の否定）。裁判所は昭和51 年判決を引用し，この理は普通地方公共団体とその職員との関係にも当てはまるものと解するのが相当であると判示した。なお，原審である大阪地判平成 24 年 8 月 29 日

3　雇用・労働契約

　第2に，加害態様に関してであるが，従来の事実的な不法行為だけでなく，説明義務違反・ルール遵守義務違反・善管注意義務違反による加害などが問題とされるようになった。これらは労働者の債務不履行として把握しうるものである。このような債務不履行にも労働者の責任軽減法理が適用されるかは一応の検討が必要である。昭和51年判決は「直接損害の賠償又は求償の請求」というように求償の問題と直接損害の賠償請求を区別せずに包括的に扱うが，「被用者の加害行為」が債務不履行を含むかは必ずしも明確にされていないからである。

　しかし，最高裁が直接損害の賠償と求償という2つを包括的に扱うのは，「労務遂行過程における労働者の賠償責任の軽減」という視点からの問題領域の把握を明らかにしたものであり，この視点によれば不法行為か債務不履行かという法的根拠の相違は問題とならないといって良い(140)。

　下級審判例の中には，昭和51年判決を引用した上で，「この理は使用者の労働者に対する債務不履行に基づく損害賠償請求についても同様であると解するのが相当である」(141)とか，「使用者の労働者に対する債務不履行および不法行為に基づく損害賠償についても同様」(142)として，これを明示するものがみられるが，これは確認的な意味を有するにとどまる。

　第3に，労働者の主観的要件については，労働者軽過失の場合を前提として責任軽減法理を適用するのが一般的である(143)。しかし，労働者の重過失の場

　　LEX/DB No.25504631は，責任軽減法理とは無関係に，過失相殺の類推適用により3割を減額して賠償を認めた。
(140)　なお，東京地判昭和45年3月25日前掲注(92)は，求償権の内容は715条3項を請求権発生の根拠規定とする特殊な請求権ではなく，債務不履行もしくは不法行為に基づく損害賠償請求権にほかならず，その意味では，（使用者の）車両の破損による損害賠償請求権と第三者に対して債務を負担したことによる損害賠償請求権とを区別して取り扱うべき理由はないとする。
(141)　東京地判平成26年12月2日前掲注(121)。同旨，東京地判平成15年10月29日前掲注(132)，福岡高判平成20年2月26日前掲注(133)（郵便事業（特定郵便局局長）事件），東京地判平成28年10月31日前掲注(121)など。
(142)　東京地判平成26年9月30日前掲注(137)。
(143)　これと異なり，軽過失・全部免責／重過失・全部負担とするものとして，京都地判昭和38年11月30日前掲注(105)がある。また，軽過失全部免責／重過失一部免責とするものとして，福島地いわき支判昭和49年7月22日交民集7巻4号1087頁がある。

425

第6章　我が国における事務処理に際して生じた損害の帰属とリスク責任

合⁽¹⁴⁴⁾，さらに故意による加害の場合⁽¹⁴⁵⁾にも，労働者の責任軽減を認めたものがある。このような拡張的な取扱いは前述したような多様な事故類型の出現がその背景となっている。

　この点については，重過失は別としても，故意による加害行為の場合にも責任制限を認めうるかは検討の余地があろう。この主観的要件との関連では，昭和51年判決は「加害行為の態様」という文言を用いており，文言的には故意の場合も含みうる。しかし，使用者または第三者に故意に損害を与えた場合にも，労働者の賠償義務を軽減することは衡平の観念に適合しないように思われる。この場合の責任制限は使用者に本来的な過失相殺事由が存在するか，あるいは，内部的な規則などの故意的な違反が取引量の増大や支店の営業目標の達成などのためであって，自己の不正な経済的利益が目的とされていないなど特段の事情がある場合に限るべきであろう。

　第4に，このように労働者の責任が制限されるとすると，労働者が被害者たる第三者に損害を賠償したときは，使用者に求償できるかが問題となる（いわゆる逆求償）。

　第三者に対する加害の場合に，使用者と労働者のいずれが先に被害者に賠償したかによって結論が異なることは望ましくない。1つの事案において解決の齟齬を回避するためには，使用者の求償権が制限される部分について，労働者の逆求償は認められなければならない。この結論に恐らく異論はないと思われる⁽¹⁴⁶⁾。

---

(144)　大阪地判昭和46年7月30日前掲注(110)，東京地判平成15年12月12日前掲注(129)(ガリバーインターナショナル事件)(ただし，就業規則の趣旨も援用)。なお，軽過失・全部免責／重過失・責任軽減とするものとして，名古屋地判昭和62年7月27日前掲注(123)(大隅鐵工所事件)がある。

(145)　東京地判平成17年7月12日前掲注(130)，福岡地判平成20年2月26日前掲注(132)(郵便事業(特定郵便局局長)事件)，東京地判平成27年12月21日前掲注(124)，東京地判平成29年8月16日前掲注(138)(社会福祉法人寿栄会事件)などがある。なお，東京地判平成18年2月15日前掲注(128)(マグロの偽装販売)，大阪地判平成23年2月24日LEX/DB No.25443380（架空循環取引）は全額の求償を認めた。

(146)　もっとも，四宮説は条文の予定しない被用者からの求償を認めても，その実益はさほど大きくなく，かえって弊害があるとして，これを否定する。四宮和夫『事務管理・不当利得・不法行為　下巻』(現代法律学全集10)(青林書院，1985年)712頁以下。学説の状況については，同書のほか，田上富信「使用者責任」星野英一編『民法講座

3　雇用・労働契約

　信州フーズ事件では，この逆求償権が争われた。事案は被用者が使用者所有の貨物自動車を運転して農産物の運搬作業に従事していたところ，他車との衝突事故を起こし，被害者に車の修理代金として約38万円を支払ったので，これの賠償金の求償を使用者に求めたというものである。一審は不真正連帯債務の関係を前提として，昭和51年判決の理論構成とパラレルに理解されるべきであるとし，信義則上相当認められる範囲で逆求償できるとした（7割の額を認容）[147]。控訴審も結論的には同じであるが，被用者の責任と使用者の責任は不真正連帯債務の関係にあるが，いわゆる報償責任の観点からすると，両者の間には自ずと負担部分が存在することになり，負担部分を超えて賠償したときは，他方に求償できるとした（負担割合は7対3）[148]。

　これは逆求償を肯定した初めての判決であり，極めて注目すべきものといえる。そこでは，不真正連帯債務における負担部分を観念することによって，逆求償が基礎づけられている。しかし，使用者責任の代位責任的性質からすると，使用者と労働者の間に負担部分が存在すると考えることは困難である。また，使用者の求償権が制限されることの反射ないし延長とする理解から，逆求償権を導くこともできない[149]。ここでは，求償権の制限とは異なり，逆求償権という独自の請求権を積極的に基礎付けることが問題となっているからである。このような問題の相違を正当に認識した上で，これに相応しい理論構成が試みられなければならない。

4)　統一的処理とリスク責任論

(ア)　報償責任と危険責任の観点は労働者被害の類型だけでなく，労働者加害

第6巻　事務管理・不当利得・不法行為』（有斐閣，1985年）508頁以下参照。

　　なお，四宮説は，もし被用者の求償権を認めるとすれば，費用概念拡張説や「他人の利益のための活動におけるリスク責任」の考えを取り入れて，事務処理本人へのリスク転嫁に求めることができるのではないかとする。これは後述の私見と重なるものである。

(147)　鳥栖簡判平成27年4月9日判時2293号115頁・労判1172号87頁。

(148)　佐賀地判平成27年9月11日判時2293号112頁・労判1172号81頁（これらの掲載誌のコメントによれば，福岡高判平成28年2月18日は使用者の上告を棄却。）。なお，この判示部分では，昭和51判決の制限理論などは引用されていない。換言すると，報償責任の観点から負担部分を独自に認定するものである。

(149)　千葉地判平成19年11月12日LEX/DB No.28140753や千葉地判平成19年11月30日LEX/DB No.28140754が逆求償権の原則的な否定との関連で昭和51年判決を参照指示するのは，このような趣旨だと解される。

第6章　我が国における事務処理に際して生じた損害の帰属とリスク責任

の類型にも同様に妥当する。したがって，ここでも同じく650条3項が類推適用されるべきことになる。労働過程において当該労働者の職務遂行上の活動によって，使用者または第三者に損害を与えた場合には，労働者と使用者の間ではその損害は使用者に帰属される[150]。逆に，そうでない一般的な生活リスクは労働者が負担する。たとえば，労働者が作業中にタバコに火を付け，これによって爆発が生じた場合などがそうである。

　(a)　具体的には，労働者が職務遂行上の活動（危険労働に限られない）によって使用者に損害を与えた場合には，使用者の損害賠償請求権は650条3項の類推適用により制限される。理論的には，650条3項の類推適用による労働者の賠償請求権も1個の独立した請求権であるから，使用者の709条による損害賠償請求権と相互に対立することになる。これを貫徹すれば，両債権は相殺によって対当額で消滅し，使用者はその残額のみを請求できることになる。しかし，これは技巧的に過ぎるように思われる。ここでは，使用者の賠償請求権は当初から右の範囲を超える限度においてのみ成立するものと把握すべきであろう。換言すると，使用者の損害の範囲の確定に際して，650条3項の類推適用において考慮される事情が減額事由として過失相殺的に考慮される。昭和51年判決は労働者の責任制限において考慮すべき事情を網羅的に挙示しており，ここでも参照される。

　(b)　また，労働者が職務遂行上の活動によって第三者を加害した場合に，これを賠償した使用者の労働者に対する求償権は650条3項の類推適用により制限され過失相殺的に減額される。

　逆に，労働者が第三者に賠償したときは，650条3項を類推適用して，使用者の負担すべき損害額を求償することができる（逆求償権）。労働者がまだ第三者に賠償する前の段階では，労働者は使用者に対してこの範囲内で免責を請求することができる（免責請求権）。ここでは，委任のところで既に指摘したように，請求権の積極的な基礎付けが問題となっており，損害賠償請求権や求償権におけるような請求権の制限理論は機能しない。650条3項の類推適用論は

---

(150)　細谷説は同様に危険責任・報償責任法理を基礎としながら，さらに労基法16条・26条の理念に鑑みて，経営上のリスクの帰責原則が導かれ，また，労基法1条1項および憲法25条の理念により，労働者の生活に与える影響の大きさも責任制限の要素の1つとなるとする。細谷越史『労働者の賠償責任』（成文堂，2014年）179頁以下。

とりわけこの点で有用であるといえよう。

なお，ここでは715条の使用者責任が成立する場合が前提とされるが，理論的には，そうでない場合にも同様に妥当する。労働者の使用者に対する求償権や免責請求権はリスク責任を基礎とし，650条3項の類推適用に基づく独自の請求権だからである。

(イ)　判例は第三者に対する加害の類型と使用者に対する加害の類型をいずれも同列に扱い，これによって「労働者の賠償責任の軽減」という統一的な視点を明らかにした。しかし，同じことは労働者の加害類型の間だけでなく，労働者加害の類型と労働者被害の類型の間においても妥当する。いずれの領域も，「労務遂行過程で生じた損害の帰属」という観点から統一的に把握されなければならない。すなわち，労務遂行過程で損害が生じた場合には，被害類型・加害類型を問わず，その損害は使用者に帰せられるべきであろう。650条3項の類推適用論はまさにこのような労務遂行過程で生じた損害の使用者への帰属を実現するための統一的な理論的基礎を提供するものに他ならない。

む　す　び

他人の事務を処理する際に損害が生じた場合には，この損害は事務処理者と本人の間でどのように処理されるべきか。この問題に関しては，650条3項が受任者の被った損害に関して定めるほかは，明文の規定は存在しない。そこで，本章では，委任契約と事務管理，雇用・労働契約の領域について，それぞれ個別的に事務処理者の被害類型と事務処理者による加害の類型に分けて考察した。学説をみると，いずれの領域においても，本人の無過失賠償責任または事務処理者の賠償義務の軽減を何らかの形で認める点では一致するが，その理論的な基礎付けは各領域毎に異なる。しかし，いずれの場合も，他人のためにする事務処理が問題となっており，これに際して生じた損害は本人に帰属させるべきだとする点では共通する。このような問題の近似性ないし類似性および結論の同一性から考えると，そこには何らかの統一的な原理が存在するように思われる。

第6章　我が国における事務処理に際して生じた損害の帰属とリスク責任

　四宮説はこれを「利益の属する者に危険も属する」という原則に求める[151]。650条3項や信託法36条，家審16条はこの原則を明らかにした法律上の例であるが，この原則は事務処理に一般的に妥当するとして，事務管理における事務管理者の被害類型および労働契約における労働者加害類型に関して具体的な結論を導く。しかし，このような基本的な観点からすると，委任，事務管理，雇傭の各類型を統一的に把握するだけでなく，さらにそれぞれの類型における被害類型と加害類型のいずれも統一的に理解されなければならない[152]。

　本章では，このような統一的な原則を「他人のためにする行為のリスク責任」に求め，形式的には650条3項の類推適用によって基礎づけることを試みた。これによれば，賠償される損害は当該事務処理と結びついた典型的な危険の実現としての損害に限られ，一般的な生活リスクはこれに含まれない。賠償額は当該事務処理の危険の大きさや，報酬の有無や額，損害の種類，事務処理者の過失の程度などの諸事情を総合的に考慮して確定されるのであり，その結果，賠償額は「適切な賠償」に限られる。また，とりわけ委任の領域に関してであるが，当事者間で受任者のリスク負担が明示的・黙示的に特約されている場合や，受任者が専門的な知識・経験を基礎として，素人から当該事務の委託を引き受けることを営業としているような場合には，650条3項は適用されない。委任であればすべて無条件に適用されるということにはならない。さらに，雇用・労働契約において特に明らかなように，使用者の有する損害賠償請求権や求償権の制限の問題と労働者の使用者に対する逆求償権や免責請求権，さらに被害類型における無過失損害賠償請求権の基礎づけとは別個の問題である。650条3項の類推適用論は請求権の制限だけでなく労働者のこれらの請求権を積極的に基礎づけることができる点でも有用といえよう。

　このようにみてくると，650条3項の類推適用論は余りにも広すぎるとの懸念は当たらないように思われる。また，法解釈の技術的な側面からしても，類

---

(151)　四宮和夫・前掲注(38)33頁以下，同・前掲注(136)710頁以下，713頁以下。

(152)　事務処理者の被害類型に限ってではあるが，一木孝之・前掲注(8)の論文は本稿の対象とする損害賠償義務だけでなく，費用前払義務，費用償還義務，代弁済・担保提供義務をも包括して『受任者の経済的不利益等に対する委任者の責任』として把握し，これが事務処理契約法理，契約法理または債務法一般原則として一般化しうるかという視点から問題を考察する。

430

むすび

似するものは同様に処理されるべきであり，ある領域において明文規定が存在するときは，これを類推適用することが相当であろう。ドイツやオーストリアなどでは，委任法の規定を他の領域において類推適用することが判例・学説上広く認められている。我が国でも，650条3項の類推適用に対する懐疑的・消極的な態度から脱却してこれの積極的な活用へと一歩を踏み出すことを大いに期待したい。

〈著者紹介〉

宮本 健蔵（みやもと・けんぞう）

昭和49年　法政大学法学部法律学科卒業
昭和58年　法政大学大学院社会科学研究科博士課程単位取得満期退学
昭和58年　明治学院大学法学部専任講師
現　　在　法政大学法学部教授　博士（法学）

〈主要著作〉

『安全配慮義務と契約責任の拡張』（信山社，1993年），編著『マルシェ民法シリーズⅠ（民法総則），Ⅱ（物権法・担保物権法），Ⅲ（債権総論），Ⅳ（債権各論）』（嵯峨野書院，2006年，2014年，2010年，2007年），「スイス債務法におけるリスク責任について」法学志林107巻4号（2010年），「事務処理に際して生じた損害とドイツ民法670条(1)(2・完)」法学志林110巻3号・4号（2013年），「建物明渡猶予制度と転貸借契約への適用」名城法学64巻1・2合併号（2014年），「オーストリア一般民法1014条の歴史的沿革とその適用範囲について」法学志林113巻1号（2015年），「ファウルボールによる観客の受傷事故と球場管理者等の責任」名城法学66巻3号（2016年），「不動産取引は書面を必要とする要式契約か」法学論集（九国大）23巻1・2・3号（2017年），「事務処理に際して生じた損害の帰属とリスク責任」法学志林116巻2・3合併号（2019年）など。

学術選書
187
民　法

❀ ❀ ❀

労働災害と使用者のリスク責任

2019年（令和元年）10月30日　第1版第1刷発行
6787-7：P448 ¥8500E 012-040-010

著　者　宮　本　健　蔵
発行者　今井貴　稲葉文子
発行所　株式会社　**信山社**

〒113-0033　東京都文京区本郷6-2-9-102
Tel 03-3818-1019　Fax 03-3818-0344
henshu@shinzansha.co.jp
笠間才木支店　〒309-1611　茨城県笠間市笠間515-3
Tel 0296-71-9081　Fax 0296-71-9082
笠間来栖支店　〒309-1625　茨城県笠間市来栖2345-1
Tel 0296-71-0215　Fax 0296-72-5410
出版契約 2019-6787-7-01011　Printed in Japan

©宮本健蔵，2019　印刷・製本／ワイズ書籍(M)・牧製本
ISBN978-4-7972-6787-7 C3332 分類324.401 民法

JCOPY 〈(社)出版者著作権管理機構 委託出版物〉

本書の無断複写は著作権法上での例外を除き禁じられています。複写される場合は，
そのつど事前に，(社)出版者著作権管理機構（電話03-3513-6969，FAX03-3513-6979，
e-mail: info@jcopy.or.jp）の許諾を得てください。

安全配慮義務と契約責任の拡張
〔増補版〕近刊

宮本健蔵 著

来栖三郎著作集
Ⅰ 法律家・法の解釈・財産法
Ⅱ 契約法
Ⅲ 家族法

現代民事法学の構想
内山尚三先生追悼

下森定 編集代表

下森定著作集
Ⅰ 詐害行為取消権の研究
Ⅱ 履行障害法再構築の研究
Ⅲ 民法解釈学の諸問題
Ⅳ 現代的訴訟の諸相

民法研究 第2集　　大村敦志 責任編集
新債権総論Ⅰ・Ⅱ　　潮見佳男 著

信山社